本书系北京市社会科学基金重大项目(15ZDA41)阶段性成果

# 中国早期经济法文献辑注与研究

张世明　王济东 / 编著

CRITICISM RESEARCH ON
MODERN CHINESE ECONOMIC LAW
LITERATURE

社会科学文献出版社
SOCIAL SCIENCES ACADEMIC PRESS (CHINA)

# 序 言

张世明 王济东

阿尔弗雷德·怀特海德（Alfred North Whitehead）曾言："一门科学，如果对遗忘其创始者犹豫不决，就会迷失方向。"这句话表面上颇有些唐突无礼，与通常强调回向原典的学术路径背道而驰。按照怀特海德的说法，后学者应该数典忘祖，早期大师们的名字应该从记忆中抹去。然而，这显然是对怀特海德陈述的误解。怀特海德这样一位沉醉于思想史的学者不可能竟至于将思想史的知识视为一文不值，其所言类似于齐白石"学我者生，似我者死"的教诲。只是要求后来者必须摆脱前代的辖制，以前辈为台阶，而不是以前辈为界限，在寻门而入后能够破门而出。这包含了大量的真理：一味礼赞创建者的丰功伟绩而踟蹰不前，就会缺乏批评意识，墨守成规，无法增进原创性知识。

长期以来，各种著作对中国"经济法"起源的看法往往是，这源自叶剑英在 1979 年 6 月的第五届全国人民代表大会第二次会议上提出的："随着经济建设的发展，我们也需要各种经济法。"后来，一些学者进一步提出经济法的起源至少可以追溯到 1978 年 10 月胡乔木在国务院召开会议上的长篇讲话《按照经济规律办事，加速实现四个现代化》。胡乔木明确指出，经济立法和经济司法的发展问题尤为突出，应把国家、企业、职工的利益和各种利益关系用法律形式体现出来。学者普遍认为，中国经济法是改革开放的产物，只有数十年的历史。笔者在专著《经济法学理论演变研究》(中国民主法制出版社，2002)中不同意这一观点，指出：张则尧早在1942年就经济法的本质和特征进行了深入研究，中国经济法只有20年历史的结论是完全站不住脚的。

民国期间众多学者披肝沥胆，呕心沥血，筚路蓝缕，以启山林，引进新学理，开拓新学科，做了许多得风气之先的奠基工作，成就了一部煜煜不朽的学术史。民国时期中国经济法学有史迹班班可考，有文献累累可征，表现出如下特征。其一，随着民国时期官僚资本、民族资本和企业的发展，现代性经济要素的不断增长，民国政府以立法的形式调整和完善资本主义经济秩序，而当时经济法学的起步成长因应现实的需要，与当时的经济发展、立法建设桴鼓相应，所关注的论题、研究的热点无不与民国的经济情势、经济立法密切相关。民国时期经济法学的学术探索与现实紧密联系，反映出了鲜明的致用色彩。其二，民国时期许多学人都有留学国外的经历，外语水平高，对经济法相关问题的讨论，均是在梳理西方已有诸种研究观点的基础上进一步申发的，所思所成，于质于量，均不乏可圈可点之处。其三，研究经济法学的论著尚属寥寥，从社会法角度切入的论著较多，对经济法出现的背景和定义概念、性质及其与社会法的关系等问题做出了初步述析，且与日本20世纪30年代经济法学界多崇奉戈德斯密特的学说不同，中国经济法学界多采纳卡斯凯尔的学说，表明在理论深度上尚不如日本经济法学界。

随着岁月的流逝，历史事件已经成为一种痕迹，但仍然难以消灭当时经济法学者所显示的非凡洞察力和才气。毋庸讳言，无论何等重大的历史，都免不了被时间之手推向边缘，搁浅在某条幽深的河道里。

# Preface

ZHANG Shiming   WANG Jidong

Alfred North Whitehead once succinctly said: " A science that hesitates to forget its founders is lost. " On the surface, it appears to be abnormally worded, and runs counter to the academic path that often stresses the return to the source, since it seems plausible that the following scholars should forget about their own origin and the names of early masters should be erased from memory. However, it is obviously a misapprehension of Whitehead's stating. It is impossible for a scholars such as Whitehead who is basked in the history of thought to regard the knowledge of the history as worthless. His words are similar to the teachings of Qi Baishi, i. e. "the one who learns from me will succeed, but the one who imitates me will fail" . It only requires that successors must get rid of the control from the previous generation, take their predecessors as a stage rather than a boundary, so they can break out after seeking entry into the innermost recess of a hall. It contains a large measure of truth that obsessive praising the founders for their great accomplishments leads to the dearth of criticism, getting into a rut and showing little initiative to promote original knowledge.

The opinion pieces on the origination of "economic law" in China carried by the various works tended to argue that Ye Jianying proposed at the Second Session of the Fifth National People's Congress in June 1979:

"With the development of economic construction, we also need various economic laws." Later, some scholars further advanced the origin of the "economic law" can be traced back at least as far as Hu Qiaomu's long article *Acting in Accordance with Economic Law and Accelerating the Realization of the Four Modernizations*, a speech offered in October 1978 at a meeting of the State Council. This article clearly states that the problem of developing of economic legislation and economic justice is particularly acute to reflect the interests of the state, enterprises and employees and all kinds of interestship in the legal form. Academics generally believe that China economic law is the product of reform and opening up, only 20 years of history. The present author disagreed with this argument in the monography *The Study on the Development of Economic Law Theory* and pointed out: as early as 1942, Zhang Zeyao had carried out a sophisticated study of the essence and characteristics of economic law. The conclusion of the Chinese economic law with only 20 years of history is completely untenable.

During the period of the Republic of China, many scholars made painstaking efforts in their endeavors to open up mountains and forests, introduce new theories and set up new disciplines. The literature suggests Chinese academic research regarding economic law during this period has great significance in intellectual history. A lot of available literature indicate the following characteristics: Firstly, with the continuous development of bureaucratic capital, national capital, it can hardly be gainsaid that the economic elements of modernity during the Republican period exhibited sign of the sharp increases, government strengthened the legislation to suit the capitalist economic order, and the initial development of economic law at that time responsed to the actual needs. Economic development and legislative building mutually beget each other, the topics of concern and the focal points for economic law scholars are closely related to the Republic of China's economic situation and economic legislation. The inextricably connection between the academic exploration of economic law in the Republic of China and the social reality itself reflected the distinct thought of making study serve practical purposes. Secondly, during the Republic of China, many Chinese jurists of that time gifted with exceptional academic talents, had the experience of studying abroad and had a good command of foreign languages. The discussion on issues related to economic law were all further made on the basis of various research perspectives in the West. In terms of quality and the quantity, their studies are no lack of remarkable place. Thirdly, there are only a few works on the study of economic law in comparison with those from the perspective of social law. The background, definition and nature of economic law, its relationship with social law and other issues are analyzed. Japaness economic law scholars in the 1930s mostly advocated Goldschmidt's theory, while the vast majority of Chiness economic law scholars adopted Kaskel's theory, indicating that the theoretical profundity is not on a par with that in Japaness economic law circles.

As the years pass, the historical events have become a trace, but it is still difficult to annihilate the extraordinary insight and talent revealed by economic law scholars at the time. Needless to say, no matter what extraordinary history maybe, it is inevitably be pushed to the edge by the hand of time and finally settled at the bottom of a deep river. Knowledge on economic law is accumulated little by little, advancing with the times. Our current research is more than a match for the academic of the

Republic of China in economic law. However, this vertical comparison is meaningless because the two are inherently different from each other, and should not be asserted broadly or rigidly. It would be myopic to ignore the economic law research during the Republic of China. Looking back is merely a means, and its purpose is to stimulate the creation of consciousness, carry forward the cause pioneered by our predecessors and forge ahead into the future.

# 目　录

导　论 ·················································································· 001
一　经济法进入中国的渊源 ················································· 002
　（一）国民政府经济法 ······················································ 002
　（二）革命根据地经济法 ·················································· 008
　（三）伪满洲国经济法 ······················································ 012
　（四）日据台湾经济法 ······················································ 031
二　民国经济法学者群体素描 ············································· 033
三　民国学者的观点：何为经济法？ ································· 041
四　中华人民共和国成立后经济法学的断裂与延异 ········ 051
五　结语 ············································································· 064

## 第一编　国外经济法产生与发展

**苏俄的经济法** ····································································· 069
　一　民法（Civil Code） ···················································· 070
　二　所有权（Ownership） ················································ 071
　三　建筑物 ········································································· 071
　四　契约 ············································································· 072
　五　公司 ············································································· 073
　六　私人实业（Private industry） ··································· 073
　七　遗产 ············································································· 074

八　专利权（Patents） ……………………………………… 074
　　九　版权（Copyright） ……………………………………… 074
　　十　保险 ……………………………………………………… 075
　　十一　工业法（Industrial law） …………………………… 075
　　十二　托辣斯（Trusts） …………………………………… 075
　　十三　新狄开（Syndicates） ……………………………… 076
　　十四　货物的交易 ………………………………………… 076
　　十五　交易所（Exchanges） ……………………………… 077
　　十六　银行 ………………………………………………… 077
　　十七　合作社 ……………………………………………… 077
　　十八　采矿 ………………………………………………… 077
　　十九　土地 ………………………………………………… 078
　　二十　合作社的所有（Co-operative possession） ……… 079
　　二十一　个人的所有地（Individual possession of land） …… 080

**欧洲经济法之端倪** ……………………………………………… 081
　　一 …………………………………………………………… 082
　　二 …………………………………………………………… 082
　　三 …………………………………………………………… 083
　　四 …………………………………………………………… 083

**德国战时经济法之确立** ……………………………………… 085
　　一　德意志战时经济法之性格 …………………………… 085
　　二　战争之经济的全体性（反战行为之禁止） ………… 086
　　三　战时财政（战时租税） ……………………………… 086
　　四　战时工银（战时劳动调整） ………………………… 087
　　五　战时物价（战时物价构成） ………………………… 088

六　战时经济之客观条件（战时经济组织）……………… 089

# 德国的新经济法 ………………………………………… 091

# 法国新经济法律及其反响 ……………………………… 096

# 日本统制经济法之发展过程 …………………………… 097

　一　自由经济体制下经济法发展之概观 ………………… 097

　　（一）关于产业之法令 …………………………………… 098

　　（二）关于金融之法令 …………………………………… 099

　　（三）关于信托之法令 …………………………………… 100

　　（四）关于银会营业之法令 ……………………………… 100

　　（五）关于保险业之法令 ………………………………… 100

　　（六）关于交易所及有价证券分赋贩卖之法令 ………… 100

　　（七）关于通讯业之法令 ………………………………… 101

　　（八）其他 ………………………………………………… 101

　二　统制经济法之发展过程 ……………………………… 106

　　（一）中日事变前之统制经济法 ………………………… 106

　　（二）中日事变后之统制经济法 ………………………… 108

# 第二编　经济法学理论与部门划分

# 新时代产物之"经济法" ……………………………… 145

# 现代法律的分类之我见 ………………………………… 151

　一　旧分类之存废问题？ ………………………………… 151

　　（一）目的说 ……………………………………………… 152

　　（二）实质说 ……………………………………………… 153

　　（三）主体说 ……………………………………………… 153

二　旧分类之应用新的解释者 ················· 155
　　　（一）国内法、国际法 ··················· 155
　　　（二）一般法、特别法 ··················· 158
　　　（三）原则法、例外法 ··················· 159
　　三　法律的新分类 ······················ 160
　　　（一）海法、空法 ····················· 160
　　　（二）团体法、社会法（包括经济法与劳动法）······ 162
　　　（三）组织法、建设法 ··················· 171
　　　（四）过渡法、时际法 ··················· 172
　　　（五）根本法与附属法 ··················· 173

否定公法与私法区别之说 ····················· 176

区别公法与私法之必要 ······················ 183

区别公法私法之基本标准 ····················· 186

公法中国家公权之强制力 ····················· 191
　　一　违反义务时之制裁 ···················· 191
　　二　不履行义务之强制执行 ·················· 193

立于准私人地位之国家 ······················ 196

制定法规中公法规定与私法规定之差异 ··············· 200
　　一　公法与私法目的之差异 ·················· 200
　　二　公法与私法效果之差异 ·················· 203

公法与私法中法律原因之共通性 ·················· 206
　　一　状态与事件 ······················· 207

二　意思行为 ……………………………………………… 208

## 私法与公法化 ……………………………………………… 213
　　一　契约自由之公法限制 ………………………………… 213
　　二　私法与公法之结合 …………………………………… 216

## 公法关系之适用私法规定 ………………………………… 218
　　一　公法上财产关系之适用私法规定 …………………… 219
　　二　公法上财产权之扣押 ………………………………… 222
　　三　公法中适用连带债务、保证债务、保证金及选择
　　　　债务等之规定 ………………………………………… 223
　　四　公法中关于担保物权之适用 ………………………… 224
　　五　公法中关于代位清偿及时效之适用 ………………… 225
　　六　因不履行债务所生之利息，一般公法义务之不履行，纵系
　　　　受公法制裁之原因，然以不得请求损害赔偿为原则 … 225
　　七　公法中关于事务管理及不当利得原则之适用 ……… 226
　　八　以物之占有为内容之公权侵害与民法上之不法行为 … 226

## 由公法行为形成之私法关系 ……………………………… 228
　　一　导言 …………………………………………………… 228
　　二　由司法行为形成之私法关系 ………………………… 228
　　三　由行政行为形成之私法关系 ………………………… 230
　　四　由行政行为形成私法关系之裁判管辖 ……………… 232
　　　　（一）行政行为之违法及请求其取消或变更之诉 …… 232
　　　　（二）行政行为无效之诉 ……………………………… 233
　　　　（三）确认行政行为失效之诉 ………………………… 234

## 劳动法与经济法之关系 …………………………………… 235

一　经济法之发生 ·················· 235
二　经济法与劳动法之关系 ············ 236
　　（一）黑特蛮（Hedemann）氏之说 ······ 236
　　（二）奴斯鲍穆（Nussbaum）之说 ······ 237
　　（三）柯斯凯尔之说 ··············· 238
　　（四）高尔德史密特之说 ············ 239
　　（五）管见 ···················· 241

## 德意志新经济法中之劳动法 ············ 243
一　概论 ························ 244
　　（一）立法之发达 ················ 244
　　（二）劳动契约（Arbeitsvertrag） ······ 245
　　（三）佣主及使用人组合（Arbeitgeber-und. Arbeitneh-merverbände） ·············· 247
　　（四）八时间劳动制（Achtstunden-Arbeitstag） ······· 248
　　（五）失业者之保护 ··············· 248
二　劳动协约及调停手续 ·············· 249
　　（一）劳动协约 ················· 249
　　（二）调停手续（Schlichtungsverfahren） ··· 250
三　经营协议会及经营贷借对照表 ········· 252
　　（一）经营协议会（Betriebsrat） ······· 252
　　（二）经营贷借对照表（Betriebsbilanz） ··· 255
四　雇用强制及解雇强制 ·············· 255
　　（一）概论 ···················· 255
　　（二）关于经济复员之规定（Demobilmachungsvorschriften） ··················· 256
　　（三）重伤者 ··················· 257

五　农业劳动者及仆婢 ………………………………… 258

# 第三编　经济法作为社会法的属性

## 从个人法到社会法
　　——法律哲学的新动向 ………………………………… 263
　一　社会法学的发展 …………………………………… 263
　二　从权利本位的法学到义务本位的法学 …………… 265
　　（一）权利意思说 …………………………………… 266
　　（二）权利利益说 …………………………………… 267
　　（三）折中说 ………………………………………… 268
　三　义务本位法学之理论的体系——狄骥社会连带的法律哲学 ……………………………………………………… 269
　　（一）狄骥的社会连带论 …………………………… 269
　　（二）狄骥的法的发生论 …………………………… 270
　　（三）狄骥的义务本位的法学 ……………………… 271

## 社会法之现代性 …………………………………………… 274
　一　法律定型化与社会法之现代性 …………………… 274
　二　实定性 ……………………………………………… 276
　三　对照性 ……………………………………………… 277
　　（一）法律主体之对立 ……………………………… 277
　　（二）原理之对立 …………………………………… 278
　　（三）阶级之对立 …………………………………… 278
　四　非革命性 …………………………………………… 279

## 混合权利 …………………………………………………… 280

## 何为混合法律关系 ········································· 285
一 混合法律关系之可能性 ····························· 285
二 混合法律关系之实例 ································ 287

## 社会法之发生及其演变 ··································· 290
一 ·········································································· 290
二 ·········································································· 290
三 ·········································································· 294
四 ·········································································· 296

## 社会法意义之商榷 ········································· 298
一 引言 ································································ 298
二 关于社会法意义诸学说 ································ 299
（一）团体法说 ············································ 299
（二）社会自定法说 ···································· 300
（三）阶级法 ················································ 301
（四）社会政策立法说 ································ 302
（五）社会人法说 ········································ 303
三 各家学说之批评 ············································ 304
（一）团体法说 ············································ 304
（二）社会自定法说 ···································· 305
（三）阶级法说 ············································ 306
（四）社会政策立法说 ································ 307
（五）社会人法说 ········································ 307
四 结论 ································································ 308

## 社会法的基础观念 ········································· 310

一　引言 ……………………………………………… 310
　　二　社会法成因 …………………………………… 310
　　三　社会法的概念 ………………………………… 314
　　四　社会法的内容和地位 ………………………… 316
　　五　社会法的本质和机能 ………………………… 319

**社会法在现代法制体系中之地位**
　　——公私法之区别与社会法之地位 …………… 322
　　一　主体说 ………………………………………… 323
　　二　法律关系说 …………………………………… 323
　　三　利益说 ………………………………………… 324
　　四　社会说 ………………………………………… 324

**社会法与社会法学** ……………………………… 329
　　一　绪言 …………………………………………… 329
　　二　社会法的观念和特质 ………………………… 329
　　　（一）社会法的观念 …………………………… 329
　　　（二）社会法的特质 …………………………… 331
　　三　社会法学的酿成任务 ………………………… 332
　　　（一）社会法学的酿成 ………………………… 332
　　　（二）社会法学的任务 ………………………… 335
　　四　结论 …………………………………………… 336

## 第四编　经济与法律的互动

**论经济与法律** …………………………………… 341
　　一　绪论 …………………………………………… 341
　　二　关于"论述经济与法律的交互联系及其所遵循法则"的

　　　　一些有科学意义的片断思想之介绍 ·················· 342
　　三　经济与法律之交互关联底内容 ························ 358
　　　（一）经济作为法律的基础：法律的内容究极上完全是
　　　　　　经济的 ····················································· 358
　　　（二）特定形态的经济关系底一定部分作为法律的
　　　　　　内容 ························································· 362
　　　（三）私有财产的保护是法律内容的核心 ················ 364
　　　（四）在特定时代，法律保护当时为其生产组织中心之
　　　　　　基本生产手段比保护其他一般财产更为周密 ······ 366

## 一个经济法律的政府 ·················································· 369

## 经济上的自由放任与契约自由 ······································ 373
　一　绪论 ······························································· 373
　二　利息的自由 ····················································· 375
　　　（一）利息禁止的撤销 ········································ 375
　　　（二）利息限制的撤销 ········································ 377
　　　（三）原本额超过之禁的撤销 ······························ 381
　三　价格的自由 ····················································· 382
　　　（一）公定价格的撤废 ········································ 382
　　　（二）损失过半取消权的撤销 ······························ 383
　四　劳动条件的自由 ··············································· 384
　五　结论 ······························································· 387

## 释统制经济法 ··························································· 389
　一　统制经济法之意义 ············································ 389
　二　类似于统制经济法诸概念之考察 ·························· 391

（一）统制经济法与经济统制法 ………………………… 391
　　（二）统制经济法与自由经济法 ………………………… 395
　　（三）统制经济法与经济法 ……………………………… 397
　三　企业之意义与统制经济法 ……………………………… 399
　　（一）企业以经营为内容 ………………………………… 399
　　（二）企业乃独立的制度 ………………………………… 401
　　（三）企业乃营利活动之制度 …………………………… 402
　　（四）企业乃已分散的所有之综括的制度 ……………… 402

# 第五编　合作社法

合作社之法人性质的研究 …………………………………… 407

中国合作社法上的罗去戴尔式思想 ………………………… 413

# 第六编　竞争法与产业政策法

日本拟制商业上不正当竞争禁止法 ………………………… 419

日本制定不正当竞争防止法 ………………………………… 420

美国产业复兴法的研究 ……………………………………… 423
　一　立法之目的 ……………………………………………… 424
　二　产业法 …………………………………………………… 424
　三　管理贸易之规定 ………………………………………… 426
　四　公共事业计划 …………………………………………… 427
　五　复兴法的实施机关 ……………………………………… 429
　六　产业复兴法的经济学 …………………………………… 430
　七　棉业法的内容 …………………………………………… 432

八　毛货产业法 ………………………………………… 433

九　新经济学的诸条件 …………………………………… 435

十　物价政策的分裂 ……………………………………… 435

十一　统制经济的非现实性 ……………………………… 436

十二　统制的固定性 ……………………………………… 437

# 第七编　财税法

## 论租税法与豫算之国法的关系 ……………………………… 441

一　论租税法与豫算成立上之关系 …………………… 442

（一）英国 ……………………………………………… 442

（二）法国 ……………………………………………… 445

（三）日本 ……………………………………………… 445

（四）评论 ……………………………………………… 448

二　论租税法与豫算效力上之关系 ………………………… 451

（一）论豫算有代租税法之效力否 …………………… 452

（二）论豫算有改废租税法之效力否 ………………… 453

（三）租税法不俟豫算得完其效力否 ………………… 455

## 现行租税法论 ………………………………………………… 457

一　绪论 ……………………………………………… 457

二　各种之租税 ……………………………………… 462

（一）地租改正 ………………………………………… 463

（二）明治13年之地价处分 …………………………… 467

（三）地租条例之制定 ………………………………… 469

（四）土地之整理 ……………………………………… 470

（五）明治22年之地价修正 …………………………… 471

（六）明治31年地价修正、地租增征及宅地组换 …… 473

# 第八编　银行法

银行法之检讨 …………………………………………… 479

论新银行法 ……………………………………………… 482

再论新银行法 …………………………………………… 485

中国银行法之研究 ……………………………………… 487
  一　绪言 ……………………………………………… 487
  二　银行之业务 ……………………………………… 492
  三　银行之组织与设立 ……………………………… 500
  四　银行之资本 ……………………………………… 503
  五　银行营业之时与地 ……………………………… 508
  六　银行之监督及检查 ……………………………… 510
  七　银行与信托业务 ………………………………… 512
  八　银行之解散与清理 ……………………………… 513
  九　罚则一瞥 ………………………………………… 516

储蓄银行法中重农精神之研究 ………………………… 519

美国银行统制的新阶段
  ——1935年银行法的检讨 …………………………… 525
  一　依存款保险制度之银行统制 …………………… 526
    （一）非加盟州法银行的问题 …………………… 526
    （二）从原案退却 ………………………………… 527
    （三）统一的监督机关之存款保险公司 ………… 528
    （四）存款保险公司的信用能力 ………………… 529

（五）储金保险公司的统制上的权限 …………………… 530
　二　爱柯列斯的统制思想 …………………………………… 531
　三　中央集权化与货币市场的统制 ………………………… 535
　　　（一）联邦准备局与准备银行的构成 ………………… 535
　　　（二）折扣的规定 ……………………………………… 536
　　　（三）公开市场操作 …………………………………… 537
　　　（四）准备的规定 ……………………………………… 539

后　记 …………………………………………………………… 541

# 导 论

　　社会的运行是一个不断发展的连续过程，人们在当下遇到的问题，前人事实上早已遭遇并做出了应对，形成了一定的经验，不同时期某些社会事项的稳定性与相似性正是我们回望和借以借鉴历史资源的缘由所在；同时随着新事物的出现，由此带来的社会变动也不断地给人们提出了时代的新课题和新挑战。20 世纪 70 年代末以来，随着改革开放的实行与商品经济体制的逐步推进，中国经济事务的总量与规模不断增加，经济法学的学术研究和民商法学、刑法学、行政法学、宪法学等其他部门法学一样，在因应社会发展需求的互动中，开始了蓬勃的学术发展期。但我们认为，这一时期经济法学的研究，并不是中国经济法学的白手起家或蹒跚起步阶段，而是在经历了一段荒芜留白与困顿停滞后的重新出发；放宽眼界来看，政治制度的变迁毕竟不能将学术的探索与积累所湮灭抹杀。张世明早在 2002 年出版的专著《中国经济法历史渊源原论》中就明确指出"中国经济法学肇始于民国时期"。这一论断也愈来愈受到经济法学同行乃至法学界的重视与肯定，这是对以往认为中国经济法学研究开始于中共十一届三中全会、改革开放后这一观点的廓清辨正与更新推进。正如本书汇编整理民国学人或移译或创作的诸篇文献所昭然揭示的，中国经济法的研究早在民国时即已开始了那个时代筚路蓝缕的追索，本书拟对民国时期中国经济法研究起步的时代背景与学术源流、研究群体与研究取向，以及中国经济法学研究的断裂与接续，做初步梳理与反思，以期加深对早期中国经济法研究情形的认知。

## 一　经济法进入中国的渊源

起源的辨识极其复杂，所以福柯的知识谱系学方法退而求其次，不把寻找历史的起源作为解释的出发点，而是致力于本身充满着竞争的来源的探究，谱系学研究从多元性、扩散、偶然性开始、意外等出发，否认事物从源初到现在所具有的同一性、连续性，否认事物源初状态所具有的优越性，对后来事件的解释并不期盼"没有中断的历史延续性"。在谱系学往前逆推的意义上，历史充满着盘旋、反复、争执和喧哗，绝非一泻千里、酣畅淋漓的故事。中国在民国时期国家不统一的政治格局，造就了一个国家、数个法域的法律割据局面。经济法正是在这种政权竞争中绽现。

### （一）国民政府经济法

庚子之役后，清政府统治危机加重，非改弦更张无以为继。张謇于1901年2月作《变法平议》报送刘坤一，对清政府各部工作提出一整套改革方案，倡言"置议政院"、"设府县议会"、"普兴学校"、"酌变科举"等，主张工商业、公司、银行、矿山等均"当定章程"，借鉴外国法律，参照中国"禁令风俗"，修订民法和经济法等。矿律、路律、商律等经济法规的制定，可谓清末新政的重头戏，在废除领事裁判权的压力之下造就"急就章"，颇带应急色彩。光绪二十九年（1903），商部一设立便着手制定经济法规。1904~1908年，清政府相继颁布《商人通例》、《公司律》、《公司注册试办章程》、《商标注册试办章程》、《商会简明章程》、《重订铁路简明章程》、《破产律》、《奖给商勋章程》、《商船公会章程》、《农会简明章程》、《钦定大清矿务章程》、《大清银行则例》等，出现了中国近代经济立法的第一次高潮。这一系列立法的重要意义在于,引进西方资本主义经济法律思想,正式确认中国私人工商资本和自由竞争市场。

1913年10月,由于登上民国总统宝座的袁世凯组织所谓"名流内阁",张謇作为袁世凯所要收揽的"第一流人才"就任北京民国政府农商总长。他总结中国经济发展的经验教训,并结合考察日本、欧美等国家或地区经济发展的历史经验,上任伊始,雄心勃勃,在国务会议上发表了《实业政见宣言书》,提出"乞灵于法律"、"求助于金融"、"注意于税则"、"致力于奖助"四条措施,将立法放在诸项措施的首位,认为:"法律作用,以积极言,则有诱掖指导之功;以消极言,则有纠正制裁之力。"[①] 法律犹如轨道,产业"入轨道则平坦正直,毕生无倾跌之虞;不入轨道,随意奔逸,则倾跌立至"。[②] 他从自己亲身经历中得出教训,许多中国企业之所以昙花一现,前仆后继,累累相望,就是由于"无法律之导之故也。将败之际,无法以纠正之;既败之后,又无法以制裁之,则一蹶而不可复起。或虽有法而不完不备,支配者及被支配者,皆等之于具文"。[③] 张謇在担任北洋政府工商、农林和农商总长期间主持修订与颁布了大量经济法规、条例等,达20余种,重要者诸如《公司条例》、《商人通例》、《矿业条例》、《国有荒地承垦条例》、《公司注册规则》、《公司注册章程》、《商业注册规则》、《矿业注册条例》、《商会法》、《劝业银行条例》、《公司保息条例》、《农商部奖章规则》等,加上此前北洋政府所订立的一些法规,形成近代中国经济立法的第二次高潮。从总体上而言,张謇

---

[①] 李明勋、尤世玮主编《张謇全集》4,论说·演说,上海辞书出版社,2012,第257页。
[②] 李明勋、尤世玮主编《张謇全集》2,函电·上,上海辞书出版社,2012,第438页。
[③] 李明勋、尤世玮主编《张謇全集》4,论说·演说,上海辞书出版社,2012,第258页。

的经济法规与清末经济法规一脉相承，是在清末经济法规基础上进一步充实转换而成的。毋庸讳言，张謇的经济立法思想还存在一定的狭隘性。张謇主要结合自己的实业活动提出经济立法的观点，所拟定的有关经济法规多以其企业的利益为出发点，使这些法令、条例的适用范围受到一定限制，但这恰恰说明商人主体在重农抑商观念发生动摇之后爬起来直立行走的新兴态势，说明当时是以商人主体为出发点的现代经济法起步的阶段特征。与传统法律体系不同，此时中国的法律开始西化和细化，汲汲于整体国家的现代性建构，表现出与传统法律决裂的取向。

中国经济法的诞生被内外相煎的时势所倒逼，呈现出时空挤压的迫切性；虽然表面上可以堂皇正大援引"洛桑会议"允许土耳其废约不以法典完备为前提，但内修法度是外明政理的前提，变法修律与关税自主息息相关，加紧经济法的立法在当时主要目的之一就是使列强对取消领事裁判权的修约无所借口和遁词。对于国家建设而言，宪法关乎统治架构的总体确立，而政治权力在本质上必然归结为经济权力的确立和分配，财税问题既关乎中央与地方的关系，又与关税自主相纠葛。所以，在1928年国民党中央党部举行的第四十三次总理纪念周上，孙科在报告中强调：中外条约既先后改订，则国内一切法典，更须早日修订完善，以便外侨如约遵守。现在我国刑法虽已颁布，但民法、商法、经济法、劳工法等尚未制定，希望立法院于1930年1月以前完全制定颁布，将以前旧法同时废除，以免外交上发生困难。① 在随后的国民政府立法院委员就职典礼上，立法院院长胡汉民再次重申，目前所亟须研究者，为民法、商法、土地法、经济法、劳工法等，对外为取消领事裁判权、收回治外法权及废除不平等条约之准备，对内

---

① 《申报》1928年12月4日。

使全国人民生命财产及平等自由得有充分保障，于民生问题得适当之解决。① 立法院由吴铁城、宋美龄、邵元冲、傅秉常、焦易堂、郑毓秀等49名委员组成，下设秘书处、编译处、统计处。另设5个委员会：一为法制委员会，焦易堂任委员长；二为经济委员会，邵元冲任委员长；三为财政委员会，邓召荫任委员长；四为外交委员会，傅秉常任委员长；五为军事委员会，朱和中任委员长。国民党的经济立法的原则是基于三民主义的民生主义。② 财政委员会的邓召荫、卫挺生、曾杰、陈长蘅都曾就读于美国密西根大学，为建立近代财政体系的法律框架贡献良多。③ 经济委员长邵元冲对报界记者云，经济事业较之财政一门范围更广，经济为万事之母，民生问题有良好解决，社会一切纠纷危险可悉行化除，故与民生有密切关系的劳工法、土地法、合作制度、农民农工银行法规等，有早日成立之必要，俾社会经济力因法律之保障，得自由发展。④ 戴凤歧教授认为："对于经济法在国民政府时期是否成为一个独立法律部门的问题，事实上，很难作出简单的肯定或否定的回答。通观有关材料，国民政府从未制定过经济法典，也没有过制定经济法典的打算。这是无法否认的事实。无论是1929年立法院的工作简表，还是以后形成的《六法全书》，都可以证明这一点。但是，有无经济法典同经济法是不是一个独立的法律部门，是两个既有联系又有区别的不同问题。现今有的西方资本主义国家，虽然承认经济法的独立地位，但也并没有经济法典。同样不可否认的事实是，经济立法在国民政府的整个立法工作中占

---

① 《立法院委员就职纪》，《申报》1928年12月6日。
② 《经济立法原则》，《申报》1928年12月29日。
③ 久保亨：《走向自立之路：两次世界大战之间中国的关税通货政策和经济发展》，王小嘉译，中国社会科学出版社，2004，第80~81页。
④ 《邵元冲谈经济法》，《梧州经济策进会月刊》第1卷第3期（1929）。

有相当重要的地位。"①

鉴于中国当时是农业社会,土地法的制定成为当务之急。孙中山在遗嘱中已极简要、极清晰地说明:"最近主张,开国民会议,及废除不平等条约,尤须于最短期间,促其实现。"② 立法院自成立以后,迅速投入立法工作。为尽快议决起草各重要法典,立法院拟订了一系列立法计划,并先后指定各委员组织民法、商法、自治法、劳工法、土地法、刑法、宪法等各起草委员会,专司其事,提高立法的质效。在胡汉民的领导下,立法院上下人员无不勤奋工作。立法委员不分昼夜地开会,也和前方武装同志的打仗差不多,从朝到晚,用全副精神向前冲刺③,"不但每星期没有留会过,而且还时时增开临时会议",以致个别委员因劳累过度,昏倒在办公室。④ 自民初以来,法律精英就奔走在历史前台。据傅秉常回忆,"其时邓召荫主持立法院财政委员会而无法掌握该委员会,吾等呼邓为'师爷',乃古湘芹所荐,然财政会诸委员如陈长蘅、卫挺生、马寅初等均不信服,故常起哄,攻击宋子文。财政部将税则送请审议,众委员指责颇烈,邓召荫无法应付,余乃起而代为解释"。⑤ "马寅初谓余曰,票据法乃彼所熟悉,然欲起草法典则力恐不胜。余乃为之就商于帕杜(Pardue)教授,亦取得一草案作蓝本。此一时期之法律起草工作,极为认真、慎重,

---

① 周奎正等:《中国当代经济法论纲》,北京经济学院出版社,1993,第271页。
② 中国国民党中央委员会编《胡汉民先生文集》第2册,"中央"文物供应社,1978,第389页。
③ 中国国民党中央委员会编《胡汉民先生文集》第2册,"中央"文物供应社,1978,第367页。
④ 中国国民党中央委员会编《胡汉民先生文集》第4册,"中央"文物供应社,1978,第912页。
⑤ 郭廷以、王聿均编《马超俊、傅秉常口述自传》,中国大百科全书出版社,2009,第202页。

非日后之立法院所能望其项背。如马寅初辈自视素高,然于起草之际,亦颇虚心,不耻下问,与余终成莫逆之交。"①

事实上,任何法律的制定均不可能不顾及方方面面的社会利益,不可能以特定的利益集团为唯一服务对象,但立法者毕竟不可能是绝对公正的上圣大贤,在极力秉持正大之旨的同时未尝没有任何偏见掺杂其间。立法过程本身就是各种利益博弈的过程,矛盾和冲突伴随始终。立法院中不同的参与者背景各异,对立法的认识、态度各有千秋,在按照市场法则重建中国经济上,常常难以取得一致,加之法律总是产生于权力的纠结状态,院外各方面势力的运作无法摒绝,特别是政府经济部门的首脑总想尽可能多地把持政府干预市场的权力,所以每项法规的通过,都不啻为一场"战争"。早在宁汉分流期间,武汉方面的宣传家就攻击蒋介石与上海资本家之间的关系,称之为一种压迫工农大众的"反革命行为"。②事实上,蒋介石尽管对中国工人阶级的劳动和生活状况了解得并不多,不过早年在有限的和工人的接触中,还是能报以同情的心态,希望通过社会改良的途径来改善工人的待遇。他在1921年8月的日记中写道:"工人困苦,小工更苦!工场法如不速实行,小工无法保护,中国人民只见死亡伤病,决无完全生存之理。有责者其可不恻然设法,实行提倡乎?"③但在第一次国内革命战争期间,共产党人的农工政策对于国民党南京政权的合法性构成直接挑战。对于标榜继承孙中山新三民主义遗绪的国民党南

---

① 郭廷以、王聿均编《马超俊、傅秉常口述自传》,中国大百科全书出版社,2009,第206页。亦可参阅罗香林《傅秉常与近代中国》,中国学社,1973,第73页。
② 寄公:《南方两政府》,《现代评论》第5卷第127期(1927年5月14日)。亦可参见〔美〕小科布尔《上海资本家与国民政府(1927~1937)》,杨希孟、武莲珍译,中国社会科学出版社,1988,第36页。
③ 刘永志:《悲情枭雄蒋介石》,团结出版社,2014,第24页。

京政权而言,在建立中央政府后,劳方资方是手心手背,不能光顾"扶助工农"而打击商人,故而出台《工厂法》乃对于前一阶段政策在法律上的厘清。在讨论《工厂法》里的盈余分配条款时,由于经济学社潘序伦、徐永祚等人的坚决反对,不利于资本家的盈余分配条款遂未能通过。[①] 中国经济学社的骨干社员马寅初、刘大钧、卫挺生、潘序伦等往往既是经济学者,又是政府官员。他们是学者时可以影响社会舆论,是政府官员时又直接参与社会公众的利益裁决。由于中国经济学社和工商界资本家联系密切,加之马寅初等经济学家思想上对资本和资本家在发展生产中的重要作用极其重视,中国经济学社的骨干社员在讨论经济政策和制定各种经济法时往往偏向工商界资本家。这种身份和社会关系特征能否充分保持经济立法的公正性在当时备受社会质疑。

### (二) 革命根据地经济法

1927年《现代评论》第6卷第141期刊载南陔《苏俄的经济法》一文。依笔者管见,南陔应是刘秉麟(1891~1956)的笔名。刘秉麟,湖南省长沙人,又名炳麟,字南陔,章士钊表弟。其以研究经济见长,中国人自己最早的经济学专著即刘秉麟的《经济学》,于1919年已出修订本,从1925年至20世纪40年代初曾再版十余次。刘氏是早期马克思主义思想传播的先驱,其在《新青年》发表的文章的价值与李大钊的《我的马克思主义观》并肩齐立,后来人研究《新青年》,多半从李大钊、刘秉麟等人的著述出发,将《新青年》视为宣传马克思主义的重要阵地。刘氏在留学英国、德国期间,北京《晨报》联合上海《时事新报》在媒体上

---

[①] 孙大权:《中国经济学的成长:中国经济学社研究(1923~1953)》,上海三联书店,2006,第389页。

公布从 1920 年 10 月起向欧美各国共派出 16 名特派员和特约通讯员，大多系留学生顺便兼职。其中英国为陈溥贤、刘秉麟，法国为刘延陵，德国为吴统续，苏俄为瞿秋白、俞颂华、李崇武。刘氏和瞿秋白等人是中国早期新闻界肩负报道使命的留学生，对于苏联的关注和当时国人以苏为师的潮流相关，1933 年在《国立武汉大学社会科学季刊》第 3 卷第 3 期发表的《苏俄信用制度》等文介绍了苏联经济制度、政策、法律等问题，特别是其 1932 年在《国立武汉大学社会科学季刊》第 2 卷第 4 期发表的《苏俄之设计经济》堪称最早论述苏联计划经济的性质、特征、内容及组织设计的著作。作者的目的即中国作为经济事业落后的国家欲建设而无所适从、欲计划而无所根据，对此一段参考资料或可视为他山之石。刘氏对于苏联计划经济的研究得到蒋介石的重视，以此为主题为蒋介石连续讲课两天。蒋氏在 1932 年 10 月 10 日的日记中载："刘秉麟来讲经济学。"10 月 11 日复载："听刘秉麟谈苏俄设计经济计划。"蒋听完大加称赞，获益良多，自承"甚有所感"，特意找来刘氏的《苏俄设计经济纲要》，阅后并"批准付印"[①] 一批，故而此书后来卷首甚至有蒋介石亲自所写的序言。1929 年 4 月，中国学社理事会根据刘秉麟等人提议，以"盈余分配的规定是否应该归入工厂法中"为题在南京中央大学体育馆举行学术公开辩论会，产生了强烈的社会反响[②]，说明了其思考的兴趣点。所以，其发表关于苏联经济法的译文自在情理之中。并且，刘氏留学英国和德国，接触到当时德国历史经济学派，与胡适、高一涵

---

① 汪朝光主编《蒋介石的人际网络》，社会科学文献出版社，2011，第 227 页。《苏俄设计经济纲要》应为《苏俄之设计经济》，估计存在讹误。刘文先刊载于《国立武汉大学社会科学季刊》第 2 卷第 4 期（1932），后出版单行本。
② 孙大权：《中国经济学的成长：中国经济学社研究（1923~1953）》，上海三联书店，2006，第 183 页。

等被人们称为"现代评论派",在当时均在中国公学共事,后又与王星拱、周鲠生、燕树棠、皮宗石、陈源(西滢)、杨端六等现代评论派主将均转职武汉大学。而且,王世杰、钱端升、周鲠生、张奚若等现代评论派学者大多在法学方面卓有建树,即便如刘秉麟等经济学领域一些赫赫有名的学人也每每在法学领域有深切的研究,现代评论派学者自身的教育经历和职业背景为其法治理念的形成提供了条件。法治不仅是现代评论派的话语基础之一,也是其观照社会现实的重要衡量标尺①,无怪乎《苏俄的经济法》一文即发表在其平素表达观点的《现代评论》上。原文为古布斯基(Nikolai Gubsky)在1927年《经济学杂志》上发表的《苏俄的经济法》(N. Gubsky, "Economic Law in Soviet Russia," *Economic Journal*, Vol. 37, No. 146, 1927)。基本上在原文发表后不久即被译为中文,说明学术信息传播之迅捷,也标志着中国经济法最早的渊源即苏联的计划经济法。该文所界定的经济法是一种地地道道的泛经济法,包括专为国营的或大体为国营的机关而定的特别法(即工业法)和民法,托拉斯、合作社法律和土地法、采矿法等,在文章中均被涉及。②

1930年5月在上海秘密召开的全国苏维埃区域代表大会通过了《土地暂行法》、《劳动保护法》等文件草案,决定召开第一次全国苏维埃代表大会,成立中华苏维埃共和国临时中央政府。③ 中共中央1930年6月18日发布的《扩大全国苏维埃区域代表大会的宣传运动》,将"苏代会"通过的这两个法令草案定位为"目前中

---

① 孔祥宇:《现代评论派与1920年代的中国自由主义》,中国政法大学出版社,2012,第135页。
② 南陔:《苏俄的经济法》,《现代评论》第6卷第141期(1927)。
③ 陈荣华、何友良、阎中恒:《试论中华苏维埃共和国临时中央政府的诞生及其历史意义》,《江西社会科学》1982年第1期。

国革命斗争之重要的战斗武器,他在中国革命的历史上将与1917年俄国十月革命中的土地令与和平令是一样的伟大"①。共产国际远东局为第一次苏维埃代表大会制定并通过中共中央政治局提出了劳动法、土地法、经济政策法、苏维埃建设法、军事法等法律草案。② 1930 年 9 月 12 日,全国苏维埃代表大会中央准备委员会(简称"苏准会")在上海召开成立大会。大会通过了临时常委的工作报告、政治宣言、选举条例,以及准备提交"一苏大"的宪法大纲草案、土地法草案、经济法草案、关于红军问题决议案草案等③,决定将苏准会"移到赤色区域去,公开的号召广大群众起来,准备全国苏维埃大会"。④ 但据笔者所查核,当时《红旗日报》上的文件并没有提及"经济法草案"或者"经济政策法",而前述党史专家估计与 20 世纪 80 年代经济法的名词在改革开放后被腾诸众口的情势相关,参以己意改易原始资料,致使 1930 年在党的历史上出现经济法的提法的叙述讹误层层累积。与"现在改组派、阎锡山以至陈独秀等取消派所提倡的"⑤、南京政府筹备国民会议针锋相对,"以揭破国民会议所允诺的统一和平建设都是欺骗"⑥,抗衡当时南京政府立法院正在紧锣密鼓进行的土地法等立

---

① 中共中央:《扩大全国苏维埃区域代表大会的宣传运动》,1930 年 6 月 18 日。
② 中共上海市委党史研究室:《1921—1933:中共中央在上海》,中共党史出版社,2006,第 266 页。
③ 陈荣华、何友良、阎中恒:《试论中华苏维埃共和国临时中央政府的诞生及其历史意义》,《江西社会科学》1982 年第 1 期。陈荣华、何友良:《中央苏区史略》,上海社会科学院出版社,1992,第 116 页。杨木生:《中央苏区法制建设》,中共党史出版社,2000,第 12~13 页。邓力群主编《政治战略家毛泽东》(1),中央民族大学出版社,2003,第 656 页。
④ 《全国苏维埃大会中央准备委员会全体会议经过》,《红旗日报》1930 年 9 月 19 日。
⑤ 中共中央文献研究室中央档案馆《建党以来重要文献选编(1921~1949)》第 7 册,中央文献出版社,2011,第 232 页。
⑥ 中共中央文献研究室中央档案馆编《建党以来重要文献选编(1921~1949)》第 8 册,中央文献出版社,2011,第 411 页。

法，苏准会的一项工作是为苏维埃代表大会起草中华苏维埃共和国的宪法大纲和各项法令草案等文件。当时中央选调了李平心、熊德山等一些社会科学工作者参加①，但当时宪法大纲草案尚且仅仅是一些原则而非规则，不可能出人意表制定出经济法草案，仅仅是会议纪要中有所提及和在 1931 年 3 月 9 日《红旗周报》创刊号上发表了准备提交全苏大会讨论通过的《劳动法令草案》、《土地法令草案》、《关于红军问题决议案草案》、《经济政策草案》4 个法令草案，《经济政策草案》的基础则是仿效孙中山在《中国工业发展规划》中所阐述的原则，将苏维埃政府的土地、劳动、债务、商业、捐税、给养、居住等经济政策昭告天下。正是这样，1931 年 11 月在赣南瑞金召开的第一次全国苏维埃代表大会终于宣告簇新的中国苏维埃共和国临时中央政府的成立，通过了临时中央提供大会讨论的《中华苏维埃共和国土地法》、《中华苏维埃共和国劳动法》、《中华苏维埃共和国经济政策》②等法令，也印证了苏准会起草的是经济政策。苏准会起草的土地法等并非无的放矢，而是具有俄国十月革命前两个政权对立的历史经验的背景，具有极强的针对性。苏联的法律虽属草创伊始，但已经引起国内学术界刘氏等人的关注，更是通过共产国际的推动在中国共产党的实践中得以渗透。过去的论著均提及土地法大纲，但是对此未加以深入的拓展研究，所以许多问题都黯然弗彰。

### （三）伪满洲国经济法

伪满洲国实质上只不过是日本人枪杆支撑下的建立"皇道联

---

① 桂遵义、周朝民：《平心传略》，载罗竹风主编《平心文集》第 1 卷，华东师范大学出版社，1985，第 9 页。
② 米·伊·斯拉德科夫斯基将其表述为"经济政策法"。参见〔苏〕米·伊·斯拉德科夫斯基《中国：历史、经济、意识形态的基本问题》，中共中央对外联络部苏联研究所，1980，第 72 页。

邦"大帝国中的卫星国，如顾维钧所说的一个伪国家而已。如果说日本是"亲邦"、"盟邦"，而伪满洲国则是"子邦"，其各个政府机关扮演着日本政府各部分店的角色，变成为第二日本。在伪满洲国统治的 14 年时间里，日本帝国主义在"内部指导思想"的指导下，操纵伪满政府先后制定、颁布了民法、刑法等二百余部法律、法令，法条达数万条之多，涉及政治、经济、教育、外务等方方面面，形成一套完备的法律体制，在"五族和谐"、"王道乐土"的口号下，标榜要把伪满洲国建成一个"现代法制国家"。但是，由于满日之间的特殊关系，又赋予了这套法制独有的特征。

日本作为资源极度匮乏的国家，对东北资源有极大的依赖性，随着侵略战争规模的不断升级，伪满洲国作为日本殖民地的经济地位也日趋凸显。时任满铁经济调查会东京特派员的宫崎正义曾两次留学俄国，在第二次留学期间就读于莫斯科大学法学专业，目睹震撼世界的苏维埃革命，对列宁的新经济政策及苏联计划经济进行深入研究，其虽然在思想上并非马克思主义的信徒，却是极力主张在日本推行统制经济的代表人物，经常被斥为"赤色分子"的统制经济论者。① 他在《满洲经济统治策》（宫崎正義『満州経済統制方策』）中写道："所谓统制就是使部分的行为或事项与总体规划一致，并限定总规划期限，故统制需要有方向性的总设想或计划，且总规划必须是统一的、系统的，统治方法和程度也应适当，无论是部分或整体都具有可行性。"② 宫崎正义在"九一八事变时期"结下的密友石原莞尔支持下成立"日满财政经济研究会"。该研究会的一般成员大部分是东京帝国大学经济学部、

---

① 中村隆英、尾高煌之助编《日本经济史：双重结构》，许向东、张雪译，生活·读书·新知三联书店，1997，第 390 页。
② 小林英夫『「日本株式会社」を創った男——宮崎正義の生涯』小学館、1995 年、115 頁。

法学部以及部分商学部的毕业生,在昭和初期日本知识分子"修正资本主义的必要"的普遍认知的背景之下,这一对外称"宫崎机关"的智囊集团出于当初"师夷长技以制夷"的动机,提交了涉及纳粹经济法、德意志新经济四年计划、苏维埃联邦预算、美国军需产业、英国财政状况等内容广泛的报告。①其中,该研究会1936年完成的《满洲军需产业建设扩充计划》被关东军交给伪满洲国,以此作为"满洲经济建设五年计划",自1937年开始实施。② 日本朝野上下的思想深处在日俄战争后具有挥之不去的伪满情结,正是以"满铁调查课"为据点,由精通马列原理的宫崎正义为首的"俄国班"在研究苏联计划经济的理论与实践的基础上,借鉴纳粹德国的统制经济体制,以伪满洲国作为统制经济别开新局的实验基地,成为此后日本全国的国家改造和具有自身特色的战时经济体制形成的先声。

过去传统的观点是,中国的经济法主要来自日本,但是,现代性的建构复杂性被低估,成为一种单向的线性进化论,这也是现代性被简化为现代化的陷阱所在,没有注意到其中复线的分叉历史。中国的东北地区在20世纪三四十年代成为日本本身的经济法的策源地。首先,许多纳入视野的学术研究主要是抗日革命根据地和国统区历史,伪满洲国历史一般不被提及,不是从整个中国版图加以审视,自然存在视阈缺失。其次,我们通常的思维是按照文化势差想当然地推定经济法的传播路径从日本到中国,没有俯下身段细察这种弥散的传播空间。明治政府以来,日本经济迅速腾飞,受其影响,日本的民事法律及经济法规在内容上要比

---

① 杨栋梁等:《近代以来日本经济体制变革研究》,人民出版社,2003,第139页。

② 李作权:《伪满的〈产业开发五年计划〉及其实质》,载《伪皇宫陈列馆年鉴》,伪皇宫陈列馆,1986,第152页。

刑法多，体制上更加完善，而这种完善的民法及经济法律体系，也保障和促进了日本经济的发展。无论是从立法角度还是从法律内容的继承关系来看，伪满洲国法制都脱胎于日本法，大量援引和参照日本法律制定，唯日本是效，在一定程度上达到了日本殖民者所谓的"日满一体"。从立法角度来看，伪满政府大量聘请日系法官完成了几乎全部法律的修订工作，并且日本司法省还从国内派出法学界权威作为制定殖民法律制度的顾问，因此伪满洲国法律不可避免被打上日本法的烙印；从法律的内容来看，伪满洲国法律的很多条款都援引自日本法律，与日本法令大体上一脉相承，以日本战时经济统制政策为母体，紧密配合日本战时经济统制政策的实施，呈现出与日本的经济统制法同步的特性。不过反过来说，日本撤废在伪满治外法权和移让满铁附属地行政权，同时专门为日本开拓民的移住制定1940年5月《开拓团法》、1941年11月《开拓农场法》等，均显示出伪满法律殖民地化日趋严重的特殊性，伪满洲国的立法并不是对日本立法进行抄袭，在这一时期它其实承担了日本所谓"实验国家"的角色。

"（伪）满洲建国初期的人事情况，简直有点象早年在乡下唱野台子戏开场的头一天一样，谁来的早谁就可以先抢个位置。"①在伪满洲国的日系官僚济济而至，大多是日本政府各省的青年科长，在伪满洲国工作几年后回到本省，以此作为仕途飞黄腾达的垫脚石。在伪满洲国的日系官僚被赋予自由的权限创造这一所谓"新国家"的骨架。与在日本的役所工作相比，其权势要大得多，这对当时年轻的日系官僚来说，是在日本国内绝对体会不到的大显身手体验。伪满洲国成为日系官僚称心得志的发迹摇篮和绝好

---

① 森岛守人：《阴谋·暗杀·军刀——一个外交官的回忆》，赵连泰译，黑龙江人民出版社，1980，第81页。

的政治修业学校，级别直提两级，工资增加三倍，不满三十岁就升为敕任官并被称为"阁下"的例子在所多见①，被傀儡政权视为"王样"（"王子"之意），回到国内后以革新派官僚领袖形象在政治舞台上活跃，青云直上，居于要津，形成在日本各省厅内部被称为"满洲组"的强大势力，未能到伪满洲国赴任的人则哀叹不走运。例如，从商工省出来的、任战后的自民党干事长一职的椎名悦三郎，就是主张天皇机关说的美浓部达吉的外甥，在田中角荣下台之后亲自裁定三木武夫接替首相位置，被称为"椎名裁定"。商工省以精英官僚知名的岸信介在1925年开始第二次考察德国，研究产业合理化运动，其在决定去伪满洲国时以"白纸上画画的工作是富有吸引力"自勉，表现出以此作为"实验国家"的勃勃野心。古海忠之东京帝大法科毕业后入大藏省，为1932年大藏省选拔去伪满的第一批青年日系官吏，曾任伪满洲国国务院总务厅主计处特别会计科科长、一般会计科科长、主计处处长、经济部次长、总务厅次长兼企划局局长等职务，被称为伪满洲国的二号太上皇。伪满洲国皇帝溥仪出庭作证说："古海忠之直接辅佐着武部六藏，参与策划、制定危害中国东北人民的一切政策法令。"古海自己也承认："凡是伪满的所作所为，未有不参加者。"古海忠之一来到伪满洲国，在大同元年度收支总预算编制完毕后，紧接着又开始起草会计法、会计规则及国库金办理规则等法规，经审查批准后公布实行，将总预算制度和国库金制度用法制形式固定下来。② 他先后参与审议和策划了《粮谷统制法》、《棉花统制法》、《粮谷管理法》、《特产物专管法》、《农产物交易法》等一系列掠夺法令的制定。"根据这些法令，种粮谷的中国农民，必须

---

① 秦郁彦：《日本官僚制研究》，生活·读书·新知三联书店，1991，第173页。
② 滕利贵：《伪满经济统治》，吉林教育出版社，1992，第208页。

在政府所指定的'交易场'和指定的其他地方出卖粮谷,同时也不能任意购买自己所需要的粮食。不仅对买卖粮谷作了特别严格的限制,同时又彻底地统治了粮谷的大量输送和输出输入,对价格和配售也作了极其非人道的规定。我在任总务厅次长以后,在1942年决定了《战时农产物增产搜荷对策大纲》,进一步加强了对粮谷的掠夺。同时参与起草拟定了《农产物管理法》,对过去的《粮谷统制法》、《粮谷管理法》、《特产物专管法》中所规定的有关收购价格、配售等,进一步实施了残酷的统制。……在1941年和1942年又实行了《先钱契约制》,根据这种制度在农产物刚出苗的时候交给农民一部分定钱,和农民订了契约,等到收获期不管有无收成,按照契约彻底地掠夺了农民的粮食。并在掠夺粮谷的过程当中,动用了警察,挨户搜查,殴打农民,甚至把农民的种子也掠夺了;有的地方还有烧房子、杀人等各种残暴的手段掠夺粮谷。在1942年以前,是根据收购的粮谷编制'物动计划'(即'物资动员计划')。"[①]

这一时期,伪满洲国法律体系就呈现出民事法律及经济法规内容多于其他法律、体制上更加完善的特征。伪满时期制定颁布的各类民事、商法、税法、专卖法等方面的法律、法规,同时算上战时颁布的物资统制类法令,其数量多达六十余部,在数量上的权重远远高于刑事法、行政法、警察法等。基于加速经济发展的考虑,这些法律中相当一部分是关于特殊公司单行法,力图通过产业扶持政策积累实力,指导助成少数强力企业。例如1934年2月《满洲石油股份公司法》、1934年3月《同和汽车工业股份公司法》、1934年4月《满洲棉花股份公司法》、1934年5月《满洲

---

[①] 王战平:《正义的审判——最高人民法院特别军事法庭审判日本战犯纪实》,人民法院出版社,1991,第96页。

采金股份公司法》、1936年6月《满鲜拓殖股份公司法》、1936年11月《轻金属股份公司法》、1936年12月《满洲兴业银行法》、1937年7月《满洲合成燃料股份公司法》、1937年12月《满洲重工业开发股份公司管理法》、1938年2月《满洲房产股份公司法》和《满洲油化工业股份公司法》、1938年6月《满洲飞机制造股份公司法》、1938年10月《满洲电气化学工业股份公司法》、1939年5月《特殊公司法》。不可否认，这些法律的制定对当时伪满洲国殖民经济的发展确实起了一定的保障和促进作用。但这些法律从手段而言均采取强化垄断资本的取向，可谓垄断促进对策的经济立法，且许多特殊公司的设立本身就与经济统制相关联，是作为经济统制法的配套法律推出的。例如，东北地区矿产资源丰富，矿业开发与统制自然成为重中之重。1935年8月在《矿业法》颁布的同时就出台了《满洲矿业开发股份公司法》。又如，1939年10月公布《主要特产物专管法》，11月即依据《满洲粮谷株式会社法》成立伪满洲特产专管株式会社，开始垄断大豆、苏子、大麻籽、小麻籽等油料作物及其制品。正是由于包括特殊公司和准特殊公司在内的伪满洲国策会社的垄断属性也存在一定弊端，1942年《满洲国基本国策大纲》提出，经济结构"以完成国防经济体制"为目标，贯彻有计划的统制经济原则，强调"统制企业"的"核算性"、"企业性"和"经营的合理化"等，为集中资金投向高度重点发展的产业，决定放弃过去实行的"一业一社主义"（即一个行业由一个特殊公司垄断），特殊公司仅限于高度要求国家参与的企业，对以后特殊会社的设立"采取严选主义"，除由于企业的性质不得已而需要者外不再采用，并强化和"刷新"特殊会社。由于战争的需要，日本帝国主义必须满足战略物资的控制，因此又颁布了一些专卖法和统治法令，如1934年11月《石油专卖法》、1936年12月《盐专卖法》、1937年12月《酒精专卖法》、

1939年11月《面粉专卖法》等，这些经济法令限制商品的流通，一定程度上不利于经济的发展，但实现了日本帝国主义对战略物资的有效控制。

从1937年5月起，伪满洲国相继公布《重要产业统制法》及《重要产业统制法施行细则》、《物价与物资统制法》等，对重要产业、产品，甚至一般产业、产品实行严格统制，《满洲经济统制关系主要法令集》为这一时期官僚统治经济法令化的集大成者。在"七七"事变以后，因为原来从第三国进口的面粉开始出现进口困难，面粉价格上涨，伪满洲国于1938年8月公布《小麦及面粉供求调整及价格统制应急实施要项》，成立全满面粉厂必须参加的制粉联合会，以厂商自给统制的形式最早实行统制。1938年11月7日敕令第253号公布了《米谷管理法》，同时以敕令第254号公布了伪满洲粮谷株式会社的成立，开始对以稻米为主的粮食的购销、加工进行统制。与对小麦的自治统制不同，采取了相当强硬的手段，将收购米谷的业务委托给在全满各地成立的合作社交易场。当时华北的物价开始暴涨，再加上当年夏季的水灾，伪满洲国的杂粮大量流入华北。因此，伪满洲国为了防止杂粮外流，统制对外出口，11月2日紧急制定并公布《主要粮谷统制法》，对玉米、高粱、小米等进行统制，由粮谷公司统一收购、配给和输出，实行指定收购人制度，由收购人代替会社在自由市场上收购出口粮谷。1939年，鉴于制粉联合会对小麦和面粉缺乏统制收买办法，出现各厂收买小麦价格混乱，许多工厂把面粉拿到黑市出卖等现象，伪政府取消了制粉联合会，成立了伪满洲谷粉管理株式会社，并制定了《小麦及制粉业统制法》、《面粉专卖法》，除对小麦及制粉业实行统制外，对面粉实行专卖制度。1940年9月以新制定的《特产物专管法》和《粮谷管理法》代替了过去的《主要土特产品专管法》和《主要粮谷统制法》，将统制品种进一步扩展，基本包括全部杂粮和油料作物,又对《米谷管理法》加以全盘修正。凡此种种办法,皆为促进登市而设,以便向日本国内输入大量粮谷,强化对蘑菇、药材等特产物的垄断。1937 年 8 月,伪满颁布《暴利取缔令》,开始设立"经济警察"。其后逐渐在警务司、首都警察厅及各省警察厅之下设立经济保安科或经济保安股,构成伪满经济警察的基本队伍,到 1943 年各级警察机构的经济警察已增至 2038 人。① 对于经济警察的发展,警务总局警务处处长池田清躬声称:经济警察"阵容整备,不但都市人民均知经济警察,即使农村偏远地区,亦莫不闻经济警察之声也"。② 为了贯彻上述统制法,日伪官吏及警察无孔不入地实施经济检查,以抓"经济犯"为名到处敲诈勒索,"对于查出的所谓经济犯,随时随地不经诉讼程序加以处罚"。中国黎民百姓深受经济统制之害,动辄违犯经济统制的各种法律,无端地以"经济犯"的罪名遭到惩处或被关进监狱,以致家破人亡。③

随着日本侵略战争的深入,日伪统治者从 1939 年开始推行所谓"粮谷出荷"政策,于 1942 年公布《农产品强制出卖法》,由严格的统制变为强制的购销,以实现变东北为"大东亚粮谷兵站基地"的目的,满足战争的需要。1944 年 8 月 14 日颁布的《农产物管理法》使伪满的统制经济达到无以复加的程度。该法第 3 条规定:"农产物之生产人或取得人不得在农产物交易场或由地方行政官署指定之场所以外之场所卖渡农产物,但兴农部大臣另确定时不在此限","无论以任何名义不得为避免依第一项规定之禁止

---

① 参见《长春市志·审判志》,吉林文史出版社,1993,第 9 页。
② 参见池田清躬《满洲国之经济警察》,载《伪满洲国史料》2、33 卷,全国图书馆文献微缩复制中心,2002,第 137 页。
③ 东北沦陷十四年史总编室、日本殖民地文化研究会编《伪满洲国的真相:中日学者共同研究》,社会科学文献出版社,2010,第 216 页。

之行为"。同法第49条还规定：粮栈、粮栈组合、零卖业人、零卖业组合的营业行为，如果被认定"妨害公益"，行政官署得随时使其停止营业。1942年通过的《战时紧急经济方策要纲》规定"在农产物方面，于图谋积极增产和彻底搜荷政策"①，发动所有机关全力抢购粮食。交不足出荷，不但不准留吃粮，还到农民家翻箱倒柜。农民生产的粮食须先交足"出荷粮"，所产稻谷要全部上缴，不准农民自己吃，违者以经济犯或反满抗日罪论处。②"物动计划"使1940年至1942年低于市价几成的统制粮价，到1943年竟是市价的二十分之一，此外在"出荷"期间的压等、压秤、压价尚不计在内，使农民遭受涂炭之苦，怨声载道，许多地方发生了农民因无口粮而自杀的事件。

曾任伪满洲国总务厅法制处参事官的木田清证实说："岸来到满洲，为了推进产业建设，建立了许多特殊公司，制定了许多法律。当时日系官吏中有一种制定繁多的法律来作为武器的倾向，中国人甚至讽刺他们为'法匪'。"③去伪满洲开拓事业的"能吏"致力于行政统治（administocracy），他们忙于建设机构和制定法律，陷入主观主义的行政一元化和法律万能论的泥坑，用"法三章"来对付当地农民，将在日本国内已经成为众矢之的的官僚政治原封不动地搬到伪满洲。所以，这时竟然出现了与"土匪"这一称呼不相上下的"法匪"的新俗语，以此来称呼这班人，连日本侨民对此也多少抱有同感，称岸信介为"满洲之妖"，将其与东条英机、星野直树、松冈洋右和鲇川义介并称为"满洲五虎"。当时的观察者评论说，日本"不从决定大方针下手，一切唯采干涉

---

① 枥仓正一：《满洲中央银行十年史》，满洲中央银行，1942，第174页。
② 大连市史志办公室编《大连印记》，中共党史出版社，2009，第170页。
③ 田尻育三等：《岸信介》，北京大学亚非研究所译，吉林人民出版社，1980，第70页。

主义,朝一法令,夕一法规,以至官吏称为'法匪',民众却不知何所适从。'满洲'的日系官吏所取法的,除日本形的'法令'、'法规'外,对满洲的传统、习惯,竟一无考虑。'满洲民众'的生活在'法匪'的'干涉''强制'之下,目前固只能出以无言的反抗"。① 伪满法律接二连三被公布,中国人民所有的权利和自由被"有条有理"地剥夺,如同被五花大绑一样失去行动自由。1942年10月公布《产业统制法》,取代已实行五年多的《重要产业统制法》,较之后者统制业种从21种增加到85种,不仅对重要产业要进行严格的经济统制,而且对一般产业也要进行超经济的行政统制,以致连麦酒、豆酱、酱油等非常一般的生活用品也未能幸免。而且,《重要产业统制法》的产业统制主要限于企业外部,如事业、经营检查,扩大、改组、停止和休业的许可等;而《产业统制法》的统制和对特殊会社统制一样,深入企业内部,包括企业的具体经营和人事安排等均受日伪官方干预。为了管理大量统制企业,效仿日本的统制会,以民间自主统制为标榜的统制组合纷纷建立。1942年11月25日公布的《事业统制组合法》规定,统制组合以"协助政府施策"进行统制为目的。该法是《产业统制法》的配套法令,但其适用范围远超过《产业统制法》。伪满洲国的产业行政名副其实地被带"军刀"的人所大权独揽,民众无力公开抵抗,为了生存只能采取消极抵抗的方法。例如,哈尔滨双合盛制粉厂经理张廷阁一方面结交有势力的日本人当作护符,与伪政府虚与委蛇,另一方面抽逃资金,缩小经营规模,化整为零,增添不动产,保存资产。②

---

① 李念慈:《满洲国记实》,近代中国史料丛刊续辑,第82辑,文海出版社,1981年,第256页。
② 元仁山:《黑龙江资本主义工商业的社会主义改造简史》,黑龙江人民出版社,1993年,第34页。

与山田盛太郎为代表的日本战前和战后资本主义的构造断绝主张相对立，山之内靖1988年发表的论文《战时动员体制的比较史考察——为了了解今日日本》主张"总体战体制论"，强调日本战时和战后体制的"连续性"，认为第一次世界大战和第二次世界大战期间，日本为进行总体战而进行的战时动员，是形成战后日本"体制社会"的起点。[1] 如果说以往的转型是基于"日本神话"且强化了这种神话，使"日本式经营"备受礼赞，那么堪称"总体战体制论"代表作的山之内靖等人合著的《总体战和现代化》最终得出的结论却是："战后各项改革的基本方向，和战时的各项改革是共通的。战时的改革使战前经济体制的制度性基础彻底解体……使战后体制向战前体制回归的道路被封闭。"[2] 曾在大藏省任职多年的野口悠纪雄将战后的日本经济体制称为"1940年体制"[3]，"1940年体制"即总体战体制，是以1938年《国家总动员法》的制定为标志而确立起来的，故又称"1938年体制"。"1940年体制"并没有因战后民主改革而消失或出现本质性的改变，只是进行了新的排列组合，从而在一定程度上中和了该体制的有毒成分，使之成为跟国际环境比较相宜的一种政治体制。"1955年体制"实际上是披着战后民主改革外衣的"1940年体制"。前者对战后日本社会、经济和政治的基本性格的形成起到了决定性作用，远远超过了肤浅的战后改革。"1940年体制"和战后民主改革两者都有作用，但存在主辅佐使之分。美国学者路易斯·杨格《总动员帝国——满洲和战时帝国主义的文化》一书通过对大众传媒、

---

[1] 山之内靖「戦時動員体制の比較史的考察―今日の日本を理解するために」『世界』第513号1988年4月号。
[2] 山之内靖・ヴィクター・コシュマン・成田龍一編著『総力戦と現代化』柏書房、2000年、7頁。
[3] 野口悠紀雄『新版1940年体制―さらば戦時経済』東洋経済新報社、2002年。

官僚制国家、利益集团、乌托邦意识形态、国家对经济和社会的介入等"总动员"各个层面的探讨，指出战时的日本是由支撑新型帝国主义的现代产业、大众文化、政治的多元主义、新颖的社会组织创生的，是日本战后社会的原型。[①] 对此，小林英夫虽然提出批评，将"1940 年体制"论追溯至俄国十月革命后宫崎正义在满铁调查科形成的当时全世界最大的研究苏联计划经济的机构，[②] 但也同样肯定伪满洲经营构成嗣后日本经营体制的原型。以岸信介为中心的伪满洲国官僚借用大宅壮一的话说，多是些比常人"高一音阶的热情家"[③]。他们以德国为典范在伪满洲国推进国家统治经济，造成了统制或介入主义的产业政策，以后带进了日本本土并导致了战祸，在战争时期的日本被承继、扩大和强化，在战后的政策中也得以延续。例如，《重要产业统制法》使卡特尔作为度过昭和萧条的"王牌"而得以加强，并对摆脱大萧条和创造垄断利润产生深远的影响。该法于 1936 年到期修正，不得不再延续五年。[④] 在 1934 年 9 月《金融合作社法》、1940 年 3 月《兴农合作社法》、1940 年 4 月《商工金融合作社法》中，除了协力、协同、协动的取向被吸纳入所谓"王道乐土"的"魂立国"理念实践[⑤]，与日本本身的产业组合、商业组合等的中央会仅仅作为中央指导机关而被指责弱体无能不同，伪满商工金融合作社等中央会兼有日本中央会和全国联会的两种机能，甚至兼有日本产业组合中央

---

① Louise Young, *Japan's Total Empire: Manchuria and the Culture of Wartime Imperialism*, Berkeley: University of California Press, 1998, pp. 7-9.
② 小林英夫编著『満洲その今日の意味』つげ書房新社、2008 年、42~43 頁。
③ 秦郁彦：《日本官僚制研究》，生活·读书·新知三联书店，1991，第 172 页。
④ 高瀬雅男「カルテルの法構造と経済法」『鹿児島経大論集』第 14 卷第 4 号、1974 年。
⑤ 高田源清『満洲及支那の組合制度』叢文閣、1941 年、49 頁。吉田司『王道楽土の戦争 戦後 60 年篇』日本放護出版協会、2005 年、88、109~110、116 頁。

金库、商工组合中央金库的作用，在营业统制等方面远远超越日本本土的商业和工业组合，说明伪满经济法并非单纯的日本法律的移植，而是具有从伪满的日本实验区先行先试的特性。①《粮食管理法》（『食糧管理法』昭和 17 年 2 月 21 日法律第 40 号）在伪满洲国已经以《米谷管理法》的形式被实施。另外，在伪满洲国，早已按照苏联的计划模式设立"企划处"，到 1937 年"企划院"在日本国内也设立，经过伪满洲修业的革新官僚进入"经济参谋部"全面负责对经济战线的统制事务，制定物资动员、资金统制、贸易、交通电力动员、劳务动员等计划，甚至战后作为经济规划厅被继承下去。在东京审判中被定为甲级战犯的岸信介度过了长达三年的拘禁生活，其因为推翻东条内阁做出了较大的贡献而具有肯定的一面，在复出后将战前时期国家统制经济的构想重新运用到战后的经济复兴中，战前主导这些法规整备的官僚担当了战后高度经济成长的旗手。现代日本社会的基本结构形成于 20 世纪 40 年代，并且对战后经济复兴到高度经济成长起到了牵引作用。易言之，从战后复兴时期到高度经济成长时期的官僚主导型的经济体系的始祖，即 40 年代以构筑总体战体制为目标的岸信介、椎名悦三郎、和田博雄等统制经济派的中心人物。这些"跨时代"的经济官僚们不仅带着战前的职位进入战后，而且带来了战前长期积累的经验和相当强势的政策思想，将苏联五年发展计划、美国的新政和英国在一战后的经济再建计划作为效行的蓝本。这恰如世界上土地增价税最早是在德国人不遗余力经营的青岛实行的，后推广于德国本土并被英国等所仿行。美国学者查默斯·约翰逊（Chalmers Johnson，1931~2010）的评论是："这种初期时代（20~30 年代）的思考方法和制度性创新，并不是一代人传给下一代人

---

① 高田源清『満州及支那の組合制度』叢文閣、1941 年、112 頁。

的那种简单的遗产,主导着 50~60 年代产业政策的一代人,早在 20 年代后期和 30 年代初期就已登上了舞台。日本产业政策史上最令人吃惊的一个事实是,创造战后经济奇迹的领导者们,正是那些早在 20 年代后期就提出产业政策,经过 30~40 年代后再付诸实施的人。"战前的某些"制度和政策,与高度成长时期的制度和政策在若干方面简直十二分地相似"。① 1937 年卢沟桥事变爆发后,随着战争的长期化,日本当局除颁布"统制三法",即《临时资金调整法》(『臨時資金調整法』昭和 12 年 9 月 10 日法律第 86 号)、《输出入品等临时措置法》(『輸出入品等臨時措置法』昭和 12 年 9 月 10 日法律第 92 号)、《军需工业动员法适用于支那事变之法律》(『軍需工業動員法ノ適用ニ関スル法律』昭和 12 年 9 月 10 日法律第 88 号)外,还相继颁布《人造石油制造事业法》(『人造石油製造事業法』昭和 12 年 8 月 10 日法律第 52 号)等一系列"事业法",对各个产业,特别是与军需密切相关的产业实施统制。同时又制定了一系列战时经济计划以迎合"总体战"的需要:1938 年制定了第一个战时经济计划物资动员计划;1939 年后又相继制定了贸易统制计划、劳务动员计划、交通电力动员计划、资金统制计划等一系列计划。这一系列被统称为"国家总动员计划"的颁布,大致形成了计划经济体制。事实上,构成"1940 年体制"基础的各项制度多系纳粹德国制度的翻版。作为战时金融体制根本的《日本银行法》(『日本銀行法』昭和 17 年 2 月 24 日法律第 67 号)即堪称 1939 年制定的纳粹德国银行法的翻版。但与战时体制被彻底摧毁的德国形成鲜明的对比,日本的特殊性主要在于这一体制在第二次世界大战后赓续存在。战后政府和业界团体双向

---

① チャーマーズ・ジョンソン『通産省と日本の奇跡』矢野俊比古訳、TBSブリタニカ、1982 年、122~123 頁。

关系或者说行政指导体制的原型即肇端于战时经济体制①，1942年制定的《日本银行法》迄止1997年金融大爆炸之前都是日本金融制度的基本法②，其有关日本银行须按国家政策及国家既定目标运营的规定在战后美军主导的银行制度改革中几乎只字未加更张。1940年前后逐步出台的一系列经济产业统制法规成为战后复兴时期到高度经济成长时期国家经济运营的基础。原计划院担当中坚骨干的"战时官僚"继续占据经济安定总部的要职，他们积极引入"倾斜生产方式"，担负着战后经济复兴的重任。正如椎名悦三郎在1976年所写的，伪满洲是日本产业的"试验场"。③ 有许多过去的满铁职员在经济安定总部担任要职，伪满洲国的统制经济方式几乎原封不动地搬到了战后。采用了与伪满洲国推行的"重要产业五年计划"几乎完全相同的统制经济手法。被称为"农工商省第一人"的岸信介和号称"大藏省第一人"的星野直树等制定的《确立经济新体制纲要》（『経済新体制確立要綱』）这一原计划院的方案，不仅支撑了"1940年体制"，在战后复兴时期也发挥了主要作用。④ 1949年根据《通商产业省设置法》（『通商産業省設置法』昭和27年法律第275号）由商工省和贸易厅合并成立的通产省，被认为是日本在高度经济成长时期的经济司令部。在日本的中央各省厅中，通产省设有一个其他行政部门所没有的"法令审查委员会"，最能说明通产官僚的特性。从岸信介和椎名悦三

---

① 岡崎哲二・奥野正寛『シリーズ現代経済研究（6）現代日本経済システムの源流』日本経済新聞社、1993年、193頁。
② 野口悠紀雄『1940年体制—さらば戦時経済』東洋経済新報社、2002年、5頁。
③ 查尔默斯·约翰逊：《政府到底该干什么？——有形与无形的手之争》，安佳、肖遥译，云南教育出版社，1989，第114页。
④ 纐纈厚：《我们的战争责任：历史检讨与现实省思》，申荷丽译，人民日报出版社，2011，第75页。

郎这一对无法分开的"革新官僚"哼哈二将这条线传下来的通产官僚特殊群体，通过不断地制定各种政策法令来显示自己的存在，以至于有人揶揄通产省为"主意省"，同时这些层出不穷的政策法令，在很多时候也确实为日本产业指明了发展方向，成为亚洲的优等生。①"通商产业省"直到 2001 年才改名为"经济产业省"。

金泽良雄在《经济法》中就以椎名悦三郎《战时经济与物资调整》（『戦時経済と物資調整』产业经济学会、1941 年）为基础分析日本战前、战时到战后的经济计划法律属性的变化，认为：在日本，第二次世界大战前和战争期间制定的《扩充生产力计划》、《物资动员计划》与战后制定的《经济复兴计划》、《经济自立五年计划》、《新长期经济计划》、《国民收入倍增计划》、《中期经济计划》、《经济社会发展计划》、《新经济社会发展计划》和《经济社会基本计划》等，本身只属于经济政策的领域，而在法律上并无任何规定。② 这都是无任何法律依据而制定的。行政机关的决定计划不必依据法律亦能自由进行。在这种情况下，可以说是计划与法律无关，并不具有任何法律的意义。在战争时期对经济计划的需要非常高，而为其计划实施，要求有法规并急需伴随有限制国民权利（许可、认可等）和免除义务（免税）的强有力的措施。与此相关，计划具有作为行政活动实质性标准的机能上的实质关系。但在这种情况下，就其法律本身而言并未设立对计划的任何规定，而计划则潜在于法律的背后，成为根据这些法律制定的各种行政活动的实质性标准。在这一意义上，计划虽然与法律相关，但本身并不体现于法律的表面，仅潜在地蕴蓄着法律的意义。为了给行政活动授予广泛酌量的余地，计划的法律意义未

---

① 俞天任：《谁在统治着日本》，东方出版社，2012，第 134 页。
② 金泽良雄：《经济法概论》，满达人译，中国法制出版社，2005，第 64~70 页。

能显现化，法律上有关实现计划手段的行政活动的规定至多也是一般的、抽象的标准或必要条件。例如，《进出口物品临时措施法》仅仅做出了"关系到支那事变为确保国民经济的运行而认为必需时"得加以某种规制的规定。同时，战争时期的《粮食管理法》也未对计划做出任何直接规定，而只对向政府交粮义务（第3条）以及有关抽象条件（认为特别需要时）下的大米、小麦配给委任令（第9条）做了规定而已。然而，战后出现了计划直接纳入经济法领域的现象，计划在法律上成为经济法规制标准的前提。经济的计划以法律形式表现出来，被直接赋予某种法律意义。例如：根据《煤炭矿业合理化临时措施法》（昭和30年［1955］法第156号）制定的《煤炭业合理化基本计划》和该法的施行计划；根据《产煤地区振兴临时措施法》（昭和36年［1961］法第219号）制定的《产煤地区振兴基本计划》；根据《石油供求适度化法》（昭和48年［1973年］法第122号）制定的《石油生产计划》等。

当时，日本国内和伪满洲国的日籍学者在刊物上发表了一定数量的经济方面的论文，如小日山直登『日満統制経済論』（創建社、1932年）、小島精一『日満統制経済』（日本統制経済全集第8卷、改造社、1933年）、高田源清『満州及支那の組合制度』（叢文閣、1941年[①]）、磯井通晴「満州国の統制経済と重要産業統制法（一）（二）」（『東亜経済研究』第21卷第3~4号、1937年）、鈴木一郎「満州国鉱業法に於ける租鉱権の本質と機能—満州国の鉱業開発・統制機構」（『満鉄調査月報』第20卷第3号、1940年）、我妻栄「満洲国に於ける土地制度確立の企図」（『法

---

[①] 作者在高冈高等商业学校新设的东亚经济科讲授东亚法制，获得文部省和外务省资助研究组合制度。

学協会雑誌』第 54 卷第 2 号、1936 年)、我妻栄「満州国土地制度確立事業に関する所感と希望」(『地友会雑誌』第 1 卷第 1 号、1936 年)、福島三好「満州国土地制度の現状と土地政策」(『満鉄調査月報』第 16 卷第 8 号、1936 年)、浜虎一「満州国経済統制法に就いて」(『東文』第 1 卷第 1 号、1941 年)、高田源清「満州国の新産業統制法」(『民商法雑誌』第 16 卷第 6 号、1942 年)、徳永清行「満洲中央銀行法の改正」(『経済論叢』第 56 卷第 1 号、1943 年)、溝口幸太郎「満洲中央銀行法の改正」(『銀行論叢』第 40 卷第 2 号、1943 年)。伪满洲国出版的经济法著作有关景禄《满洲帝国矿业法令》(满洲矿业协会，新京，1938 年)、山田春雄《满洲帝国国有财产法释义》(东光书苑，新京，1938 年)、小松孝行《米谷管理制度关系法规》(新京印刷所印，满洲粮谷株式会社，1939 年)、永田信雄《满洲帝国会计法规要義》(满洲行政学会，新京，1939 年)、新井重已《满洲帝国矿业法令集》(新京个荣印刷所印，满洲矿业协会发，1940 年)、商工经营研究会《改正税法总览》(大同书院，1940 年)、大谷仁兵卫《满洲国统制法令集》(满洲行政会，新京，1940 年)等。伪满洲国建国大学法律系开设的课程中除了法律史、日本宪法、刑事法、民事法、商事法、国际法等，还有一门重要课程就是统制法。[①] 1939 年新设的新京法政大学主要是法制经济的学府，包括法律系和经济系。我国法学界耳熟能详的日本法学家高桥贞三当时就是新京法政大学的教授。高桥贞三在当时出版了《满洲国行政法》(满洲图书株式会社，满洲书籍配给株式会社，1942 年)、『满洲国基本法』(1943 年)，在战后出版『経済法講義案』(1952 年)、

---

① 刘世泽：《伪满建国大学概述》，载《长春文史资料》编辑部《长春文史资料》1997 年第 1 辑 (总第 49 辑)，回忆伪满建国大学，第 34 页。

『経済法』（1959年）。高桥贞三在战后经济法的研究是基于其在新京法政大学的经济统制法的研究，这可以从其战后出版的经济法著作与其在战争期间出版的《满洲经济统制法》觇见其中的端倪与继承性。在改革开放后翻译金泽良雄《经济法》的满达人虽然对中国当代经济法学者影响深远，其从20世纪80年代初即致力于日本经济法专题研究，历有年所，所著《现代日本经济法律制度》（兰州大学出版社，1998年）以金泽良雄的《经济法》为蓝本，融汇自己在兰州大学法律系主讲外国法制史和日本经济法多年的心得，堪称呕心之作，为世人所推重，但其生平事迹一直比较模糊，仅仅显示其晚年在兰州大学图书馆任职。据笔者所知，其原名满占鳌，1917年生，吉林市人，祖籍山东，1941年毕业于新京法政大学，应该为高桥贞三的学生，1943年在新京地方法院任实习法官[1]，恰如赵俪生所言其"早年曾去日本考察，对30年代前后的日本文化成果是做了充分吸收的"[2]。其后来关于经济法的研究显然也是其来有自。

### （四）日据台湾经济法

台湾非日本原领土，日本统治后，一般名之曰新领土，为了避免使用带有强烈刺激的名词"殖民地"，也被称为"外地"，与其本土（"内地"）相对应。日本政府公布国会通过"六三法"（『台湾ニ施行スヘキ法令ニ関スル法律』明治29年法律第63号），以台湾治安不靖、与日本风土迥异为由，赋予台湾总督委任立法权。在"六三法"体制下，在台湾的立法权、行政权、司法权行使的主体均由台湾总督一人司之，台湾总督府的律令无须经

---

[1] 沈阳市文史研究馆编《沈鸿缀羽》，中华书局，2005，第37~38页。
[2] 满达人编译《中亚史地文献综述》，兰州大学出版社，1995，第2页。

日本议会同意或承认,在辖区内具有与法律同等的效力,或称"代法律之命令"(Gesetzesvertretende Verordnungen),是为采取台湾"殖民地"特别立法主义时代,在法律上与日本本土异其法域,日本本土法令并不当然施行于台湾。1906 年以"三一法"(『台湾ニ施行スヘキ法令ニ関スル法律』明治 39 年法律第 31 号)改正"六三法",也是以律令为统治的重要法源。1921 年,日本厉行强迫的"同化主义",公布《关于应该在台湾施行的法令之法律》(『台湾ニ施行スヘキ法令ニ関スル法律』大正 10 年法律第 3 号),简称为"法三号",以取代"三一法",在法制上以日本法为中心,采取与法国殖民地阿尔及利亚模式相同的"内地延长主义",以期将日本内地所适用的法律延长至台湾使用,将"委任立法"的形式从以"律令"立之,修改为以"敕令"定之,从而结束长达 25 年之久的律令立法时期,开始了敕令立法时代或通称的"皇民化时期"[①],民法、商法、民事诉讼法、民法施行法、商法施行法、人事诉讼手续法等法令皆在台湾开始实施,在特殊情况下以总督发布律令加以辅佐。在日本称霸亚洲的棋盘上,这一时期台湾经济法直接与日本本土接轨,无须经历伪满洲国的日系官僚主导的立法转化。日本据台前几乎已经全面继受西方欧陆法制,所以日本推行的"脱中入日"间接使得台湾法制开始"脱中入西",使台湾法律大多数西方化。日本统治台湾五十年,在日本帝国主义的军刀之下,台湾固然是资本主义化了,同时也日本殖民地化了。台湾经济的资本主义化是其光明面,台湾的日本殖民地化是其黑暗面。如果只看到光明面,固然是错误的,但将光明面和黑暗面截然分为两种类型,也同样不正确。台湾资本主义化,乃台湾殖

---

① 戴炎辉:《五十年来的台湾法制》,《台湾文化》第 5 卷第 1 期。

民地化的本质。光明面乃其形式,黑暗面乃其本质。① 对日本殖民统治的礼赞不仅无知,而且无耻。所谓"有法不正,有度不直,则治辟"② 是也。

## 二 民国经济法学者群体素描

在民国时期中西交汇的学术格局下成长起来的最早一批中国经济法学者,其学术的养成也大多受益于中西交汇所提供的学术滋养,他们很多留学日本、欧美研习法学,学成后归国或授教于诸大学,筚路蓝缕开展民法等领域的教学与著述,或就职于民国政府诸部门,他们中很多人因其学术成就而受邀参与了民国政府的经济立法工作。民国期间研究经济法的学者可分为两大群落:一为立法院学者群落,一为朝阳大学留日学者群落。立法院学者群落以马寅初、卫挺生、黄右昌等为代表;朝阳大学留日学者群落以张蔚然、陆季藩、李景禧、张则尧等为代表。前者躬亲立法实践,结合立法实践进行学术研究,在社会地位等方面更显瞩目,后者主要集中于高等院校,对于经济法学理论的介绍和阐发更为直接。

黄右昌(1885~1970),字黼馨,号溇江子,湖南省临澧县人。1915年,被蔡元培聘为北大法律教授兼系主任。1920年任北京大学法科研究所主任。1925年参与北洋政府司法部主持的中国历史上第二部民法典——《中华民国民律草案》的制定。与此同时,在清华大学、法政大学、朝阳大学、中国大学、民国大学和天津法商学院兼课。到受胡汉民固请,1930年至1947年任国民政府立

---

① 陈樱琴:《台湾百年经济法的光明面与黑暗面》,载台湾法学会编《台湾法制一百年论文集》,台湾法学会印行,1996,第296页以下。
② 房玄龄注、刘绩补注:《管子》,刘晓艺校点,上海古籍出版社,2015,第407页。

法院立法委员。所著《罗马法与现代》,在法学界名重一时,有"黄罗马"之称。

马寅初与刘大钧、何廉、方显廷被称为中国20世纪三四十年代最负盛誉的四大经济学家,也是当时最具影响力的经济法学家。南京国民政府成立后,马寅初出任国民政府立法院经济委员会委员长,两三年后孙科任院长期间又任财政委员会委员长,实际上处在国民政府最高经济顾问的位置上,与邵元冲等国民政府多位高级官僚多有往来。蒋介石一度对马氏信任有加,多次邀请其为自己讲解国际经济形势和国内财政经济状况,商讨国是,甚至在1932年还曾考虑令其负全国经济之责。他的主张对于当时的经济立法和经济政策的制定产生了重大影响。其躬与当时的经济立法,并且对于各种经济立法问题著文、演讲,阐述各种立法的意义、立法原则、立法程序等,包括《中国租佃制度之研究》(《经济学季刊》1930年第1卷第1期)、《新颁布之〈商标法〉》(《中央大学法学院季刊》1930年第1卷第2期)、《新颁布之〈交易所法〉》(《中央大学法学院季刊》1930年第1卷第1期)、《对于〈钱庄法〉之意见》(《商业月刊》1931年第1卷第2期)、《〈普通银行法(草案)〉具体说明》(《中央大学法学院季刊》1931年第1卷第4期)、《商标与〈商标法〉》(《银行周报》1931年第15卷第47期)等。于1932年出版的《马寅初经济论文集》中许多内容涉及银行法、钱庄法、储蓄银行法、营业税、票据法、商标法、交易所法、公司法、盐税、田赋等,实为当时经济法研究的重要成果,彰显出作者在学术界的强大话语权。所以张则尧等人的合作社法专著均请马寅初作序,可见马寅初当时在这一领域的学术地位。

和马寅初一样,卫挺生也具有留美经历,同样是中国经济学社的骨干人物,同样在立法院长期工作。1929年在上海太平洋书店出版《财政改造》,引述"数目字支配世界"(The world is governed by number）的英谚力主一笔不苟的财政法律构建，[1] 成为其后来财政立法、计政立法的初步思想整理的底本。[2] 卫氏最初设计一部《财政监理法》的法典，分为通则、收支系统、预算、会计、统计、决算、公库行政、财物经理、公债、事前审计、稽察、事后审计十二章，以充分实现财政收支存稽分权制衡的主张，虽然胡汉民大为嘉赏，并主张应改称"财政法"，但负责财政委员会的邓召荫主张财政立法化整为零，遂先后起草了《公司法》、《财政管理法》、《公债法》、《预算法》、《会计法》、《统计法》、《公库法》、《决算法》等，参加了《土地法》与《宪法》的起草和讨论修改，著书立说，主要有论文《关于会计制度的几点意见》（《服务》1940 年第 5、6 期）、《会计法草案之特殊各点》（《会计杂志》1935 年第 5 卷第 1 期）、《会计法要义略释》（《会计季刊》1936 年第 3 期）以及著作《中国今日之财政》（世界书局，1931）、《战时财政》（世界书局，1933）、《中国现行主计制度》（与杨承厚合著，国立编译馆，1946）等，对财政管理制度化的贡献卓著。1942 年卫挺生总结说："在我十几年的立法工作中，我在财政制度上的小小贡献，是四种制度的确立，即财政收支系统制度与审计制度的改造，及主计制度与公库制度的草创。……而且笼罩全部财政制度改革的最高原则，——第四届全会通过的《改善财政制度方案》——也是出于我的起草。"[3] 从这些制度设计中，可以看出卫挺生的财政改革思想。虽然卫氏与马寅初关系密切，但两人与国民党政府的关系不尽一致。马寅初在早期关于立法的意见就

---

[1] 卫挺生：《财政改造》，上海太平洋书店，1929，第 140 页。黄仁宇研究明代财政和近代中国社会转型的大历史，强调"数目字管理"，就是对卫氏计政的理论演义，但计政泛化为福柯的统治经济学。

[2] 卫挺生：《卫挺生先生自述小传》，出版者不详，1947，第 6 页。

[3] 卫挺生、杨承厚：《中国现行主计制度》，商务印书馆，1946，卫挺生序第 1 页。

与财政部存在一定分歧,不过仍限于学术观点的争论,但在抗战后期关于税法的问题对宋子文等猛烈抨击,经过蒋介石的强力打压后与国民党政府渐行渐远,而卫氏提出的诸多财税法主张虽然没有完全实现,但民国政府财税法的总体框架是由卫氏设计的,卫氏一直颇受宋子文关照,所以,在国民党败退大陆之际,马、卫两人的际遇自然迥乎不同。

张蔚然,生平不详,待考。在张氏所译牧野英一《法律之矛盾与调和》一书中自题"藁城张蔚然",可知其为河北藁城县人。① 据子青《河北留日学务报告》胪列的名录载,"张林坡,藁城,自费,研究劳动法"。② 笔者怀疑此处的"张林坡"即张蔚然,因为张蔚然的籍贯也是藁城,同样以劳动法研究见长,且按照中国人字号一般具有互文关系,"林坡"恰好与"蔚然"相呼应,遂翻检藁城有关资料,果然在张中义主编《藁城教育志》清末民初大学生和出国留学生名单表中发现有这样的记载:张林坡,表灵村,北平朝阳大学法科,民国二十年(1931)。③ 据此可知,张林坡是在朝阳大学法律系毕业,于1931年赴日留学。考诸朝阳大学相关资料,果然在《朝阳大学同学录》民国二十年六月毕业的第七班发现这样的记载:"张林波,别号蔚然,河北藁县。"④ 笔者认为《朝阳大学同学录》所载"张林波"应为"张林坡",与该表标注的"河北藁县"应为"河北藁城"或者"河北藁城县"一样,存在笔误,但这里最为重要的信息是证实了"张林坡"即张蔚然的推测。后来,笔者在1933年《续修藁城县志》卷七中果然发现有这样的记述:"张林坡,字蔚然,表灵村人,民国二十年

---

① 牧野英一:《法律之矛盾与调和》,张蔚然译,春秋书店,1932,第1页。
② 子青:《河北留日学务报告》,《河北留东年刊》1934年第1期。
③ 张中义主编《藁城教育志》,河北人民出版社,2002,第294页。
④ 朝阳大学校友会筹委会:《朝阳大学同学录》,1997,第21页。

北平朝阳大学法科毕业。"① 朝阳大学有这样一个传统，即在本校毕业生中选拔有培养前途的尖子人才，资派他们去日本和欧美留学。虽然留日的浪潮在九一八事变后一度受到影响，但不久渡日者依然络绎不绝，揆其原因要为日本外汇贬值政策之奏功。河北藁城表灵村张家是当地富户，子弟在朝阳大学读书者甚多，张蔚然能够自费留学不足为怪。在民国年间对于经济法学发展具有重要贡献的李景禧、陆季藩、张则尧均是朝阳大学法律系的高才生，毕业后都通过不同渠道赴日留学，和张氏具有相同的学术发展经历，即便称之为朝阳学派亦不为过。张氏的主要研究领域集中在法理学和包括劳动法、经济法等在内的社会法，其中有译著《法律之矛盾与调和》（牧野英一著，北平：春秋书店，1932）等。张氏研究经济法类似于日本学者菊池勇夫，从劳动法入手延伸至经济法，进而上窥乎法理学，汲源于德国的卡斯凯尔等人的思想。

陆季藩的《合作法制》在张则尧的《比较合作社法》中多所称引。张则尧，字可皆，江西余江人。1935年北平朝阳大学法律系毕业，同年入日本明治大学，专攻民法及经济法。张则尧《比较合作社法》（中国合作文化协社，1943）是中国经济法早期极为重要的著作，虽然出版较早，但书中阐述诸多观点，如将合作社法律属性定位为"公益的私益法人"现仍不过时，然而目前学界并没有对其投入应有的关注。②

陆季藩，辽宁辽阳人，系国立北京大学、日本法政大学毕业，③ 历任北大教授及湖南、广西、东北等大学教授兼系主任④。

---

① 《续修藁城县志》卷七，1933。
② 郑景元：《农村信用社法律问题研究》，知识产权出版社，2011，第4页。
③ 《民国二十六年度国立湖南大学概况》，1937，第15页。《申报》1948年3月10日。
④ 杨佩祯主编《东北大学教授名典》，东北大学出版社，1999，第139页。

朝阳大学主办的《法律评论》创刊于 1923 年,曾一度蜚声中外,"七七事变"后朝阳大学辗转迁移至沙市、成都、重庆,颠沛流离,《法律评论》亦告停刊。抗战胜利后,朝阳大学迁回北平,当时在最高法院工作的李景禧受母校院长夏勤之嘱主编《法律评论》,并移至南京出版,1947 年复刊,直至中华人民共和国成立前夕为止。据李景禧回忆,"陈文彬教授的《冤狱赔偿制度与我国今后之立法》(第 16 卷第 2 期)、石志泉老师的《论诉讼法之功能及法院结案迟缓之原因》、陆季藩的《通货膨胀与金钱债务之关系》(均见第 16 卷 13 期),三文皆精辟入里,掷地有声。颇受读者赞赏"。① 陆季藩还著有《社会法之现代性》(《法律评论》第 13 卷第 31 期,1936 年 5 月)、《社会法之发生及其演变》(《法律评论》第 13 卷第 15 期,1936 年 9 月)和《对于几个主要民法的范畴的看法》(《新中华》,1933)。

在陆季藩任厦门大学法律系主任期间,与陆氏同样毕业于朝阳大学的校友李景禧(1912~1995)是该系教师。李景禧,笔名太荓,福建省福州人,1933 年毕业于朝阳学院法律学系,翌年浮槎东渡,入东北帝国大学法学院师从栗生武夫(くりうたけお)。降及 1935 年,刘子崧、李景禧所编的《法学通论》就已经出版第二版。1937 年 4 月李氏卒业回国,受聘为南京中山文化教育馆副研究员。国民政府迁都重庆后,任《星渝日报》主笔。1939 年至 1940 年,任中央陆军军官学校(黄埔军校)第 16、17 期政治法律教官。在此期间,兼任西迁成都办学的朝阳学院法律系教授。1942 年出版的《合作法制》是其在北京大学讲稿基础上加工而成的。作者将德国合作社法(Gesetz betreffend die Erwerbs-und

---

① 李景禧:《法学明珠——〈法律评论〉追忆》,载薛君度、熊先觉、徐葵主编《法学摇篮:朝阳大学》(增订版),东方出版社,2001,第 44~45 页。

*Wirtschaftsgenossenschaften*）和日本合作社法（『産業組合法』明治33年法律第34号）作为参照系，认为中国合作法制的内容虽然较之于其他法制简单，但"必须旁及经济政策、民事法规及经济法理论以为补充"。[①] 合作社法一方面规定国家对其的指导监督关系，以防止其行为超乎应有的限度之外，另一方面规定合作社与社员之间的内部关系，是一国经济政策的反映，其内容不仅含有公法的规定，而且包藏私法的规定，"既非私法，也非公法，完全是介于二者之间，而为新兴的经济法之一部"[②]。所谓经济法是有关交换经济和共同经济的法律，在法律体系中属于社会法。[③] 该书虽然因在战时出版而印刷极为粗略，但在内容上，对于合作社法律责任、合作社合并等问题的阐述尤为精深绵密，堪称力作。1948年底，南京解放前夕，国民政府最高法院人员纷纷请假走避，其虽因与国民党元老林森的亲戚关系，有机会携家赴台，但毅然坚持留在大陆，先后任福建学院教授、法律系主任、教务主任，厦门大学法律系教授。1953年因全国高校院系调整、厦门大学法律系停办而转任厦门大学经济系教授。1957年，被错划为"右派"，遭受开除公职的处分，解送原籍劳动。1979年平反昭雪后，时值厦门大学法律系复办，回到法律系任教授。1983年，连任第六、七、八三届全国人民代表大会代表，法治建言颇多。兼任民革（中国国民党革命委员会）中央委员和监察委员、中国法学会名誉常务理事、中国消费者协会理事、中国法学会民法经济法研究会顾问等诸多社会职务。

戴铮隆，江西南康人，1949年以前曾任国立贵州商学院、国

---

① 陆季藩：《合作法制》，青年书店，1942，弁言第1页。
② 陆季藩：《合作法制》，青年书店，1942，第28页。
③ 陆季藩：《土地法讲义》（北京大学），第14页。

立贵州大学、国立中山大学等校法律系讲师、副教授和教授职务，讲授民法和商法课程。中华人民共和国成立后应湖南大学李达校长的邀请曾任湖南大学法律系教授兼主任。1953年高等院校院系调整，又应李达之邀任新成立的中南政法学院法律系教授兼系主任、民法教研室主任。1958年以后调任由中南政法学院与武汉大学法律系合并成立的湖北大学法律系教授兼系主任。"文革"期间因湖北大学法律系被撤销，于1970年调任华中师范学院中文系教授，于1980年起任武汉大学法律系教授和武汉大学港台法研究所所长职务，主要从事民法、商法以及经济法学教学研究工作，直到1988年离休。20世纪80~90年代曾兼任中国法学会民法经济法研究会、湖北省法学会民法经济法研究会、湖北省法学会经济法研究会、武汉市法学会经济法研究会等学术团体的顾问等职。20世纪80年代初，因其为国内民法学界当时仅存的资深民法学教授，被教育部邀请牵头主编高校统编民法教材。其在20世纪40年代发表的长篇论文《论法律和经济的关系》，是经济法学早期的重要文献。[1]

吴传颐（1910~1978），江苏苏州人。毕业于震旦大学。曾任民国大学、大夏大学教授，云南大学、贵州大学法学副教授。1943年至1949年在国立中央大学法学院法律系任副教授、教授，"中大校务维持会"委员。在1947年上海举行的中华民国法学会第四届年会上，王效文、吴传颐、李景禧分别宣读论文《无限公司废止议》、《社会法与社会法学》、《各国继承法综合观》。[2] 中华人民共和国成立后，他先后被任命为中大校务委员会委员兼法律系系主任、国立南京大学校务委员会委员兼法学院院长。1949年7月后，调往北京，

---

[1] 参阅 http://hilaw.whu.edu.cn/30/news/a/xuerenpu/2009/1124/42.html，访问时间：2015年2月19日。
[2] 《申报》1947年11月3日。

被任命为中央人民政府政务院法制委员会委员,后又被任命为国务院参事兼国务院法制局财经贸易法规组副组长,曾参与1950年颁布的"共同纲领"和1954年颁布的宪法的制定。1957年被国务院法制局错划为"右派",被撤销一切职务,下放到湖北省麻城县劳动。作为一位在民法学方面造诣精深的学者,其著述甚丰,有《比较破产法》、《欧陆民法的演进》、《中国法治之路》等。

## 三 民国学者的观点:何为经济法?

留学日本的中国学生于1907年1月14日(光绪三十二年十二月初一日)创刊《法政学交通社杂志》,留日学生孟昭常为主编,该月刊在日本东京发行,每月初一日刊行,单册定价二角五分,半年六册定价一元四角,全年十二册定价二元七角,每期为140~160页。其事务所设定在东京神田今川小路集贤馆的陆定寓所。《法政学交通社杂志》所载多该社研究所得之材料,其文章风格通达明快,"本杂志为助成社会之发达,所发表意见及互相问答之处,皆与社会情势相应,无取艰深汗漫"。[①] 杂志主要栏目分为九个科——论说、宪法、行政法、民商法、刑法、国际法、经济法、工商业调查记、杂录等,但实际刊行的杂志并未严格遵循这一分科方法。"经济行政法"的概念至少在1913年已经见诸《申报》。[②] 以谈敏主编《中国经济学图书目录(1900~1949年)》(中国财政经济出版社,1995)一书中收录整理民国不同时期出版的"经济法"著作(含译著)的统计数据(不包括非正式出版物)来看,1912~1927年计有63种,1928~1937年计有308种,

---

[①] 《法政学交通社章程》,《法政学交通社杂志》1907年第1号。
[②] 《申报》1913年1月29日。

1938~1945 年计有 155 种，1946~1949 年计有 102 种，共计 628 种，① 研究成果数量不可谓不多。1928~1937 年是民国时期经济建设的"黄金十年"，这一时期经济法的著作成果最为显著，数量也最多，几近民国时期总数的一半。

是否该成为一个学科，在于其建制化（institutionalization）。建制如同军队的番号。番号是纳入军队作战序列的标志。一旦番号不存在，军队在建制上就不存在。一个学术单位的建制被取消，标志着其逐渐步入消亡的道路。建制化是学科之体的呈现。这在西方大学体制下往往表现为教席的设立。教席的设立意味着学术道场的体制化，具有学术繁殖能力和传承有序的学统。另外，学科内部在理念上的范式的建立，是学科之魂的凝聚。范式的确立，标志着学科的思想纲领的确立。经济法在民国时期已经确立的重要标志之一就是，在大学教育中被作为一门正式的课程。这是学科体制化建构的集中体现，表明从偶发的零星研究蔚为在法学中占据一席之地的部类。笔者在 1923 年出版的《北京民国大学一览》中发现，北京民国大学当年的法学系选修科目有罗马法、经济法、中国法制史、欧洲法制史、法院编制法、法理学、社会学、社会立法论。② 南京大学在 20 世纪 30 年代初开设有民法、刑法、国际法及其他专门法等必修课 20 余种，其中谢冠生教授法理学、罗马法，马洗繁、刘镇中教授民法总则、债权法、继承法，胡文炳教授商法、物权海商法、破产法，马达教授劳动法、经济法、经济名著，狄侃教授民事诉讼法，夏勤教授刑事诉讼法，胡长清教授刑法各论，林几教授法医学，方文正教授契约法，陶希圣教

---

① 引自万红先、严清华《民国时期经济学著作的综合考察》，《贵州社会科学》2013 年第 3 期。
② 北京民国大学出版部：《北京民国大学一览》，北京民国大学消费社，1923，第 27 页。

授中国法律思想史、中国政治史。①

在这种情况下，出现专门以经济法为研究对象的学位论文实为情理之中的事。在中国法学会编辑的《中国法学图书目录》中，著录有一篇论文题为"《经济法概说》，杜锡铎著，北平，北京大学法学院1943年（1944年）"的毕业论文。②不确，此乃燕京大学法学院1943班杜锡铎③的毕业论文。众所周知，作为教会大学的燕京大学对于宗教学、社会学的研究在民国学术史上谱写了浓墨重彩的一章，吴文藻、李安宅、费孝通、杨庆堃等均出自燕京大学社会学系。④燕京大学的法学院本系从社会科学院改设而来，当时下辖政治系、经济系、社会系，因为必须符合《大学规程》相关规定专设法律学系，所以不得不添设组建这一系科以符部章，但力量在法科云集的京城相对薄弱，故该系科一度被撤销。⑤法学院曾经以吴文藻为法学院院长，而后来在法学界闻名遐迩的瞿同祖原本曾于1930~1934年在燕京大学社会学系读本科，嗣后又读

---

① 王德滋主编《南京大学百年史》，南京大学出版社，2002，第181页。马达（约1900~?），字质父，又名马何达，法文姓名Ma Ta，江苏如皋人。早年在震旦大学法学院学习。1927年获巴黎大学法学硕士、政治经济学博士学位，博士论文为《中国土地所有权制度的转变》（*L'étude sur les transformations du système de la propriété foncière en Chine*）。曾任持志大学教授、中央大学法学院副教授，讲授劳动法、经济学名著等课程。广东法科学院教授、法学系主任。1943年任西南联大法律系特聘讲师（后升教授）。参见樊荫南编纂《当代中国名人录》，良友图书印刷公司，1931，第216页；王伟《中国近代留洋法学博士考：1905~1950》，上海人民出版社，2011，第210页。
② 中国法学会：《中国法学图书目录》，群众出版社，1986，第531页。
③ 张玮瑛等主编、燕京大学校友校史编写委员会编《燕京大学史稿（1919~1952）》，人民中国出版社，1999，第452页。另见侯仁之主编、燕京研究院编《燕京大学人物志》第2辑，北京大学出版社，2002，第450页。中华人民共和国成立后，其已经不再从事法学方面的研究，发表的论文有《历史学科的基础知识不仅是基本史实》（《河北教育》1963年第5期）。
④ 陈明章：《私立燕京大学》，南京出版有限公司，1982，第11页。
⑤ 王键：《中国近代的法律教育》，中国政法大学出版社，2001，第234页。

两年研究生,虽然他主修的方向是社会学,但毕竟属于法学院的学生,竟然对于当时法律系知之甚少,记忆依稀模糊。不过,燕京大学的社会学传统加以在法学院组织框架下的院系结构造成法社会学研究矫然出众,以法社会学、社会法学观念和法律社会本分的思想浓郁见称,①而且时值抗战时期,杜锡铎这篇关于经济法的学位论文应该说具有深厚的学术底蕴。由于目前资料的庋藏问题,至今尚未得睹该论文的文本。

经济法学的性质、定义及功能等作为学术话语弥散于其他部门法学论著之中。陶希圣在新生命书局1929年出版的《法律学之基础知识》一书中如是言:关于社会生产交换制度之法律叫作经济法。经济法是最近成立的一个新分类。关于社会生产交换制度中掌握生产力的阶级之法律,便是劳动法。劳动法不是新分类。在资本主义成立后,劳动力为商品之一种,所以关于劳动的法规属于民法的范围,与关于其他商品的法规同列。其后,劳动立法逐渐加多,于是于民法之外,发生许多单行法,有些有公法的性质,有些是私法而为民法中劳动契约法的特别法。最近,以劳动为中心的统一劳动法兴,渐实现于德法诸国。从本来分属于公法或私法的法规,始汇列为一个新分类。②马君硕在商务印书馆1947年出版的《中国行政法总论》中指出,自公私法对立之二元论逐渐失势后,欧陆学者在公法私法外更有经济法或社会法之提倡。③经济法学甚至在潘楚基、张国干编撰的高中课本《法制》中被赋予相当可观的篇幅加以探讨。这反映出其作为新生事物对法学思想的强烈冲击,犹如清洁明净的叮咚泉水出山之际汩汩奔溅,声

---

① 汤唯:《法社会学在中国:西方文化与本土资源》,科学出版社,2007,第53页。
② 陶希圣:《法律学之基础知识》,新生命书局,1929,第95页。
③ 马君硕:《中国行政法总论》,商务印书馆,1947,第61页。

浪滔滔。郑竞毅编著《法律大辞书》收入"新经济法"词条,[①] 也介绍纳粹德国在司法部内成立刑法修正委员会、民事诉讼法修正委员会、民法全部修正委员会及经济法修正委员会等情况。[②] 杨时中《公和论》甚至特立独行提出"公和经济法"的概念,"以裕其生产,无分农工商学,均有一定之生产权,以资其活跃,永不受经济之压迫"。[③]

在《新时代产物之"经济法"》一文中,作者认为经济法的出现、形成、发达与世界大战、国家的动员及干涉相关,"经济法之出现发达为世界大战一种历史上大事变之所促成。质言之,大战期间,德国实行所谓国家的总动员,对于其国内之经济组织及私人之财产权利,由国家加以权利上之干涉,几无所不用其极。既而战事告竣,德人蒙莫大之损失。为处理战后政治上、经济上之纷乱困难,又不得不颁布无数之法令,以资应付,于是自成一系统之所谓经济法者,始以形成"。该文进一步梳理了当时诸种对经济法概念的不同认识:柏林大学教授鲁士包温(Arthur Nussbaum)《德国新经济法》一书认为经济法"为其作用直接及于经济上之法规,与仅间接的影响于经济。换言之,即以个人之经济生活,而非以国民经济自身,为其对象之法规(民法之大部分即属此种性质),实为互相对立之观念"。纪诹(Friedrich Giese)认为"凡在法规中足为经济上重要之资料(Materie)者为经济法"。多贺(Franz Dochow)主张"以经济法为凡关于经济事项之法"。黑儿退尔(Erwin Hertel)认为"以规律经济生活之法,换言之,即以所得为其目的行为之法,为经济法"。克尔恩大学哥尔德

---

① 郑竞毅编著《法律大辞书》(下),商务印书馆,1936,第11页。
② 郑竞毅编著《法律大辞书》(下),商务印书馆,1936,第1898页。
③ 杨时中:《公和论》,世界和平社东方部,1934,第30页。

胥弥德（Hans Goldschmidt）《德国新经济法论》提出"关于经济机关（Wirtschaftliche Organen）之法为经济法"。喀斯克尔（Kaskel）则认为"经济法为关于企业者（Unternehmer）之法"。作者衡量分析，认为"关于经济法之概念，似以从鲁士包温及多贺等之说，以作用直接及于社会经济之法，为经济法，较为妥协也"。① 作者强调为经济法非仅仅是关于企业者之法规，在文中还罗列出了经济法的内容所包括的11个方面。

应该指出，民国学者对经济法定义的认识在当时并未取得一致看法，对西方学者的研究成果各有取舍。在宫鸥所翻译的威廉·赫德曼（Wilhelm Hedemann）《欧洲经济法之端倪》一文开篇即言经济法即"规定经济生活之全部法规"，并提出当时欧洲经济发展中的四大方向，其中尤为瞩目国家的统制。晋庸在1926年《法律评论（北京）》第4卷第2期、第4卷第14期、第4卷第15期连续发表《德意志新经济法中之劳动法》，是笔者所见较早的经济法论文。② 晋庸《德意志新经济法中之劳动法》一文赞同努斯鲍姆（Arthur Nussbaum）对经济法的定义，他认为，"经济法者，以直接效果及于国民生活为目的之法规也。故凡以间接效果及于国民经济为目的之法规，或性质上不以国民经济为目的，仅以私生活为目的之法规，均不包含在内"。③ 这种对经济法定义中侧重点的分歧恰恰反映了那个时代经济法的发展尚在初级阶段。

---

① 《新时代产物之"经济法"》，《法律评论》第26、27期（1923）。
② 依余之见，晋庸应为后来以"新疆王"著称的盛世才。盛世才，字晋庸，辽宁开原人，毕业于韶关讲武堂，1923年由郭松龄保荐被张作霖送入日本陆军大学，在肄业期间，郭松龄发动滦州兵变，1925年盛世才奉调回国参与其事，郭死于非命，盛无奈又回到日本读书，张作霖向日本提出交涉，盛氏财源告匮，只能依靠别人的接济继续完成学业。和当年周佛海为了赚稿费急急燃眉翻译、撰写税法论文一样，其以"晋庸"为笔名发表的经济法、劳动法论文就是这一时期的作品。
③ 晋庸：《德意志新经济法中之劳动法》，《法律评论（北京）》第4卷第14、15期（1926）。

李景禧在上海东吴大学法学院主办的《法学杂志》第9卷第6期上发表《社会法的基础观念》，指出："自由主义极端发达的结果，社会上的财富集中到少数人手里，使19世纪的历史投进到独占与无产，奢侈与贫穷，饱食与饥饿的恐慌对立之中。立法者有鉴于此，遂依据修正自由竞争的统制经济来制定法律，统制经济反映出的法律，就是社会法——劳动法，经济法——社会法在这种意义上，可以说是'统制的法'，社会法既是统制的法，那么它的机能，自也不外'统制'二字了。"李景禧还说，第一次世界大战中"以德国经济生活非常的变动，和国家的统制经济为契机，超越传统的市民法理，与劳动法有同一进取态度之所谓社会化'经济法'（Wirtschaftsrecht），于焉而生，新法系基本的根据，为社会的团体主义的精神，德国学者之间，遂最先有了'社会法'新法系的提倡"。① 李景禧在论文中还介绍了德国当时的经济法学"世界观说"代表人物 Hedemann 认为经济法"乃19世纪至20世纪新发生的，并且是'社会精神'所浸透的历史法域的总体，它是公法和私法的'中间领域'、'混合状态'"的观点和"组织经济说"代表人物 Kaskel 的观点。笔者不敢说李景禧是中国最早研究经济法学的第一人，但他无疑是中国研究经济法学的前路先驱之一。

与李景禧的研究相比，陆季藩的研究则显然深入了一步。陆氏在《法律评论》上连续发表文章，其中有《社会法之发生及其演变》（第13卷第15期）、《社会法意义之商榷》（第13卷第36期和第38期）、《社会法在现代法制体系中之地位》（第13卷第19期）等，对包括经济法在内的社会法进行即使当代学者也鲜人企及的精深研究。陆氏指出，"经济法的意义颇为纷歧，学者间尚无

---

① 李景禧：《社会法的基础观念》，《法学杂志》第9卷第6期（1936）。

定说"。陆氏依据卡斯凯尔的《经济法的概念和构成》(*Begriff und Bestandteile des Wirtschaftsrechts*)① 认为,"社会法包含两部,一为劳动法,一为经济法"。② 按照陆氏的观点,社会法乃民法原理转变中的产物,在形态上,虽然与民法处于反对地位,而其实质并不否定民法,只不过加以限制而已;在其效用上,与民法互为表里,以达到维持现代经济组织的目的。陆氏见解独到之处在于指出了社会法的法学渊源关系:"罗马法思想以私法即个人之法,公法为国民之法。故在法律上,社会与国家相符合,非个人法,即非私法,非国家法则非公法。而近代之公私法关系,与此不同,在日耳曼法亦然,社会与国家实有差异,除国家之外,尚有无数社会法之发生。但国家为最高团体,对国家法外之社会法,因其规律共同生活,于国家自身亦有价值,故赋以国家相同,或类似之权力,唯其权力并不高于个人法。"③ 陆氏是从社会法的角度论及经济法,这与李景禧颇为相似,表明我国经济法学尚处于起步阶段,如同新生婴儿咿呀学语一般。

张则尧是研究合作社法成果甚多的学者,其《比较合作社法》最早于1942年由中国经济书刊生产合作社出版,1947年又加以增订再版。张则尧认为,公法与私法的融合,"产生经济法(Wirtschaftsrecht)之第三范畴"④。与当代许多经济法学者不懂外语而闭门造车迥然不同,张则尧利用日文得心应手,依据卡斯凯尔的 *In Recht über Wirtschaft* 和日本学者桥本文雄(1902~1934)《经济法之概念》⑤ 等,对当时作为经济法母国的德国学者们诸学

---

① Kaskel, "Begriff und Bestandteile des Wirtschaftsrechts," *In Recht über Wirtschaft*, 1921, S. 211 ff.
② 陆季藩:《社会法意义之商榷》,《法律评论》第13卷第38期(1936)。
③ 陆季藩:《社会法意义之商榷》,《法律评论》第13卷第36期(1936)。
④ 张则尧:《比较合作社法》,中国经济书刊生产合作社,1947,第9页。
⑤ 橋本文雄「経済法の概念」『経済論叢』27卷、昭和3年2月号。

说进行介绍和评论,写道:与海德曼(Hedemann)之说对立者,"有加斯客尔(Kaskel)氏之经济事业法律说,谷诺特氏之经济生活法律说,诺斯巴姆氏之补充的法律部门说,柯尔脱休米氏之组织经济的固有法律说,主张虽各有所本,其承认经济法为法律体系之独立部门则一也。依余所信,加斯客尔氏之说最为精当,略以经济法为适用于经济事业之特别法律的统一范畴;其内容之构成,公法私法兼而有之,公法并占优越之地位;故经济法乃关于经济事业在法律上之地位的特别法,即对于经济事业经营之事实,或经济团体存在之事实,规定其所发生及其应接受之法律关系的总体;而从其法律之内容,可再分为经济警察法、经济团体法及共同经营法也"。[①]张则尧由于以研究合作社法见长,因此对卡斯凯尔的经济法学说极为崇奉。

由经济法发生的背景来看,正是由于世界大战的影响,经济情势发生很大变化,国家在战时对经济进行干涉,在战后对经济进行调节,因而经济法与统制先天即有莫大联系。张蔚然长期致力于公法与私法关系的研究,其在《法律评论》第13卷第43期上发表的《劳动法与经济法之关系》,是笔者所见到的民国时期最具分量的关于经济法学的学术论文。张蔚然在《劳动法与经济法之关系》一文中首先指出由于受到世界大战与革命的影响,经济生活发生变动,表现在私法领域即出现所有权的社会化,个人主义、权利本位之所有权观念渐趋没落,而团体主义、义务本位之所有思想抬头,由此导致新法律观念的形成,经济法因此发生。在《劳动法与经济法之关系》中,张蔚然依次分析了海德曼(Hedemann)、努斯鲍姆(Nassbaum)、卡斯凯尔和戈德斯密特(Goldschmidt)的经济法学说,特别针对上述学者关于经济法与劳

---

[①] 张则尧:《比较合作社法》,中国经济书刊生产合作社,1947,第9~10页。

动法关系的学说进行了逐一阐明，认为"所谓经济法及劳动法者，均不外在社会立法名称之下，为维持资本主义之支配势力且使其强化政策之具体表现于法者也，因其系独占资本主义之产物，故与前期之法理，截然不同，自成一独立之法域。惟前者重在企业之统制管理，后者重在劳动者之怀柔运用。一系直接，一系间接，二者有所不同耳。前述四说（指努斯鲍姆等四位德国经济法学者的见解），不究该法发生之本，只就其表现之形式，罗列堆积，推敲钻研，故其言虽巧，其意虽精，余亦不敢赞同也"。① 作者在析述西方学者诸种观点后，提出自己对经济法与劳动法关系问题的看法，作者认为经济法发生于战时及战后，其基础建于社会民主主义之上，经济法重在企业之统制管理，劳动法重在劳动者之怀柔运用。

刘抱愿在《注释法学果应唾弃之耶?》中更从法理的角度阐述了经济法学在法学中的地位。他指出，法学研究的方法可以分为两种：第一种是法律哲学及工具学科的研究，研究法律基本概念，并将（A）历史学、（B）人文地理学、（C）生物学、（D）社会心理学、（E）人类学、（F）社会学、（G）经济学、（H）政治学、（I）伦理学、（J）论理学等工具科学，都加以研究，方能对活的社会现象的真相彻底明了，不致流入空疏的一途；第二种是法律科学的研究，就是从法律的本身加以研究，其中又可分为两类，其一为静态的研究，包括对法律史学与注释法学的研究，前者是指利用史学的研究方法，考察以往的法律思想的变迁过程，后者包括对公法和私法的注释，其二为动态的研究，分为比较法学的研究和立法政策学的研究，劳动法学、经济法学都是立法政策学

---

① 张蔚然：《劳动法与经济法之关系》，《法律评论》第 13 卷第 43 期（1936）。

研究的范围。① 按照刘氏的观点,第一次世界大战后欧洲学者多主张动态的研究方法,偏重于对立法政策学的探讨,经济法属于新兴学科。尽管笔者不尽赞同其观点,但其高屋建瓴的卓识令人赞叹钦敬。

## 四 中华人民共和国成立后经济法学的断裂与延异

笔者在博士学位论文中就简要地指出,1942年张则尧在所著的《比较合作社法》第二章"合作社法在法律体系上之地位"中,专门就列出第二节"经济法之范畴与合作社法",对经济法的实质及特征做出了阐述。这是笔者当时有限阅读范围内所知的最早出现于中国的"经济法"概念。实事求是地说,笔者做此断语系因《中国法学——过去、现在与未来》披露的信息按图索骥而来。由于该书披露的信息仅仅寥寥数语,几乎不为人所注意,而笔者博士学位论文亦语焉不详。笔者后来在《中国经济法历史渊源原论》的研究中进一步推进。在笔者看来,20世纪30年代,李景禧、陆季藩、张蔚然、张则尧诸学者对中国经济法学的建立有拔旗易帜之功,此可谓中国经济法学的"前宏法期"。② 1927年11月6日出版的《国闻周报》第4卷第43期载有《苏俄的经济法》(N. Gubsky著,海石译),继之,1928年出版的《现代评论》第6卷第141期发表了署名南陔的《苏俄的经济法》,该作者是否为前文译者海石,目前无法确考,但两者之间估计存在一定联系。后文作者南陔在文章中说明,此文是依据1927年英国经济学报上登载的古布斯基(N. Gubsky)所作《苏俄的经济法》("Economic

---

① 刘抱愿:《注释法学果应唾弃之耶?》,《法律评论》第7~10期(1934)。
② 张世明:《中国经济法历史渊源原论》,中国民主法制出版社,2002,第251~275页。

Law in Soviet Russia", *The Economic Journal*, Vol. 37, No. 146, pp. 226-236), 而参照以法人所译的《苏俄法典》(*Les codes de la Russie soviétique*, traduits par Jules Patouillet et Raoul Dufour; préfaces et introductions de Jules Patouillet, Paris: Marcel Giard, 1923)。此外,据李秀清《试论苏联经济法理论对中国的影响》云,《中外经济周刊》第229号载有《苏俄之经济法法规》,介绍了苏俄经济立法体系。① 但笔者目前尚未得检核原文,不敢人云亦云。20世纪60年代中期到70年代中期,由于"文革"十年动乱,包括法学在内的人文社会科学研究出现巨大的断层,在中国大陆基本处于笔者所谓的"灭法期"。当然,"文革"期间,当时的台湾地区对经济法的研究仍间有论著出版。直到改革开放以后,中国大陆百废待兴,经济法学研究才又勃然而兴。此可谓中国经济法学的"后宏法期"。

中华人民共和国成立后,即便不能说"沧桑巨变",也当之无愧"大河改道"。在"换了人间"之后,民国时期的法律在所难免因为政权依附性而面临脱胎换骨的改变。面对政权更迭之际的急剧转折,在打破旧法统旗号的指引下,蔑弃忌视旧法,抱不值一顾的心理,国内主流舆论对社会主义法制的功能与作用的认识很不成熟,仍处在不断摸索中。历次政治运动使得法律与法学的作用不受重视,民国时期研究经济法学学者的正常学术发展也受到影响。1952年至1954年的院系调整后,各大学法学院相继取消,或合并到新建的"政法学院"。原来在综合性大学知识背景之下的法学研究氛围为追求短、平、快的政法干部培训方式所取代。1957年,原法学师资又遭到严重削弱。"十年浩劫"期间,高等学校法律系大部分竟至关门停办。等到1978年"拨乱反正",全国仅剩下三所法律院校。② 中

---

① 参见李秀清《试论苏联经济法理论对中国的影响》,《政治与法律》2002年第3期。
② 端木正:《端木正自选集》,广东人民出版社,2007,第309页。

华人民共和国成立时，之前培养的法律人才一律被看作旧法人员，满脑袋旧法观点，必须思想大跃进，而当法官和检察官的甚至往往被等同于反革命。留用的一批民国时期的著名法学教授被调离教师岗位，或改行，或赋闲在家。当时正在中国人民大学进修的兰州大学副教授吴文翰[①]在北京法学界座谈会 1958 年 5 月 27 日第一次会议上后来被批判为为旧法"招魂"的发言中指出，"过去的法学家大部分被一棍子打死了，或埋没在不乐意做的工作里，而新法学家，几年来虽在法学上有成就，然基本上被教条主义缠住失了魂"。[②] 吴文翰在发言中提及中华人民共和国成立后兰州大学法律系，解散的只剩两个人，做做临时工及教外系的课，犹如吃闲饭，很多同志失业、流散，被打入"冷宫"。吴文翰结合自己的经历言，"几年来打杂工，教经济方面，拼命啃名词，心里很空虚。在这种情况下，年已半百，七八年恍恍惚惚就如此过去"。[③]

---

[①] 吴文翰于 1930~1936 年在北京朝阳大学法律系大学部本科学习，受到黄右昌等人指导和影响，应该接触到了黄右昌的经济法思想。1943 年由甘肃学院院长李镜湖（曾在朝阳大学任教）介绍，在该院任讲师，1946 年甘肃学院升格为兰州大学后，又先后任讲师、副教授等职。吴文翰因为在这次会议上的发言被划为"右派"，于 1958 年到甘肃财经学院任教，此后在甘肃教育学院、甘肃师范大学任教，1985 年调回兰州大学法律系，并指导民法、经济法两个专业的硕士研究生，至 2004 年去世。在满达人翻译金泽良雄《经济法概论》过程中，吴文翰撰写前言并审稿（金泽良雄：《经济法概论》，满达人译，中国法制出版社，2005，第 500 页）。吴文翰在前言中提出经济法是"从经济政策上来满足经济性——社会协调性的要求，由国家进行干预的法律规范"。吴文翰在改革开放后发表了《试谈经济法》（与陈志刚合作，《社会科学》1982 年第 1 期）、《社会经济关系的层次及其法律调整——民法与经济法在调整功能上的殊途同归》（与姜建初、田夏桐合作，《兰州大学学报》（社科版）1987 年第 1 期）、《社会保险法制建设问题》（《社科纵横》1991 年第 6 期）、《丝路繁荣与国际经济法》（《社科纵横》1993 年第 1、2 期）。
[②] 中国政治法律学会资料室编《政法界右派分子谬论汇集》，法律出版社，1957，第 24 页。
[③] 中国政治法律学会资料室编《政法界右派分子谬论汇集》，法律出版社，1957，第 24 页。

数十年的涤荡冲击，文化被大革命，法律和法学几乎被横扫出门。在这种情况下，为数不多的经济法研究者苟延残喘于动荡的岁月，这方面的发端在被隐没吞噬时毫无抵抗力，遂成为广陵散，使大陆法学界出现巨大的断层。数十年的光阴可以使当事人恍如隔世，记忆依稀，而在翻开新的一页后，万象更始，对后来人而言更是一切都成为过去式，很难真正理解前辈。例如，现在的年轻人连"文革"都不清楚是怎么回事，呈现出大规模"历史失忆症"。黄仁宇在《中国大历史》一书中回顾了中国几千年的历史，也特别分析了中国现代史的结构和发展逻辑，他指出："我们想见今后几十年内是从事中国法制生活人士的黄金时代。他们有极多机会接受挑战，尽量创造。"[①] 当改革开放后，风气丕变，物是人非，急促的前进步伐令人很难驻足作怀古之幽思，对学术旧闻也颇有些不屑与闻。记忆不可避免受到价值观的支配，归根结底是当代的投影，与生成记忆的当代骨肉相连、血脉相通，只有与现实的兴趣接榫才能进入人们的视野。急速的历史变迁不但影响着现在与将来，也足以改变人们对过去的认识。既往之事，乃已成之局，似乎成为与当下了不相涉的"物自体"。一切都要及时，一切也必须与时并进；抓住目前，面向将来，所以人们对于既往的学术甚少听闻，在攘臂争先、求新弃旧中对于历史的"失忆"也成了普遍现象。倡导经济法的新生代在百废待举之际不可能潜心于细密的返本穷源知识考古，解决眼前迫在眉睫的学术争论只能抄起上手的便宜工具，尚未表现出足够的"上溯"意识尝试"寻其所自"的再续学术香火工作。政治改革的洪流使得新生的经济法学夭折，时光流逝的忘川之水使得新生代的学者"不知魏晋，遑论秦汉"。学术的断层、人际的代沟，让一段历史尘封于

---

① 黄仁宇：《中国大历史》，九州出版社，2007，第237页。

幽暗的角落。正如荀况批评墨翟所言"无见于畸",即看不见事物的区别,将事物简单混为一谈,乃弱视的表现。改革开放后中国的经济法兴起不能说与这段历史的绝响不存在传承关系,但其学统整体而言是中断的,自成体系,另具特色。与民国时期经济法兴起肇因于社会主义思潮的风靡一时不同,改革开放初期经济法的异军突起肇因于否定阶级斗争为纲之后经济建设挂帅的鼎革,这一时期的经济法仍不可避免受到计划经济的影响,但已经坚定不移迈向新征程。在改革开放初期经济法隆盛一时之际,著述蓬勃,对于经济法学执着追求者自然不乏其人,但更多的是循时随风,正本探源的通人自然难得一见。这其实是导致自身积累薄弱而败阵的根源。当时中国大陆经济法学对我国民国时期即已出现经济法学的事实浑然不晓,而去考证胡乔木、叶剑英、彭真等党和国家领导人使用"经济法规"和"经济立法"的情况。改革开放后经济法学界的主流观点是,随着1978年底中共十一届三中全会决定将工作重心转移到社会主义现代化建设上来,作为部门法的经济法以及相应的经济法学科应运而生。经济法作为一个学术分类在此前的国内法学研究中是不存在的,只是适应十一届三中全会后我国进行经济改革和对外开放的需要,法学者和法律工作者中一部分人认为有必要设立这样一个法学门类。无论是经济法还是经济法学,在发展过程中既体现着并受制于经济改革的基本思路与进程,又促进了经济改革的深入和发展。就经济法学而言,它是中国改革开放以后法学领域的革命性变革。不可否认,在20世纪70年代末中国共产党人提出"四个现代化"的宏伟目标并把工作重心转移到经济建设上来、实行经济体制改革的大背景下,党和国家领导人强调加强经济立法,对中国经济法学的发展无疑起了决定性作用。但这并不是中国经济法学的起点。我们只有将李景禧、陆季藩、张蔚然和张则尧诸学者在民国期间对经济法学的深耕浅拓，与改革开放后中国经济法学的研究蔚然成风联系起来，才可以获致一种完形的认识。我国经济法学界从党和国家领导人的言论中寻求建立经济法学的依据，表明学术独立性意识的淡漠。有些学者在否认经济法存在依据时又说彭真等人当时提出"经济立法"时也不知道什么是经济法，只是随意言说而已，并没有对经济法有科学的认识。愚见以为，国家领导人和学者的"话语方式"本身就是不同的，我们不能要求国家领导人在政府工作报告中进行学术研究，其实真正不科学的是我们这些所谓的"学者"，科学性本是他们本身生存的依据，可他们只知道打语录仗而怠于严谨的学术考证，无的放矢，言不及义，实属不学，武断之尤殊堪浩叹。即便以"文革"结束为断限，在彭真等党和国家领导人采取"经济立法"一词之前，荣礼瑾在《学术研究》1978年第2期发表的《加强社会主义法制是实现新时期总任务的重要保障》一文中就已经从当时主持中央工作的华国锋主席"实现天下大治，必须进一步加强社会主义法制"的抓纲治国战略思想出发，认为社会主义法制是实现无产阶级专政各项任务的重要保障，指出："我们应当进一步制定和颁布刑法、民法、诉讼法等一些基本法；建国初期颁布的一些法如婚姻法等，经过二十多年的实践，也需要加以修改；随着国民经济高速度的发展，社会生产力的不断提高，应着手制定经济法、劳动法、环境保护法，等等。但是，又应注意防止任何单位、任何人借口制定工作条例和规章制度等，而搞那些违反新宪法精神的'土规定'、'土政策'。"① 虽然后来成为最高人民检察院高级检察官的荣礼瑾可能在发表此文时尚人微言轻，但可以说更为专业、更为明确地在"文革"结束后率先

---

① 荣礼瑾：《加强社会主义法制是实现新时期总任务的重要保障》，《学术研究》1978年第2期。

提出经济法作为法律部门的重要意义，足以受到应有的敬佩。

延续与变异其实是人类历史的两个面相，并非一种绝对排斥的关系，断裂的底部也存在延续，可谓中断而非全断，在更深层次上看到的是断裂与延续的交织共存、多歧互渗的特性。在注重"转折性"特征的前提下，在断裂的表象下发掘更深层次的或隐或现的内在链接、生成与转换，即"断裂"的延续性，在表面上了不相涉而内里藕断丝连。历史总是一波三折，往往呈现出人意表的复杂性，令人咂舌而惊。在"文革"动乱之前，尽管法律虚无主义笼罩四野，但一度基于工具主义的对法律的强调催生了中国人民大学法律系民法教研室1963年3月《中华人民共和国经济法（草案）》的起草。尽管该草案只有70条，但结构清晰，体系完整，仍不失为一个完整的法典草案。其客观存在首先即是对经济法肇端于改革开放后国家领导人讲话论的证伪，同时表明计划经济也存在经济法。该草案分为两章，第1章"总纲"（第1条至第11条）规定立法目的、原则、调整范围、时效及解释权等内容，第2章"所有权"（第12条至第70条）包括通则、国家所有权、农村人民公社集体所有权、合作社集体所有权、公民个人所有权等5节。该草案第1条规定："本法是以中国共产党的社会主义建设总路线和中华人民共和国宪法为根据而制定的各种组织和公民经济活动的准绳"。第3条复规定："有权参与本法所调整的各种关系，依法享受权利、负担义务者，为下列之组织和个人：（一）具有独立核算或预算，并能对外负担独立财产责任的各种组织。法律规定需要经过登记程序始得成立的组织，在登记后才能参与本法所调整的各种关系。（二）中华人民共和国公民……"①

---

① 《中华人民共和国经济法（草案）》，载何勤华主编《20世纪外国经济法的前沿》，法律出版社，2002，第582页。

从这些具体规定可以看出，该草案所规定的经济法调整范围颇为广泛，旨在把所有组织和公民的一切经济活动纳入经济法的调整范围。中国人民大学民法教研室在《中华人民共和国经济法（草案）》（简称《经济法草案》）之前，曾于此前一年草拟《民法草案大纲（草稿）》。可以肯定的是，在 20 世纪 60 年代起草民法典草案期间，理论上对于经济活动应属于民法调整还是属于经济法调整存有不同意见。该《经济法草案》的草拟本身就清楚地表明了当时已有学者开始持有制定经济法典来调整经济关系的观点，力图以经济法典取代民法典的意图，在很大程度上折射出苏联相关的立法和理论的影响。[①] 20 年代末 30 年代初，随着苏联国民经济中社会主义成分占据主导地位，私有经济成分逐渐被排挤出去，斯图契卡等人"两成分法论"从当时苏联的大规模的社会主义改造的现实出发，认为随着私有经济成分被消灭和商品货币关系的日益缩小，民法将被经济行政法所替代。"战前经济法学派"金茨布尔格和帕舒卡尼斯等人的大经济法学说则进一步发展了斯图契卡的思想，不仅把社会主义组织之间的关系，而且把公民之间的关系，均纳入经济法的调整范围。这必然遭到民法学派的强烈反对。苏联民法学家之所以不遗余力地维护公法的民法，对私法避之唯恐不及，是因为一旦经济法确立，就会牵一发而动全身，革命的民法大厦有可能訇然倾圮而不得不在"公民"、"个人"的私法范围内以维残全，因而必须将经济法摈诸门外而使之蠢蠢无托身之处而后快。事实上，苏联民法学家所谓的民法已经丧失了私法的性质，是公法化的民法，如果从比较法的角度而言，这种民

---

[①] 李秀清、何勤华：《外国法与中国法：20 世纪中国移植外国法反思》，中国政法大学出版社，2003，第 339 页。

法所调整财产关系时已与资本主义社会的"经济法"相近。① 学术界没有和而不同的襟怀自然倾向于将观点相左者作为异教徒大加挞伐,学术没有反垄断法的规限也容易滥用学术市场支配地位,学术的兼并与反兼并遂产生大量笔墨官司。社会主义民法既然必须与作为私法的资产阶级民法划清界限,就不能不以左派的面目示人。民法学派在苏联不主张公法和私法的区分,认为在民法已经公法化的情况下可以包办代替经济法,社会主义民法本身就具有此属性,提出经济法是无中生有的,没有必要多此一举像西方资本主义国家建立经济法来防止垄断。在中国法学界,这种大民法的观点同样认为,以主体、物权、债权、著作权、发明权、继承权等抽象的法律形式所组成的旧的民法体系是与以私有制为中心的、以个人为本位、以"国家不干预民事活动"为原则的资产阶级民法内容相适应的。这种体系极不符合我国社会主义民法内容的要求,社会主义民法的核心问题是所有制,应以所有制为纲来建立新的民法体系,并提出我国民法解决问题的范围应该涵盖国民经济生活中的国家、集体和个人之间全部的经济关系和经济活动,即我国社会主义所有制以及为它所决定的生产、分配、交换、消费过程中的全部经济关系,"不仅应包括所有关系以及与价值规律和按劳分配规律有关的财产关系等内容,而且还应包括与实现民法基本任务有关的行政法、财政法、土地法、劳动法和婚姻家庭法的某些内容"。② 与此同时,中华人民共和国成立后学习俄语并且能够在俄语系代课的芮沐也在北京大学将经济法的内容引入民法。芮沐在自述中如是言:"1958年开始进行教育改革。

---

① 张世明:《经济法学理论演变研究》(第二次全面修订版),中国民主法制出版社,2009,第 157~174 页。
② 李秀清:《试论苏联经济法理论对中国的影响》,《政治与法律》2002 年第 3 期。

我开始把五十年代完全依照苏联模式进行的'中国民法'教学逐渐引向主要依照中国实际情况进行的'经济法'教学,并又开设了一门'资产阶级民商法',以资比较。法律是上层建筑,是建立在一定的社会经济基础上、一定的生产关系结构上的政治法律制度和意识形态。所有法律部门都是直接间接地以一定的社会经济为背景的。根据这一认识,我就把五十年代我国对农业、手工业的社会主义改造和对资本主义工商业的社会主义改造的内容放到民法教学中去。我认为这样做是符合法律教育的宗旨和目的的。"① 这段文字比较模糊,未能明言课程的内容,但似乎与后来的经济法勃兴存在联系,至少说明当时对于社会主义民法事实上存在与西方经济法的混同性。在20世纪60年代初期,经济法是独立部门的理论虽然被苏联立法机关否认,并未在实践中得到落实,但这种理论在对东欧国家产生不同程度影响的同时也对中国不无波及。具有朝阳大学学术遗产的中国人民大学法律系当时如前所论是苏联法学在中国传播的"港口",纵然文献阙如而难以确凿证明,但揆诸常理,苏联法学界经济法的种种论争应该被通晓俄文的学人有所知悉,两份草案接踵起草和后来中国人民大学法律系民法教研室和苏联东欧研究所在改革开放后春江水暖伊始之际翻译诸多苏联经济法著作均隐隐约约跃动着苏联民法与经济法激烈交锋与纠葛纷纭的影子。

在中华人民共和国成立前已经开始进入学术研究殿堂的青年学者由于当时已经接触到经济法学的理论,在改革开放后万物复苏、经济法学迎来学术的春天之际,冬眠的经济法种子再度萌芽甦生。芮沐既有着开放的心态,又有着年轻人一样的创新意识以

---

① 国务院学位委员会办公室编《中国社会科学家自述》,上海教育出版社,1997,第367页。

及对世界发展潮流的深刻洞见,他指出:"我搞了多年民法教学,深感原有的民法体系再也框不住新时期经济法发展可能出现的内容,在'四化'的新形势下,我国只能另辟蹊径创立经济法学科。"① 其先后发表了《美国与西欧的"经济法"和"国际经济法"》(署名"申徒",载于《法学研究》1979年第5期)、《关于国际经济法的几个问题》(载于《国外法学》1983年第1期)、《经济法概述》(连载于《中国法制报》1984年3月16日、1984年3月19日第3版)、《经济法和国际经济法问题》(收入《国际经济学讲座》第2册,中国社会科学出版社,1980)、《国外经济法发展概况》(收入中央人民广播电台理论部办公室、国务院经济法规研究中心办公室编《经济法和经济立法问题讲座》,法律出版社,1984)等文章,提出"前院变后院"的经济法产生规律说,并在1980年国务院第一届学位委员会会议上,提出了适应改革开放需要增加两门新学科"经济法"和"国际经济法"的意见②。此外,谢怀栻撰写《台湾经济法》(广播电视出版社,1993),发表《从经济法的形成看我国的经济法》(载于《法学研究》1984年第2期)等论文,也与其过去的学术训练不无关系。

随着国民党迁台,"北学南移"遂为一时代精神的重要特色。许多逃亡的学人本身已经取得了可观的学术成就,在南迁香港、澳门、台湾及东南亚等地之后,将其学术有效移植,在新的迁入地区开花结果。③ 经济法在中华人民共和国成立后基本上花果飘零,但在台湾地区一直未曾间断。迁台的学者在新的环境中延续

---

① 周恩惠:《创研经法第一人,昔日栽柳今成行》,载周恩惠《走近新中国法学大家》,中国人民公安大学出版社,2009,第91页。
② 国务院学位委员办公室编《中国社会科学家自述》,上海教育出版社,1997,第367页。
③ 鲍绍霖、黄兆强、区志坚主编《北学南移:港台文史哲溯源》学人卷Ⅱ,秀威信息科技股份有限公司,2015,第20页。

此前的研究,例如,台湾地区相关土地法论著迄今层出不穷。张则尧除了关于合作社法的研究在抵台后赓续不断,而且将研究扩展到租税法等领域,出版了《现行税法概要》(财政部财税训练所,1980)等论著。其在《租税法之基本认识》中将租税法分为四类:一为规范租税法律关系实体的租税实体法;二为规范租税课征及实行租税债权程序的租税程序法;三为规范对租税的课征等不服申请及诉讼等救济制度的租税救济法;四为规范对违反租税的处罚的租税处罚法。租税法律关系的中心系行使征税权者与履行纳税义务者之间的债权债务关系,不同于私法上的债权债务关系。作者认为,经济法是对各种经济活动加以管制、指导、奖励等法规的总称,是一个学术上的名词,为法律的一种新分类,其作用在于促进或管制各种经济活动,以实现经济或社会政策的目标,因为租税的课征往往被用于达成某种国家政策尤其是经济政策的手段,例如在投资上,租税常被用于奖励或抑制的诱因措施,此种诱因措施即经济政策的一环而为经济法规范的对象,因此检讨租税法此等规定时,有必要依据经济法原理。[①] 在台湾地区,尽管研究经济法的人仍然相对很少,鲜有全面系统地研究经济法的著作。相比之下,台湾学者对法进行分类及在"六法全书"的编纂中,多数涉及经济的经济法规被编入"行政法规"中的财政、经济、地政、内政等部分,少数则被编入"民法及关系法规"一编,而不若日本学者之"六法"编纂,已明确将"社会经济法"作为一编。但经济法已成为学者注意和研究的对象,学术界已能够接受或至少不排斥公、私法结合之"经济法"在社会上的客观存在。在老一辈和新一代法学家的著作中,都可以看到对经济法

---

① 张则尧:《租税法之基本认识》,《税务旬刊》第 199 期(1979 年 4 月)。

现象或理念的阐释。① 以李品昂《经济管制立法的理论与实际》为例，该书认为，经济管制立法，乃国家干预国民经济活动的法律手段，其形式或为法律，或为本于法律授权之行政命令。对于此等立法，有称为"经济管制法"者；有称为"经济统制法规"者；亦有将上述两种名称互为通用者；更有称为"经济统制法"即"经济法"者。经济法一词系德国学者所首创。1906年起，德国学者里特尔（Carl Ritter）于《世界经济年鉴》（Die Weltwirtschaft: Ein Jahr-und Lesebuch）中最先使用"经济法"一词，当时仅用以说明世界经济有关各种法规，并未寓有任何严格的学术意义。② 嗣后，许多欧陆国家及亚洲的日本，也逐渐接受这一名词，并将之发展成为一门独立的学科。关于经济立法的意义，就其较重要的观点而言有下列三种。一是公法说。此说认为经济法仅是公法体系内之一部分而已。除经济法所调整之对象具有特殊性质者外，其他则属于公法的范围，而应适用行政法上的原理。解释方面，尤应以此原理原则为依据。除此以外，并应适用刑法及特别刑法的罚则。二是统制说。此说认为经济法规，仅是以推行经济政策为目的之一群法规而已。此说将与经济有关的法规，一概视为一般行政法规的一部分。此派学者，进而认为经济法规仅属产业行政法规的一部分，而否认经济法规能独立存在。三是肯定说。此说认为经济法规为社会独立存在的一部门。此派学者，进而主张在公法私法之外，另成一第三新法域，在此新法域内，经济法规成为其中之一部门，而包揽有关经济的一切法规。③ 受到新知传

---

① 史际春：《海峡两岸经济法比较》，载史际春《探究经济和法互动的真谛》，法律出版社，2002，第503页。
② 关于这一问题的考证见刘文华《中国经济法基础理论》（校注版），法律出版社，2012，第21页。
③ 李品昂：《经济管制立法的理论与实际》，华欣文化事业中心，1976，第3页。

播的影响，台湾地区的经济法在20世纪60年代至70年代取得长足进步。苏俊雄、廖义男等具有留德经历的法学教授长期致力于经济法的教学研究，堪称这一时期中国经济法学的代表人物。

## 五　结语

艾尔弗雷德·诺思·怀特海（Alfred North Whitehead, 1861~1947）曾言："一门科学，如果对遗忘其创始者犹豫不决，就会迷失方向。"① 这句话表面上颇有些唐突无礼，与通常强调回向原典的学术路径背道而驰。按照怀特海的说法，后学者应该数典忘祖，早期大师们的名字应该从记忆中抹去。但这种表面的解释显然存在很大误解。怀特海这样一位沉醉于思想史的学者不可能竟至于将思想史的知识视为一文不值，其所言类似于齐白石"学我者生，似我者死"的教诲。只是要求后来者必须摆脱前辈的辖制，以前辈为台阶，而不是以前辈为界限，在寻门而入后能够破门而出，"入乎其内，故有境界；出乎其外，故有高致"②，否则一味礼赞创建者的丰功伟绩而踌躇不前，就会缺乏批评意识，墨守成规，无法增进原创性知识。民国期间众多学者披肝沥胆，呕心沥血，筚路蓝缕，以启山林，引进新学理，开拓新学科，做了许多得风气之先的奠基工作，成就了一部煜煜不朽的学术史。民国时期中国经济法学有史迹班班可考，有文献累累可征，表现出如下特征。其一，随着民国时期官僚资本、民族资本和企业的发展，现代性经济要素的不断增长，民国政府以立法的形式调整和完善资本主

---

① 原文为：A science that hesitates to forget its founders is lost. A. N. Whitehead, "The Organization of Thought," *Science*, 1916, Vol. 44, Iss. 1134, p. 413.
② 况周颐、王国维：《〈蕙风词话〉〈人间词话〉》，人民文学出版社，1960，第222页。

义经济秩序，而当时经济法学的起步成长因应现实的需要，与当时的经济发展、立法建设桴鼓相应，所关注的论题、研究的热点无不与民国的经济情势、经济立法密切相关。民国时期经济法学的学术探索与现实紧密联系，反映出了鲜明的致用色彩。其二，民国时期许多学人都有留学经历，外语水平高，对经济法相关问题的讨论，均是在梳理西方已有诸种研究观点的基础上进一步申发的，所思所成，于质于量，均不乏可圈可点之处。其三，研究经济法学的论著尚属寥寥，从社会法角度切入的论著较多，对经济法出现的背景和定义概念、性质及其与社会法的关系等问题做出了初步述析，且与日本20世纪30年代经济法学界多崇奉戈德斯密特的学说不同，中国经济法学界多采纳卡斯凯尔的学说，表明在理论深度上尚不如日本经济法学界。岁月流逝，历史事件已成陈迹，然仍难以湮没当时学者显露的不凡识见与才气。毋庸讳言，无论何等重大的历史，都免不了被时间之手推向边缘，搁浅在某条幽深的河道里。经济法学与时俱积，与时俱进。当我们回顾民国时期经济法的研究时，不难发现当时研究者甚至对经济法的定义内涵尚未取得一致看法，很多其他相关问题同样处在摸索阶段，并且这种探索在很大程度上仰赖于西方学者的研究。以现代的研究水准衡量民国学术，自然今胜于昔，但这种纵向比较殊属无谓，因为两者本来即不可同日而语，不应该泛泛而硬断孰高孰低。民国时期的经济法学人迈出了中国经济法研究的步子，奠定区宇，致用于民国时期的经济建设。中国经济法发轫期民国学人之功攸关经济法之植根，不可漠视！在中华人民共和国成立后，由于秉持打碎资产阶级国家机器的理念，彻底废除旧法统，社会变革天翻地覆，民国经济法学成为逝去的身影，遁入历史的烟尘，人们对此基本上惘然无知，直到再回首，不由得给人惊鸿一瞥的心灵震撼。此情只堪待追忆，历史并非往事如烟。以历史的眼光掀开遮蔽的尘封，为被遮蔽的前辈重新找回历史的地位，不仅有益于先驱重新在后学中复忆，通过钩沉文献对这些久已远去的先驱保持敬重与怀念，尽管前辈的著作在今天的学术实践中已不再被频繁使用，但应将学术史所特有的事件记录下来，起到"树碑立传"的作用①，而且以纵贯之眼光接通经济法学的学脉，不忘来时的路，使得当今的经济法学有脉可承。回望是手段，而其目的在于激发创造的自觉，不以往史自囿，通过寻根重新审视脚下的国土，发扬踔厉，继往开来。对这段被遮蔽的学术谱系祛蔽同时也是对当下经济法学的解蔽，对这段奠基性学术史来龙去脉的回溯同时也是当代经济法学深植基础诉求的奠基性作业。

---

① 乔治·马尔库什：《文化、科学、社会：文化现代性的构成》，孙建茵、马建青等译，黑龙江大学出版社，2015，第 234 页。

# 第一编
# 国外经济法产生与发展

# 苏俄的经济法[*]

海石译

俄国革命后的头三年，实际上是没有民法的。共产国家已经接收了一切的经济事业，在经济事务上，是没有个人自由的余地的。1920年，苏俄法制会议编纂民法的时候，除掉关于雇牧羊人而外简直没有东西好编纂了。

1922年的新经济政策恢复了民法，但是它的范围比帝制时代的还是狭隘得很。有些经济生活的重要部分还是归国家经营（大量的实业、对外贸易等），他方面国家的限制执行得又非常之严，简直不好讲它是私人团体，还是公共团体（就是合作社）。与包括国民的自由经济交易的民法并行的，还有特别法（special code）专为国营的或大体为国营的机关而定的，这种特别法和民法就形成俄国法学家所称的经济法（Economic Law）。

这种制度，现在还没有完备，有些部分还没充分的做出来，并且不统一，诸多部分带着各别时期和各种经济观念的印象。篇幅很短，不像欧洲法典那样的罗举尽致，苏俄法典只陈说一些原则。现在所讲的，只讲些苏俄经济法的要点，而且也只讲它们异于欧洲民典的通常标准。

---

[*] 原文为：N. Gubsky, "Economic Law in Soviet Russia", *Economic Journal*, Vol. 37, No. 146, Jun., 1927。

## 一　民法（Civil Code）

民法显然是立法官的继子（the stepson of the legislator），它之所以允许存在的，也不过好像对旧社会结构的一种姑息；它并不靠它自己的权力去运用，也不过仅仅因为国家还未曾将全国的整个的经济活动社会化罢了。据这法典的第 5 条，它禁止民法的任何条例有种扩大的解释，这就是说禁止引用到在特别法典统制下的机关。还有——这是个要点——民权（civil right）纯粹带着条件的性质。据第 1 条上说："民权是享受国家保护的，只有它们用来去违反他们的经济和社会的意旨的除外，"以及第 4 条："给授民权为的是发展民族的生产力。"人权不仅是为法律所限制，也被它运用的实际效果所限制。譬如就依这几条文的势力，法庭倘若查出在契约上定好的爽约的罚金的数目超过它对契约上的"经济目的"的比例，法庭就可减少它的罚金。为木料而卖果园，或是出售颓倒的房屋，为的是经济上无理，也可以取缔的。旧民法保护到打赌（betting），苏俄的法典则认为从"生产力"的观点上是无足轻重的，所以不去保护它。倘若遇到高价售卖，这种售卖也是可取缔的，因为"引起市场的紊乱"，还有，倘若证明出过度的售价置买者于"金融上的困难"，卖者就不得不将剩余利益退回买者，这种事业是认为违反社会政策的。遇着放大利债的，也是同样的处置。

在法律前一切平等的观念是公开的摒弃的。国家似乎是"社会观念的化身"（the embodiment of the Socialist idea）享受最大的保护，它有结约，抵押人民产业的权利，居于一切别的典质的首位；一造或是两造经营"借国家谋利"（profited at the expense of the State）的事业是无效的，倘是两造有意去做，物件和已付的钱都充公。保护讲过了且讲贫民和"劳工阶级"（劳工阶级这个名词似乎不很确定；它好像包括官吏［Civil servants］——在俄国现在几乎每人都在国家服务——但不是教士和商人）。据第 32 条上说，任何合同，一造因对方的穷困境遇而得利益，是无效的。法庭审查两造的经济地位，可以减少爽约的罚金。根据第 410 条，在估计损失时，也得审察两造的经济地位的。还有更甚的，根据第 406 条，虽然法律不使被告负任何责任，就是由不可抗力（force majeure），或系受损方面的重大疏忽，损失还是要赔偿的，只根据两造的经济地位。这样的允许法庭自决范围（sphere of discretion）实是创举。

## 二　所有权（Ownership）

有几种产业完全脱离民法的作用。有些是归国营（土地、森林、铁路、大量实业）；其余的就归市有（几乎城市上的一切建筑物）。只有租赁是民法规制中可以引用的（指建筑物）；其余的它的法律地位是特别法所论及的。至于私有权（private ownership），关于占有、抵押等的法律的规定，除掉限制而外，倒没有什么特别。限制的期限很短，只有三年。苏维埃的法律并不图从限制上得着什么，只去消失它的所有权，从前的物主自动的为国家所代替了。国家也不得不认可和稳固那些在内争中劳苦的人们的权利，并且用种种的方法去给他们从前不属于他们的产业。国家本不能移让产业的，因此"为工作用"（Working Use）的意思就是所有权的法律名称。这样情形中，物件必定是有用的，不是奢侈品；也必确实为新物主所用；他的获得也必不是根据任何非法的合同，必是由于 1922 年所颁布的民法。

## 三　建筑物

当 1918 年到 1919 年的军事共产时，一切的建筑物都被市区上接收了，在新经济政策之下，有些曾退回原主，但是不多；从此以后，除掉允许农民的土地可以由赎买或构造转入私有而外，再没有别的退还了。城市中住房子的恐慌情形，以及引动私人自动去建筑的需要，就导成了一种从前没有的建筑权（building right），类似英国的租地（Leasehold）。地由市区上租出去建筑，期限从四十年到六十年；租户可以卖出或典质他租来的权利（his rights on this land）；到了租约满期时，房屋用原来的价值移交市区。

私人建筑是特别限制的，它虽然能够出卖，但除非它的所有者——或是他家族的任何人——在最近三年以内，没有卖过别的。

建筑物，买的人也一定要没有已经有别的建筑物的——这一条是专防不动产的投机事业和产业集中在少数人手里。

分租的期限不能过十二年——在现在房屋缺乏的时候所有的市房都是分租租金是归市区规定的，通常标准的供给每人四又二分之一方码，也可以比通常的供给多过三倍。只有领租的才有超过通常限制的特权。地主，不论是私人或是市区都不能自由的给某种阶级的房客（国家的团体，士兵的家属，战争中或残废佣工——不能工作的）白住，除非他们的变通办理是有理由证明的。

## 四　契约

法典还是采取旧的分法——口述的、笔写的和公证的契约。我们已经知道利用在穷苦境遇的人的契约是无效的，这种手续不仅是被利用的人可告发，国家或是别的社会组织也可以的。这一条的实际上的重要在乡间一定很大，因为□给地方苏维埃一个武器去反对他们乡人的资本主义的倾向。

遇着不执行契约时，依法是实行履约，不是金钱赔偿，不问是动产或是不动产上的问题。天然的不可能（physical impossibility）当然是准免执行。设若因为市面上的预料不到的变动，执行起来并不是不可能，不过经济上非常之困难，俄国法学上就创出"经济不可能"（"economic impossibility"）的观念，所根据的原理就是偶然的获利和偶然的损失是与共和国的经济意旨相反的，这样的契约在实际上是无效的。还有一点次要的可讲的，要求契约保证人的期限很短，只有三个月。

## 五　公司

这个法律是规定私人的、国家的和混合的公司。国家公司是归特别法节制（看下文的托辣斯节）。混合公司的份子一部分是私人，一部分是公共团体，它们的情形是很不确定的。私人公司的结构和欧洲的制度没有什么分别，只有几条法律辅助股东（shareholders）对抗发起人（promoters），发起人的股份不得少于全数的十分之一，除非到了下次的清算年（accounting year）满期，不得卖去他们的股份，设若他们因为不正当的处置，使股东受损失，他也得全体或分别的负责，占有的股份也受限制的，很少有例外。

## 六　私人实业（Private industry）

苏俄共和国的私人实业的职务是很小，它的情形也是很不确定。苏俄法律允许三种私人实业：（A）私人所有的工厂或是私人的公司；虽然在法律上没有讲，在法律实际上这种企业雇佣工人不能超过二十人；（B）经私人由国家租去的企业，租期不能过十二年；（C）让营企业（concession）就是租让的大企业并且比法律预定的期限更长的，或者比法律实际上的还长。每个让营企业要有最高当局，经济会议（Federal Economic Council）的核准，法律的条文非常之不完全，在实际上允许让营企业是根据从前的旧例。因为双方的同意，或是有一方违约，有了法庭的命令，让营企业就可以解除。让营满期之后，企业的一切建树，就成为国家的产业。

## 七　遗产

最初，革命曾废除遗产制，一直到 1923 年死亡人的产业是收归国有的。从 1923 年到 1926 年才允许有遗产，但是只能在一万卢布以下。1926 年 3 月的法令废除了这项限制，但是保留了别项。未得遗嘱而能承继的人的范围是很狭隘的，只有后入寡妇鳏夫和受过死者一年以上的完全供给的人（这就是指实际的妻，wives de facto）这样人得均分一份。遗嘱也只能对于这一类的人可以优惠点，不过也可以照他认为他们的适宜的分配；倘是没有这样的人去承继他，他的产业就转入国家。以一个带着均富倾向的社会主义的法典，它的税率低得可怪：一千镑收 5%，二万镑收 25%，五万镑收 90%。

## 八　专利权（Patents）

法律有保护发明家的通常条文。国家可用从丰的代价，收回任何专利权。

## 九　版权（Copyright）

版权的期限定得短，只有五年、十年，最长也只有二十五年，照作品的形式而定。版权也可以由国家收回——在最近几年国家就这样自由办理的。任何人能自由翻译有版权的作品，这一条大概是因为在苏俄境内有些不同的语言。未得作者的允许，作品也可以翻印成别的形式，只要区别是很大的。

## 十　保险

保险是归国家专办的。保险率也是规定的。一切的建筑物一定要保险；担保私人的东西不用特别契约，但是市有或国有的建筑物须得有特别契约。有些区域，畜类也可以保险全体预防瘟疫，谷子防冰雹也可以保险。

## 十一　工业法（Industrial law）

从工业活动所发生的法律关系在欧洲大半是民法所包括的，因为这是根据于契约。在苏俄只有小部分的私人工业，也只能到一种范围，是属于民法的；大体的工业是被特别法所节制。

## 十二　托辣斯（Trusts）

实际上一切国家的工业都取托辣斯的形态，但是和欧洲的托辣斯名同而实不同。俄国的托辣斯是个国家的组织，建筑在私人商业的方式上，这是因为便于它的经济情形。起初，军事共产没收了一切的私人企业，并且预备用局署的（bureaucratic）的方式去办理（这就是从一个中心点）。经了些时间和经验显出分治的必需，于是企业就变成经济的分立（economically separate），至少在原则上是自给的单位，它有法人的性质，有它们自己的预算案，它们的特别产业，以及解释它们的利益和情形的条文；总之，形成托辣斯就是了（银行和国家农场也是同样的构造）。法律上它是和国家分立的，它们能够和委员会或是和别的托辣斯订约，至于国家来统制它们，却是被些关于它的规则所限定。托辣斯不能移卖它们的不动产、建筑物、机器，也不能拿去抵债，它的所有权操置于国家。所谓活动资本、款子、家畜、家具——托辣斯在某种限制内是可以移让的。

国家往往规定托辣斯出品的价目，并且也每每规定卖给它们的生产物。虽然它们为国家（最高当局是经济会议）所统制，但是托辣斯的关系必取契约的形式，有通常的预付、罚金、交款时间、性质等类的条文。有时国家订购托辣斯的全部出产，为自用或是为别的托辣斯用；好比交通部需要一批铁轨和经济会议磋商，经济会议就由冶业托辣斯支配需要的数目，每处都得和受供给的铁路定约。

一个托辣斯往往包括十二个或二十个设在一处的工厂。工厂并不是个法律的单位，纯粹是个工业的单位。托辣斯的盈利交给财政部，只有20%留作公积资本，以及百分之几作为经理和改良工人的社会情形用。

托辣斯还确是社会主义思想的一个暂时对实际情形的临时采用，还是恢复资本主义，这是本文范围以外的问题了。

### 十三　新狄开（Syndicates）

新狄开是托辣斯的别个组合，不是自然的就是指定的，为的是统一购买原料和出售产品。新狄开有口自己的资本系有托辣斯捐助的，并有国家的津贴。新狄开的会员责任是有限的，有时它们的责任限制到各个投资的两倍或是五倍的价值。它（新狄开）倘是代表托辣斯销售出品，它要在价格上加2%至3%作为利益。

### 十四　货物的交易

在苏维埃共和国，国家贸易的限制是两方面的：间接的就是由于隶属国家管理的大宗股本在市场上显出的商业压力；直接的是由于新狄开和托辣斯的章程。这些章程不但限制了全盘的交易，指定买户、出售的条件和交易的时间（这是指真正大量工业）；并且指定了托辣斯卖出产品的地域，给它自己去找买户（这是指家常的消费品）。

### 十五　交易所（Exchanges）

交易所经了着力的限制成为由经纪人为媒介的极普通形式的货物交易。有股份的经营很少，投机事业是不容于苏维埃的。

### 十六　银行

银行很少是像有限公司那样组织的，仍是财政部所设的国家重要机关。和托辣斯一样，它们也为法人，有自给的预算案。它们的重要职务就是周转新狄开和托辣斯的金融。

### 十七　合作社

在苏俄立法的意见，合作社的作用不仅是给消费者以帮助，并且同意消费者去预备完全的社会化。于是国家限制它们的作用就很着力。只有享有政治选举权的人才有当会员的权利。投资的最高限度和最低限度都很低。照它们的情形合作社须得分派零售托辣斯的出产品。托辣斯往往和那些由它们部门中批销产品的合作总组织定约。合作社有些较私人更大的特权；它们可以占有任何大小的工厂，它们可以接收国有或市有的建筑物，它们有清还欠款的优先权等等。

### 十八　采矿

这里苏俄法典的特点在允许发现新矿者一种特权。不用租金他可以由国家租去。他须得在某时期内选定，否则失掉一切权利。出产就是他自己的产业，他须得付一种采矿税，和利益中的5%给国家。

## 十九　土地

一切的土地没有例外的归国有，也就完全脱离民法的作用。

军事共产曾经打算均分土地。据 1918 年的土地国有令，"每个农民不得接收超过不致困穷的生活必需的土地"。一切的土地当时认为要重新分配的，富有的村庄移交它的一部分土地给贫农，超过它区域上的平均数的，农民则交他的剩余给他的穷邻。只有旧帝制时代的公社（conmmune）制度是允许的，照供给的"农奴"（"souls"）的数目有定期重分派土地；实际上比从前更外常见，差不多每年一次。均田的试验引出了混乱的情形，在半途就中止了；1922 年的土地法令承认农民的"经济的工作用途"（economic working use），它在允许租借土地，和由市有转到个人耕种。现在土地给农民用，不收费也没时间的限制；只有国家能够依拨作共用的普通法去转移□。但是农民的权利仍是有条件的。第一，它一定要属于"经济的用途"，这就是说属于经济的正当用途；所以贪夺耕种，或是不善耕种就要失去他的权利，一切无主的土地归还国家或是乡村公社（village commune）。第二，"工作"是指农民必须亲自耕种，雇工是种资本农业的形态，在革命后的头几年是完全禁止的。这里立法官又不得不俯就农民的需要，雇工还是允许的，只要他不是去他亲自耕种的性质，就是雇主一定要和雇工在同样的立足点上做工。

租地也被允许。它的最长的期限渐渐延长到十五年，租户也有使用雇工的权利，但是也受用于有地人的同样限制。

建筑物是农业的完全产业，但是只可以为建筑在他的所有地上的所有。

森林在"工作用途"的原则上和土地一样的给农民，只要不离开为国家用的范围，国家就经托辣斯去开拓它。农民可以为他们自己的需要去采伐，但是不能卖地；他们须得保护森林和遵守制定的采伐制度。

全般的看起来，关于土地立法是苏维埃共和国经济法的最保守的部分，它的理由是显明的。公社的法律的地位，差不多让它独立，现在和早先一样仅是农业的单位，不是行政的单位；公社执令土地的重行划分（现在不准每九年多过一次），指定更换谷种，保佑土地和城市的建筑物等等。

一个奇怪的法律的观念（农村中从不可记忆的时代起的），就是"德服尔"（Dvor，家属）①。所有权并不属于那一个农夫（Mujik），或是他的家族，只属于"德服尔"。"德服尔"包括在的或是暂时不在的家族的人员，在事实上包括家族认为一伙的人如同亲戚，有时以及工人们。族长仅是一个传统的"德服尔"的代表，他并不比别的份子享受特权，"德服尔"可以到公社去告发他的行为，并可取消他，"德服尔"的财产不能拿去还那为个人利益借来的欠债，只可换那为"德服尔"利益的欠债。遗产制于是成了不着实的；"德服尔"似乎是永存的（quasi-immortal），只有那死亡个人所有的东西是能够承受的。

农民可以自由地在公社中，或是把他的土地交给合作社，或是个人保有。

## 二十　合作社的所有（Co-operative possession）

这完全是一个纯粹共产派的新观念。有些土地合作社，土地是共同耕种的，出产在会员中分派；另一种生产和消费都是共同

---

① "德服尔"俄文的原意有门的意思，有几分和中文"户"的意思相像，表示一个户口的意思。因为从前俄国经济落后的乡村还留着原始共产的村落社会的形迹，所以个人私有的观念还不显明，带有血统关系和耕种工作单位的"德服尔"是很普遍的概念。

的。法律并不强迫这种方式的耕种,只给它一种优待,准它较多的信用,和减些费税等。显然的俄国的土地合作社还没有稳固。

## 二十一 个人的所有地（Individual possession of land）

虽然苏俄政府不愿意个人的事业,在 1921 年它不得不恢复 1906 年的农业改良案（The Agrarian Reform of 1906）① 的经济需要。农民从公社的转入独立耕种,现在差不多恢复了战前的状况了。它基本的区别就在脱离公社并不让土地所有权给农民。在公社重分地的时候,任何农民可以单独要求分开；别的时候,有公社的五分之一的人才可以要求。这样的分地是土地委员会创办的。新农场的大小照在"德服尔"的人数而定,新农场的第一顷是一块或是几块地,但是在公社制之下土地分给"德服尔"大抵是成条的,十条、二十条,散在全公社的面积上。

---

① 1906 年的法令的重要目的在于鼓励个人私有财产就是要振兴小地产和扩张地主对于土地的自由权。帝制政府是想用私有制度来和缓当时的革命。在振兴小地产的观点上,虽然有几分与新经济政策相像,不过这仅是用来增进生产力的手段,其他的限制和他的最终目的当然是使得这两个时代的法制"不可同日语"的。

# 欧洲经济法之端倪

威廉·赫德曼[*]著　宫　鸥译

现世各国之所谓"经济法"——规定经济生活之全部法规——尚在萌芽时期，故迄未形成足以垂诸数十年之"经济法法典"（Codex Öconomicus）。然其发展日行显著，欧陆诸国不约而同。其对此致力之程度及其形态，虽不免相异，如德意志等国，已有相当进步之经济法规，而其他诸国，则方逐渐咨试：根据新经济理想以指定法规，唯有认为一种救急办法，将来仍在放弃之列。

但此种趑趄不前，甚至悲观之态度，仍不足阻碍欧陆诸国向经济法之标的而迈进之趋势。是足证其非为"极权"（Autoritären）国家一时的武断措施，而实为20世纪无可避免之时代产物。

在经济法迄今为止之发展中，我们得觉察下列四种根本方向：

（一）显然的国家统制；

（二）依计划而组织之经济团体，在所赋自治权力下，加强团结；

（三）计划统制之扩张及于一切经济生活与活动；

（四）经济的契约法之根本变易。

---

[*] 即 Wilhelm Hedemann。编校者注。

一

由于事业之技术化，都市之扩大及巨量人口之集中所表现之现代经济活动，苟乏强有力之统制，已有无法驾驭之虞。此系真正 20 世纪之特征。是以此后国家法律将有一大部分有关于经济事件。向来以为国家仅属一个政治统制机构的观念实际，已不复可能。它已表现出了十足的经济现象，虽在欧陆少数国家当有认此只为暂时的幻影，而迄为法学家所怀疑。

是以国家利益计，更需独立的经济法院，因经济团体所自设的"仲裁法院"等极为参差不齐。国家法律对于特种经济的不法行为，如秘密之泄露，国家经济计划之破坏行为，及国民经济上重要财货之毁损等，尤应明白规定。最后，领土较广之国家，更须依经济上特定目的而划分行政区域，所谓"经济行省"、"经济区域"等名词，在现实欧洲已非罕闻。立法者应更进而着眼于经济全部而予各个经济事业以特殊的保育。值兹战争期间，各国于此项立法，不免支离碎杂，然其鹄的则愿在获取一整齐而有力的集中体制。但所以达此鹄的之途径，则固非易易耳。

二

欧陆国家现在致力于人民经济阶级之编列。德之"行业组织"（Ständischer Aufbau）、意之"职业团体制"（Korporative System）已成为该二民族法律生活之重要部分，复有由旧时代所沿袭而来之诸种组合与会社等，得视为新时代之前驱者，为有独占性之"加特尔"（Kartelle）或"辛狄加"（Syndikate）后复演变而成"康辄尔"（Konzerne）甚至"托拉斯"（Truste）。此外，如旧有之商业公司，尤其是股份有限公司之类皆是。至于"商会"、"手工业公会"等，则虽最后依存于国家权力，而已由经济者取得自治权。此种团体之存在，虽经某种程度之改变，至少昭示20世纪的欧陆国家，无论其如何"极权"，在经济上并非为专制者。

此第二种方向中最健全而显著之点，即在人民的经济团体多被赋予自治权。它们得自己立法，并在某限度内得有自己的司法机关。另一点正在发展中的是：经济团体内部各分子间的互助，例如一方因他方的损失而得的意外利益，国家以经济法规使彼此平均享受，或予一方以救助，如必要时得勒令一方的工厂停业。

## 三

经济生活内一切基本要素，都须隶属于国家或自治经济团体的权力之下。此项原则，骤闻之似甚刺耳，实则此种基本元素中最切要的一个——货币——早已置诸国家统制之下。一般人对此现象，已不觉骇闻，而反认为当然。明乎此，则国家统制之扩及其他原素，如劳力、土地及其天然产物，货物及其价格等，看似新奇，实与货币之受统制，属于同一理由。

凡此种种基本原素均将如昆弟般隶属于国家"父权"（Vaterische Gewalt）之下。于此借用"父权"的名词，明知不甚妥切，只用以说明：国家（及诸自治团体）虽借种种方法，实施统制，如呈报义务、开设禁止、禁运、没收等，然并非即为抹杀人民的自由活动。此正是欧陆经济法与苏俄经济法之基本区别。前者将以道德观念为基础，而审慎规定关于损害赔偿、社会福利之保育及不当得利之禁止等原则，以期国民经济生活达于和谐。

## 四

在纯粹法学的观点上，"契约"有特殊重要性。它正是新经济观的一个显例。依契约传统的基本理想，系自由主义的极则。我们通常认为：凡不以"绝对自由"为基础之事物，都不能成为契约。殊不知是项观念，实一幻觉。因任何契约不外是人民社会生活中的一部分，亦以期合于社会生活的目的而获其意义。假如契约而以买卖幼女为目的，将不仅为社会所唾弃，且将由法律宣告其无效。又如利率过高的契约，在法律上亦将视为重利盘剥而被禁。又如与一国商业政策相左的契约，亦不为法律所容忍。是种趋向，在今日欧陆诸国积极推行高度经济之下，尤为必然的结果。契约将愈趋繁复而精密以与整个经济体制相凑合，但同时仍不失为缔约当事人间所自由缔结，而受法院或其他国家机关所保护。

　　以上为欧洲经济法发展中的四大方向，至于欧陆诸国将如何合作，以完成一共同的新经济法，仍属将来的问题。现时，各国的法律意识并不过相径庭，虽各国对此的范围、致力程度及步调，或有参差，而其发展至迹则大体相似。然则欧陆诸国，又何乐而不亦步亦趋，借互相间缔结商事条约或经济条约之方法，以达彼此获得生产与供给之协调，或更进而组成以法律为基础之欧洲经济联邦，往而建立共同的联邦立法、联邦司法以及联邦行政呢？

# 德国战时经济法之确立

## 一 德意志战时经济法之性格

本文所论之德意志战时经济法，仅限于1939年9月3日英国对德意志宣战后之战时经济法，1939年9月3日，英国对德宣战后，德国即在9月4日公布战时经济法，凡30条。此经济法系以所谓国防审议院（Kriegswirtschaftsverordnung①）形式而公布，实际上为德国战时经济局之基础法则，大抵规定四项目，即（1）反战行为之禁止；（2）战时租税；（3）战时工银；（4）战时物价。在此战时经济法前，有如下之宣言："为确保祖国之疆域，要求德意志全体国民作最大的牺牲。军人则携武器，赌生命，以护国土。此种赌以生命之伟大壮举，全国国民务须以其能力与手段委之于民族与国家，故负担统制经济下之生活，实为全国国民之义务也。其中国民对生活上之限制，亦属义务。因此，国防审议院规定有如是之法律。"

以上为德意志战时经济法之基础理念。此种理念对战时中国国民，实有参考之价值。

特别值得注意者为在此反战行为之禁止、战时租税、战时工银及战时物价四项目，在立法技术上虽规定有四章，但全部却形成战时经济体制一整个之体系，且有相互循环条件之关联。盖以

---

① 原稿误作：Kriegswirtschaftsveroadnung。编校者注。

此作全体观察时,可以认出战争的标准持有三个特征。此三个特性惟何?曰(1)迅速性,(2)企划性,(3)战线与后方之间。战争牺牲程度是。

兹以9月4日战时经济法为中心,而将德意志战时经济体制一述如后。

## 二 战争之经济的全体性(反战行为之禁止)

关于战时经济法第一章所规定之反战行为之禁止,系指禁止对战争有害之行为(Kriegsschädliches Verhalten)①。此项法律之规定为:"凡将国民生活所需重要之原料及生产品加以毁灭,囤积或匿藏或使此种需要上足以发生危险者,当处以苦役或徒刑。特别重要时,则当宣告死刑。凡无正当理由而藏置货币者,当处以徒刑,特别重要时,则当处以苦役。"

此条规定,显然为包括战时经济法之一般事项,凡囤积或匿藏财货及现金,即有害于国民经济之一切行为,所科之严厉刑罚,乃为不能遵守秩序时之一种有效的应付手段。

由战时经济法所生之义务,表示前线军人之义务与后方义务相等。德国战时经济法之一特征,即为"战斗部队与后方之间战争牺牲均衡化"。盖战争演进至今日,已发展至国民生活之领域,换言之,即出现了所谓战争之全体性(Totalität des Krieges)②。

## 三 战时财政(战时租税)

在1939年9月4日战时经济法之第二年,战时租税亦即战时财政,第一为对于所得物之战时附加税,第二为对啤酒及烟草之

---

① 原稿误作:Kriegsschadliches Verhalten。编校者注。
② 原稿误作:Tolalitat des Kriegls。编校者注。

战时附加税，第三为对火酒之战时附加税，第四为对香槟之战时附加税，第五为各省市县及公共法团之战时捐。

第一，对于所得税之战时附加税，所得 2400 马克者，课以比以前所得税之 50% 之附加税。此种收入额，1939 年为 15 亿马克，自第二年度起为 25 亿马克。

第二，对啤酒及烟草之战时附加税，即对消费者所征 20% 之价格税。

第三，对火酒之战时附加税，为每 100 立脱尔 275 马克提高至 375 马克。

第四，对香槟战时附加税，每瓶课 1 马克或 50 芬尼。上述三种战时消费税，1939 年收入约 6 亿马克，自 40 年度起每年估计 12 亿至 13 亿马克。以前之消费税与战时所增之消费税今计，每年可收入 35 亿至 40 亿马克。

第五，对各省市县及公共法团之战时捐，即将以前各地所征之地方税及地方附加税，附征 15% 之战时捐，以缴纳国库。而此等财源则由节约而来。据 1939 年《银行杂志》(Bankarchiv) 估计，此战时捐 1939 年为 30 亿马克，自 40 年度起，每年约 50 亿马克。

## 四 战时工银（战时劳动调整）

为战时经济法第三章所规定之战时工银。本来，工银政策与物价政策为德国经济政策之中心。当 1933 年德国宣布第一次四年计划时，即标榜"货币、物价与工银之安定"。关于工银方面，在 1936 年秋，希特勒发表第二次四年计划时，即宣布工银固定政策，即务须以工银水准钉住在 1936 年最低水准。当时劳动者工银，大都年所得在 800 马克以下。盖德国国社党政策，宁愿将工银水准低下，而将失业者减少，借以克服恐慌。

在 1933 年即国社党未握政权前，失业者达 600 万人，但国社党执政而宣布第一次四年计划依公共土木事业即吸收 230 万人，至 1938 年内重整军备之强化，失业者数量愈少，而且发生劳动不足之倾向。至 1939 年 6 月，遂颁布国民义务劳动制。又在国社党执政之初，曾倡妇女回到家庭之口号，但妇女劳动仍未减少，且有增加倾向，而政府在 1937 年 10 月亦拟废妇人劳动限制之法令。

在 1939 年 9 月战争勃发之初，自由劳动者均在短期间被工厂吸取。而 9 月 4 日之战时经济法，主要课题为工银对于物价之影响。依据该法之施行规则，除特别之例外，禁止劳动工银及薪给之提高，而过高之工银及薪给之减低，则由国家监察官或特别监察官之同意而行。

又星期日工作及夜工之津贴并不支付，但资方必须将星期日工作及夜工所得之利得缴纳于国家义务署。又对于休息规定暂时并不适用，故对于劳动者并无休息。凡违反上述诸规定者，课以相当的处罚，在重要时得处以苦役与徒刑之罪。

## 五 战时物价（战时物价构成）

战时经济法第四章为战时物价之规定。

德国物价政策，以 1936 年第二次四年计划为分歧点，在前为物价统制（Preiskontrolle）时代，其后为物价构成（Preisbildung）时代。即自 1933 年国社党树立政权，设物价统制官（Reichstreuhänder）① 而实施物价统制，至 1936 年第二次四年计划开始时，复设物价构成官（Reichskommissar für die Preisbildung）② 而实施物价

---

① 原稿误作：Rveichstreuhander。编校者注。
② 原稿误作：Reichckommissar fur Preisbildunng。可以参见 Rüdiger Hachtmann, Winfried Süß, *Hitlers Kommissare：Sondergewalten in der nationalsozialistischen Diktatur*, Göttingen：Wallstein Verlag, 2012, S. 93ff.。编校者注。

构成。国家价格构成官系直接隶属于总统，其权力非常强大，持有一切商品价格，手续费之决定与监督之权力。

战时经济法第四章关于战时价格之规定，在第 22 条规定有"各种财货及支付之价格及收益，依战时统制国民经济原则而构成"，以作为战时物价构成之原则。所谓战时统制国民经济之原则，即战时经济之节约利得，务须使用于为物价降低。例如公害为缺乏燃料而限制热水供给，即其燃料节约所得应归房客。

## 六 战时经济之客观条件（战时经济组织）

以上为 1939 年 9 月 4 日德国所公布之战时经济法之概要。此外对于消费者之定量分配制度方面，有 9 月 20 日颁布之食粮票券制度，11 月 14 日颁布之衣服票券制度；又关于加特尔法方面，有 9 月 4 日之 "关于产业经济上共同企业之经济部法令" 等，除 9 月 4 日战时经济法外，并无重要之特别法令实施，此处所云者乃为 9 月 4 日战时经济法之一种若干证明而已。

德国战时经济法实施机关，主要为国防审议院（Ministerrat für die Reichsverteidigung）[①]，此机关为国防、民族、经济、战时综合的一元机构。

构成国防审议院之经济总监（Generalbevollmächtigten für die Wirtschaft[②], G. B. W）复具有经济参谋本部之权限，由总统希特勒授以军事经济之计划。此经济总监通常称之为：G. B. W。

经济参谋本部之 G. B. W 之权限，系在于基于战争必要之德国经济力之一元化，换言之，即军事的经济企划。即将产业经济、对外贸易、食粮经济、劳动统制、输送制度、物价政策、财政及

---

① 可以参见 Bernd Mertens, *Rechtsetzung im Nationalsozialismus*, Tübingen：Mohr Siebeck, 2009, S. 20ff.。编校者注。

② 原稿误为：Der General bevollmachtige fur die Wirtschatt。编校者注。

金融政策等施以一元的统制为目标。

又隶属于 G. B. W 之机构，为军事经济企划厅、军事经济研究所、各专门部（例如经济部、粮食及农业部、劳动部、林业厅）及国家物价构成委员，此外 G. B. W 复有持对财政部及德国国家银行国防财政之指导权。

又 1939 年 9 月 1 日，设 G. B. W 之地方机构，多为国防委员（Reichsverteidigungskommissare），其任务为指导各地方经济厅，设置于各军事地区，持有关于一般行政厅政策实施上之军事地区指令之权限，此种国防委员，事实上由地方行政长官兼任。

此外，产业经济上因有直接间接之战争需要，组织以确保生产及分配为目的之各产业组织之中央机构，其名称为德国国家事务所（Reichsstelle）①。此机关之任务为依照战时原料资源计划及个人产业经济之测定而实行原料资源之互相分配及管理。

德国在此次战争时得以立刻确立如此严厉苛刻之战时经济之组织，实系依赖 1933 年德国国社党夺得政权以来，特别是依据 1934 年 2 月 17 日之经济组织准备法，而始能获得。盖德国此种战时经济体制，绝非一朝一夕所能产生。此次战时经济之编成，不过为 1933 年及 1936 年第一次及第二次所为四年计划亦即纯粹计划经济之发展而已。故德国国社党开始即进行计划经济，绝非单纯的统制经济。

---

① 原稿误作：Reichsstolle。可以参见 Johannes Bähr, Ralf Banken, *Wirtschaftssteuerung durch Recht im Nationalsozialismus: Studien zur Entwicklung des Wirtschaftsrechts im Interventionsstaat des "Dritten Reichs"*, Frankfurt/Main: Vittorio Klostermann, 2006, S. 150ff. 。编校者注。

# 德国的新经济法

经济恐慌已经延长了五六年之久，各国执政者无论是属于左派或右派，他们都觉得这是一种非解决不可的问题。德国自希特勒登台以来，尤其重视这个问题，时时研钻解决之道，最近新经济法的公布就是为着这个缘故。这项新法律施行的一切权限完全委诸德国经济部去处理，自这条法律公布后，即把全国组成十二个经济集团，以便利于全国经济的管理，但国家社会党用这种方法究竟能否解决各国感觉最难解决的唯一严重的问题，殊属疑问。

1934年2月27日德国所公布的《德国经济建设法》单单规定了这些范围：此后德国经济繁荣将在这些范围里面演进的。按照一部分法令，为得此后要陆续应用这些范围，所以这项法律规定了一些原则，该项法律类似近来德国所订定的许多法规。这项关于一般经济组织法乃系委托握有极大权力的德国经济部去办理的，经济部特别规定下列几项：

（一）承认唯一代表各地支会的经济团体协会；

（二）设立、解散或合并一切经济团体协会；

（三）改订并补充经济协会的规则和会章，特别是采用经济协会领袖的原则；

（四）任免经济协会代表；

（五）命令企业家或企业加入经济协会。

最后,该项法律预先制裁一切犯罪行为,并事先以"不受理"的理由来制止一切利益损失的要求,这要求是会妨碍该法律的应用的。

同时加入这样一项新法规,全德国的实业和商业组成十二个职业团体,所有的企业须强制地加入与它的活跃相等的团体。这些职业团体(Fachgruppen)以后即将代替原来拥护职团利益的旧协会。所谓实业界,即是这些团体中的七个,而其余五个则属于职工、商业、银行、保险和运输界。所有的组织都根据协会领袖所提出的主张,不待言这样便会集合一班领袖和副领袖(在这个地方,我们证明不久德国就会把人口三分之二给与任何名义的领袖资格……)。

卜林鹤尔巴哈(Gustav Krupp von Bonlen und Halbach)① 被任命为这七个实业团体的领袖,至于电气工业职业团体前主席克斯勒氏(M. Philipp Kessler)要放弃全德国的经济指挥权。无论用什么方式,根据这个方案所组织的德国经济纵然不受经济部管理,但是却要尽量与它作密切的合作。2月27日的法律所成立的制度显然地是要使德国前经济顾问会宣告结束的,最近该顾问会解散就是为这个缘故。

当法律公布的时候,德国经济部长史密特氏(M. Schmitt)曾宣言这条法律并没有建议解决经济集团的组织问题,然而大家所听到的史氏的演说和德国的一些统治者对于"团体的组织",却没有下以一种正确的界限,这是可惜的事。同时,在今日的德国狠② 常使用"职团"(Corporatif)这个字,似乎没有给它规定一种特别

---

① 原稿误作:Krupp von Bonlen und Halbach。编校者注。古斯塔夫·克虏伯(1870~1950),克虏伯家族第四代掌门人,德国的大工业资本家,军火大王。著名的克虏伯大炮名震世界。

② 同"很"。编校者注。

正确的意义。在这经济的和社会的条件与封建时代绝对不同的状态之下，实际上无论采取任何形式都难得创造一个世人所称为职团的国家（État Corporatif）。"职团理想"（Idéal Corporatif）站在阶级斗争理论的面前，很显然地不过是一种观念论的反动：职团理想超过了这个范围的限度，这只能把必然地能够使之实现的全部趋势掩盖了⋯⋯

根据最近的解释，这项法律的实在目的，并不是要为德国的现组织所要改良的经济组织或经济职团的建设造成一条道路。就全体而言，事实上德国的经济乃是在利益集团的形式之下组成的，其活跃乃以异常高昂的和部份①的不生产的一般经费为条件的，而其盲目的竞争会妨碍全体的发展。因有这条新法律，大家希望大大地减少妨害率。此外，尤其是这条法律所规定的范围，应当有利于整个经济所担负的以及适合于它的全体利益的业务的施行。因此，才产生了输出的系统组织，种种不同的市场状况的研究，信用的有组织的管理，然后从事投资的监督。因为经济恐慌才有这样的力量的集中——但是这样岂仅德国而已。目前的情形好像一个被围攻的要塞，所以谋怎样能够顺应这种情形呢？

这条法律所造成的工作条件，成为德国报纸的许多解释的对象：这是一种"自由组织的经济"，这种经济系综合自由放任主义的和大众利益重于私人利益的原则的。实际上，新经济组织既带着资本主义的特质，而同时又确实地表现出集产主义的特质，于是使第一计划的统制经济有成立的可能性。这儿我们想就一般的组织加以观察，也许不是完全无益的事情。欧洲的其他各国似乎不能以与苏联的同样条件去把资本主义改为集产经济。欧洲各国的资本主义仅仅是一种简单的经济制度，在任何意义之下，都可

---

① 同"分"。编校者注。

以自由改造的；它同样地表现出某种精神和心理的特征，这些特征在欧洲各民族性中是根深蒂固的。因此之故，西洋人很不容易放弃世人所周知的个人主义，那么当要变更现经济组织时，须斟酌欧洲人的性格。换言之，一种统制的经济，在欧洲只有以合理的措置，同时适合于迄今在资本主义的结构的核心所施行的个人企业，才可实现。过去的大革命始终都能够利用旧制度的生产力的。

新经济法无论它的实际重要性如何，最低限度要替私有资本主义的利益和集团利益创立一个均衡的范围。如果对此要下以批判，应须引证立法官自身的旨趣。① 这班人既不主张，同时也不想排斥私有资本主义的经济；恰恰相反，他们公然地承认私有资本主义的原则的。德国经济部长史密特氏在他宣布经济大纲时，甚至这样宣言，虽然依照时间的严重性，不希望"加迭尔"的存在，然而他却承认从市场价格的管理和分配看来，就是将来他也觉得这种公司的制度是不能避免的。在这种意义之下，他公开地肯定他是独立企业和自由竞争的赞成者，这两项乃系证明他们所鼓励的事业乃系个人最大的努力。所应当改良的乃是竞争的习惯方法。这就是从职业团体谋"诚实竞争原则"的被采用，也可以说是提高在生产者和消费者的环境中的商业道德。

下面所记的，就是正式的纲领。但是我们要知道的乃是这项新法律实际上究否适合社会学的分析。这项新法律显然地有两个立足点。

第一，这项法律是因环境而产生的。我们在上面曾用被围攻的要塞以比喻它：实在说，这不仅是一个比喻而已——世界市场的情况，输出的低落等已把这个比喻造成为一种实在性。就是在

---

① 同"趣"。编校者注。

本国经济的利益之下，德国的现状必须采取组织的措施，这些措施乃系引用大战时所适当地施行的。无论是在大战的四年中间或在今日，经济力量的集中不必根据理论，但是要避免整个的崩溃。实际上丝毫不必用大众利益超过国社党一切的方针来调和自由放任主义，宁谓自今而后，经济恐慌自身就会自动的排斥自由主义，据企业领袖的眼光看来，今日私人利益临时的扩张，但却是属于国家的权力的。

第二，这项法律是限制最重要的经济势力的优越权的。举一个例吧，我们只要看一看卜林鹤尔巴哈氏领导七个实业团体就够了。同样的，在各团体中没有什么比此更正当的了，这就是同样地保持大部分势力的重要企业的领袖。这是说这项法律对于资本主义的"横行"没有加以丝毫的限制；完完全全相反，这项法律反而使它能够成功。真的，这是自由组织的经济啊！但是其组织是为重工业服务的，同时促进资本的集中。在这种情况之下，我们很容易明了"开诚竞争原则"（Principes de concurrence loyale）不应该恰恰便利于少有抵抗的企业。

根据实验的结果，这同样地乃系一大堆无从衡量的因素，我们自然对此不能妄加臆测。如果经济状况能缓和的话，所有私人利益会尽量地向着集团的利益前进。如果继续不景气的话，德国的经济组织无疑地更会永远采用战争的经济。现在有许多风声，按照这些风声，德国快将施行极端严格的分配制度，同时，德国会实行统制经济的初步。最后，在内政组织遇着某种难关时，那么这项法律中所包括的集产趋势就会被采用。

# 法国新经济法律及其反响

法国是一个资本主义的国家，金融资本家支配一切财政机关，操纵一切政权，本年6月间赖伐尔的内阁也是在金融资本家的赞助之下而组成的。

赖伐尔的内阁既是金融资本家赞助下的产物，那么关于一切立法施政，他必须奉承金融资本家的意旨而行，是无可疑的。查赖伐尔组阁之际，正值法国经济恐慌，法郎危机的时候，赖伐尔认法郎之安危，与法国金融资本家关系甚大，与国际金融战争中法国之争霸工作关系更大，赖伐尔乃与财政巨阀共同草拟财政紧缩节约及挽救法郎危机复兴国家经济等方案，该案经阁议通过，以大总统令颁布全国，这就是所谓"新经济法律"。

所谓新经济法律的本质，就是核减定额收入者阶级之收入，以维持金融资本家之利益。因为新经济法律关于财政方面之处置，不外削减支出，而削减支出之方，主要在于低减工银，折扣薪金，至受减薪的痛苦最大的是工人群众。最近法国布列斯特港法国兵工厂发生罢工风潮及勒哈佛尔港之各轮船海员同情罢工，实由于新经济法律削减工人的工银所致。无论此种罢工是怎样横暴，但事实告诉我们，法国工人罢工亦势逼处此，不得不尔。

总之，赖伐尔颁行的新经济法律，本质是维持金融资本家的利益。但要维持金融资本家的利益，又非牺牲工人群众的利益不可。所以由新经济法律所引起的反响就是工人罢工风潮，这种风潮如继续扩大，就会震撼代表金融资本家的赖伐尔政权。

# 日本统制经济法之发展过程

津曲藏之丞 著

朴君节 译

## 一 自由经济体制下经济法发展之概观

自由经济体制上经济法发展之考察，乃统制经济发展前期之企业法的考察。此种考察虽为自由经济法与自主的统制经济法之概观，但此等经济法，即于今日，亦仍具有规制力。盖日本统制经济法乃渐进发展的，乃与前期之经济法混同施行的，故对此等统制经济法即前期之经济法，加以概观，并非无益。兹撮其大要，叙述其发展过程如次。

自由经济法之发展过程：欲考察自由经济法之发展过程，即将分别考察企业法之基本法的商法典与补整自由经济之特殊事业法乃至特殊公司法。

第一，就经济基本法之商法典并其附属法观之：封建经济时企业法之前史的考察，乃日本"产"或"组"之发展的考察，兹姑从略，如自商法典之制定过程观之，则自明治 23 年 4 月 27 日所公布之旧商典始。但该法之施行，经数度之延期，几未见其实施之成绩，是不得不让之于明治 32 年 3 月 9 日所公布之新商法典。该法乃与商法施行法于该年 6 月 16 日起同时实施者。

其后，该法于明治 44 年，首次修正。大加整理，昭和 4 年以降，更有商法修正之议，遂于昭和 13 年 4 月 5 日，以法 72 号商法修正法律，增补修正，并同时制定该法施行法以及有限公司法等，而修正之商法典亦自昭和15年1月1日起施行。

商法典乃经济法之基本法，经此发展过程，以至今日，始成为一般企业法之基准，是可谓为自由经济初期之立法。除此种基本法外，尚有票据法（昭和7年法20号）支票法（昭和8年法57号）等，俱以单行法而施行。

第二，再就以补整自由经济所制定之事业法及特殊公司法观之：事业法及特殊公司法本早已制定，其主要者，有下列数种。

## （一）关于产业之法令

（1）电气事业法（明治44年3月30日法55号，经昭和6年法61号，同13年法77号，同14年法68号，同16年法35号加以修正）。

（2）煤气事业法（大正2年4月9日法46号，昭和6年法2号加以修正）。

（3）矿业法（明治6年3月8日法45号，经明治40年法41号，同43年法10号，同44年法9号，大正13年法22号，昭和2年法360号，同6年法65号，同9年法37号，同年法24号，同14年法23号，同15年法31号、102号加以修正）。

（4）渔业法（明治43年4月21日法58号，经昭和8年法33号，同13年法13号，同15年法59号加以修正）。

（5）地方铁道法（大正8年4月10日法52号，经大正10年法38号，昭和4年法62号，同14年法19号加以修正）。

（6）轨道法（大正10年4月14日法76号，经昭和4年法61号，同14年法20号加以修正）。

（7）运河法（大正2年4月9日法16号，同4年法3号加以修正）。

（8）关于南满洲铁道股份公司之法令（明治39年6月8日敕142号，经昭和15年敕416号及其他14次之修正）。

（9）关于在外国敷设铁路之帝国公司的法令（明治33年9月15日敕366号，经同41年敕304号，大正9年敕156号加以修正）。

（10）蚕丝业法（明治44年3月29日法47号，经大正6年法16号，昭和4年法18号，同6年法25号，同9年法25号，同2年法2号加以修正）。

（11）制丝业法（昭和7年9月7日法29号，经昭和8年法31号，同11年法2号加以修正）。

（12）东洋拓殖股份公司法（明治41年8月27日法63号，经昭和14年法68号及其他五次之修正）。

（13）其他。

## （二）关于金融之法令

（1）日本银行条例（明治15年6月27日太政官布告32号）至七九议会对日本银行法（昭和17年2月24日法67号）加以修正。

（2）横滨正金银行条例（明治20年7月7日敕29号，经明治22年敕10号，昭和3年法65号加以修正）。

（3）日本劝业银行法（明治29年4月20日法82号，经昭和16年法39号及其他25次之修正于七九议会更加修正）。

（4）农工银行法（明治29年4月20日法83号，经昭和16年法40号及其他26次之修正于七九议会更加修正）。

（5）北海道拓殖银行法（明治32年3月22日法76号，经昭和16年法41号及其他22次之修正，七九议会更加修正）。

（6）日本兴业银行法（明治33年3月23日法70号，经昭和14年法68号及其他11次之修正）。

（7）台湾银行法（明治30年4月1日法38号，经昭和16年法17号及其他10次之修正）。

（8）朝鲜银行法（明治44年3月29日法48号，经昭和16年法16号及其他5次之修正）。

（9）银行法（昭和2年3月30日法21号，昭和14年68号加以修正）。

（10）储蓄银行法（大正10年4月14日法74号，经昭和2年法24号，同6年41号，同11年44号，同15年33号加以修正）。

### （三）关于信托之法令

（1）信托法（大正11年4月21日法62号）。

（2）信托业法（大正2年4月20日法65号，昭和4年法67号加以修正）。

（3）担保附公司债信托法（明治38年3月13日法52号，经昭和14年法68号及其他七次之修正）。

### （四）关于银会营业之法令

银会业法（大正4年6月21日法24号，经昭和6年法42号，昭和13年法27号，同14年法68号，同16年法80号加以修正）。

### （五）关于保险业之法令

保险业法（昭和33年3月22日法69号，昭和14年法41号加以修正）。

### （六）关于交易所及有价证券分赋贩卖之法令

（1）交易所法（明治26年3月4日法5号，经昭和15年法59号及其他6次之修正）。

(2）交易所令（大正 11 年 7 月 31 日敕 353 号，经昭和 12 年敕 202 号及其他 6 次之修正）。

(3）有价证券分赋贩卖业法（大正 7 年 4 月 1 日法 29 号）。

## （七）关于通讯业之法令

日本无线电信股份公司法（大正 14 年 3 月 30 日法 30 号）。

## （八）其他

此等事业法及特殊公司法，是在对日经济尽其补整之责任，此等法规多类似于今日各种特殊公司法规。但其对于全体经济体制之机能，两者未必尽同。惟就补整自由经济之点言之，今日之特殊公司法，亦具有此意义，但今日之经济基础乃统制经济，故其在强化与回避的机能方面，自较强大。

自主的统制经济法之发展过程：自主的统制经济法，多为维持价格具有加泰尔色彩之立法，农业生产，在日本因具有特殊之形态与内容，故其于农生产部门之经济立法，虽无特殊的存在，然为维持米价及蚕丝价格之加泰尔的立法，则已占主要的地位。此时期之经济法，不问何种，已成为对于世界恐慌及物价下落之处置策，或为对于恐慌之应急的处置法，而占有重要的地位。就此等经济法之发展观之，则有下列各种经济法。

第一次大战时，视为战时立法之"战时船舶管理令"（大正 6 年 9 月 6 日敕 171 号）、"对敌交易管理令"（大正 6 年 4 月 23 日敕 41 号）、"军需工业动员法"（大正 7 年 4 月 16 日法 6 号）、"军用汽车补助法"（大正 7 年 3 月 23 日法 15 号）等，均为特殊要求而制成之立法，且军需工业动员法，于中日事变当初即已加修正而发动，但此等立法，□以后经济法之特性，并未付以规制力，大正 4 年"关于米价调节之法令"（同年 1 月 24 日敕 2 号）、大正

6年"对于以暴利为目的之买卖的取缔令"（同年9月1日农商令8号），此暴利取缔令，于中日事变初，已加修正，名为暴利行为等取缔规则，其后经数次之修正，始成为今日统制法之一部，其修正时期为昭和12年商令10号，同14年农商令1号（昭和15年令1号，同16年令11号），大正10年之米谷法虽以米价之对策而出现，然其后亦无非在发挥一种加泰尔价格的机能。大正12年之关东震火灾之临时措置立法亦只为基于特殊事情之处置法。至关于输出振兴方策，亦制定有"输出组合法"（大正14年3月28日法27号）及"重要运输出品工业组合法"（同年3月28日法28号）。

昭和2年（1927）开始之世界恐慌，因在日本已深刻的实现，于是以金融之恐慌，大正13年（1923）后之产业合理化运动的景气回复，遂生破绽，其应急对策之金融处置法，即为日银行特别融通及损失补偿法（昭和2年5月9日法55号）"与对于台湾金融机关之资金融通法"（同年5月9日法5大号），以及其他应急对策。此种世界恐慌的救济策，遂成为其后经济体制动摇之根本原因。

此恐慌的救济对策，即一方面由加泰尔之助成方策，采取价格维持方策，农村匡救方策，贸易振兴方策以及事业奖励方策，另一方面则实行产业动员之企画，自此以后，日本经济法，遂不只自单纯的景气对策之基准而行矣。再则以美国之金输出禁止，各国封锁经济出现，以及昭和6年满洲事变之勃发，国际联盟崩溃等过程，国际政治，日益紧迫，国防经济之整备，亦日益必要。故于一方面，固必须有基于生产过剩之恐慌对策，而在另一方面又必须有国防经济整备之方案，即必以通货膨胀之促进内容，而包藏有政治优于经济之趋势。生产过剩之对策与国防经济整备之方策，于此时期，均以游散生产力之动员而出现。同时以外汇水准之跌落，又必采输出促进方策。于此，国家企画之完全的统制经济体制既尚未敢行，自不得不就自由经济体制上请求各种方策。

故当时财政部长高桥氏之此种对策,一时似觉成功,而能增进输出,使景气向上者。此种状态直续至昭和11年。此时期之经济立法,有下列五主要点:

(一)关于加泰尔助成法者,经昭和3年之经济审议会以及昭和5年之临时产业合理局的设置,以昭和6年制定之"关于重要产业之统制的法令"(3月31日法40号,昭和11年法25号修正,10年间之时限法)为主,其他关于中小商工业者之加泰尔法有三:一为"工业组合法"(大正14年3月30日法6号,经昭和6年法62号,同年法20号,同12年法75号,同14年法65号,同15年法59号加以修正),乃重要输出品工业组合法之修正,二为"商业组合法"(昭和7年9月6日法25号,经昭和13年法37号,同14年法68号,同15年法97号加以修正),三为"贸易组合法"(昭和12年8月14日法74号)乃输出组合法之修正。至昭和8年之"米谷统制法"(同年3月29日法24号,至七九议会食粮管理法成立本法即行废止)昭和9年之"石油业法"(昭和9年3月28日法27号)等,亦为一种有加泰尔法机能的法规。

(二)因恐慌已□□于农业生产部门,农业对策自不能单纯。且日本农业经营部门,尤具有特殊形态。于其生产及消费之部门,有下列之特殊形态与内容。(一)于生产部门上含有土地所有形态及佃耕惯例之特性以至零些农业经营及离开自给肥料而依存于□肥与夫农村负债遽增等诸问题,(二)于消费部门上,含有米价及蚕丝价格对策问题以及其配给组织问题。至农业生产,则含有食粮自给自足之根本问题。自此时期以来,以统制经济之进行,问题遂日益重大化,惟于此时期之对策,主在讲求农村负责整理并米价蚕丝价格之对策,外则为硫酸亚母尼亚企业之助成的立法。且对于农业问题之根本的土地所有形态的更正，佃耕惯例之合理化，零佃农业经营之企业化等问题，则并未讲求何等对策，同时对于农业生产之增进问题，亦并未确实讲求解决之方。此等问题，因中日事变之长期化，遂致农业劳动力发生不足，食粮自给自足之问题，日益严重。计对于此时代之农业经营的立法，有下例数种：昭和4年之"丝价安定融资补偿法"（同年3月27日法14号）、昭和7年之"不动产融资及损失补偿法"（同年9月6日法24号，经昭和10年法17号，同13年法66号、同16年法77号加以修正）、"金钱债务临时调停法"（同年9月7日法26号，昭和9年法41号加以修正）、"丝价安定融资损失善后处理法"（同年7月1日法19号）、"丝价安定融资担保生丝买收法"（同年7月1日法18号，昭和9年法35号加以修正）、昭和8年之"米谷统制法"（同年3月29日法24号，至食粮管理法时废止）、"农村负债整理组合法"（同年3月29日法21号，经昭和11年法21号，同13年法69号加以修正）、昭和9年之"政府所有米谷特别处理法"（同年3月29日法122号，至食粮管理法时废止）、"原蚕种管理法"（同年3月28日法25号）、昭和11年之"米谷自治管理法"（同年5月6日法22号，至食粮管理法时废止）、"糙米共同储藏助成法"（同年5月26日法24号，至食粮管理法时废止）、"产蚕处理统制法"（同年5月26日法9号）等，此等立法，乃整理农村负债并维持米蚕丝价格之立法，对于农村负债所以发生之根本原因为土地所有形态，佃耕惯例，零些农业经营等，则尚未能涉及，米蚕丝价格之对策亦只一种加泰尔价格机能之立法化而已。

（三）关于贸易对策者，当昭和6年末，犬养内阁之金输出禁止，外汇水准低下，日本输出贸易，遂以跃进，由避免无统制之廉卖的目的，制定"输出水产物取缔法"（昭和9年3月29日法36号）、"输出生丝交易法"（同年4月7日法43号）、"重要输出品取缔法"（昭和11年5月28日法26号）等，更修正输出组合法并制定"关于贸易调节及止商拥护之法律"（昭和9年4月7日法45号）。金输出禁止后，日本资本，向海外逃避，不能投资于国内产业，乃以防止资金逃避之目的，制定"资本逃避防止法"（昭和7年6月30日法17号），更于翌年因"外国外汇管理法"（昭和8年3月29日法28号，昭和16年法83号加以修正）之公布而废止，外汇管理法，以后又经数次之修正，曾发挥了对外资金统制之机能。

（四）关于事业奖励策之立法，大多具有加泰尔的浓厚色彩，如昭和9年之"石油业法"（同年3月28日法26号，昭和12年法52号加以修正），昭和11年之"重要肥料业统制法"（同年5月29日法30号，昭和15年法59号加以修正）等，此外如"汽车制造专业法"（昭和11年5月29日法33号，经昭和14年法68号，同15年法58号，同16年法35号加以修正）乃属于次阶段之国防产业助成法。同时"日本制铁股份公司法"（昭和8年4月6日法47号，经昭和14年法68号，同16年法63号加以修正）、"台湾拓殖股份公司法"（昭和11年6月3日法43号，昭和14年法68号加以修正）、"东北兴业股份公司法"（昭和11年5月27日法15号，经昭和14年法68号，同15年法80号加以修正）、"东北振兴电力股份公司法"（同年5月27日法16号，昭和16年9月25日与日本发送电股份公司合并）等国策公司亦已出现。"航路统制法"（同年5月30日法35号）亦为此过渡时期之产物。

（五）此等立法之另一方面，即在强固产业动员之根基，如昭和2年之"资源局官制"（同年5月26日敕139号），

"资源调查法"（同年 4 月 11 日法 53 号）亦已出现。

总之，此时代的经济立法，实为进向于统制经济之前奏，惟其中心，则仍以加泰尔立法之价格对策为主，多少均具有适应于需要过少供给过多之恐慌对策的色彩。

## 二 统制经济法之发展过程

关于恐慌对策。其对游休生产力之动员，已考察如上；虽于一方面尚在尽力于国防产业之振兴，然此种景气政策之统制经济，自昭和 11 年末至 12 年，已达饱和状态，效用已失。游闲生产设备之动员，游闲劳动力之调度，既达饱和，再由通货膨胀之物价腾贵，国际收支之不均衡，劳动争议之时发等，其实行遂益形困难，于是为上述生产力之扩充故，不得不对经济体制，加以根本的改编。此种情势遂促成日本统制经济法之发展。

除上述国内状态外，复以国际关系，自满洲事变后，日益紧迫，更以英国殖民地市场，利用关税壁垒，拒绝日本输出品之进出，使对中国大陆市场，不能自由。国际关系极呈不安状态，于是日本亦以整备国防经济体制为急务，遂有改编经济体制之必要，统制经济法，乃急激发展，是即所谓广义国防经济体制之整备，而为日本以后经济体制改编之基础。至昭和 12 年中日事变勃发，应急的战时经济对策成立，自给自足之封锁经济之确立的统制经济体制，遂不得不因以放弃。兹就中日事变前后情形，以概观日本统制经济法之发展。

### （一）中日事变前之统制经济法

昭和 11 年之"产业六个年计划"及昭和 12 年之"满鲜产业五个年计划"，俱在促进广义国防经济体制之编成。但于此时，国民尚甚憧憬于自由经济，而未考及统制经济为中心之一般企业体制之改编。故于此时，仅对国防重要产业，为助成事业及促进事业故，制定专业法。于此点上，虽与纳粹异，但至今日为止，可表示为日本统制经济上一特征，盖所采方策并非将对企业一般之体制，作为统制经济展开之地盘，乃将统制经济中心之企业形态，视为极自由经济的形态，予以放任。而对此所产生之各种末梢的过程，加以统制之谓也。如昭和15年1月所实施之新商法典，即将企业形态，视为自由经济之极端而规定者，其后所制定之公司经理统制令，亦仅在整备统制经济体制基础上的企业体制。

日本统制经济法，对于各个国防产业乃至特殊事业，是在采取专业法或国策公司法之制定，或分别的采取将各个企业体制更改为统制经济的统制之方策。故所制定之国策公司法甚多，是乃日本统制经济法之一特征。此特征已于昭和11年之产业六个年计划中出现。总之，日本统制经济，为未于资本方面充分认识统制经济之必然性，盖其对于自由经济之憧憬，尚有极强之潜在力故也，于此点上纳粹统制经济则显然不同。故为避免将企业一般体制变质为统制经济体制故，乃将特殊产业上之企业组成为国策公司。

关于此种倾向，即不得不注意于昭和12年"帝国燃料兴业股分公司法"（同年8月10日法53号，同16年法72号，同17年法44号加以修正），"日本通运股分公司法"（同年4月5日法46号）之出现。更关于事业法，亦有"制铁法"（昭和12年8月13日法68号乃制铁业奖励法之改废）、"人造石油制造事业法"（同年8月10日法52号，昭和16年法71号加以修正）、"产金法"（同年8月11日法59号，同14年法80号加以修正）、"小运送业法"（同年4月5日法45号）之制定，此外又有"挥发油及酒精混用法"（同年4月1日法39号）、"酒精专卖法"

(同年3月31日法32号)、"百货店法"(同年8月14日法76号)等之制定。

### (二) 中日事变后之统制经济法

昭和11年,产业六个年计划,业经成立,广义国防经济体制之整备,遂乘机出现,随而昭和12年7月,中日事变,遂以勃发,于是战时经济体制登场。战时经济,无论于任何情形下,固均有统制经济之色彩,于中日事变中,游闲生产力既在饱和之状态下而转运,"生产力扩充"与"物资物价之调整"遂均呈益形勃发之状态,于是必含有由景气政策的统制经济转向于计划经济的统制经济之趋势。同时,外债募集之外国物资之输入途径,既已断绝,只必以自由之生产力,为战时经济之充实;且不当仅视其为中日事变之解决所实行之战时经济,亦当视为广义国防经济之统制经济法,使与并行,基此理由,中日事变后之日本统制经济法,遂受有种种制约,且以中日事变之长期化,第二次欧洲大战之勃发,依赖于英美经济之废弃,德苏战争之发动,太平洋形势之紧迫,大东亚战争之卒起等,均使日本统制经济法益具有其时代特性,兹将中日事变后之统制经济法发展情形,分为以下六阶段说明之。

第一阶段——自中日事变发生至昭和12年末南京陷落为止。于此时期中,以中日事变,短期间可解决,其经济立法,均为临时应急的战时立法,例如"关于军需工业动员法之适用的法令"(同年9月10日法89号)、"临时船舶管理法"(同年9月10日法93号)、"临时关于马之移动限制的法律"(同年9月10日法89号)是乃军需物资优先确保之立法的发动,又如"关于输出入品之临时措置的法律"(同年9月10日法93号,经13年法85号,同16年法20号加以修正),乃物资供求及物价调节之基准法,以及"临时资金调整法"(同年9月10日法86号,经昭和14年法

68 号，同 86 号，同 15 年法 70 号，同 16 年法 18 号，以及七九议会加以修正）乃规制资金在 20 万圆以上之企业的一般设立，公司债之募集，资金贷借等的法律。至输出入品等临时措置法与临时资金调整法，以后在日本统制经济实行上，亦尽有伟大任务。资金调整法乃对于企业一般的统制法。当初只适用于 50 万圆以上之公司，其后则及于 10 万圆以上之公司。

关于物价统制，以修正第一次世界大战时之"暴利取缔令"而发动，追加以若干品目而强化，但尚未计划□□□□式的统制。惟以输出入品等临时措置法，限制棉花输入，致使棉花及棉纱之供求，发生混乱，价格因以暴涨，最高价格之商订，乃由纺织联合会输出棉纱布同业会及其他商业者团体所组成之"棉业委员会"以"自治的价格调整"方法，以为应付。但临时措置法，对输入既加禁止及限制，以其输入余力，确保军需资材之输入，各个物资之供求，乃更形混乱，因而对物价之调节，遂不得不加注意，但对一般物价之腾贵的对策，则尚未计及，国家的统制，更未能形成也。

总之，临时资金调整法或输出入品等临时措置法等重要法令，虽已制定，然当时并不以事变能长期化，且缺乏非常时局之认识，一般国民对统制法尚未能完全明了，仍以自由经济为金科玉律。于此时期，对统制经济之认识，只在对统制经济基础之企业体制，努力改编，尚未注意于生产力扩充之标准，故当时对统制经济之认识，国民一般尚未能彻底。甚至现在，尚有以统制经济足使企业心畏缩而妨碍生产力之扩充者，是恰与第一次欧洲大战时德国情形相似。故当时以统制经济法，视为战时中不得已之临时法，是以于各立法上俱冠以临时之名称，是极明白者。

第二阶段——自南京陷落至昭和 13 年 11 月武汉三镇攻进为止。

南京陷落后,中日事变已显为长期化。日本乃声明以"蒋政权为对手",采取应付长期战争之经济体制,是即所谓物资动员计划即"物动计划"的出现。

昭和13年1月之物动计划,对于军需物资二百数十种,就输入、国内生产、废物收回、代用品使用、中满供给等各个供给源泉,算定物资动员可能的动员量,分为(1)军需、(2)输出原材料、(3)生产力扩充资料、(4)对中满供给资材、(5)官需、(6)民需等次序,树立优先的比例配给计划,于昭和13年6月23日,改订实施。此种物动计划,乃计划的统制经济之中核,颇堪重视。换言之,是即将企业本身之体制,置之于自由经济原有状态下,而自"物"之部面,为此例配给之统制方策也。是乃其后各方非难之根源。夫以企业为自由经济,乃以企业须依自由经济之原则始能交易迅速与圆滑,且可以黑市交易,诱取原料资材。但于统制经济上,则以交易之合理化可代自由经济交易之迅速与圆滑,日本既不能将一般企业形态适应于统制经济体制,此后统制经济之发展,自必以黑市之横行,罚不胜罚,其原因即在此根本的矛盾,而不能彻底明了企业本身之体制故也。若以自由经济为企业之基础,无论自外部或自上部,企图物之配置、劳务之配置、价务之统制等,均足违反含有矛盾之统制法,是乃日本统制经济上一特征。

此时期间物动计划之树立,一方固随有"配给统制"及"消费统制",但此时期之配给统制,并非对最终消费者之配分制,只为对生产业者之原料配分乃至对商业机关各阶段之商品的配给统制。又消费统制亦非国民全体之消费正规化,只为基于特定军需资源之使用限制或棉花羊毛等之输入限制,以及对于运向国内商品之棉纱代用品的强制混纺制之类。是同时仍不脱开"自发的消费节约运动",至法令的强制,则尚未出现也。

故输出入品等临时措置法之发动，乃专为军需品之确保及为外货之拥护与一先令二便士外汇水准之确保而运用者，国产品之消费，并与外货资金之消耗无关，故为避免该产业之萎缩故，即不能认有消费节约之必要。如节约之储蓄即资金之充实等，于是几不成问题，故仍不脱特定物资之消费节约的领域。

物动计划，虽具有长期战之气构，然只止于军需物资优先确保之程度，配给统制、消费统制只为军需品输入之确保，又及对外货资金，加以拥护与节约而已，是只为极消极的统制方法。

此种消极的统制方法，乃在一先令二便士外汇水准之坚持，亦即以军需品须有大量输入，必经有非军需输入之抑制。但日本贸易机构，重要输出品之轻工业原料，多仰赖于输入，只抑制输入，使输出减退，必减少外货之获得，更为一先令二便士外汇水准之坚持，益不得抑制输入。故于昭和13年7月为此种恶循环之发生，曾采用"连锁制"，同时并导入"公定价格制"。

连锁制于昭和12年7月1日，已就石碱与其原料之牛脂施行，昭和13年7月1日，又就棉业实施连锁制，是乃具有划期的意义者，其后又普及于羊毛与羊毛制品、人造纤维与人造丝、人造纤维与棉纱代用品等各商品。

但此时期之划期的经济立法，乃关于"物价统制"之规制的出现，基于输出入品等临时措置法第二案之发动，曾制定"棉纱贩卖价格取缔规则"、"人造绢丝贩卖价格取缔规则"、"毛丝贩卖价格取缔规则"、棉纱代用品及"棉纱代用品丝贩卖价格取缔规则"。是乃自自治价格调整移向公定价格制之最初阶段。

其后应特书者，即7月9日所制定之"物品贩卖价格取缔规则"（昭和13年7月9日工省令56号，昭和13年令68号加以修正），于是具有法的强制之公定价格制，对于一般商品，遂开始有普及之可能性。于该规则中，对于物价之统制，采用二种方法：

一以商工大臣指定之某年月日的价格（指定期日价格）为最高价格，二以商工大臣地方长官指定之价格为最高价格。后者即在把握生产过程上之价格形成的因素，指定公定价格，是对其后价格政策，表示出划期的指针，应行特书者。尤其以后，因公定物价实际上有便宜之嫌，乃为此公定价格制于中央及地方设置物价委员会。

于此第二阶段间，经济立法，主在价格之统制。其物价对策随国民消费节约运动，以至全面消费节约与储蓄之奖励，生活程度，遂以降低。且此全面的消费节约，经由储蓄，形成资金，遂为资金动员计划之一翼，对于公债消化并生产力扩充方面，至能尽其任务，是乃具有重大意义者。

于此时期中，最当重视之立法，乃"国家总动员法"（昭和13年4月1日法55号，昭和16年法19号加以修正）之制定，昭和13年1月16日，政府发表东亚新建设之重大声明，随而于七三议会，提出国家总动员法，遂至制定。① 该法乃为战时体制整备之根本的统制经济法的基准法，当初于议会中，曾宣言中日事变来，

---

① 国家总动员法于第七六议会中虽曾加以全面的修正，而立法当初之体系，则依据以下之形式而制定。该法全文，共50条，其中第1条至第3条，规定该法之整个宗旨，第4条至第20条乃战时发动之规定，第21条至第31条，乃于平战两时为国防目的发动之规定，第32条至第49条，乃罚则之规定，第50条乃关于国家总动员审议会之规定。故该法本为国防目的之达成，而在统制人及物的资源之一强力的战时国家统制法，即一种授权法或基准法。其实质的内容（一）总则（第1条至第3条）；（二）劳务统制（第4条至第7条、第21条至第22条）；（三）物资统制（第8条至第10条、第23条）；（四）金融并企业统制（第2条，第13条之第1、2款，第17条，第18条）；（五）事业设施，计划统制，试验研究（第13条之第3款乃【至】第16条、第24条、第25条）；（六）价格及其他之料金统制（第19条）；（七）文化统制（第20条）；（八）补偿，监督，检查（第26条乃至第31条）；（九）罚则（第32条乃至第49条）；（十）国家总动员审议会（第50条）。至今日为止（昭和17年3月1日为止）基于该法之发动的敕令，有71种之多。

遽行发动该法之旨。但现该法已为日本日后统制经济法发展上之基准法，而为能尽其极大任务之根本法矣。

又在此时期，对于第七三议会所通过之各种事业法及特殊公司法，亦当加以注意，其作为事业法乃至特殊公司法者，有"航空机制造军业法"（昭和13年3月30日法41号）、"工作机械制造事业法"（同年3月30日法40号，昭和16年法74号修正）、"石油资源法"（同年3月6日法32号）、"重要矿物增产法"（同年3月29日法35号）、"日本产金振兴股份公司法"（同年3月29日法36号）、"电力管理法"（同年4月5日法76号）、"日本发送电股份公司法"（同年4月6日法77号，同16年法53号修正）、"陆上交通事业调整法"（同年4月2日法71号）、"华北开发股份公司法"（同年4月30日法81号，昭和17年法76号修正）、"华中振兴股份公司法"（同年4月30日法82号，昭和17年法77号修正）。此外有"硫酸亚母尼亚增产及配给统制法"（同年4月1日法70号）、"饲料配给统制法"（同年3月30日法39号）及对于农业经营之"临时农村负债处理法"（同年4月2日法69号）、"修正不□□□及损失补偿法"（同年4月1日法65号）、"修正产业组合中央金库特别融通及损失补偿法"（同年4月1日法66号）、"产业组合自治监查法"（同年3月18日法15号）、"农地调整法"（同年4月2日法67号）、"农企保险法"（同年4月2日法68号）等之制定。此外关于有价证券业者，有"有价证券取缔法"（同年3月29日法32号）、"有价□□□受业法"（同年3月31日法54号）等之制定。

此等经济立法，已如上述，其所以为日本统制经济法之一特色者，乃在其为个别的产业统制乃至个别的物资配给统制立法之型态。于另一方面，视为基准法之临时措置法，遂相应于物价对策而发动，以调整各个产业上各个企业形态，但就一般企业法言，仅临时资金调整法,在发挥其机能。但此种倾向,至次一阶段时,因国家总动员法已能全面发挥,于是始带有新的色彩。但在日本统制经济之法发展上若能如纳粹企业形态之基础,至今尚须有强大之努力也。

第三阶段自昭和13年末日本声明建"东亚新秩序"起至昭和14年9月欧洲大战勃发时止。

昭和13年秋,武汉三镇陷落,日本声明"建设东亚新秩序",乃进入于长期建设之阶段。并为此新秩序之建设故,第一次近卫内阁,遂于昭和14年初,代平沼内阁而成立。同年1月17日,并决定发表"生产力扩充四年计划"。此计划之决定,实为此时期统制经济方策进路之重要指针。① 但此等统计计划,决不在改编企业之本身,乃只以"重要物资"为中心,置重于其增产之点,是其特征。至重要物资之增产计划,亦并未涉及其企业体制,仍只就物资本位,于其自由经济企业体制下计划之,是亦日本统制经济法上之一特色,而使日本统制经济所以不能顺调进行之根本原因。

此时期之特征,即一方面决定发表"生产力扩充四年计划",

---

① "生产力扩充四年计划",本由企划院计划。其要纲宣布如次:"本计划以鉴于目下海外之情势,期安定东亚,充实国力,预备我国运将来之飞跃的发展,对于重要国防产业及基本产业,限于昭和16年,达成所定目标,并确定贯通中日满生产力之综合的扩充计划,排除万难,以底于成。"故其生产力扩充范围,限定为重要国防产业及基本产业并重要物资,而以中日满为一体之集团经济的综合计划为中心,以自给自足的生产力扩充方策为研究基础。于是建设国防增强国防之性格,遂日以浓厚。基此计划,其物品种类,定为钢铁、煤炭、轻金属、非铁金属、石油及其代用品、苏打及工业盐、硫酸亚母尼亚、植物纤维、羊毛、金、工作机械、铁道车辆、船舶、汽车、电力等15种,足为具有"物资统制法"色彩之重要物资生产计划。至昭和16年度完成期间,钢铁预期可增产如下:普通钢约六成,特殊钢及铸炼钢约二倍,钢块约六成,生铁约二倍,铁矿石约二倍半,煤炭约三成。至昭和16年度末,于七四议会中,并曾发表关于钢铁、煤炭、轻金属、亚铅、苏打、硫酸亚母尼亚、植物纤维、铁道车辆、汽车、船舶等部门之增产情形,就中日满一体言,大概有自给自足之可能,惟其实际成绩之统计数字,尚未刊行。

同时，并推进国家总动员法为全面的发动。

国家总动员法，已于昭和13年度，逐渐发动，但只限于劳务动员之一部，并未能正式施行，昭和13年度依据总动员法所发动之经济法令约如下：

基于该法第6条而发动者有"学校卒业者使用限制令"（昭和13年8月24日敕令599号，修正同16年11月22日敕令996号）。

基于该法第13条而发动者有"工厂事业场管理令"（昭和13年5月4日敕令318号）。

基于该法第21条而发动者有"医疗关系者职业能力申告令"（昭和13年8月24日敕令600号）。

基于该法第29条而发动者有"总动员补偿委员会规程"（昭和13年7月2日敕令474号）。

基于该法第50条而发动者有"国家总动员审议会官制"（昭和13年5月4日敕令319号）。

然于此阶段中，总动员法，似已有全面发动之机。盖国民营录制，劳务统制，企业统制，金融统制之经济法规，亦已经陆续出现，其主要者，有如下列诸敕令。

基于该法第3条而发动者有"总动员业务指定令"（昭和14年7月5日敕令443号，修正昭和17年1月31日敕令54号）。

基于该法第4条而发动者有"国民征用令"（昭和14年7月8日敕令451号，修正昭和15年10月19日敕令674号，同16年12月15日敕令1129号）。

基于该法第 6 条而发动者有：(1)"从业者雇入限制令"（昭和 14 年 3 月 31 日敕令 126 号，其后以"从业者移动防止令"、"劳动调整令"之发展而废除）；(2)"工厂就业时间限制令"（昭和 14 年 3 月 31 日敕令 127 号，"重要事业场劳务管理令"发表后即废止）；(3)"工资统制令"（同日敕令 128 号，重要事业场劳务管理令发表后即废止）；(4)"工资委员会官制"（同日敕令 129 号）。

基于该法第 11 条而发动者有：(1)"公司利益分配及资金融通令"（昭和 14 年 4 月 1 日敕令 179 号，修正同年 12 月 2 日敕令 82 号，其后以"公司经理统制令"及"银行等资金运用令"之发展而废除）；(2)"利益配分审查委员会官制"（同年 4 月 10 日敕令 191 号）；(3)"资金融通审查委员会官制"（同年 5 月 2 日敕令 291 号）。

基于该法第 21 条而发动者有：(1)"国民职业能力申告令"（昭和 14 年 1 月 7 日敕令 5 号，经昭和 15 年 10 月 19 日敕令 673 号，同 16 年 10 月 15 日敕令 921 号加以修正）；(2)"船员职业能力申告令"（同年 1 月 30 日敕令 23 号）；(3)"兽医师职业能力申告令"，同年 2 月 4 日敕令 26 号，昭和 17 年 1 月 6 日敕令 38 号（修正改为"兽医师等职业能力申告令"）。

基于该法第 22 条而发动者有：(1)"学校技能者养成令"（昭和 14 年 3 月 31 日敕令 130 号）；(2)"工场事业场技能者养成令"（同日敕令 131 号）；(3)"船舶运航技能者养成令"（同年 11 月 21 日敕令 780 号，此敕令于次时期□□制定，然为便宜计故编入于此）；(4)"工厂事业场技能者养成委员会官制"（同年 5 月 29 日敕令 342 号）。

基于该法第 24 条而发动者有"总动员业务事业主计划

令"（昭和 14 年 7 月 26 日敕令 493 号）。

基于该法第 25 条而发动者有"总动员试验研究令"（昭和 14 年 8 月 30 日敕令 623 号）。

于以上经济法令中，"国民征用令"，"从业者雇入限制令"，乃为劳务移动防止及劳务配置之立法，在另一方面，含有物价对策之意义。工资统制令之适用范围，只是适用工厂法之工厂中用之。厚生部长所指定之事业及适用矿业法之事业，限定为平时使用五十人以上之工厂，并应依据工资支付法及命令，制成工资规则，呈报地方长官，地方长官如认为不适时，并得变更之。又规定未有经验劳动者之初任资薪，并令工资委员会，以各种职业形态为标准，决定各种工资，以防止劳动力不足时工资之昂腾，以为物价之对策。其后，以修正工资统制令之发表，工资统制令遂废止。再则，"工厂就业时间限制令"乃因恐劳动时间之延长，致劳动能率低下，及因保全劳动力保持国民体位，而制定者（工资统制令及时间限制令亦以劳务管理令之发展而废除），"技能者养成令"则以劳动技术之向上为目标。

"公司利益配分及资金融通令"乃依"总动员法"第 11 条中段所规定之"关于公司利益金处分偿却及其他经理之必要命令"以及下段所规定之"对于以银行信托公司及其他敕令而指者所有资金之必要命令"而发动之配分限制并强制融资之敕令。其内容，对于 20 万圆以上之公司，不经主管大臣之许可，不得超过规定限度，以为配分，并对兴业银行，所以强制融资之命令。是固非在对利润形成中所谓适正利润，加以利润统制，乃只为生产力扩充并公债消化资金之动员，而对公司内所保留之金额，促其蓄积而已，惟不仅此也，对于过大配分之股东个人的消费，亦在加以抑制，而对物资□费并物价腾贵之抑制亦在尽其任务，是在日本经济统制法上，实具有划期的意义，其后以"公司经理统制令"及"银行等资金运用令"之发展，遂以废除。

当斯时也，统制经济法规，虽日渐完密，然物价问题，仍未能解决，且日形重大化，故除设置"物价委员会"外，乃于工商部内设置"物价局"，物价对策之立法，遂以紧急化。计昭和14年之日本物价水准较英美高昂（指数以大正2年1月为100，当时日本为129.12，英国为98.1，美国为99.5）。且当时日本贸易之对方，以英美系地域为主，故此种物价水准，于输出贸易上，颇堪忧虑。若以输出振兴，获得外货，为日本战时经济之条件，则将物价水准，抑制至国际水准以下，乃极紧急之事。故"物价委员总会"于昭和14年4月27日，提议□□"物价统制大纲"，并参照国际物价水准，使输出增进可能，提议物价统制方策，主张扩充公定价格制。此种公定价格，□□依据战时下适正规准及方法所算出之战时适正价格。于是遂有"适正价格"之提议。

此种"适正价格"，即在一方面，以中庸生产费主义为原则，由原价计算而出，另一方面，则更将原价形成为"适正价格"，由是对于物价构成之内部要素的生产费构成要素（原料、资材费并工资、运费、保险费等劳务的代领）以及利润并与利润有关联性之房租地租等，均请求根本的对策，而就输出贸易促进对策，成立提案。惟此种□□□□□□，至下一阶段中，始成为日本物价统制法之根基。是须注意者。

除上项立法外，于此阶段中，尚有经第七四议会通过之"职员健康保险法"（昭和14年4月6日法72号，同16年法35号修正）、"船员保险法"（同日法73号，昭和16年法35号修正）、"海运组合法"（同4月4日法64号，同15年法59号修正），此外则为以下各种事业法，"国策公司法"乃至"配给统制法"等之立法，即（1）"轻金属制造事业法"（昭和14年5月1日法88

号，同15年法58号，同16年法35号加以修正）；（2）"造船事业法"（同年4月5日法70号，同15年法59号修正）；（3）"保险业法"（同年3月29日法41号，同15年法59号修正）；（4）"电影法"（同年4月5日法66号，同16年法35号修正）；（5）"帝国矿业开发股份公司法"（同年4月12日法82号，同15年法58号，昭和17年法42号加以修正）；（6）"大日本航空股份公司法"（同年4月21日法84号，同15年法58号修正）；（7）"米谷配给统制法"（同年4月12日法81号，至"食粮管理法"成立即废止）；（8）"酪农业调整法"（同年3月25日法27号，同15年法59号修正）等经济立法。

第四阶段——自欧洲大战勃发起至昭和15年7月第二次近卫内阁成立时止。

此时期之日本经济立法，以欧洲大战之勃发，以及其国内生产力扩充之要求，曾有惊人之发展。此期中之经济立法，以物价统制法为中心，如（1）基于"总动员法"第19条而发动之各种统制令；（2）视为低物价政策与生产力扩充之调和的"奖励金补助制"；（3）为人的资源之保全所采用之"家族津贴费制"；（4）对于煤炭所采用之"波尔平准价格制"等，是均为此时期内物价政策所产生者。

但若以企业体制为自由经济的体制，仍放任不顾，则价值增值，即为企业之原动力，而低物价政策与生产力扩充之矛盾，即不得不表面化。含有此矛盾性之物价政策，乃此时期之特征。故斯时所发表之"七七禁止令"，已在调整消费，对生活必需品导入"配给要制"，是明在趋向新经济立法之基准。又对军需品加以"利润统制"，亦在表明□经济立法之新阶段。但对于以统制经济为中心之企业形态，则尚未形成。只在以自由经济体制为基础，就物资不足之范围内，以谋国民生活之安定而已，是其中心问题，不外物价对策。

此期间经济立法之发展过程,详述之,约有下列诸现象。

昭和 14 年 5 月初旬,第二次欧洲大战勃发,日本物价政策,乃划一转机。前阶段所计划之"物价统制大纲",仅以输出贸易之促进为主,故曾对日本物价,期抑至国际物价水准以下,坚持一先令二便士之外汇水准,以获得外汇,□全军需资材并生产力扩充资材之输入力。但至欧洲大战,英磅价值跌落,一先令二便士之圆磅的连击,遂致自动的□□,美元亦以英磅之跌落而低降。一先令二便士外汇水准之坚持自不必要。且于此情形下,其反对现象,即为输入□□,兼形昂腾,日本物价水准之高度,遂自动去消,因而"物价统制大纲"之目标,亦以解除,而物价问题,乃不得不自另一方面严重化矣。但其所以严重化之原因,一部分缘于国民忘却其自身乃处于中日事变之继续中,亦且在□财□□体制之整备中,至憧憬于第一次欧洲大战时之景气现象,少数分子为投机所诱惑,物价问题,遂以严重,且又以□□之□□消耗,世界物资,日感不足,要使其有严重之可能性,同时,于日本,以物资之不足,并以内外两□物价□□之□□,□□其恶性通货膨胀,日益暴露,其危机亦遂日益□□化,于是恶性通货膨胀为对象之物价问题,乃带有严重性,过去为促进输出贸易所计划之"物价统制大纲",乃转而为适用于此恶性通货膨胀之对策。同时为国内生活安定之物价统制法,亦遂以重要性而出现,但低物价政策与生产力扩充之矛盾,亦因以表面化。以上各对策,即为此阶段中之中心的统制经济立法。

日本对恶性通货膨胀动向之应付方策,曾基于国家"总动员法"第 19 条之规定,即"政府于战时,视国家总动员上之必要,得依敕令公布关于价格、运费、保管费、保险费、租赁费及加工费等之必要命令";制定"价格等统制令"、"地租房金统制令"、

"佃租统制令"等。另外，又基于"总动员法"第6条及第11条，实行工资、薪给等之统制。因此，物价对策，乃转向于统制其内部价格构成因素之方向，物价统制法渐得有正式之轨道，且几将全面的商品价格，均订定于同年9月18日所公布之价格，是与从来之"物品贩卖价格取缔规则"，不能同日而语者。兹先将此阶段上基于"总动员法"而发动之诸法令，约略述之如次：

基于该法第6条而发动者有：（1）"工资临时措置令"（昭和14年10月18日敕令705号，其后因"工资统制令"而消除）；（2）"工资临时措置令"、"调查委员会官制"（同年11月6日敕令760号）；（3）"青少年雇入限制令"（昭和15年2月1日敕令36号，因"劳务调整令"而消除）。

基于该法第8条而发动者有：（1）"电力调整令"（昭和14年10月16日敕令708号）；（2）"电力调整委员会官制"（同年10月27日敕令730号）；（3）"米谷捣精等限制令"（同年11月25日敕令789号）；（4）"陆运统制令"（昭和15年2月1日敕令37号，昭和16年11月15日敕令970号修正）；（5）"海运统制令"（同年2月1日敕令38号，昭和16年9月3日敕令842号修正）；（6）"制铁用输入原料配给等统制令"（昭和15年7月3日敕令455号）。

基于第10条而发动者有"总动员物资使用收用令"（昭和14年12月16日敕令838号）。

基于第11条而发动者有：（1）"公司职员给与临时措置令"（昭和14年10月18日敕令706号，其后以"公司经理统制令"而消除）；（2）"职员薪给临时措置调查委员会官制"（同年10月21日敕令716号）。

基于第13条而发动者有：（1）"工厂事业场使用收用令"

（同年 12 月 29 日敕令 901 号）；（2）"土地工作物管理使用收用令"（同日敕令 902 号）。

基于第 19 条而发动者有：（1）"价格等统制令"（昭和 14 年 10 月 18 日敕令 703 号，经同 15 年 9 月 26 日敕令 635 号，同 10 月 19 日敕令 677 号，同 16 年 1 月敕令 67 号，同 9 月 3 日敕令 841 号加以修正）；（2）"地租房租统制令"（同日敕令 704 号，昭和 15 年 10 月 19 日敕令 678 号修正）；（3）"军需品工厂事业场检查令"（同日敕令 707 号）；（4）"佃租统制令"（同年 12 月 6 日敕令 823 号）；（5）"地租房租审查会官制"（同年 10 月 21 日敕令 178 号）。

于此等诸法令中，"价格等统制令"、"地租统制令"、"佃租统制令"、"工资临时措置令"、"公司职员薪给临时措置令"无一不将商品价格及其内部的构成诸要素，除利润外，全吸收于统制范围之内，而其原则，则俱以昭和 14 年 9 月 18 日所定水准为准。但他租房租之统制，于昭和 13 年 8 月 4 日，业经停止；是即所谓"停止价格制"是也。此外并实行协定价格之认可，公定价格之指定。公定价格，乃自物价之内部的构成要素，确定特定商品之价格，是对于"适正价格"之公定，实含有重大意义。但停止价格，乃在公定价格未指定前之暂定的方法，而对于整个商品，已经表示□□定公定价格之指定。但有价证券之价格、租赁费土地及建筑物之价格、古董品之价格、鲜鱼鳞介类、生□□□□□时之价格以及圆集团以外之输出品的棉纱与其他生丝茧等之价格，均除外。

陆运统制令、海运统制令，乃作为运输交通统制而新出现之经济立法，工场事业场使用收用令、土地工作物管理使用收用令、总动员物资使用收用令，乃前制定公布之工场事业管理令，以及企业乃至物资之国家管理、使用、□□之经济立法。

电力调整令、米谷捣精等限制令,乃对于水电力之饥馑,以及内外各地间本年度米谷灾歉之物资配给并清费□整之立法。

九一八价格停止后,因旱灾,米谷歉收,以及电力不足等,益以配给机构之不整备。遂使米、电力、煤炭、木炭、火柴等生活必需物资,发生黑市囤积投机等现象。并以当时阿部内阁之米价提高以及烟草专卖价格之提高等,致对整个生活必需品,更发生有价格及配给之混乱现象,经济法令之违反事件,亦因而显然增加,此种违反行为,更波及于其他一切之商品,尤其对于九一八停止令中除外之土地建筑物等不动产与生鲜食粮品之价格,更因以暴涨。

由上述情形,对于此等恶性通货膨胀现象,当采有对付方法,同时,欧洲大战,日益进展,日本军需资料之输入,日益困难,国内生产力之扩充,尤为急务,而生产力扩充与低物价政策之矛盾,又为一问题,于是日本物价统制法,乃不得不入于新的阶段。此新阶段,即在对重要物资之"增产奖励金"乃至"助成金",实行给付制度,值此方□只□□为恶性通货膨胀之对策而采用。故首试用于煤炭、肥料、火柴等,而为对于低物价政策与生产力扩充之矛盾之一解决方法。但将统制经济基础之企业体制若仍听其放任自由,置于自由经济体制之下,则生产增进与低物价政策之矛盾,即不得不日益显现。于是物价统制法,当以经济法为中心问题。"增产奖励金"制度只为对应生产增加之一手段,目的在安定国民生活,避免价格上升,以及补偿生产费与订定价格或公定价格之跛行状态而已。但如就企业体制之改□□□,此种方策,不能谓为必刺激生产技术向上之对策。固然,当依据原价之计算以谋价格之适正化时,将生产原价合理化,□正格的物价对策,如只以增产奖励金为应急的处置方法,不追溯生产原价使其合理化，则必只发生提高资助金，□□□□而已，且助成金乃为生产技术之向上而给付者，若视为交换过程上价格之补贴而给付时，当亦违反生产力扩充之□□，而间接的在助理成恶性的通货膨胀。总之日本统制经济法，尚未能将经济基础，根本改编，使适应于统制经济，乃□□业本身之组成，为自由经济极端所有之体制，听其放任自由，若"自上"或"自外"，加以抑制，□必□□□□□□。

再"家族津贴"之支给的采用，亦与增产奖金之性质相似。家族津贴，实际上对扶养家族一人，只付以三圆之津贴费，于家族津贴之实质，并无大效用（其后已修正）。但就理论言之，家族津贴，乃增给工资之另一型态，自未足抑制生活必需品之昂腾，而与九一八停止令相近似，但以在为应急的处置，而视为人的资源之拥护，尚可采用。

至物价政策，于此阶段中，亦曾对于煤炭采用"波尔平准价格制"依据煤炭配给统制法，乃以日本煤炭股份公司为中枢机关，组织共同贩卖公司。此共同贩卖公司，对煤炭有一手购买与贩卖之权，即该公司自各煤矿业者，以生产费加利润之各种价格，购入煤炭，再以平均的适正价格为规定价格，贩卖煤炭。该公司如有损失，即由政府补偿，更同时实行纯粹的奖励金。给付制度，以为煤炭价格之补偿。

次又废止"中央物价委员会"，设置内阁直属之"物价审议会"，并设置工商部直属之"价格形成委员会"，再由拓务部令创设"内外地物价联合会议"。

再次则为昭和15年7月7日公布之"奢侈品等制造贩卖限制规则"（昭和15年7月7日商工农部令2号），乃基于"输出入品等临时措置法"第2条之规定而制定者。此外，关于生产材及特殊输出品，亦实施"配给票制度"，于是生活必需品于以分野，消费规整亦以扩大,是乃于此阶段中应注意者。更对于饭馆、妓院、电影、戏剧等,加强取缔,对于国民生活之积极的消费统制,日益强烈,于是有作为消费节约强制之要求而发生的"七七禁止令",但在另一方面,该法令使中小商工业者则发生有转业失业问题。

再利润统制,于此阶段中,亦渐有强化之倾向,是乃以昭和15年4月21日发表而于七日中实施之"陆军适正利润率算定要纲"为中心,即对军需产业,统一其原价计算,而对其制品原价,加以适正的利润,是与"公司利益配分及资金融通令"所有之配分限制异。盖后者乃关于已形成之利润的配分或关于公司保留金之利益的配分之统制法,而前者乃利润形成过程上之统制法也。其要领则基于"总动员法"第19条,而与"军需品工厂事业检查令"及"陆军军需工厂事业场原价计算要纲"相关联。对军需企业,则将所有资本所生利息,他人资本之利息,维持事业公司内所有保留金、法人税、营业税,等均计为企业利益,而在采办军需品时,其所形成之价格,亦容有适正之利润,是在利润统计法上,实为新型态之经济立法,此种方式,当亦希望普及于一般企业,但此种利润形成方式上之适正利润,如不能□□□业型态改编之基础,则终足阻害生产力之扩充而反有抑制生产力之危险性,以其足使企业心畏缩故也。总之日本统制经济法,现尚缺有使低物价政策与生产力扩充步同一轨道之先行条件。

除上述各种经济立法外,于此阶段中所制定之经济立法,则为下列各种事业法乃至特殊公司法之国策公司法,如(1)"有机合成事业法"(昭和15年4月4日法96号,同16年法35号修正);(2)"日本输出农业物股份公司法"(同年4月8日法100号);(3)"煤炭配给统制法"(同日法104号);(4)"日本肥料股份公司法"(同日法101号)等之经济立法。此外尚有"国民体力法"及"国民优生法"之制定。

第五阶段——自第二次近卫内阁成立起至昭和16年10月第三次近卫内阁总辞职止。

此阶段期间,历经第二次及第三次近卫内阁,为日本统制经济法上,正式着目于企业内部构成之最重要阶段。

昭和15年7月15日,米内内阁总辞职,第二次近卫内阁继承,其初,对内以"确立新体制"为目的,对外"□□转换外交"为使命。而于8月1日发表"基本国策要纲"。该要纲之根本方针,首宣明"基于八纮一宇之肇国精神,确立世界和平,建设大东亚共荣圈",至外交方策亦宣明为完遂中日事变,刷新国内态势,确立国防国家体制。

基于以上"基本国策要纲",关于(1)中日满为一环之大东亚协同经济圈之确立;(2)贯串生产配给消费一元的统制机构的设备;(3)以综合经济力发展为目标之财政计划并金融统制之确立强化;(4)贸易政策之刷新;(5)生活必需品之供给方策的确立;(6)国民体位之向上;(7)人口增加政策;(8)重要产业之发展;(9)科学振兴并生产合理化;(10)交通运输设施之扩充;(11)国土开发计划之确立;(12)农业及农家之安定;(13)国民牺牲之均衡;(14)厚生设施之彻底等经济□□□,□□□针,遂以明了。

上列要纲,乃在替代从来之临机应变的统制经济法,借以贯彻①高度国防国家,确立计划的综合的统制立法,是实含有重大意义。同时,9月27日"日德意三国条约"缔结,脱开依附英美之经济体制,而新转向于自给自足的国防国家体制之整备。是已明示大东亚共荣圈确立之方针,不仅为中日满之一体,且包有南洋

---

① 同"贯彻"。编校者注。

各地；欲实现此新政策，自须确立国内政治新体制，"大政翼赞会"遂以产生经济新体制要纲，迟至 12 月 7 日始决定。惟此第五阶段中之经济立法，以其为综合的计划经济，故首着目于企业体制，是其特征。而在此第五阶段中，更又分第二次近卫内阁时期与第三次近卫内阁时期之经济立法，兹考察如次。但其经济立法之基调，并无大异，惟多少有缓急之分耳。爰分别说明如下①。

1. 昭和 15 年 7 月第二次近卫内阁成立，宣明计划的综合的经济方策，随制定各种经济立法，其基于国总动员法而发动者，则有下列各种立法：

  基于"总动员法"第 4 条而发者有"船员征用令"（昭和 15 年 10 月 21 日敕令 687 号）。

  基于"总动员法"第 6 条而发动者有（1）"船员给与统制令"（昭和 15 年 10 月 9 日敕令 676 号）；（2）"修正工资统制令"（同日敕令 675 号，劳务管理令发展后即废除）；（3）"船员使用统制令"（昭和 15 年 2 月 9 日敕令 749 号）；（4）"从业者移动防止令"（同日敕令 750 号，"劳务调整令"发展后即废除）。

  基于"总动员法"第 8 条而发动者有（1）"生活必需物资统制令"（昭和 16 年 3 月 31 日敕令 362 号，"物资统制令"发展后即废除）；（2）"农业水利临时调整令"（昭和 15 年 8 月 5 日敕令 516 号）。

  基于"总动员法"第 11 条而发动者有（1）"公司经理统制令"（昭和 15 年 10 月 19 日敕令 680 号，同 16 年 9 月 17 日敕令 859 号及同年 12 月 17 日敕令 1234 号加以修正）；

---

① 原文为繁体竖排，故为"如左"。编校者注。

(2)"银行等资金运用令"(同日敕令681号昭和16年1月1日实施)。

基于"总动员法"第13条而发动者有"临时农地等管理令"(昭和16年2月1日敕令114号)。

基于"总动员法"第19条而发动者有(1)"宅地建筑物价格统制令"(昭和15年11月3日敕令781号);(2)"临时农地价格统制令"(昭和16年1月3日敕令109号)。

于上列各种经济立法中,"船员征用令"、"船员使用统制令"、"从业者移动防止令"等,俱为关于劳动配置之经济立法。"从业者移动防止令",乃前"从业者雇入限制令"之修正。又职业介绍所亦改为国民职业指导所,以适应于中小企业之职业转换相谈指导并劳务配置之机能。劳务移动乃基于劳动不足,以及基于企业者方面对劳动者之争夺,与流向于高工资等情形而生,惟其移动率仍相当高度。劳务移动,一方面固可紊乱工资统制,一方面亦在违反低物价政策,且足防害劳动技术之向上,而使劳动日数减低,致成为一种劳动抗争之变态。是必须有其防止策。此种对策至次阶段中"国民劳动动员会"实施时,始更形强化。

"修正工资统制令"乃前"工资统制令"、"工资临时措置令"之修正,"船员给与统制令"乃"对高级船员之公司职员给与临时措置令"与"对下级船员之工资临时措置令"的统一规定。惟较过去物价对策并劳务争夺防止之工资统制,则重在劳动能率之增进并企业经营之合理化。是与"公司经理统制令"第三章之规定同,俱在使工资政策,由物价政策之一面,而更移向于内部的企业经营,是乃此阶段上经济立法的一特征。

再就价格统制法言,昭和14年公布之统制令,乃一年间之限时法,至其施行期间完了,乃修正"价格等统制令"、"工资统制令"、"地租房租统制令"等,更延期一年,乃将公定价格之指定,适宜的普及于各种货品。

更于此阶段中应注目者,即为消费规整而实施之"米谷国家管理"。依"临时米谷配给统制规则"、"生活必需品物资统制令",自昭和 15 年 11 月 1 日之新米谷年度过起,国家开始管理米谷,此外,依"生活必需物资统制令",对一般生活之必需品消费统制,亦加以强化,日本统制经济法,遂以日上轨道。

此阶段间之最重要经济立法,乃公司经济统制令及银行等资金运用令,前者乃将从前之"公司利益配分及资金融通令"中之前部分与"公司职给员与临时措置令"合并如入而制定者,后者则将"金融统制令"独立修正而制定者。"公司经理统制令"于统制企业经营内部之点上,具有重大意义。日本统制法,至此阶段,始进入于正式的企业统制。"公司经理统制令"第 2 条,曾将企业目的,明示如次:

> 公司为国家目的之远成,将国民经济上应有之责任共同分担,以为经营的本体,各经理应遵守之事项如下:
> 1. 资金应运用于最有益之途,应严避人的及物的资源之浪费;
> 2. 经费之支出及资产之偿还,应使适正;
> 3. 役员、公司人员及其他从业者之给与并支给方法,应使适正;
> 4. 利益之分配,应使适正,并应努力于自己资金之蓄积。

依上所述,该命令即在宣明公司之职分,但对企业体制,尚多未能尽适于日本国家之实情,对于统制经济基础之企业体制,尚未能充分尽其任务。而财界方面对"经理统制令",尤多恶感,故于 11 月 15 日，政府乃对该命令之运用申明须加以审慎考虑之旨。

更于此阶段中，对于昭和 15 年 12 月 7 日之"经济新体制要纲"的发表，亦须注意。该要纲之主旨，在指示此阶段以后之经济立法的动向，是乃具有重大意义者，其内容如次。

第一，基本方针。

以中日满为一致，包容大东亚，确立自给自足之共荣圈，基于该圈内所有资源，确保国防经济之自主性，于官民协力下，以重要产业为中心，遂行综合的计划经济，因以处置时局之紧急，以资国防国家体制之完成，借图军备之充实，国民生活之安定，国民经济之恒久的繁荣。

但为上列各项起见：（1）须确立企业体制，使资本经营劳务为一有机体之企业，而于国家综合计划下，成为国民经济之构成部分，而于企业经营者之创意与责任下，任其自主地经营之，并依其最高能率之发挥，使生产力增强；（2）须遵从公益优先尽职奉公之旨，指导国民经济，并依经济国体之编成，使国民经济，为有机的一体，发挥国家总力，使达成高度国防之国家目的。

本要纲之实施，鉴于目下时局，置重点于其紧急产业，应其必要，逐次实施，以期生产力不致低下，配给不致不圆滑，以致民心不致不安，又相应于本体制之整备，对有关各行政机构及其事务加以改编。

第二，企业体制。

确立企业体制，使各个企业，依国家目的，于其创意与责任下经营之，以期生产之确保与增强。

①企业以民营为本位，国营及由国策公司之经营，限于特别必要之场合。

②企业依其性质，据一定之标准，对于其成立等，视必要，

加以限制。

③企业依其性质,据一定之基准,自生产技术及生产计划之见地,得分离或合并之。

④中小企业应维持育成之,于维持困难时,可使其自主的整理统合,而助成其圆滑的转移。

⑤将企业寄与于国家的生产增强中,并为使其能恒久的发展故,加以适当的指导与统制。

a. 当公定主要物资之价格时,应以中庸生产费为准,并计入适当的利润。

b. 对国民经济秩序保持上有妨害性之投机的利润及独立的利润应加以防止;而对于适正的企业利润,□□□于寄与于国家生产增强中之企业利润的增加,应加以认许。

c. 当分配企业利益时,除加以适当限制外,其超过部分,应以公债及其他方法保留之,依一定条件,于一定期间后,再为处分。

d. 对于依发明发见使国家生产增强之企业,应特别予以奖励。

e. 技术应公开普及,技术优秀者应予以适当之奖酬,促其进步。

f. 企业之设备更新,应使容易,企业之基础应使强固,因而须强化补偿。

g. 视企业对国家生产增强之贡献程度,依重点主义助成其扩充与发展。

第三,经济团体。

①经济团体之组织

甲、关于重要产业部门,以企业及组合为单位,罗网属于同一业务之业者或关于同一物资之业者,就其业种别或物资别,组织经济团体,其基本条件如下:

(1) 经济团体为特殊法人。

(2) 经济团体,由业者推荐而经政府认可之理事指导运营之。

乙、其他产业,准前项之规定,视必要,组织业种别或地域别系统团体。

丙、外地之企业,于外地各地域,准前项各规定,组织各种经济团体,但必须有与内地一致之一元统制,故对全国的统制,须讲适当的措置。

丁、组织经济团体时,应特别注意之事项如下:

(1) 编成经济团体时,应自重要者,循必要之顺序,逐次组织之。

(2) 对于军需上特别必要之企业,应另行考虑之。

(3) 统辖全产业之最高经济团体,于认有必要时,得设置之。

②经济团体之职能

甲、重要产业团体之职能如下:

(1) 为政府之协力机关;对于重要政策之立案,协助政府,实施计划内所有方案,并任该计划实行之责,且于必要时,得申具意见于政府。

(2) 于实行前项计划时,对下部经济团体及所属企业,任指导之责。

(3) 于必要时,得为生产配给等实绩之调查,并得检查生产品之品质样式,监督下部经济团体。

（4）依共同计算及其他方法，对牺牲事业，举共助之实，以资产业之发展。

③政府之监督及其与大政翼赞会之关系

甲、政府指导监督经济团体

随经济团体之整备情形，其运营务使其能自主，指导监督，只为大纲。

乙、政府为图经济团体之组成与发达故，与大政翼赞会协力进行。

④关于农村水产之经济团体，另行考虑之

如上列要纲之所示，日本统制经济法之性格，明在为高度国防体制之确立，适应于综合的计划的经济体制，□□□企业体制之整备，经济团体之创设等，日本统制经济法遂开始入于正轨矣。

如上所述，当时日本，以高度国防国家之确立为至高目标之综合的计划的统制经济，业已宣扬，统制经济□□□□正轨，而三国同盟缔结后之国际情势，亦顿形紧张，依附英美之经济制，亦已抛弃，自给自足之□□经费，□□□□立，但虽如斯，美国对日输出禁止之发展，或于日本经济发展上，不无影响。第四阶段时之恶性通货膨胀征象，以政府物价对策及金融取缔政策之奏效，虽已一时克服，但外国物资输入之杜绝以及国内商品存货之涸竭，致反转呈不景气现象，又惹起生产力之低下与利润率之下落。于是低物价政策与生产力扩充政策之矛盾，再成问题，而在不景气出现后之中小商工业者之转业失业问题，尤形深刻，且以原料不足而强行重点主义，尤使其更形重大化。此种现象，于昭和15年10月19日之经济阁僚恳谈会中，曾加注意并决定发表该对策要纲，及至本阶段，其对策乃益形扩大化矣。

昭和15年后半期以来，环绕大政翼赞会及经济新体制之问题，以中小商工业者之转业停业问题以及低物价政策与生产扩充之关系问题，为国内议论之中心，于昭和15年来之第七六会议，随国际关系之紧迫化，国民协力，日益具体，各种经济立法，遂亦以通过。其中最重要者，乃国家总动员法之全面的修正。"修正国家总动员法"（昭和16年3月1日法19号）即此。但此以外，亦曾制定其他各种经济立法。产业团体法，当时虽尚未提出，但以"总动员法"第18条之修正，曾将统制团体设立命令权给予政府，修正总动员立法中，其主要修正点如次。

总动员法之修正范围甚广，涉及二十余条（第5条，第6条，第8条，第10条，第13条，第14条，第15条，第16条之二、三增列，第17条，第18条，第18条之二、三增列，第19条，第27条，第29条，第31条之二增列，第33条，第34条，第35条，第38条，第45条，第46条等）。其修正要点约如下。

（1）劳务统制范围之扩大（第5、6两条）；（2）统制物价范围之扩大（第8条）；（3）物资设备，无体财产之收用权，对政府以外者容认时之方式与创设（第10、13、14、15各条）；（4）关于事业统制之规定的整备与强化（第16条之二、三，第17、18条之一、二、三各条）；（5）资金统制之强化（第2条）；（6）物价统制规定之扩大强化（第19条）；（7）罚则之强化（第31条之二、33、34、38、45、46、48各条）

至其内容，则于本论中，散见各处，姑不赘述。

总动员法之修正，乃在将"输出入品等临时措置法"中所有关于物资配给统制之措置，均罗列于总动员法中，□以整备高度国防经济体制，而使综合的企划为可能。于是视为统制经济法之基准法的总动员法，始形完备，嗣后依该法各规定之发动，以敕令制定各种经济法，日本之统制经济法，乃渐完成。

又关于此阶段中之经济立法，亦得注意第七六会议中所通过之各种经济法。如（1）"桦太开发股份公司法"（昭和16年3月7日法50号）；（2）"帝国石油股份公司法"（昭和16年3月15日法73号，昭和17年法43号修正）；（3）"东亚海运股份公司法"（昭和16年3月14日法68号）；（4）"修正日本制铁股份公司法"（同年3月12日法63号）；（5）"修正工作机械制造事业法"（同年3月15日法70号）；（6）"修正人造石油制造事业法"（同年法71号）；（7）"修正帝国燃料兴业股份公司法"（同年法72号）；（8）"修正日本发送电股份公司法"（同年3月7日法53号）；（9）"修正银会业法"（同年4月1日法80号）；（10）"修正朝鲜银行法"（同年3月3日法16号）；（11）"修正台湾银行法"（同日法17号）；（12）"修正日本劝业银行法"（同年3月6日法39号）；（13）"修正北海道拓殖银行法"（同日法41号），"修正农工银行法"（同法日40号）；（15）"木材统制法"（同年3月13日法66号）；（16）"蚕丝业统制法"（同日法67号）；（17）"船舶保护法"（同年3月17日法74号，昭和17年法19号修正）；（18）"重要机械制造事业法"（同年5月12日法86号）；（19）"修正输出补偿法"（同年3月6日法44号）；（20）"修正外汇管理法"（同年4月12日法83号）；（21）"修正不动产融资及损失补偿法"（同3月6日法43号）；（22）"修正产业组合中央金库特别融通及损失补偿法"（同年3月27日法77号）；（23）"国民更加生金库法"（同年3月6日法42号）；（24）"帝都高速度交通营团法"（同年3月7日法51号）；（25）"农地开发法"（同年3月13日法65号）；（26）"住宅营团法"（同年3月7日法46号）；（27）"租屋组合法"（同日法47号）；（28）"国民储蓄组合法"（同年3月13日法64号）等各种经济立法之制定。其他关于劳动立法者，有：（1）"劳动者年金保险法"（昭和16年3月11日法60号）；（2）"修正健康保险法"（同日法59号）；

(2)"医疗保护法"(同年 3 月 6 日法 36 号);(4)"国民劳务统制法"(同年 3 月 9 日法 48 号)。

于上列立法中,其特殊倾向,在自物资供给方面,企图通货膨胀之抑制,因而为扩大强化输出补偿制,为振兴输出贸易,为确保增强输入力,并为各种产业补助金之给付等,而有各种经济立法。次则就资金方面抑制通货膨胀者,则有国民储蓄组合之制定,是即在依昭和 16 年 1 月 1 日所实施之银行等资金运令,强制流动资金,并企图其机能之发挥。此外朝鲜银行台湾银行等之发行制度之修正,以及日本兴业银行债券发行限度之倍额增额等立法,亦当注意。

特殊企业法之制定甚多,而于此议会中所通过之三营团法,尤为具有特色之特殊法人。当时一般俱以营团须为统制经济体制上之企业体制的模型,但该三营团并非统制经济上之典型的企业体制。日本统制经济法,对一般企业,尚未予有充分的基础条件,故该营团之成立,只在补整此种未充分条件,而为对于采算不能与原料获得困难的特殊法人而已,其立法实为此特殊法人之设立的例外的立法。于某种意义下,或为过分之企业体制,但不得谓为学者所谓之企业体制的将来模型。

再就劳务统制法言,国民劳务手帐之制定,亦具重大意义。是乃为劳动配量之立法,其后,依"劳务之编入企业统制的敕令",劳务统制遂更形完成,企业之内部机构,在日本,本当未能为对应于统制经济之体制。劳务统制之完备,实为日本统制法之一特征。至为中小企业整理之促进,而有国民更生金库法之制定,是亦当留意者。

再次应特别留意者则为七六议会中,132 亿圆庞大预算之议决,因其对以后之经济立法成一问题故也,昭和 16 年度之 132 亿圆之预算,较前年度预算,增加 31 亿 7000 万圆以上,于此庞大预算中，60%以公债为主，关联于通货膨胀问题，公债消化储蓄奖励以及购买力吸收等，遂为以后之重大问题，物价对策虽一时成功，然随此庞大预算之实施，对于通货膨胀之再度昂进，即不得不预加警戒。

2. 自三国同盟缔结以来，日美关系，日益恶化，至此时期，尤形紧急，盖以大东亚共荣国之确立原非侵略主义，但以泰越纠纷调停之成功，泰国失地回复要求之贯彻，日本国威之发展，美国对日态度，遂日形紧迫，昭和16年6月，德苏战争勃发，欧洲大战局面，更形扩大化，美国参战之世界大战的动向，遂以胚胎。且自三国条约缔结以来，进入于恶化倾向之美国对日关系，以日本之进驻越南，更形恶化，美国临战体制整备之强化亦日以扩大。于是昭和16年7月第二次近卫内阁辞职，第三次近卫内阁再出现，7月下旬，美国对日本实行资金冻结，日本亦因以冻结英美资产，日美关系，遂至最恶劣状态。

日美英国际关系之恶化，至发生财界之不安，及股票之跌落。于是一般提倡，必须为生产力之扩充调度事业资金，必须阻止因担保价格低落之金融的不圆滑，必须为资产评价基准之安定等防止股票价格之跌落，于是基于国家"总动员法"第19条之发动，制定"股票价格统制令"（昭和16年8月30日敕令24号，同年12月15日敕令1109号修正），并基于该法第11条之发动，制定"公司所有股票评价临时措置会"（昭和16年8月30日敕令833号）。对于有价证券交易，以其素为极自由经济之措置，重视其清算的机能，故投机的短期交易，并未受何等之统制。因此现时措置，亦只为市场安定，请求临机的自主的措置，即只在为补救工作，设立为股票安定之日本证券投资公司及资本协同证券股份公司而已，是乃日本统制经济法一特征。于前述敕令中，股票价格统制令，为以阻止跌价为主之统制法，□□评价临时措置令亦只为商法所定之财产目录调制上时价算定之缓和策，而为一年之限时法。市场机构仍置于从□自由经济体制原有情形下，只对股票价格之跌落加以统制，是亦日本统制法之一特征，然即对股票价格，加以统制之□□，亦值令人注意者。

就输出调整言，基于"总动员法"第9条，制定"贸易统制令"（昭和16年5月14日敕令581号），以德苏□□□□机，更为强化输出调整，发表财政金融基本要纲，其后又决定关于金融事业整备之敕令要纲并关于"金融统制团体令要纲"。同时于经济新体制要纲中所提示之"经济团体令"亦基于"总动员法"第18条之发动而具体化，作为"重要企业团体令"（昭和16年8月10日敕令831号）而制定□□十企业家方面，该令之制定，自主的统制希望，虽为彼等所欢迎，但团体令必非如加泰尔之自主的市场统制法。基于团体令之统制会的设立，虽以只有钢铁统制会、煤炭统制会及其他等，然今后则在日本统制经济发展上占有最重要之地位。

更于此时期中，劳务紧急对策要纲，于昭和16年8月29日决定。以期勤劳精神之昂扬，劳务供给源泉之确保，劳务配置之规正，国民征用制之扩充，职业对换之促进，劳务管理之刷新，勤劳贡奉之组织化。同年9月11日，于总动员审议会中，又议决修正"国民征用令"（同年12月16日敕令1029号）、"修正国民职业能力申告令"（同年10月15日敕令921号）、"劳务调整令"（同年12月8日敕令1063号）、"重要事业场劳务管理令"（昭和17年2月25日敕令106号）、"国民勤劳报国协力令"（同年2月22日敕令995号）、"医疗关系者征用令"（同年12月16日敕令1121号）、"修正学校卒业者使用限制令"（同年11月22日敕令996号）、"兽医师等征用令"（昭和17年1月28日敕令39号）等敕令案要纲，并逐渐公布，是在企图国民皆劳、劳务动员之国家性与劳动生产性之高扬。故其劳动统制，已入于划期的阶段，女子劳务之动员，亦已实行。

其他"配电统制令"（昭和16年8月30日敕令832号）、"金属类收回令"（昭和16年8月30日敕令835号）、"修正价格等统制令"（昭和16年9月3日敕令841号）、"修正海运统制令"（昭和16年9月3日敕令843号）、"农地开发事业令"（昭和16年9月13日敕令853号）、"港湾运送业等统制令"（昭和16年9月17日敕令860号）、"修正公司经理统制令"（同日敕令859号）等经济立法，亦已制定。

更须注意者，即第一八次总动员审议会中议决之"关于物资统制的敕令案要纲"。物资统制乃统制经济上最重要的问题，军需材，生产材，消费材各个之均衡的确保，虽于统制经济上，为企画的前提的问题，然在日本，以采用□□的重点主义为主，只依各种事业法，特殊公司法，配给统制法，为直接或间接之处置；此外则依输出入品等临时措置以□□对之□□令及"总动员法"第8条所发动之电力调整令以下八种敕令，以为物资之统制，自尚未能为综合的统制。故此"物资统制令"（昭和16年12月16日敕令1130号）于企业综合的物资统制之点上，颇堪注意。其主要内容如下：（1）于生产部门间□□生产者力之□□；（2）于配给部门间重点的配给之确保；（3）于消费部门间不急不要消费之抑制；（4）以及确保重要物资之供给力为目的，有①物资生产及修理命令，②让渡命令及引渡命令，③供托命令，④指定机关之让渡及引渡命令，⑤让渡命令，⑥让受命令，⑦寄托、保管、保有、□入及其他处分或移动命令，⑧计划设定或变更命令，⑨账簿记载命令，⑩使用消费命令，⑪报告征取临检检查命令，⑫损失补价，⑬协力命令等，至生活必需物资统制令，亦以废止，于是日本统制法规，渐入于划时时代，而日本之经济法，亦渐入于综合的阶段。

但物资生产之源泉，为企业，而企业本身之体制，尚放置于自由经济体制之原状态下，不得不只就生产素材之配给及生产商品之配给，企图综合的统制，但基于此种物资统制，乃明在强化直接消费之统制，而以防止不生产的消费为任务。

上列各种统制经济法，以国际关系之紧迫化，乃作为临时体制之统制法而制定。至第三次近卫内阁，于昭和 16 年 10 月 16 日总辞职，遂降大命于东条内阁，东条内阁于以成立。

第六阶段——自昭和 16 年 10 月之东条内阁成立起至大东亚战争开始时止。

东条内阁，以国际关系之紧迫，需求民众之协力，乃自昭和 16 年 11 月 16 日起至 21 日止六日间，召开临时会议。于第七七议会中，视为通货膨胀对策而作为国民购买力吸收之增税案，遂以决定。是乃物品税及其他间接税之增征，关于直接税，则于下次通常议会中提出。盖物价对策，在自通货方面，吸收其购买力，低物价政策与生产力扩充之矛盾问题，本已转为助成金给付方策，而现更自通货方面讲求对策。于第七七议会中，作为追加预算提出者，43 亿圆，其财源在增发公债，约计 35 亿圆。所谓关联于通货膨胀之公债消化，乃成为今后之问题，昭和 16 年度之资金动员计划，先本预定生产力扩充资金 60 亿圆，公债消化预定额为 75 亿圆，储蓄目标合计 135 亿圆，外加 35 亿圆之追加共计储蓄目标为 170 亿圆。

通货膨胀之均衡，现既呈跛行状态，为防止通货膨胀故，购买力之抑制，目为今后之重大问题，但以欲回避强制储蓄及公债之强制消化，并为确保 170 亿之储蓄故，乃不得不自物资统制方面，更使消费正规化。消费统制法之比重，自将更形深刻，国民生活之最低限度的确保，亦将为今后统制经济法之动向。

更于第七七议会中，又制定一种营团法，是即"产业设备营团法"（昭和16年11月26日法9号），其资金2亿圆，全由政府出资，乃一特殊法人。此营团之目的在企图战时对于军需产业生产扩充计划产业及其他国家紧要产业之设备，事业者建设维持困难时，加以设施，并对于产业设备尚未完成而在休闲状态时，加以活用，是即以对紧要产业设备之事业或买收，并对设备之贷款，出资及卖出，以及对未完成休闲设备之买卖及保有等为业务之法人也，是只一种补整的企业。此外尚制定有"修正陆运统制令"（昭和16年11月14日敕令970号）、"许可认可等行政事务处理简捷令"（同年11月15日敕令967号）等。

日本统制经济法，现已日益完备，渐成为综合的全面的国家统制，较之事变初期，固不可同日而语。惟一般企业体制，尚未能脱开自由经济之体制，其整备，尚有待于今后之努力。其最要者，则为中小企业之整理问题。

至昭和16年12月8日，日本焕发对英美宣战之布告大诏，是固为中日事变之当然归结，而亦为排除英美东亚战略之圣战，统制经济法乃至战时经济法，亦即为大东亚解放战之经济体制，大东亚战争必然为长期战，亦即为国总力之经济战，统制经济法亦遂入于新的阶段，目下日本经济体制，已经整备，对于此等方针之具体化，当更使促进，于是□□统制物资统制，亦必更使强化，同时企业体制法，亦必日加改善。本文所列日本经济法，乃以大东亚战争开始前之统制经济法为对象。至大东亚战争后之统制法发展方向，读阅本文，亦可明其大概矣。

## 第二编
## 经济法学理论与部门划分

# 新时代产物之"经济法"

近数年来，"经济法"（Wirtschftsrecht）一语，常见于德文之论说著作。德国法学家且有特出专书，发表对于此项新产生之法律研究。其中之卓著者，有耶纳大学教授侯德满氏之《经济法原论》[①]、柏林大学教授鲁氏[②]包温氏之《德国新经济法》[③]、克尔恩大学讲师哥尔德胥弥德氏之《德国新经济法论》[④]等书。各大学中，概设有经济法讲座，柏林、耶纳等大学且有经济法特别研究室之设备。可知德人对于此类法律之研究亦云盛矣。

夫德国何为而有此种现象之发生乎？侯德满氏曾于其著述中，有曰：经济法者，新时代之产物也，距今百五十年前，"返诸自然"为其时代之流行语，故足以代表该时代之精神者，有自然哲学与夫自然宗教之出现。而同时"自然法"之考察，亦复盛行。此种思潮之支配人心者，约及百载，今日则何如者。吾人生活之目标，非多倾注于经济方面欤。在此时而有经济法出现，盖为当然之结果。就学问上言之，则有独立之经济哲学、经济史、经济政策、经济地理等。就设施上言之，则有特设之经济部、经济会

---

[①] Justus Wilhelm Hedemann, Grundzüge des *Wirtschaftsrechts*, Mannheim: J. Bensheimer, 1922.
[②] 据下文当为"士"。编校者注。
[③] Arthur Nussbaum, *Das Neue Deutsche Wirtschaftsrecht*: *Eine systematische Übersicht über die Entwicklung des Privatrechts und der benachbarten Rechtsgebiete seit Ausbruch des Weltkrieges*, 2. Aufl., Berlin: Julius Springer, 1922.
[④] Hans Goldschmidt, *Reichswirtschaftsrecht*, Berlin: Carl Heymann, 1923.

议等。盖皆前代之所未有，或有之而未认为特殊之科学或机关，而今已变为学问上、生活上重要未容或缺之物，则吾人渐觉有一种特殊之法律所谓经济法者之必要，又奚足怪云。

侯氏之言是矣。然就其近者观之，吾人似无妨认经济法之出现发达为世界大战一种历史上大事变之所促成。质言之，大战期内，德国实行所谓国家的总动员，对于其国内之经济组织及私人之财产权利，由国家加以权利上之干涉，几无所不用其极。既而战事告竣，德人蒙莫大之损失。为处理战后政治上、经济上之纷乱困难，又不得不颁布无数之法令，以资应付，于是自成一系统之所谓经济法者，始以形成，与劳动法之在大战期间，开一新纪元，而从此为异常之发达者，其关系差相近耳。

经济法是否须另成为法律中之一特殊系统，固不无怀疑之点。然多数学者，固信其足成为特殊一科学者也。1921年之德国法曹大会，其议题中特设经济法之一部门，使与公法、私法，鼎立为三，足征德国一般学者，对于经济法所取之态度矣。① 关于经济法之概念，学者所见，尚难一致。鲁士包温氏以经济法，为其作用直接及于经济上之法规，与仅间接的影响于经济。换言之，即以个人之经济生活，而非以国民经济自身，为其对象之法规（民法之大部分即属此种性质），实为互相对立之观念。② 纪谡则以凡在法规中足为经济上重要之资料（Materie）者为经济法。③ 多贺则以

---

① 参阅 Kaskel, *Recht und Wirtschaft*, 1921, S. 11; Hans Goldschmidt, *Reichswirtschaftsrecht*, Berlin: Carl Heymann, 1923, S. 6; Justus Wilhelm Hedemann, *Grundzüge des Wirtschaftsrechts*, Mannheim: J. Bensheimer, 1922, S. 7; Schriftführer-Amt der Ständigen Deputation (hrsg.), *Verhandlungen des 28. Deutschen Juristentages*, Berlin: G. Jansen, 1906, S. 230。

② Arthur Nussbaum, *Das Neue Deutsche Wirtschaftsrecht: Eine systematische Übersicht über die Entwicklung des Privatrechts und der benachbarten Rechtsgebiete seit Ausbruch des Weltkrieges*, 2. Aufl., Berlin: Julius Springer, 1922, S. 1.

③ Giese, *Deutsche Wirtschaft Zeitung*, S. 103。

经济法为凡关于经济事项之法。① 黑儿退尔则以规律经济生活之法，换言之，即以所得为其目的行为之法，为经济法。② 哥尔德胥弥德则以关于经济机关（Wirtschaftliche Organen）之法为经济法。③ 喀斯克尔则以经济法为关于企业者（Unternehmer）之法。④ 试进说其详于后。

喀斯克尔谓欲额定经济法之观念，有先须根本考察者三事：经济法与公私法之关系，其一也。受经济法之适用为何项人民，其二也。受经济法之适用者，其何项法律关系，已为他法规之所规定，从而为经济法之所保留者为何，其三也。

第一，以私法的规定，而常用公法的手段，为德国最新立法技术上之特征。理论上及经济上，同有密切关系之事项，欲令其各自之规定，互收调和之效，自以兼具公私法性质之一种法规，直接规定之为宜。民法上关于租屋契约之规定，与保护房客条例，有不可分离之关系。如就劳动法观之，则除私法上劳动契约之外，公法上之雇佣强制法，及公法之补助行为，亦为构成其内容之一部。此公私法时有交错关系之例证也。经济法为一群公法与私法之所合组而成。盖因理论上，虽性质各有所属。而相互之内容，具有密切之关系，颇以合并统一，较为适当也。

第二，经济法之规定，概适用于企业者。兹所谓企业者，指以自己之计算，以继续的获得利益为目的，而经营工业、商业、交通业及农业者而言。

---

① Dochow, *Leipziger Zeitschrift*, 1920, S. 388.
② Erwin Hertel, *Die Stellung des Reichswirtschaftsgerichts nach der Entschädigungsordnung. — Reichswirtschaftsgericht und Reichsverwaltungsgericht*, Recht und Wirtschaft, 1921, S. 145.
③ Hans Goldschmidt, *Reichswirtschaftsrecht*, Berlin: Carl Heymann, 1923, S. 12.
④ Kaskel, *Recht und Wirtschaft*, 1921, S. 211.

第三，企业者之何种法律关系，须受经济法之支配，须先知企业者之何种法律关系，已受经济法以外他种法律之支配。

（A）企业者与消费者间之关系，如买卖契约、承揽契约及消费贷借契约等之缔结，已为民法或商法之所规定。关于此等契约之规定，因应时势之需要，非时加修正不为功。如欲于全民法或商法中，除去此类之规定，颇足以破坏民商法法典之统一，非事之得当者也。故此类规定，不能列为经济法内容之一部。

（B）企业者对劳动者之关系，为劳动法应行规定之事项。此种关系，最初固为营业法（Gewerbeordnung）之所规定，嗣随劳动法规之发达，因以渐成一种独立体制与系统之劳动法。在此场合，企业者盖以雇主（Arbeitgeber）之资格而行动者也。①

（C）故留存为经济法之正当范围者只企业者以企业者之资格，为遂行其事业所发生之关系已耳。

然关于企业者之法规，亦非至今日而始发生。且从上述之理论，则有几种属于经济法之法规，势非从经济法中除外不可。故关于经济法之概念，似以从鲁士包温及多贺等之说，以作用直接及于社会经济之法，为经济法，较为妥协也。

在最近之立法上，占一极重要之地位者，为劳动法。劳动法之所规定者，为关于供给劳务者（Arbeitnehmer）职业上地位之向上，及其保护，或基于其职业之法律关系。从政策之见地考察之，是为社会政策。② 劳动法与社会政策，实即一物，不过观察之方面互异耳。与此对立者为经济法、经济政策。即所以企图关系至为复杂之现时社会经济之圆满进行，及其发展者也。③

---

① Hedemann, *Juristische Wochenschrift*, 1921, S. 308.
② 故喀斯克尔等并用社会法之名称。Walter Kaskel, *Das Neue Arbeitsrecht: systemetische Einführung*, Berlin: J. Springer, 1920, S. I.
③ Hans Goldschmidt, *Reichswirtschaftsrecht*, Berlin: Carl Heymann, 1923, S. 9.

劳动与经济法，关系虽至为密切，然各自独立。任何一方，非为他方之构成分子。[1] 故鲁士包温于其近著《德国新经济法》中所论及于劳动法，究难谓为合于体制。

经济法大部分为世界大战开始后之立法，且为社会经济上新辟一种途径。此为各学者关于经济法上一致之主张。[2] 至关于经济法之概念，学者所见，互有异同，既为上述，从而关于其内容之如何，亦无一致之主张。然其所包含者，大致如下，则固无妨断言之也。

（一）关于经济官署（其最要者为经济部）之行为，及铁路、邮政、电信、电话等事业之行为，与夫经济审判厅之法规。

（二）经济方面之自治法规。（例如经济会议）

（三）企业者之营业法。（广义之营业制限法、禁止不正当之营业竞争法、密卖禁止令、最高价格法、强制经济法等类）

（四）关于企业者合同组合之法规。（卡尔德尔［Kartell］合同托辣斯托［Trust］及其他职业组合法）

（五）对经济的契约之国权的干涉。

（六）经济物权法。

（七）对于各种主要之制产，仅适用营业法、商法等之规定，犹嫌有所不备，故特设特别法规，使以国权得干涉其制产卖买。此类包含干涉的规定之法规，所有制品其重要者为

---

① Kaskel, *Recht und Wirtschaft*, S. 214；Dochow a. a. O.
② Kaskel, a. a. o. S. 212；*Hans Goldschmidt*, *Reichswirtschaftsrecht*, Berlin: Carl Heymann, 1923, S. 6.

石炭、塞门土（cement）①、柯尔他尔（coaltar）②、硫酸、木材织维、印刷纸、电气瓦斯水力、水蒸汽、压榨空气、谷类及其他食料品、酒精、饮料等类。

（八）关于土地之法规。（移民法、土地租赁法、关于地上权之法规、租屋法、小庭园法、强制执行免除地法［Heimstätten］③）

（九）关于商业设备及金融等之法规。（尺度权度法、商品指示法、定价表法、货币法、就中非常货币法［Notgeld］）

（十）关于资本之法规。（准用外币偿债法、利息法、有价证券法及没收外币法等类）

（十一）关于信用制度交易所、市场、保险制度、国际贸易之取缔法规以及关于交通之法规。

---

① 指水泥。编校者注。
② 指煤沥青。编校者注。
③ 指 Reichsheimstättengesetze vom 10. Mai 1920（RGBl. S. 962）。编校者注。

# 现代法律的分类之我见

黄右昌

分类之法，在逻辑及认识论上，极为重要，余虽不敏，对于旧时法律的分类，认为不合现情，主张有改革之必要。兹分为三大点说明之，以供法家之参考与批评焉。

## 一 旧分类之存废问题？

旧分类中，最不宜存在者，即公法私法之区别是也。公法私法之区别，聚讼纷纭，由来已久；然皆苦于无一定之标准，盖学说愈多，则剖晰愈难，犹如治丝而棼，故不如根本上取销之为愈也。德国耶林（Ihering）、英国奥斯丁（Austin）、日本岩田新①，皆系主张不要公法私法的区别也。但岩田新不主张公法私法的区别，却要公权私权的区别，又与余之主张，不谋而合也。奥斯丁氏曰：公法私法之区别，法理上殊不正确，公私两法，既不能对等而并立，则区别公私，固未可也。氏意公法私法之用语，有广狭二义，广义自乌尔鄙亚鲁士（Ulpianus）②以来，谓关于公益法为公法，关于私益法曰私法，其标准不明。狭义区别人之公格法，及私格法（public or private capacity），不过为国法中人法（law of

---

① 岩田新（いわたあらた、1882~1947），日本民法学家，著有《日本经济法理论》（『日本經濟法の理論』有斐閣、1944年）等。编校者注。
② 指古罗马法学家乌尔比安（Gnaeus Domitius Annius Ulpianus, 170~223）。编校者注。

persons）之细别耳，皆不足以公私二分国法也。氏又言"法律为主权者之命令，其范围限于成法（positive law），而谓宪法国际法为成例（positive morality），仅德义上规则而已。又妄以人之公格私格，区别公法私法，由此结果，遂谓公法私法，不过人法之分类，而析国法为人法（law of persons）、物法（law of things），一依于人定，一以物之介立为要件"。此盖蹈袭罗马优帝法典之区别而来，究不足以说明现代法律之现象也。霍尔朗德（Hollond）[①]氏，谓："法之公私，依公人（public person）与私人（private person）而殊。法律关系之主体，如为主权者，或为主权者所委任之团体若个人，其法谓公法；反之构成其主体之单位，无论个人，或团体，凡不代表国家者，其法谓私法。"若据此说，不仅失于机械的，且欲知人之为公人为私人，非预知公法私法不可，结果仍与主张公法私法者无异，氏盖以主体为区别公法私法之变相，其标准甚为茫漠也。批评区别公私法之学说之失当。

### （一）目的说

为罗马五大法律家乌尔鄙亚鲁士（Ulpianus）之说，谓：法律保护之目的，在于公益者曰公法；在于私益者曰私法。此目的说之根据也。然无论何种法律，不仅以保护公益为目的，亦不仅以保护私益为目的，凡公益私益两方面，皆同时保护之，例如：宪法以公益为目的之法律也，然关于人民权利之规定，亦含有保护私益之意。如刑法以公益为目的之法律也，然关于身体财产之规定，亦含有保护私益之意。如民法以私益为目的之法律也，然若背公共秩序善良风俗之法律行为，则规定无效，是亦含有公益之性质矣。此目的说之不适用也。

---

[①] 指英国法学家霍朗德（Thomas Erskine Holland，1835~1926）。编校者注。

## （二）实质说

此说有二种：第一，依法律关系之平等与否而定；第二，依法律关系之对人与对物而定。先即第一说论之：此说先区别权力与权利，权力者，强制他人之意思而束缚其自由之力也，是生不平等关系。权利者非束缚他人之自由，不过有请求权而已，是生对等关系。规定权力关系之法律曰公法；规定权利关系之法律曰私法。虽然，此说既以权力权利为前提，然亲属法中之亲权监护权，有强制意思，束缚自由之力，为权力而非权利，然诸国法律，概置民法中，学者亦将谓民法为公法乎？就国际法论，学者概指为公法也，若从此说，则国际法规定国与国对等关系之法律，不得以公法名之，亦当属于私法矣。更即第二说观之：以规定对人权利之法律曰公法，规定对物权利之法律曰私法。虽然民法中如债权之规定，亲权监护权之规定，对人之规定也，岂不宜概列于公法乎！如土地法，铁路法，对物之规定也，岂不宜概列于私法乎？此等区别，虽原于罗马法所谓人法物法之区别而来，然违反各国法制之实际，毫无足采。此实质说之不适用也。

## （三）主体说

此说谓规定国家与国家，或国家与私人之法律曰公法；规定私人与私人之法律曰私法。德之伯伦知理（Bluntschli）即主此说。此说在国家主义盛行时代较为适宜，且为区别公法私法者之通说。然如民事诉讼法，则以主体说绳之，虽在从前时代，亦不免困难，盖《民事诉讼》，法国重个人主义，谓人民伸张权利，不过借法官之力，为之判决保障，属于人民相互间之私权，以人民为主体，而不问其与国家之关系，故为私法。德国重国家主义，谓国家许人民以各种诉权，而后人民始得对于法官，依据各种诉权以保护其权利，法官为国家作用之机关组织，故对于人民，有命令及禁止之权，此由国家与裁判之关系而观察之，故为公法，且为公法中之行政法。然民事诉讼，属于司法裁判之下，为一般人民相互之手续，谓为公法，则当归入行政范围，与立法之旨，未免背驰，且各国亦无此制，如谓裁判为国家所命，当属公法，然民法中之户籍吏、承发吏等，何一非奉国家之命以执法，乃不以为公法，何以于运用民法之手续法，而独以为公法也。若以现时之情形论之：吾国为中华民国，吾政府为国民政府，民族民权民生，即民有民治民享（The government of the people by the people for the people），所有法律，都是民众的法律，乃必强分为曰：何种法律，为国家与国家之关系，或国家与人民之关系，谓之公法。何种法律为人民与人民之关系，谓之私法，岂不与建国大纲第一款及三民主义相刺谬耶？从来法律的分类，除公法私法之区别，业已崩坏，已如上述。及普通法（对特别法而言）应改为一般法（理由说明于后）外。他如实体法又名主法（materielles Recht；substantive law；droit matériel），程序法又名助法（formelles Recht；adjective law；droit formel），成文法（jus scriptum；geschriebenes Recht, Gesetzesrecht, Gesetz；droit écrit, loi；written law），不文法（即习惯法）（jus non scriptum；Gewohnheitsrecht, ungeschriebenes Recht；droit non écrit, droit coutumier；unwritten law），强行法又名命令法（jus cogens；zwingendes Recht①, gebietendes Recht；imperative law；droit imperatif），任意法又名容许法（jus dispositivum；nicht zwingendes Recht②, vermittelndes Recht③, nachgiebiges Recht；dispositive law；droit facultatif），固有法（Landes-oder Volks-oder

---

① 原稿误作：zwigendes Recht。编校者注。
② 原稿误作：nichtzwigendes Recht。编校者注。
③ 原稿误作：Vermittdndes Recht。编校者注。

Raceneigentuemlichkeit des Rechts；Native law；Loi naturelle），采访法（Rezeptionsrecht；Accepted law；Loi acceptée）等等区别，均应认为有存在之必要。故本题所谓"现代法律的分类之我见"乃为就从来分类中，除去公法私法的区别，而以新时代应有之分类补充之。非一概不用而另创一法律的分类也。

换言之，即旧分类与新分类参用之混合体也。

## 二 旧分类之应用新的解释者

### （一）国内法、国际法

国际法（International Law，Droit International，internationales Recht）与国内法（National Law，Droit national，Nationalrecht）为相对的区别，实则国内法中，亦有国际法，如私国际法所根据之《法律适用条例》（Rules for the Application of Laws）[①]是。此英美学者，以私国际法认为国内法之理由也。考国际（International）二字之语源，最初所以表示国家与国家之关系。至近世社会主义发达，凡事物不限于国内人民者，通以国际二字形容之，为现代最时髦之形容词。于是有所谓国际社会运动；有所谓国际智识合作运动。以国际社会运动言：因从事运动者，立场各有不同，主张因而各异，遂（1）有所谓社会主义者国际运动：如1864年马克斯、恩格尔[②]所组成之第一国际（International Working Men's Association）。1889年法国急进派与渐进派联合所组成之第二国际。1919年俄国布尔塞维克[③]派所组成之第三国际。1922年法之浪格，奥之包爱罗，德之独立社会党，英之独立民主党等，在维也纳所组成之第二半国际

---

[①] 7年8月5日教令第32号公布依16年8月12日国府令暂准援用。
[②] 即马克思、恩格斯。编校者注。
[③] 即布尔什维克。编校者注。

(International Socialists Federation），俗称桃色国际。1921 年德之共产劳动党于柏林所发起之第四国际是。(2) 劳动组合之国际运动：如 1897 年欧洲各国，在瑞士楚利克（Zurich）所组成之保护劳动者之国际会议（International Congress for the Protection of Labourers[①]）即后之国际劳动组合联合会（International Federation of Trade Unions），俗称阿姆斯德国际（Amsterdam International）[②] 或黄色国际。1920 年欧陆"加特力"教徒，于海牙组成国际基督教劳动组合联合会（International Confederation of Christian Trade Union）。1920 年 6 月英俄意三国左翼劳动组合的代表，于莫斯科组成之赤色职工国际。(3) 劳动立法之国际运动，如 1900 年瑞士、法、比等国代表于巴黎所组成国际劳动立法协会（Congrès International de Législation du Travail）1901 年在巴塞耳（Basel）开第一次大会。及大战后，根据对德和约第 13 编第 427 条所规定而产生之国际劳动总会（General Conference）。以国际智识合作运动言，世界大战发生前后，已不下数十种。则应世界之潮流，按现代之需要，应于国际法（即旧日所称之平时战时国际公法）、私国际法以外，而将关于以上国际社会运动，国际智识合作运动之派别、缘起、宣言、组织、章程等等，为有系统的研究，成一独立学科，称曰"国际团体法"（International Corporation Law），分三大部以研究之，即第一部为国际社会团体法；第二部国际职业团体法（尤其是国际劳动法）；第三部国际智识团体法是也。抑更有言者，如上所述等等，虽用国际名称，然其会合（尤其是国际社会运动）不但不是代表各国主权者，且与国家主义为敌人。故国际二字，若照从前观念，解为规定国家与国家之关系者，为国际法，则大谬也！申言之，除国内法外，即国际法也。必欲强

---

① 原稿误作：International congress for the Protection of Labouress。编校者注。
② 原稿误作：Amsterdan International。编校者注。

为分曰：若者为公，谓之国际公法。若者为私，谓之国际私法，殊觉名不副实。不过国际法之范围太大，不能不划为各部分以研究之，故凡从前认为属于国际公法之范围者，仍照原来 International Law 之名称而称曰：国际法（并分和平法、战争法二部）。从前认为属于国际私法之范围者，则今日宜扩大之，用 Private international Law; droit international privé① 之名称而称曰：私国际法，除国际民法、国际商法、国际破产法、国际民诉法外，尚须加国际劳动法（International Labour Law）、国际海法（I. Maritime Law）、国际空法（I. Air Law）。国际团体法，可独立为一科，或加于私国际法之中，而将国际劳动法并入亦可。至国际刑法，意大利学者以为宜独立为一科。费利克斯（Foelix）②、布洛席（Brocher）、聂令（Laine）以为应包含于私国际法中者。余以为刑法一科，由五种治权中之司法权而生，治权，公权也，当然为国际法。且近来研究私国际法之学者，多不涉及国际刑法，韦斯（Weiss）、亚塞耳（Asser）、罗连（Rolin）、德拔嗟（Despagnet）亦主张之。从前所谓国际公法，均为保护世界强大民族，对弱小民族实行侵略主义者而设；如凡尔塞会议，竟将马基顿③（Macedonia）瓜分之，南斯拉夫取其五，希腊取其四，布加利亚取其一。此等新兴之帝国主义，其对待马基顿，一如法国之对待阿尔塞斯、罗伦④，对所征服人民，务压抑之，或使之同化，此实为现在巴尔干半岛各国共同政策，而此种政策，反受国际法上所谓"国际联盟"之保护。可见国际法表面，所谓平等互惠，皆是欺人之谈；如军队军舰，非得主权国许可，不得侵入其领土以内，为国际法所规定，而各帝国主义者，未得

---

① 原稿误作：droit Intenational privé。编校者注。
② 指法国比较法学家弗利克斯（Jean-Jacques Gaspard Foelix, 1791~1853）。编校者注。
③ 即"马其顿"。编校者注。
④ 即"阿尔萨斯、洛林"。编校者注。

我国许可，动辄派遣多额之军队军舰，侵入我国，则所谓国际法者，不是为保护世界全体民族的利益，而为强大民族，对弱小民族支配榨取之一种工具也！故余所谓国际法，不仅如从来学者所称之平时国际公法、战时国际公法，而带有研究为全世界民族谋利益之国际法也。申言之，即今日之国际法，非仅指国家与国家之关系而言，而为一种团体的法规也。故国际团体法，为国际法的重要的精神。盖世界经济之发达，促进国际的分工，同时促进各国法律、文化、学术的国际同化，所谓为帝国主义或国家主义而设之平时战时国际公法，已渐有减杀之趋势矣。

## （二）一般法、特别法

一般法（jus generale；gemeingültiges Recht；general law；droit commun，droit général），特别法（jus spciale；Partikularrecht，Spezialrecht；spcial law；partcular law；droit special，droit particulier）之区别，以地人事三者为标准，施行于特定地域特别身份之人或特别事项之法为特别法，施行于全国领域之内，国民全体，及一般事项为一般法。此通说也。

从来学者，以一般法译为普通法，余以为不甚恰当；当以德国言之，其所谓普通法（Pandekten）者，指寺院法、意大利习惯法、德国法律、德国习惯法及罗马优帝法典五种混合体而言。以英国言之，英国习惯法，由古代侵入英国诸民族之习惯而成，诺尔曼战胜（The Norman Conquest）[①]后，此固有习惯，变为普通法（common law），及爱德华三世（Edward Ⅲ）立，为救普通法之弊而衡平法（equity law）作。至1873年发布条例，以调和普通法及衡平法二者。是普通法与衡平法对峙，为一种立法上名辞，而非

---

[①] 此处英文夹注位置存在错误，已改正。编校者注。

学理上之用语也。以普国言之，其所谓 Landrecht 者，日人译为普国普通法，或普国国法，实则为普国之地方法也。故普通法之名辞，宜改为一般法，或称为通法特法亦可。其区别之实用，即特法优于通法（lex specialis derogat legi generali）是也。例如陆海空军人，先适用陆海空军刑法，及陆海空军审判法是也。劳动者先适用劳动法。商工业人，先适用公司法，票据法，保险法，海商法，及工会法是也。在阶级制度崩坏及平等的法律旗帜之下，一般法之分量，当然较多于特别法之分量，盖一般法为通行于全国之地、全国之人及普通一切事项，换言之，即宪法与民法的分量之扩充也。特别法仅于陆海空军人，及青海、西藏、蒙古等地方制定之，因有特殊情形也。从前以商法为民法之特别法者，今则因民商二法统一之结果，商法不为与民法对峙之法典，即不能称为民法之特别法，不过与农事法、工事法同为民法之附属法云。申言之，特别法之范围，取狭义的；附属法的范围，取广义的也。

## （三）原则法、例外法

原则法（罗 jus commune，德 grundsätzliches Recht[①]；regelmässiges Recht）对于例外法（罗 jus singulare，德 singulares Recht；Ausnahmerecht；regelwidriges Recht）而言，此为学理上之分类，非立法上之用语也。有以原则法即一般法，例外法即特别法者，然实大有差异，即关于特定之事项。适用一般的法律者，为原则法；以例外除去之者，为例外法，或称但书亦可。例如《民法》第948条："以动产所有权，或其他物权之移转或设定为目的，而善意受让该动产之占有者，纵其让与人无让与之权利，其占有应受法律之保护。"次条即规定"占有物如系盗赃或遗失物，其被害人，或

---

① 原稿误作：grundsätsliches Recht。编校者注。

遗失人，自被盗或遗失之时起，二年以内，得向占有人请求回复其物。"即关于同一之事项而有原则与例外之规定也。原则法与立法原则，大有区别：立法原则者，由中央政治会议，就该法重要之点，示以原则，而交立法院根据以制定法律，例如民法：总则编立法原则、债编立法原则、物编立法原则、土地法原则、工会法原则、工厂法原则、商会法原则、公司法原则、票据法原则、公债法原则、出版条例原则……是也。原则法专为对于例外法而言，若无例外，即无所谓原则矣。其区别之实益，即原则法可用扩张解释，而例外法须用严格解释（Exceptio est strictissimae interpretationis）也。此区别吾人以为在吾国目下，甚感重要！即民众运动决议案或标语，往往重于原则而忽视例外，因之惹起误会者不少，举其最著之一二例：如第二次全国代表大会妇女运动决议案"离婚结婚，绝对自由"。本为一种原则。然例外对于一方愿离，一方不愿离者，不能适用，即忽略之[①]。以及例外未成年人之离婚结婚，须得父母允许，则忽略之。八小时之劳动规则，原则上本指工厂中之继续工作（continuous work）[②]而言，若例外之不继续工作（discontinuous work）[③]，则不在内。否则在今日百工交易时代，如饭店庖人、商店学徒，援此规则，适足以戕其谋生之路，观诸往事，可为殷鉴也！

### 三　法律的新分类

#### （一）海法、空法

海法（maritime law）者，关于海事法律规则之总称也。不仅

---

[①] 参照17年1月18日上字第10号判例，1月14日上字47号判例。
[②] 原稿误作：Continuas work。编校者注。
[③] 原稿误作：discontinuas work。编校者注。

以海商法为限，凡与海有关系之法规，均包含之。自罗马时代，有逻地亚（Lex Rhodia）海法后，以后行于地中海者，有Consolato del Mare①；行于大西洋者有Oléron；行于波罗的海中央（Gotland）者有Wisby。

空法（air law）者，关于空事法律规则之总称也。依此定义，则空法者，主要虽系关于航空之事，实不仅以航空规则为限，凡与空有关系之法，均包含之。故狭义的空法，可名曰：Aencnautical Law。而广义的空法，则可名曰：air law。兹所论者，广义的空法也。法律上关于空之论议，聚讼纷纭，由来已久，如土地所有权，果及于离地几何之高等，即其一例。试观纽约市等建筑高楼，有至七十几层者，其惹起法律家之注目，固其所宜。今更推而言之，空之所有权及空之领域，实为国内法及国际法上重大问题。盖航空术之发达，如此进展，此等问题，在实际上不能漠视也。欧战以前，除有极特别情事外，吾人所谓法律关系，为平面的，以陆上或水上为限，自航空术发明后，其法律关系，为立体的，吾人非更注目于上空不可，是以空法之研究，于社会生活上，实有重大之影响也。从法律上论空，有从民法上立论者。从民法上论之，则有如前述问题，土地所有权，果及于如何之高？又航空术之发达，一日千里，世人将恃航空机为交通机关，其往来于空中日盛，于是有空中财产观念，而民法上权利义务问题因之而起。例如航空转运公司之飞机，装载他人货物，在飞航中，与他飞机冲撞坠落，其责任应归何人？损害之负担，应归何人等？当然为将来层见叠出之问题也。民国八年（1919）10月13日，前北京政府，将巴黎和会议之国际航空公约四十三条，附约数种，偕同比利时、保加利亚、巴西、英吉利、厄瓜多尔、法兰西、意

---

① 原稿误作：Consulato der Mare。编校者注。

大利、巴拿马、葡萄牙、罗马尼亚、暹罗、乌拉圭等共十三国之专使,在法国外交部签字,于是我中华民国之领土领海以外,又发生领空之国际关系矣。今日欧美诸国,盛行国际大飞航,万目睽睽,咸集注于上空,吾人所当论述者,不仅飞航一事而已,空之国际法律关系(即国际空法)在今日亦不可忽视也。最初法律,通是规定陆上之事项,间有关于天(即空)、水(即海江河等等)者,均附属于领土之法规,故陆法之称,无成立之必要,自海法发达后,除开海法而外,通是陆法,于是陆法(Law an Land)①之名,遂与海法对垒。最近航空事业发达,而空法一门,实感觉与陆法、海法鼎足之必要。故此处所谓空法(air law)乃对于海法(maritime law)而言之名称。大凡法之名称,有由立法机关命名者,有由学者研究之便利而命名者,有因实际上之需要而命名者,兹之以空法命名,从第三义也。

### (二) 团体法、社会法(包括经济法与劳动法)

团体法(corporation law)之名称,见于席耳曼(Sherman)②1917 年所著《罗马法与近世》(Roman Law in the Modem World)二卷 133 页 556 节。据席氏所述,罗马法上之团体可分六种:(1)公团体(public corporations),如国家城镇是。(2)宗教团体(religious associations),如教士学校等。(3)慈善团体(eleemosynary corporations or charitable foundations piae causae),如贫儿院等。(4)商业团体及实业组合(commercial companies and industrial associations)。(5)政治集社(political clubs)。(6)社会及公众利益之组合(social and mutual benefit associations)。以上为公团体、

---

① 似乎应为 Law of Land。编校者注。
② Charles Phineas Sherman。编校者注。

准公团体。此外尚有私团体（private corporations）者，其发达之原因，于经济及政治有关也。20 世纪之法律，渐由个人主义（individualism）趋于集合主义（collectivism）。据费边研究社（Fabian Research Department）干事柯尔（G. D. Cole）之著书而知劳动组合之种类，有不胜枚举者也。大抵每一团体之设立，内部必有章程以规律自身，外部则国家必制定条例以保护团体之发展，如英国 1871 年《劳动组合条例》、1906 年《劳动组合争议条例》、1913 年《劳动组合条例》、1917 年《劳动组合（合并）条例》，其最著者也。此等内部章程，及国家所颁布之组合条例，即团体法也。向来学者对于法人之解释，谓法人者，非自然人而有人格者之谓也。日本著名之民法学者，对于法人定义，多主此说。① 然依余之所见，此说实为大误！盖人格（caput）二字，创始《罗马法》，罗马时代，人格唯生来自由人（Ingenuus）及被解放之自由人（libertus, v. libertinus）有之，奴隶则为人格大减等（capitis deminutio maxima），即无人格之谓也。19 世纪林肯（Lincoln）放奴以后，身体自由，视为天经地义，则自然人之有人格，并不借乎法律之赋予及承认，然则有人格者，谓之法人，无人格者，谓之合伙②，均以《罗马法》之人格（caput），与德国民法之权利能力（Rechtsfähigkeit）认为一致，其观念之谬误，奚待烦言。我新《民法》第 26 条：改为享受权利负担义务之能力。第 45 条：改为取得法人资格。较之第一次草案与第二次草案，实为进步。且人格权中，依余之主张，计有八种：即身体权、生命权、自由权、健康权、名誉权、姓名权、资格权、肖像权。其可用之于法人者，

---

① 例如富井博士《民法原论》186 页第 7 行、菅原眷二博士《日本民法论》195 页第 6 行、平沼骐一博士《民法总论》266 页第 4 行、岩田新《日本民法总论》110 页第 4 行至第 7 行。
② 见我民法第一次草案 140 条理由书及第二次草案第 27 条、第 29 条。

仅名誉权或姓名权而已,然则"法人有人格",实不免有语病也。日本著名学者梅谦次郎博士下法人之定义曰:法人者,非自然人而为权利义务之主体也①。川名兼四郎博士下法人之定义曰:法人者,谓非自然人而有权利能力之谓也②。松冈义正博士(中国《民法》第一次草案起草者)下法人之定义曰:法人者,有权利能力之社会的组织体也③。畔道文艺博士下法人之定义曰:法人者,无形之权利主体也④。鸠山秀夫博士下法人之定义曰:法人者,谓法律上认有权利能力之社会的组织体也⑤。我之法人的定义曰:法人者,法律上认为团体法中之团体人也。法人实在说,有团体人说、组织体说。余则取团体人说。而以"法人"二字,解为包括二种意义,即团体法兼团体人是也。团体人当然有团体法,而团体法不一定为团体人。犹之《亲属法》上,有家属关系者,必为亲属关系,而有亲属关系者,不一定为家属关系也。《公司法》([民国]18年12月26日公布)第3条:公司为法人。《工会法》([民国]18年11月21日公布)第10条:工会为法人。《渔会法》([民国]18年11月11日公布)第2条:渔会为法人。《商会法》([民国]18年8月15日公布)第2条:商会为法人。以及《民法总则》([民国]18年5月23日公布,同年10月10日施行)上之社团(《民法》第45条至58条)财团(《民法》第59条至65条)等等,所谓团体法兼团体人是也。《社会团体组织程序》,《学生团体组织原则》及《学生自治会组织大纲》,《妇女团体组织原则及大纲》,《文化团体组织原则及大纲》以及民法上之

---

① 梅氏《民法要义》78页第3行第4行。
② 川名氏《民法总论》154页第7行。
③ 松冈氏《民法论总则》253页第5行。
④ 畔道氏《日本民法要论》卷一,203页第4行。
⑤ 鸠山氏《日本民法总论》上卷128页第1行第2行。

合伙，所谓团体法也。余意《国民政府司法例规》上第一类之党务，即应归入团体法之中，而以之为政治团体，为职业团体社会团体之指导者，与"以党治国"之旨，亦甚相合也。

社会法包经济法与劳动法，分论于下。①

**1. 经济法**

此项分类，乃为摇动公法私法的界限之一大关键。盖自欧战以后，社会状况，发生巨变，法律现象，亦随经济而引起莫大之变化；于是公法之领域，乃侵入私法之范围，例如劳动法侵入债编雇佣，土地法侵入物权编等是，欲以旧时法律，适用于新时代之生活，匪惟不能致用，亦且难以自圆其说，此经济法之名辞及研究，所以为新时代之产物也。经济法（Wirtschaftsrecht）之名辞，为德国学者所创，英美无论矣，即大陆学者，亦未之多见也。兹举德国法学家关于此项重要之著述于下：

耶拿（Jena）大学教授赫德曼《经济法原论》

(Hedemann, *Grundzuege des Wirtschaftsrechts*, Jena 1922.)

柏林大学教授鲁斯鲍《德国新经济法》

( A. Nussbaum, *Das neue deutsche Wirtschaftsrechts*, 2. Aufl., Berlin 1922.)

储仁大学教授哥底史立德《德国经济法论》

(Goldschmidt, *Reichswirtschaftsrecht*, Köln, 1923.)

柏林大学商科教授卡斯克鲁《法与经济》

(Kaskel, *Recht und Wirtschaft*, 1921.)

综观以上各种著述，德人对于经济法之努力，于此可见一斑！

---

① 原文为竖排繁体。校者注。

柏林、耶拿等大学，且有经济法研究所（Institut für Wirtschaftsrecht）之设备。1921年班不耳克（Bamberg）之德国法学会新设经济法部（Wirtschaftsrechtliche Abteilung）以之与公法部、私法部鼎立。最近卡斯克鲁编纂《法律及国家科学词典》（*Enzyklopädie der Rechts und Staatswissenschaft*）打破从来之法律分类法，设劳动法与经济法（Arbeits und Wirtschaftsrecht）之部，可谓在法律分类上，崭然开一新纪元矣！经济法之观念，为今日多数学者所是认，且以之占全法律学之中枢领域矣。然经济法，果指属于何如部类之法律乎？在法学上，果能形成特别之法境（Sonderrechtsgebiet）乎？学者见解，尚不一致；余综合诸说而下经济法之定义如下：经济法者，谓规定关于国家经济、社会经济、个人经济的法规之总称也。据此以观；则与财产权（Vermögensrecht）不同，财产权为私权中之一（其他尚有债权无形财产权），属于个人权（即人权）。经济法则包国家、社会、个人三者而言也。

### 2. 劳动法

劳动法另有专书，且为专门研究之一种，于此不能详述。此处所论者，即民法上之雇佣契约，是否能包括于劳动契约之内？与官公吏是否为劳动之一种是也。劳动问题之中心，从性质上言之，精神的劳动，与肉体的劳动为第一类。从范围上言之，指挥的劳动与执行的劳动为第二类。从品质上言之，熟练的劳动与不熟练的劳动为第三类。从雇佣上言之，独立的劳动与不独立的劳动为第四类。从性别上言之，男子的劳动与女子的劳动为第五类。从年龄上言之，成年的劳动与童年的劳动为第六类。从团体上言之，有组织的劳动与无组织的劳动为第七类。在此七类劳动中：每一类的前者，统比每一类的后者，资产多，竞争少，生活巩固。反之每一类的后者，统比每一类的前者，资产薄，竞争多，生活不巩固。换言之，就是前七类是寻常苦痛的劳动；后七类是非常苦痛的劳动。所以现在的社会问题及劳动问题的中心，不在乎前而实在乎后也。雇佣契约（Dienstvertrag; Contract du Iouage; Hiring Contract）从普通方面观察，当然可以包括劳动契约在内，盖契约、工作、时间、年限等等，均可包于雇佣之中。从现代特种方面观察，则不能包括劳动契约（contract labour）在内也。无论何种动物，欲达到自己的目的，都要为某种的活动，此种活动，即是其意识的表现。至于人类，因为动物界中最高级，意识的作用最强，目的最多：因之其意识的活动亦愈烈，但在此种活动中，因苦乐程度的差异，可以分为两类：一类是愉乐的，或是愉乐最多的，名为官吏。一类是痛苦的，或是痛苦最多的，名为劳动。劳动的特质，即以痛苦为其构成要件。劳动的对手，即以打倒官僚政客为其最大之目的，重要之任务也。其在专制时代，视官吏为神圣，视劳动如犬马，毫不足异。乃近年以来，或画到领薪，或南北兼差，此种现象，吾甚不愿见于以民权主义揭橥之革命时代也。据第二次全国代表大会宣言：对内当打倒一切帝国主义之工具，首为军阀；次则官僚、土豪、买办阶级。其必要之手段：一曰造成人民的军队；二曰造成廉洁的政府；三曰提倡保护国内新兴工业；四曰保障农工团体，扶助其发展。由此观之，政治是一种工作。官吏当然是一种劳动，若以官吏为无上之尊荣，发财之捷径，不但反于世界之潮流，抑且大违乎民权主义第五讲官吏是人民公仆之遗训矣。社会法（或社会化法）（Sozialrecht; Sozialisierungsgesetz）对待之名辞，似为国法（或国家法）（Staatsrecht）。国法之范围，旧日学者立论，有广狭二义，以广义言之，恒兼有《宪法》、《行政法》、《刑法》、《裁判法》四种。以狭义言之，则只《宪法》一种而已。吾人就广义言之，以以上四种为国法，不啻以凡对内公法为国法也。以法律的社会化眼光观之，既不主张公私法之区别，则广义的国法之名称，不能认其存在。若就狭义言之,则欧战以后,各国宪法,已将倾向国家主义之法制,变而为倾向社会主义之法制,则谓宪法为根本法(The Fundamental Law)或根本组织法(The Law of Fundamental Organisation)始合于今日之情形也。人之始生,便为家族团体之一员,与父母兄弟,营共同生活,及年长入校,与同学营共同生活(群育),后来为农、为工、为商或为宗教团体的一员;或为市乡的公民,在在须和他人,保持一种共同生活之关系,此由人与人的关系造成之家族、学校、工会、村落、宗教团体、国家等之总和,普通称为"社会",所谓人为社会的动物,即指此而言也。以国家为立场,国家包含有许多的原子,所谓国家以内有社会也。以世界为立场,则世界为一整个的社会,所谓社会以内有国家也。个人为各个独立之原子,所谓原子的社会观(individualistisch atomistische Weltanschauung)。罗马及第 18 世纪之自然法,属于此种观察。团体为各个人之集合体,所谓全部的社会观(kollektivistisch-universalistische Weltanschauung)。德国及现代之团体主义,属于此种观察。更就国家之性质言之,国家之性质,合分子与有机二说而观,乃得圆相。盖国家之原质,乃组织物质与精神的交通之社会层累而成,其始由各个人共同生活意思,吸合而为共同团体,积共同团体心理所结合,有物质与精神之交通,则为层累之社会,组织层累之社会而统一之,是为国家。国家统一各分子,有构成国家资格者之意思,故国家为共同团体,然国家与分子,各有成立存在之目的,故国家又为特别团体,国家统一各分子心理所发动,确定共通生活之意思以为其意思,故国家为事实上的人,法律虽为国家所规定,而国家实由法律公认而成立,故国家又为法律上的人。是由国家之性质言之,则所谓国法者,亦不外一种特别之团体法与特别之团体人而已。近代主要现象,个人的经济活动之外,尤须有团体的经济活动。团体内部,虽以个人为其组织之原子，而团体于个人经济之外，自有其独立之经济，此团体法与经济法并论之理由一也。团体有公团体与私团体及团体法团体人之分：国家及自治团体为公团体之团体法兼团体人。公司，渔会，工会等为私团体之团体法兼团体人。公团体为经济主体时，与私团体无有区别。盖社会与国家，本来非全然各别者，即国家为社会之一体样，而社会为国家之前提的基础，申言之，即国家为社会中最大之特别团体而已。此团体法与社会法并论之理由二也。法律制度、政治制度、家族状态、社会思想乃至学问艺术，为社会底上层建筑；而生产关系，则基础建筑也。如家屋然，基础一变，则家屋的全体构造，都生变化，生产关系，一有变化，则建筑上面之各种制度，因之变化，故生产关系变革，足使整个的社会，一新面目。且以团体法为上层建筑，社会法为基础建筑，基础一生变化，（经济）则团体之构造亦随之。此团体法与社会法并论之理由，并以团体法置于经济法之上之理由三也。以唯物的辩证法解释历史，则社会构造及变革，皆以生产方法为基础，法律不是理性的产物，乃是经济条件的背影。法律家幻想以为自己依先天法则而为裁判，但此法则，不过是经济的反射而已。管子所谓"仓廪实而知荣辱，衣食足而后礼义兴"，孟子所谓"制民之产，必使仰足以事父母，俯足以育妻子，乐岁终身饱，凶年免于死亡，然后驱而之善，故民之从之也轻。今也制民之产，仰不足以事父母，俯不足以育妻子，乐岁终身苦，凶年不免于死亡！此惟救死而恐不赡，奚暇治礼义哉？"故经济问题一日不解决，则所有法律，都是一种具文。此经济法为社会法内包之一之理由一也。社会立法，逐渐进展，所有保护资本家的法律，如禁止劳动者团结，禁止劳动者罢工（我国从前治安警察法，即其一端，现已废止），等等，皆有不能存在之势。故社会法中之劳动法，许容工会组织，许容劳动协约（此协约有拘束劳资双方之效力）确定最低工资，继续工作之八小时制，解决劳资争议，社会保险，罢工不受刑法或违警法之拘束等等，皆为表现社会法之最重大的精神。此经济法为社会法内包之一之理由二也。马克斯（Karl Marx）、恩格尔（Fr. Engels）以唯物史观（materialistische Geschichtsauffassung; Historischer od. geschichtlicher Materialismus）揭櫫以来，以经济为社会生活上一切之根源，法律、政治、宗教、教育，均为其附随之一现象。故经济组织，一有变迁，则其时之法律制度，亦因之而改革，例如手臼时代，造出有封建诸侯的社会，同时即造出手臼时代特有之法制。蒸汽制造机时代，造出有产业的资本家社会，同时即造出蒸汽机时代保护资本家之法律。古代之奴隶所有主，中世的封建领主等，在其为社会产物之原动力时期，是合理的，现在社会进化，已因革命而丧失其合理性矣。18世纪以降，国家法律制度，均以极端的个人自由主义为中心，申言之，即极端拥护财产私有、契约自由两原则为中心，因之资产阶级，立于此等法律骈橅之下，凭借生产力之发达，以尽量发挥其资本能力，使一切生产机关，为资产阶级所独占，形成辛迪加（Syndicate）与托拉斯（Trust）独占组织，于是社会上发生"富者愈富贫者愈贫"之极端的现象，富者愈富，则资产阶级，为无限的膨胀，贫者愈贫，则劳动阶级，为无限的增大，而酿成劳动者与资本家之阶级斗争，故自俄国大革命以后，欧美诸国以及日本各法律家，改变态度，将倾向于国家主义者，而倾向于社会主义，依据社会政策以立法（社会立法），以冀调和劳资阶级之斗争，即各个人对于社会，须先尽各个人职分（即劳动），再由社会中享受一个人的本身利益，所谓有义务而后有权利也。因此富者凭"资本"而主张权利，与劳动者凭"体力"而主张权利以前，须先将其"资本"与"体力"为社会共同利益而提供，富者有利用其资本的义务，不能货殖自封，为个人的挥霍而使用资本，须以资本为社会利用，方能对于社会而保有一种权利。劳动者有发展其体力的义务,不能懒惰坐食,须以体力为社会利用,方能对于社会而生出一种权利,所谓富者权利,完全以资本为着社会而利用的权利;劳动者权利,完全以体力为着社会而劳动的权利也。孔子所谓"货恶其弃于地也,不必藏于己,力恶其不出于己也,不必为己"即是此意。于是法律上,对于无论何人,皆有保障其生活之义务,故以经济法与劳动法,为社会法之内包。

## (三) 组织法、建设法

组织法(organization law, Verfassungsrecht)三字,为现今国府所通用,而网罗各种组织法,立于一个名称之下,并主张改法律系课程中之《行政法》为《组织法》,以法院组织法归入其内,不另列为一门,则固余一人之见解,而愿与海内法学家商榷者也。行政法三字来自日本,日本又来自欧洲,德 Verwaltungsrecht,法 droit administratif[①],英 Administration,考法、英此字之来源,系出拉丁,今试析其字义:ad 即分配之意,ministratio 即辅助之意,直译之,即分配事务以辅助国家之谓,而非谓不译为"行政"二字不可也。建设法(construction law)者,指凡关于心理建设、物质建设、社会建设之法规而言也。人有恒言:"破坏易建设难",故革命精神,须只有三分的破坏,而有七分的建设也。以广义言之,建设非人才不可,而建设廉洁政府,尤非廉洁之人才不可。如何而养成廉洁的人才?徒言革命无益也,尤须先要革心。中国人向来注意于升官发财,如某人得一优差,某人得一美缺,逢人而津津道之,人亦以此羡之,至如何而后可救国救民?则漠然不知为何事,以此等劣根性,充满脑中,而又高谈革命,适足以促中国

---

[①] 原稿误作:Droit administration。编校者注。

之亡。是以欲求廉洁之人才，非注重五权中之考试权及监察权不可。关于考试一层，吾简单以言之曰：不考则已，考则必严，不考则已，考则必用。监察权则须抱着"当官而行不畏强御"之精神以出之。故关于考试权、监察权之法规，谓为建设中国之良药而称为广义之建设法也，亦无不可。属于物质建设之建设法，详在《建国方略》中之物质建设。现时颁布者，有（1）国道运输计划大纲，（2）国道暂行条例，（3）选定全国国道路线网三种。

### （四）过渡法、时际法

过渡法（Übergangsgesetz）① 在系统上及法理上，毫无研究之价值。故上轨道之法治国家，即无此种法之存在。然当新陈递嬗、青黄不接之时，与夫秩序未定、伏莽潜滋之日，未尝不可应一时之急，然顾名思义，所谓过渡者，原系一时权宜之计，总以到达彼岸为目的，而断不可任其徜徉于中流也。德国在1919年3月4日，颁布一种过渡法（Übergangsgesetz），凡君主时代一切法律，如与民主政体不抵触者，仍认为有效。是年8月11日即正式公布宪法。吾人观于德国由过渡时期，甫经数月，即一跃而为宪政时期，其进步之猛，实有令人惊讶者！返观吾国，则自国民政府建都南京之日起（［民国］16年4月18日），至今尚在训政时期，而所谓达到宪政时期之彼岸者，尚在遥遥未定之天？外侮频来，内乱不已，殊令人起无穷之悲感也！时际法（Das intertemporale Recht）者，法律效力之关于时者也。我现行法制上，不用时际法之名称；各国法制亦然，故时际法者，仅为学理上之名称，而非立法上之名称也。我现行法令中，属于时际法之规定，有定于直接法（direktes Recht）中者，例如《刑法》第2条是。有另定施

---

① 原稿误作：Ubergangsgesetz。编校者注。

行法（Einführungsgesetz）①，以之为直接法之附属法者，例如民法总则施行法（［民国］18年9月24日国府公布）；民法债编施行法（［民国］19年2月10日国府公布）；民法物权编施行法（［民国］19年2月10日国府公布）；刑事诉讼法施行条例（［民国］17年7月28日国府公布，同年9月1日施行）等是。管见以为时际法在间接法（indirektes Recht）中，应规定一标准，如日本现行法例第1条："法律自公布日起算，满二十日施行，但法律另规定有施行时期时，不在此限。北海道冲绳县，其他岛地，其施行时期另定之。"我国虽有《法规制定标准法》，而关于施行期限，无有一般的标准②之规定，亦缺点也！

## （五）根本法与附属法

公法私法之区别，业经崩坏，其起而代之者，根本法（fundamental law. droit fundamentalis. Hauptgesetz）（省称本法）与附属法（accessory law. droit accessoire. Nebengesetz③）（省称属法）是也。故以此为法律的分类之殿焉。根本法有二种：一为宪法；一为民法。其他非宪法的附属法，即民法的附属也。盖宪法为国家生存之根本法，占公权领域之大部分；民法为人民权义准据之根本法，占私权领域之大部分，无宪法不能构成国家，无民法不能保护人民，其关系之重要一也。依《第一次全国代表大会宣言》对内政策第2款：各省人民，得自定宪法，唯省宪不得与国宪相抵触。基于同一之理由，各省亦得自定民法，唯省民法不得与中央民法相抵触，以其为根本法也。附属法各地如有极特殊

---

① 原稿误作：Einfunrungsgesetz。编校者注。
② 即除该法律有特别规定外，自公布日起，付与二十天之犹豫期间。
③ 原稿误作：Nebegesetz。编校者注。

情形，亦可以本创制权之作用而制定之。至由治权中司法权之审判权所生之组织法（法院组织法）、诉讼法（民事诉讼法、刑事诉讼法）及由治权中司法权之刑罚权所生之刑法违警罚法则不许自为风气，以破坏司法之统一性及其独立性，而如法国易一驿马更一法律之现象也。瑞士小国也，在中央有瑞士合众国宪法（1874年5月29日公布），各州有给耐佛州（Geneva）宪法（1847年5月24日公布）；有伯尔尼州（Berne）宪法（1893年6月4日制定，同年12月22日经瑞士联邦保证施行）；有阿奔塞尔州（Appenzell）宪法（1908年4月28日制定，同年6月23日经瑞士联邦保证施行）。英国之爱尔兰自由邦，亦有宪法（1922年6月16日公布）。苏联有宪法（1922年12月30日在莫斯科决议）外，其联邦中有白俄苏维埃宪法（1919年2月4日公布，1920年1月17日修正），有乌克兰宪法（1919年3月18日公布），有南高加索宪法（1923年1月16日公布），皆以苏联宪法为根本法也。美国路奚安那①（Louisiana）有民法（1824）；魁北克（Quebec）有民法（1865）；卡利弗尼亚（即旧金山）（California）有民法（1871）。瑞士克挠笨敦（Graubünden②）有民法。德国中央民法外，有巴威里（Bavaria）地方法（1756），索逊（Sachsen）地方法（1863），巴敦（Baden）地方法③。夫以中国版图之扩大，地方之辽远，民情风俗习惯，各不相同，欲以中央法律，统一全国，其势有所不能，故各省得依据党纲，自定宪法。唯人民权利义务、委员制、职业代表制等原则，不得与国宪抵触。各省亦得自定地方法（即民法），唯成年规定、男女平等、时效、限制高利、保护劳工、节制资本、平均地权、女子有继承权、改良家制、废止妾

---

① 即路易斯安那。编校者注。
② 原稿误作：Craubunden。编校者注。
③ 1809年地方法，日本学者通称之为民法。

制等原则，不得与中央民法抵触。此即根本法之重大作用也。以根本法与附属法为分类之后劲者，即欧战以后，宪法多注重于社会化方面，同时民法，亦由是而扩大，而注重于社会化方面。故宪法民法，在现代为公法私法之混成物（Mischgebilde），亦即公法私法崩坏之最大原因。1914年，世界大战，促进俄德之社会革命，其基本精神，即在于所有权的限制（地主权之社会化），与劳动法的整严，而其归宿之点，即在于宪法民法之扩张与沟通。故在今日，不能称宪法为公法，民法为私法，而通称二者为一种根本法可也。

# 否定公法与私法区别之说

张蔚然

近时否定公法与私法之区别,谓其在论理上不能维持之者,莫若凯尔逊(Hans Kelsen)氏。凯氏在其最初所著之《国法学之主要问题》(*Hauptprobleme der Staatsrechtslehre*, 1911)中,即论及此种问题。兹录其序文所述,以明其主张如下:

> 关于国法学之理论组织(Konstruktion)。其应首加阐明者,乃通说承认国家与其他主体之统治关系,以之区别公法与私法。反之,余则谓此种区别,全无必要;又通说承认在平等权利主体之外,复有优越主体之国家,因而分法域之组织为二。反之,余之理论组织,则以单一法域为限,且力避观念之组织。盖余以国家与国民间所存之事实支配关系,非法律所能把握,故否定其法律组织也。或有非难之曰:汝之主张,不亦偏重私法观察过甚欤?殊不知事实恰与之相反。因余似一切法律均非代表私法立场,均系代表国法之立场也。

依上述序文而观,吾人当知凯氏否定公私法主要根据之所在,即由法律观之国家与人民间之关系,非权力服从关系,而系权利义务关系,且其性质与平等个人相互间之关系,并无差异是也。又凯氏以持公法与私法区别说者,谓国家与人民之关系为无限制之权力服从关系,而与私人相互间之关系全然异其性质者,乃专制时代之遗物。在今日法治主义盛行之秋，实已不堪维持之矣。其言曰：

  国家基于事实上之实力关系而支配人民，乃实在世界中社会心理上之事实，而非法律家观察之对象。盖由法律家观之。国家不过系一人（Person）与权利义务之主体耳。一切法律之理论组织，既以此为基础，则以国家与其他主体间之关系为统治关系与命令关系之说，即与之不能讲立。何则？因国家既系权利义务之主体，即与其他主体立于平等地位，固无所谓优越存乎其间也。又由法律观点言之，以国家为人（Person）同时又以之为统治主体（Herrschaftssubjekt），亦系显著之矛盾，盖在前述情形之下，国家对于其他主体，既享有权利，复负有义务。换言之，即除去纯然事实上之权力关系，视其至为平等者是也。反之，在后述情形之下，即系不以之为法律关系，仅视为事实上之权力关系，故谓其立于优越地位也。依前者，则人民与国家均系权利主体；据后者，则人民仅系统治客体，唯国家始为主体。①

要之，凯氏主张之要点，在其所谓权力服从关系，而仅系纯然事实上之关系与属于实在世界者。凯氏之言曰：并非法律观察之目的"由法律观之事实上，无论握有如何强大权力之国家，其与人民之关系，恰与拥有雄厚资本之企业者与最下级劳动者之关系相同。因二者在法律上均非'实力者'，而系'人'与互有权利义务之主体也。故在雇佣契约范围内，劳动者负有服从企业者之

---

① Hans Kelsen, *Hauptprobleme der Staatsrechtslehre：entwickelt aus der Lehre vom Rechtssatze*, Tübingen：J. C. B. Mohr, 1911, S. 226.

私法义务,与人民对于国家所负之'服从义务',在法律上,其性质相同"。① 谓一系公法,一系私法,且以斯二者之性质为全然不同者,实际谬误之论也。

1913 年凯尔逊氏复于《公法杂志》(*Archiv des öffentlichen Rechts*, Bd. XXXXXI)中,发表其所著之《论公法法律行为说》(*Zur Lehre vom öffentlichen Rechtsgeschäft*)② 一文。该文就此问题,详加讨论。所谓应将实在世界置于法律观察之外,即其一切主张之基本思想也。其言曰:

> 此主体与法人格之观念,乃单纯就某人系义务或权利主体而言,换言之,即法规适用于某人之谓也。故法主体与法人格之观念,仅具有单纯形式之性质,至人格观念与法规内容——即某人权利义务之内容,则无丝毫关系。是以依法之内容而区别人格或法律关系,殆不可能,又依法律关系内容之不同,而区别法主体,亦势有未可也。……由法律关系之内容而观,虽可分为支配关系与非支配关系,然此与法之形式,并无若何关系,且支配关系亦未能予法律关系以若何特质也。因所谓支配要素,在法律关系,原无予其关系以特色之性质。故在以金钱所有为内容之所有权中,既非予以金钱性质,在法律关系中,亦不得予以支配之性质。……故支配关系非法而系法以外之物。因是,区分法律关系为支配关系与非支配关系,共不得为法律之分类,恰与几何击中球之分类,不得以其材料——即金属制与木制——为标准相同。……法之判断,恒为价值判断,而非事实判断。故所谓

---

① Hans Kelsen, *Hauptprobleme der Staatsrechtslehre: entwickelt aus der Lehre vom Rechtssatze*, Tübingen: J. C. B. Mohr, 1911, S. 227.

② 原稿误作:Zur Lehre Vom öffentliehen Rechtsgeschäft。编校者注。

以人与人之某种关系为法律关系者，乃指依法而为价值判断之关系而言。至某种事实究系适法或不法，则系就该事实而为适法成违法之价值判断也。此种情形，恰与就某种事实，依其适合道法律与否，而谓其为善与恶。又依其适合美之法则与否，而谓其为美与丑相同。且此即系以实在事实（Realität），按思想法则而判断其价值也。此种视实在事物与其事物价值为同一之说，实系根本之错误，所谓以人类事实上之支配关系而说明法律关系者，即混同价值判断与事实判断之适例也。……故将公法与私法之区别，求于法律关系内容之中，而谓国家与人民间之特别统治关系为公法，其前提即亦错误，何则？因法之要素，仅系法律关系之价值，今以其关系内容中主体间之事实关系为法律关系，故依其区别标准而区别者，不属于法自身也。换言之，即此系实在世界而非价值世界；此系事实要素而非法律要素也。

吾人对于凯尔逊之根本思想，所谓实在世界应置于法律观察以外之说，难以首肯，已如曩述[①]。凯尔逊氏以权力支配关系为纯然事实问题，不以之为法律观察对象固矣，然权力支配关系中之权力。国法之所承认也，在国法承认之范围内，以一方意思拘束地方，他方负有反其意思而服从之义务，斯二者间之关系，其非事实关系，而系法律关系，则可断言。且此种关系，即权力支配关系而非平等者相互间之关系也。倘由单纯事实之权力支配关系而言，其适切之例，莫如匪贼团体之绑票，被绑者对于实力胁迫，无法抵抗，不得已而服从之关系。在此情形下之权力，始系国法所未承认之权利。反之，国家与人民间之统治关系，则系由国法

---

[①] 参照《凯尔逊学说批判》。

上所承认之正当权利。故国家之支配人民，绝非单纯实力，而系在国法上保有支配人民之权利者。此点实系现代法治主义与昔日专制主义之所同，惟其同稍有异者，乃其范围之广狭耳。即在专制时代，权力之范围异常广泛，且其行动亦极自由，反之，在法治主义时代，权力之发动，则以依据成文法典所拘束者，即须有法律根据为原则。然而权力之为国法权利，现时与专制时代则无何异。至由法律观点言之，国家与人民之关系与平等者相互间之关系，虽均系权利义务关系，然仅以此为理由，即以二者之性质，完全相同，且谓其无若何区别，则有欠允当。盖斯二关系中之权利义务，虽系相同，然在相同之权利义务中，其间亦有差别。是则基于其性质之差别，再为分类，自亦不能否定，至公法与私法之区别，定依何而生，尚容后述，惟不能以公法与私法具有国法之共适性质，为其理由。而否定二者之区别。盖凯尔逊谓公法与私法均系国法，实极允当。因之，在诸多情形之下，公法与私法，亦有其共通原则及共通观念。故谓公法与私法之领域。判然各异，且以其全无共通原则与观念者，亦系错误。凯氏于此，实有莫大之贡献。然以此即否定公法与私法之区别，仅就共通性质加以考察，不于同中求异，不于国家与人民间之法及个人相互间之法，求二者相异之性质，亦系该也。盖此不啻轻视国法，而有不能满足国法解释适用上之要求，兼有妨于理论之成立也。

在凯尔逊之前，魏茵学者瓦尔（Franz Weyer）于 1908 年在《公法杂志》（*Archiv des öffentlichen Rechts*，Bd. XXIII）中，曾发表《论单一法系问题》（*Zum Problem eines einheitlichen Rechtssystems*）①一文，亦系主张废除公法与私法之区别者。瓦氏之说，不如凯尔之极端。瓦氏在论理上并不否定二者之区别，仅以区别二者，并

---

① 原稿误作：Zum Problem eines einhcidichen Rechtssystem。编校者注。

无实益，反有妨害统一体系法律学发达之虞，因是，法律学之研究方法，宁以除去二者之区别为宜也。瓦氏主张，其一，谓现代法治国家，不仅与旧时代之权力国家，至有不同，且在国家下之各种公共组合，亦与私法人诸多类似，故在观念上欲加以区别，至为困难。无氏立论之主要根据。乃法律学上观念组织之方法论。即氏所谓更非单纯现时制定法规之解释，又非法律历史记述之抽象法律学（abstrakte Jurisprudenz），而其唯一之正当方法，与其谓为自然科学之研究方法，毋宁谓为近于艺术家之创作。"……即在小说家之创作中。彼之作品，亦不能为外部法则所束缚，而全无'自由'，又论理法与心理法则，亦为彼等不得超越之界限。由法律学上之观念组织者观之，其所认为与学术上及方法上之合目的性（Zweckmäßigkeit）①之要求相当者，虽与文学家美学及心理学之要求不同，然自双方均系由内部创作之点而观，则有共通之性质。盖彼等所致力者，既非研究（Forschung），亦非试验（Untersuchung）②与证明（Beweisung），而系组织（Konstruieren）③与说明（Erklären）也"，法学上之各种观念，非正与不正之问题，而系是否适合目的之问题。法律上之某种观念，究系正与不正，宁何人均不能证明。且任何人亦不能以二之二倍为五之错误，谓其为不正，居今日犹以此种见地区别公法与私法，实已不能合乎目的，故不如废除此种区别之能适于法律学发达之目的也。

法律学之观念组织，仅系为整理各种法律现象之系统，与阐明其相互联络之辅助手段，故与其谓为正与不正之问题，毋宁谓为是否适于说明法律手段之目的之问题。此点，无氏之说确含有

---

① 原稿误作：Zweckmässgkeit。编校者注。
② 原稿误作：Untcrsuchung。编校者注。
③ 原稿误作：Konstrvieren。编校者注。

真理。虽然,即令在观念组织中,亦须为正与不正之问题。倘系错误,亦须加以证明。关于法学上之观念组织,其最重要者,在于整理法之知识与予以秩序之手段适当(Zweckmässig)与否?其次,此种观念组织,须适合论理法则。倘不问性质上之差别,竟予以否定,而以同一观念律之,亦反于论理法则。且此不仅不适当已也,且亦得证明其错误也。加之,法学上之观念,因其系说明实在法律现象之手段,故共观念组织,恒须适合实在之法律现象。瓦氏所谓"抽象之法律学",倘不得实在之法律现象置于其中,即亦不复为法律学矣。故若轻视实在之法律现象,而以全不适合之观念组织时,则既不适合目的,并亦陷于错误。又瓦氏谓在公法与私法之接触区域中,二者极相近似,而无截然之区别。故其主张,虽不能完全排斥,然亦不能以之为理由而否定二者之区别。盖此种情形,与自然科学领域中之动植物,在其接触之限界线上,不能详加区别,完全相同故也。

又魏茵学派之麦尔克①,亦近随凯氏之说,谓"由行政法学观之,所谓行政法究属私法抑属公法之问题,实无须加以讨论。法律学上之分类,乃基于学术经济上之理由,得法律上相同与相异者,集积而区分之。然法律学上最古且最普通之分类,所谓分法为公法与私法者,则不能满足法律学上分类之要求"。虽然,一切存在之事物,莫不有共存在之理由。现法律学最古且最普通之分类,所谓公法与私法之区别,亦不能无存在之理由耶?苟不省察其差别之所在,而妄加否定,以及破坏有攸久发达历史之学问成果者,实非忠于"学"者之徒也。

---

① Adolf Merkl, *Allgemeines Verwaltungsrecht*, Berlin: J. Springer, 1927, S. 83–84.

# 区别公法与私法之必要

张蔚然

公法与私法之区别，非任何时代均有此意识也，例如就日本王朝时代最完备之成文法典——即所谓大宝令，与武家之法所谓贞永式目观之，当时立法者，尚无区别公私法之意识，当极明了，由今日观念言之，上述法令，无所谓公法规定与私法规定，自系当然。基尔克（Gierke）氏谓通观德意志法制史，在观念上区别公法私法者，中世尚全然无之，当时人与人间之关系"由近邻者间之交易关系以及王与国民间之忠诚关系，均概括于单一种类之法之范围中"。[①]

在法之观念及其本质中，其与国家无必然关系者，社会之法定必随之，即在与国家无关系之社会中，亦必有其社会特有之法，余曾慨言之矣[②]。就中，无区别公私法之必要者，亦所在多有。例如学校规程，家族家规及秘密结社之法等，岂复有人更区分为公法与私法耶？

在现代国家法律中，在观念上区分公法与私法，则系必须不可缺者。惟此种区别，亦非制定法规以明文公认者，最低限度在今日法令中，亦无公法与私法之文字，参于其间，而况指示区别两者标准之法规，更渺无可寻耶？此种情形，虽可视为立法者避

---

① Otto Friedrich von Gierke, *Deutsches Privatrecht*, Bd Ⅰ: Allgemeiner Teil und Personenrecht. Leipzig: Duncker & Humblot, 1895, S. 28.
② "法之本质" 6 页以下 24 页以下。

免公法私法之法律用语，然而无论如何，现代国法之全部，则以区别公法私法为其当然前提。就国之一切制定法规而言，倘其所定者，不知其属于公法或私法，亦必不能知其所生之效果及其内容。故此两种区别，实系现代国法之基本原则①，在国法之一切规律中，不属于公法，即属于私法，且因其所属不同而其规律之意义，亦复各异。又单一成文法规，有时，虽属于公私法双方，然亦系在文字上结合个别单一法条之规定，而非否定两者之区别也。

试举例言之，在《医师法施行规则》第 5 条第 2 项中定有"开业之医师，对于需要诊察治疗者，无正当理由不得拒绝"之明文。此种规定，究属于公法或私法，就其规定之文字言之，殊难判明。倘以之为公法规定，则系国家命开业医师为病者应诊察治疗之需要，由此所生之效果，乃医师对于国家负有此种义务而非病者对于医师有请求诊察治疗之权利。故医师无正当理由而拒绝其所需者，陉②系违反国家命令而构成犯罪，然对于病者则非不法行为，因是，病者对于医师，亦不得请求损害赔偿。反之，倘以之为私法规定，则病者对于医师，即有要求诊察治疗之权利，倘违反而拒绝其所需时，即系对于病者之不法行为，故病者得向之请求损害赔偿。惟此种规定，由文字言，虽不易判明究属于何者，然由其沿革观之，该条规定，原属警察犯处罚令，且医师法施行规则中复定有罚则。故可断其系警察规定而属于公法也。因是，该条解释，应从前者。

反之，《民法》第 218 条定有"土地所有人不得设置屋檐或其他工作物，使雨水直注于相邻地"，由规定之文字观之，与前述医师法施行规则所定者，殆无若何区别，实则此种规定，属于私法

---

① Gierke 在上述著作 S.29 中，谓此种区别，乃今日法律秩序之基本柱石（Grundpfeiler der Rechtsordnung）。
② 当为"径"。编校者注。

而不属于公法。故非国家禁止所有者设置此种工作物，而系相邻人有请求土地所有人，不得设置此种工作物之权利。因是，违反者非违反对于国家应负之义务，而系违反对于相邻人所应负之义务。故不得构成犯罪，仅得解为民事上之不法行为也。

又如《法院组织法》第2条："通常法院裁判民事刑事。"至何为"民事"，此律虽别无定义，然"民事"一语，乃指私法关系而言，则无任何异议。此种情形，即系以区别公法私法为其前提者，至就公法关系之争，除此有特别规定，使其属于通常法院管辖外，余则非其权限所能及也。职是之故，某种事件，当决定其是否得诉于通常法院时，须先决定该事件究属于公法，抑属于私法，否则，欲求民事诉讼之适法管理，恐如缘木求鱼，徒劳无获也。

基上所述，公法私法，其所以有区别之必要者，当非基于法具有社会规律之本质而生之论理上之必然性。故与国家无关之社会法，此种观念，即无区别之必要。是以公法与私法观念，仅系就国法发达而来，且仅就国法始有区别之必要也。因是，此种区别，与其谓为论理观念，毋宁谓为现实国法上之观念，且系为阐明现实国法之内容所必要不可缺者也，换言之，即此种区别，不以论理要求为已足，而系基于为适用国法之实际必要也。

虽然，上所述者，亦非谓公法与私法之区别，仅系裁判管辖上之单纯技术问题，在论理上不得维持之也。盖法律在通常法院中，除使其管理刑事及依特别规定使之属其权限外，仅使其管理民事，即关于私法事件，至何为民事，须以理论上区分何为公法或私法为其前提而定之，是公法于私法之区别，在法律规定之先，理论上已得认识，法律在原则上，以此理论上之认识为基础，而使私法事件属于通常法院之管辖也。

由斯以言，理论上否定法有公法与私法之分，以法之性质仅系单一性，所谓"法一元说"究不能使吾人首肯也。

# 区别公法私法之基本标准

张蔚然

（一）吾人当论公私法之区别标准时，其应首加注意者，乃公私两法在国家法中具有共同之性质。惟国法（Staatsrecht）一语之意义，殊有广狭之不同。由最广义言之，与公法同意，且以国法与私法立于反对地位。实则私法亦系国法之一部，乃国家因其有加以承认与适用之必要，始以强制遵守而确保法之力者。由行政法言，此系司法（Justizrecht）之一部，故国家以司法权当适用维持之责。私法全部在某种意义下，均得谓系国家司法作用之准则者，职是故也，是以国家以其司法作用——特如裁判，使人民负遵守之责。故以法之为国家行政作用准则者，系国法时，则法之为国家司法作用准则者，亦系国法，自不待言。

公私两法在此广义之下，虽均属国法，然亦有区别之必要。如前所述，私法乃规律其他社会间殊如个人相互间之意思及利益交换关系之法，而以借该社会之自力维持为其原则。唯在其自力不能维持时，始由国家负适用维持之责。故私法系间接国法，与公法不同。

盖私法有依社会自身创定者，亦有依国家意思制定者。然纵系国家所制定，亦系依照该社会之法所定之基准，故国家不直接命令其遵守。盖所谓命令者？乃国家使对方负作为或不作为之义务也。国家之制定私法，在于规定私人相互间或公司及其他团体内部之准则。故由此所生者，乃私人相互间或公司与其社员间之权利义务关系，而非使其负有服从国家义务者，故此种违法，亦非违反国家义务，因是，国家亦不得直接加以处罚。何则？以国家无直接维持该法之责也。故非至私人相互间或公司自力不能维持其法，由该当事者及关系者请求时，国家不能进而维持之也。例如由限制利息法而言，千元以上者，不得超过年息一分。然订立高利贷契约者，苟尚未入裁判之途，即非违反国家义务，自亦不得加以处罚。唯在成为裁判问题时，国家始得判定其超过部分无效，使债权者不得收取法定以上之利息，此利息限制法属于私法而不属公法之明证也。故该法之直接效果，仅在私人相互关系中，使债务者不负支付法定利息之义务，债权者对于此超过部分无请求权而已。是以，该法之确实遵守任于债权者与债务者之自身，倘其自身不克维持而请求国家保护时，始进而维持其效力也。叶林那克（Jellinek）所谓"一切私法均立于公法基础之上"（Das ganze Privatrecht ruht auf dem Boden des öffentlichen Rechts）①，其意义即不外此。故私法间接上虽属于国法，直接上则无国法之性质。

公法与私法之区别，在于私法系直接规律社会之法，已如上述。惟一切法规，均在规律社会而存于社会之中，故因规律之社会不同，法之种类亦有不一，且法之规律社会，其所以不同者，即不外其规律之权利主体，有不一耳。通常"主体说"——即以公私两法之区别标准，在于法所规律之主体不同——若之根据，即在于此。

（二）区别公私两法之基本标准，复在于公法规律之主体，最

---

① 原稿误作：Das ganze Privatrecht rucht auf dem Bodern des öffentlichen Rcchts。耶林的原话为：Alle Privatrechte sind mit einem öffentlich-rechtlichen Anspruch auf Anerkennung und Schutz verbunden. Daher ruht das ganze Privatrecht auf dem Boden des öffentlichen Rechtes. Georg Jellineks, *Allgemeine Staatslehre*, 3. Auflage, 6. Neudruck, Darmstadt：Wissenschaftliche Buchgesellschaft, 1959, S. 384f. 编校者注。

低限度，其一方必为国家或由国家予以公权者，反之，私法规律之主体，则系个人或非公权主体之团体，国家在该法中不过间接受其规律耳。

就国家，为法主体时而言——至由国家予以公权者，容后详述——所谓公法者，即直接关系国家之法也，在今日国语（日语）中，"公"之一字，在诸多情形下，均与"国家"的一语，同其意义。故公法即国法，与通常用语，颇相适合①。详言之，此种意义之公法，乃以国家组织、国家与其他国家以及国家与国内人民（含有个人及团体即外人亦含于其中）关系为其直接规律对象之法。反之，私法之直接规律对象，则系个人（私人团体亦含在内）相互间之关系、私人团体组织或私人团体与其团员间之关系也。

上所述者，乃区别公私两法之根本思想。质言之，即二者区别之要点，在法主体之各异。然反对者一方谓国家内之公共团体其得为公法主体：与国家同，且有时个人亦得为之，同时，一方谓国家亦得为私法之主体等。而谓该说不能成立。惟此种结果，乃在上述基本标准外，由其他从属标准所致者，故不能以此谓基本标准有失允当也。

（三）公法与私法之区别，在法主体之各异，已如上述，故法之成立根据与法所规律内容之差异，虽能阐明公私法之大体，然不能以之为区别二者之标准。

盖由法之成立根据而言，公法者国法也，且国家非其他权力

---

① 贺林格尔（Hollinger）在其"公法与私法之区别标准"（*Das Kriterium des Gegensatzes zwischen dem öffentlichen Recht und dem Privatrecht*, Inaugural-Dissertation 1904）论文中，谓德语 öffentlich 一字，其用例有下列：（甲）指"一般人"而言，如议会议事或裁判之公开、财产公卖、公然侮辱、公示及公告等。（乙）指"社会公共"而言，如公之安定秩序、公益侵害、公之交通等。（丙）指"国家的"而言等三种。我国（日本）"公"之一字，与此略同。

所能支配，故公法概系国家自定，而不容个人意思参加其间。反之，私法或系个人相互间之法，或系私团体之法，故其相互间之约束，均系该个人或私团体所自定。惟此亦非尽然也，盖就公法言，——例如公法契约——关于法之定立，在某种程度下，既容许个人意思之参加；在私法中，因国家具有监督国内一切社会之性质，故依国家意思而定者，亦颇不少。具此种实例，不仅民商法以外之特别法为然——即依国家立法而定之私法——即在实际具体情形之下，由国家行为形成之私法关系，亦复甚夥。

由法之规律性质而言，公法除国际法外，均具有团体法之最显著特色。私法除公司法及其他私团体法外，则具有非团体之社会法特色。团体法以规律全部与一部关系为其内容，社会法则以规律平等间相互关系为其内容。由此点言，公法与私法主要性质之不同，虽得由此洞知。然亦仅系大体之差异，故团体法未必尽系公法，社会法亦未必尽系私法，例如公司法及其他私团体法，虽属私法，然规律平等国家间之国际法与国内公共团体间之社会法，属于公法是。

由法之规律内容言，因其内容之为意思或利益，亦可知公私两法内容之差异。就意思言，公法系规律具有优越权威之意思与仅在其权威所容忍之限度内始得主张其力之低劣意思间之交涉，私法则以规律力之平等者间之意思交涉为其特质。就利益言，公法以保护国家利益或社会公共利益为其主眼，私法则以保护个人利益为其特质。惟此仅系大体之不同，不得以之为区别二者之标准，已如前述。

（四）最近于公法私法之二大领域外，复承认有所谓第三领域之社会法。在社会法区域中否定公私法区别者[①]，惟兹之所谓社会

---

① 《法律学辞典》中菊池勇夫教授"社会法项"参照。

法，与前所述者（即规律非统一团体所谓多数人相互间交涉之法）不同，乃关于国民经济生活之法，为保护经济弱者阶级而发生者也——例如，劳动法是。此种立法，事实上屡有公私两法之结合。例如《劳动者灾害扶助法》第 2 条："事业主依敕令所定对于劳动者之业务负伤、疾病及死亡，须扶助其本人，遗族或在死亡当时依其收入为主者。"此乃使劳动者或其遗族对于事业主有扶助请求权，事业主对之有扶助义务之规定，其为私法，实不容疑。然法律同时复以此为事业主对于国家所负之义务，例如第 7 条："不问事业主之资力若何，苟应为扶助而不为者，处千元以下之罚金"，违反者处以刑罚制裁。此种规定之为公法，当亦了然。换言之，即在此情形之下，同一法条既系公法又系私法也。此种公法与私法结合之例，实为数不少。盖资本家与劳动者原系个人相互间之关系，因其经济势力之各异，仅以间接之裁判保护，不足以充分保护经济弱者之利益，国家乃进而负直接保护之责，不使其任于个人相互间之交涉也。故该法乃将事业主应扶助劳动者或其遗族之义务，及事业主对于国家所负之依法律所定而为扶助之义务并为一条也。是以此种规定，乃公私两法结合于同一规定之中，非于公私两法之外，另有第三分野也。

由斯以言，公法与私法之结合，当不以社会法——特如劳动法之领域为限，行见随经济生活之编制而表现于其他产业区域也。故个人互相间之一切关系，倘皆不以间接之裁判保护为已足，均由国家直接干与①，以其遵守为对于国家之义务，以国家权力雷厉风行时，即公私不分，一切国内法均成为公法之时代也。②

---

① 同"预"。编校者注。
② 节译《公法与私法》33 页至 42 页。民国 25 年 10 月 25 日于故都桐荫轩。

# 公法中国家公权之强制力

## 张蔚然

国家（或公共团体）与人民间之公法关系，或谓系国家对于人民享有某种权利，人民对于国家负有义务之关系，或谓为人民对于国家得主张某种权利，国家因之负有义务之关系。兹所述者，乃国家对于人民享有某种权利时所具有之特征，至就人民对于国家得主张某种权利，究与私法关系具有若何特色，容于次节述之。

国家对于人民享有权利之特色，乃人民违反其义务时所加之制裁，或不履行其义务时强制其履行之手段。

### 一 违反义务时之制裁

一切法律义务，为保障其效果计，实有对于违反义务者科以某种制裁之必要。盖法之成立，虽不以制裁为其绝对要件，且无制裁亦无妨法之性质，然无制裁之法，其确实性即不免脆弱。故通常在人民所负之义务中，恒对违反义务者加以某种制裁。且此种制裁，因其违反公法或私法义务，而有显著不同。

然则此种差异，果何在耶？即违反公法义务者，由权利者之国家或公共团体以其强制力加以制裁，反之，违反私法义务者，权利者即无此种强制力，仅得请求国家保护，由国家加以制裁。

在私法关系中，对于违反义务者所加之制裁，其最普通者为损害赔偿。此外，或为违约金，或为由团体或组合予以开除之制裁，依之而表示谢罪之意，与解除契约或禁止为某种行为，惟由其内容观之，此种制裁，即非私法所特有，违反公法义务者亦有之，例如就损害赔偿，会计法中有出纳官吏赔偿责任，市区村施行令第33条定有市区村吏员之赔偿责任；其相当于违约金者，有公共组合约款所定之过失罚金；相当于开除者，有开除议员，官吏惩戒及免职等。不过私法关系中之制裁，并若无何强制力，权利者虽得通知其制裁于义务者，倘义务者不遵守时，除依民诉请求外无他途——即其权利，仅得借国家之力行之，苟依权利者自身之力而对方不承认时，即无制裁之途是——与违反公法义务时之制裁，有不同耳。

公法关系中，对于违反义务者之制裁，其最普通者为刑罚与罚金。此外，由制裁内容观之，尚有种种。然其中任何一种，权利者之国家或公共团体，均得依其自力而加以强制，换言之，即具有强制力之制裁，乃其特色也。就中，法律对于某种行为而科以刑罚制裁时，即系以不为某种行为，乃承认公法义务之明证。例如特许权为私权，故他人侵害特许权者，即构成侵害私权之民事上之不法行为。然依《特许法》第129条规定：侵害特许权者处以拘役或罚金。是即不仅以不侵害特许权为对于特许权者所负之私法义务，同时复以之为对于国家所负之公法义务之明证。又如枪炮火药类取缔法定有：军用枪炮火药之受授，非具备一定要件不得为之（第6条）。违反者加以处罚（第19条）。是不以不为受授为其所负之公法义务。故其受授，非私法之无效，而与《民法》第625条所谓"使用者非得债务者之承诺，不得移让其权利于第三者"，即大有不同矣。换言之，即同为"不得受授"，一系移让禁止，一系移让不能，一系违反公法义务，一违反系私法义务耳。

刑罚之为公法制裁，而具有强制力者，固无论矣，即官公吏或议员之惩戒，军人律师之惩罚，选举权被选举权与公民权之停止，公法上之损害赔偿，以及违反义务上之义务而停止其义务等，又何莫不然。故凡具有强制力之制裁，均系公法制裁，由此种制裁所生之义务，即系公法义务矣。

公法制裁中，其性质之类似私法制裁者，仅违反公共组合约款时对于组合员所科之过失罚金。盖此种制裁之性质，虽与依私法人或私组合规约所科之违约金无异，然由法律上承认其强制力之点而观，则系公法制裁其义务亦系公法义务矣。反之，法律上不予以强制力者，即属于私法之领域。因之，受制裁者即无以诉讼争之必要，由权利者反于义务者之意思，以民事诉讼而实现其制裁矣。依现今日本国法而言，商工会议所（《商工会议所法》第37条至第38条）、农会（《农会法》第30条）、水产会（《水产会法》第26条）之会员，倘迟不缴纳其过失罚金，得委托市区村强制征收之，故此种过失罚金，实具有公法性质。反之，医师会、齿科医师会、药剂师会、重要物产同业组合、蚕丝业组合、领港者组合之过失罚金，即无此种强制力，故属于私法之范围。

## 二　不履行义务之强制执行

公法关系中国家公权之强制力，除上述外，尚有义务者不履行其义务时之强制执行。

盖在私法关系中，义务者纵不履行其义务，权利者亦不能以自己实力，使其实现其义务。换言之，即"自力救济"乃现代国法所不许也。故权利者为实现义务者所不履行之义务，其唯一手段，舍依民诉请求国家实行强制执行外无他途。因权利者自身无强制力，强制力专属于国家——权利者须仰仗国家发动其强制力也。当国家为权利者而其权利属于私法性质者，亦从此原则，斯时，强制执行权专属于司法权，行政机关即无强制力矣。

反之，在公法关系中，权利者之国家或公共团体对于义务者之不履行义务,即得以其强制力实现其义务。虽然,公法义务,亦有因性质不同,不得以强制力实现之者,故严格言之,强制力亦非公法义务之必然要素。例如市区村公民当选市区村之名誉职时,负有无正当理由不得拒绝之义务;为陪审员者,负有依其良心与公平诚实之立场而执行其职务义务;学龄儿童保护者负有使儿童就学之义务;诉讼程序中之证人鉴定人,负有纳税义务之声请人①等之负有陈诉真实之义务等,均以精神作用为其内容,性质上不适于强制,故纵不履行其义务,亦无强制其必为履行之手段,仅得对于违反义务者科以某种之制裁,然除上述性质上不适于强制者外,在一般公法义务中,权利者之国家或公共团体,均以依自力强制其实现为原则。此点,实系公法关系一显著之特征。

就中,该义务系行政义务时,换言之,即该义务之管理属于行政机关之职务时,司法机关即不得干涉该义务之不履行,迳由行政机关以自力强制其履行矣。所谓"行政上之强制执行",即此是也。国法(日本)中《行政执行法》第 5 条及国税征收法(此种强制执行,原仅以国税为限,其后各种公法收入,均准用之,故由实际言,已形成对于公法上金钱给付义务之一段手段矣)等就此均有一般规定,在其他特别法中定有特别手段者,亦复不少。

惟此种强制执行,亦有委托市区村为之者——水利组合、耕地整理组合、商工会议所、农会——水产会等则无此权力。此种委托,与通常民诉不同。而系市区村代替委托者为强制执行之手段者,在斯情形之下,市区村与法院之地位不同即法院有审查该权利之存在与效力之权利,而市区村无之是——故市区村与委托者之间,既系委任代理关系,则其与公共组合之得为强制执行者,并无若何差异,自不待言。

---

① 同"申请人"。编校者注。

在私法债权关系中，持有公证人之证书——具有执行力者——者，得不待法院之裁判，迳请执达员为强制执行（《民诉法》第559条第3项），斯时，执达员亦无审查其权利之权能。此点，实与公共组合得委托市区村为强制执行者，有所类似，盖此种证书乃由公证人——国家机关证明确系其权利，因而予以执行力者，故与依判决而予以执行力者，并无差异也。

除上述行政上之强制执行外，公法义务之强制执行，亦有属于司法机关之权限者。就中，依《非讼事件程序法》第206条至第208条或民诉及刑诉法规定，依法院决定所宣告之罚金，得由推事命令执行之——其执行程序定于民诉法第六编中。此点，与私法债权相同，此种义务，因其系法院所决定，故谓其管理权限属于司法机关也。①

---

① 译自《公法与私法》。民国25年11月22日于故都桐荫轩。

# 立于准私人地位之国家

张蔚然

区别公法与私法之基本标准,在于法主体之各异,与公法为国家之法,已如前述。然此基本标准,在现实国法中,则须加以修正,致使公法与私法,有限界不明之问题发生。即其一,国家与私人立于同一之法律地位时,则国家即为准私人,而依规律私人相互关系之法绳之,斯时,此种关系,即属于私法,而非公法;其二,公共团体及由国家赋予公权者,亦视为具有准国家之资格,斯时,此种法主体,即与国家为法主体时相同,均属于公法。此点,容于次节述之。兹仅前者析言之于下。

(一)在现实国法中,其区别公私法较为困难者,其一,系国家有时与私人同以私法规律之,且国家究在如何情形之下,始应以私法规律,亦无一定明了之标准。

就国家与人民关系之法而言,其所不属公法而属私法者,乃国家一方为统治团结,同时复具有经济团体之性质,且国家在经济活动中,亦不以其特有之优越意思力为必要,依私人经济活动之同一法律手段,即得达到其目的,又适于法律秩序也。盖法律秩序之普遍性,在求同一性质之法律关系,依同一规定绳之。故国家与人民间之关系,苟其性质与私人相互间之关系无异时,则国家即立于准私人地位,与私人适用同一之法。惟此尚不以私法规定为限,在国家与私人立于同一地位,因而与私人共同适用公法者,亦不乏其例。例如在土地征收程序中,国家为需用土地人或征收国有地时，国家亦与私土需用人或私所有权人，均受征收审查会之裁决，又在民诉中国家与私当事人同立于原告或被告地位时，亦受司法法院之裁判。在上述情形之下，国家在形式上因受国家之征收裁决，由国家司法裁判之，致形成国家一方为支配者，一方为被支配者之二重人格，与国家人格不可分之原则相矛盾，实则因机关之对立与权限之分配，在同一国家中机关与机关之间，有成立此种法律关系之可能也。国家有时服从私法规律者，与此权同。国家与私人立于同一法律地位，其所以与私人适用同一法规者，即不外为适当保持法律秩序也。

（二）然则在何种情形之下，国家立于准私人之法律地位耶？第一，须依法律关系之性质判断之，第二，法律有规定时依其规定判断之。

（甲）法律之性质。由法律性质言之，国家在法律上与私人立于同一地位者，仅以非权力之经济生活为限。且其与私人共同适用私法规律，又须对于公益无特别妨害。更析言之，则有（A）以单纯经济为其内容之关系，（B）国家不以支配权者之优越意思力而发动时，（C）适用私法规律不妨害公益时等三要件。国家具备此三种要件而为法主体时，苟法无特别规定，即立于准私人地位，而属于私法。兹析述于下。

（A）国家适用私法，仅以经济内容之关系为限。何则？因私法除身份法及亲属法外，概系经济关系之法，且身份法与亲属法亦无适用于国家之理，故得适用于国家之私法，自仅以经济关系之法为限。就中，国家仅为财产利益依卖买，交换，赠与，贷借，寄托①及其他民法规定而取得，管理及处分财产之行为，其属私法，最为显著。惟国有财产中之仅具经济价值，而供社会公共之用，或供国家

---

① 同"托"。编校者注。

公务所用之物，纵不属于国家，然在某种程度下因公益必要而适用公法，国家因而管理者，其不属私法，而不待言，然单纯经济价值之物，除其直接为社会公共利益与经济价值以外而无关于国家利益者，法律上即以准私产论，与私财产同依私法规律之。又政府购买需要品，建筑官署，雇用工人，发行公债、票据与汇兑等及与此类似之行为，与私人行为者，在法律并无差异，故不属于私法。

国家为社会公共利益而经营之各种公共事业，例如铁道，邮政，电报，电话，学校之类，一方因其直接为社会公益，不得与私事业同视，然同时由此所生之法律关系，则概属经济关系，且非以权力支配人民之关系，故颇类似私人相互间之关系。此种关系究属公法或属私法，虽颇有疑问，然如学校与感化院等，其非以纯经济价值之给付为其内容，而具有伦理之性质者外，苟以经济价值为其内容，原则上均具有私法性质——法有特别规定者除外。例如铁路乘客或运货人与铁道部之法律关系，为私法上之运送契约，国家之运费请求权属于私法债权是。又电话用户利用电话之权利，乃要求国家给与纯然经济价值之权利，故亦属私法债权。此外，众议院议员候补人与新闻纸类发行人，依法负有提供保证金之义务。此种义务，虽系公法义务，然因其履行所生之法律关系，则与民法保证金同为金钱给付关系，故亦属私法。因是，该保证金之利息请求权与返还原本请求权，均属私法债权。

（B）纵系以经济价值为其内容之关系，倘国家以支配权者之资格与私人对立时，该关系亦属公法。盖在支配权者地位之国家，与私人地位完全不同。故即系纯然之财产关系，与私人相互间所发生者，其性质完全不同，故不得属于私法也。曾忆曹穆[①]谓私法

---

① Rudolf Sohm, *Institutionen: Ein lehrbuch der geschichte und des systems des römischen privatrechts*, Leipzig, Duncker & Humblot, 1884, S. 25.

系广义之财产法（Vermögensrecht im weiteren Sinne），而以公法与私法之区别，在公法为权力关系之法，私法为财产关系之法，已遭诸多学者之反驳；又财产法与私法绝非同一观念，在私法之财产法外，公法之财产法，复具有相当广大之范围。就中，如罚金与过失罚金等勿论矣，即如租税与对于国家公法行为所纳之手续费（公法行为之报偿），其内容亦系金钱债权，与私法债权之内容相同，然如以国家权力而发动时，则属于公法，而称为公法上之金钱债权矣。又人民对于国家之金钱债权，苟系对于支配权者之国家所生之关系，亦属于公法。此外官吏之薪俸，辞官者之年金与议员之岁费等，既均系公法权利——因官吏议员与国家之法律关系，非单纯经济关系，而系公法关系故也，因国家权力之发动，致人民受财产上之特别牺牲时，人民对于国家所享有之补偿请求权，亦属于公法——以其系基于权力发动所生之损失补偿也。

（C）以经济为内容之关系，但非权力之发动者，苟使其适用与私人相互间关系相同之法规，而为公益要求所不容时，亦属于公法，而非私法。

其中，最显著者，莫如河川、道路、公园、海面等为公共所用之物。此种公共用物，虽属为特定人设定特别之使用权，然其主要性质，则在于供社会公共之用，且此种使用权，苟使其成为私权，依私法而规律时，即有妨害公共用目的之虞，故仅得依公权而成立也。例如《河川法》第 3 条就适用该法之河川，即明定此旨："河川及其空地或流水，不得为私权之目的"，又《道路法》第 6 条："构成道路之空地及其他物件，不得行使私权，但移转所有权，设定抵押权者，不在此限。"此种公共用物，苟无上述之特别明文，而许可特定人特别使用时，则恒属公法，而不得视为私权之设定。①

---

① 民国 26 年 3 月 23 日于故都桐荫轩。

# 制定法规中公法规定与私法规定之差异

张蔚然

关于私法与公法之特殊性,已如上述,最后,吾人应注意者,乃就法律,敕令及其他制定法中之规定,区别何者为公法规定,何者为私法规定,依之区别在法律上有如何效果。

## 一 公法与私法目的之差异

法律,敕令及其他制定法规之规定,究系私法规定,抑系公法规定,有时亦欠明了。此种原委,由于私法虽系规律私人相互关系之法,然私人相互关系,即社会生活关系;在社会生活关系中国家又负有保持社会之安宁秩序及增进其福利之任务,故国家为达此治安与福利之目的,恒就个人相互间之生活关系,命其负作为或不作为之义务。就个人相互间之生活关系而言,例如国家对于儿童之父或其他保护人,命其使儿童入小校时,则此种关系,虽系学龄儿童与其保护人间之关系,然就法所承认之权利义务,则非儿童与其保护人间之关系,而系保护人与国家间之关系;又非保护人对于儿童所负之义务,而系保护人对于国家,负有使儿童就学之义务矣。又如竞马法中,定有投票券之票面金额,以5圆以上20圆以下为限。竞走票券,每次一人以一张为度,又该票券不得售于学生,未成年人及承办竞马法人中之职员等,此外,并定有胜马票券不得移转之规定。凡此等等,无一不属于卖买契约之内容,然竞马法所定者,则非卖买当事人相互间之法,而系国家对于卖买当事人间，命其遵守此种限制。换言之，亦即卖买当事人对于国家所负之义务也。

职是之故，制定法规中之所定，纵令关于个人相互间之生活行动，倘其中既有规定个人相互间权利义务之私法，复有规定个人与国家间权利义务之公法时，则此种制定法规究系公法规定，抑系私法规定，恐势须加以区别矣。

惟此种区别，亦非将含有此种规定之法律全体，判断其为公法与私法也。盖在某种程度之下，该法律全体，虽系判断之资料，然形式上之单一法律，亦不得谓其全体具有非系私法即系公法之不可分之属性。私法中既含有公法规定，公法中亦含有私法规定。例如《民法》及《商法》，私法法典也，然在《民法》——特如《商法》中，则含有诸多之公法规定。吾人观诸《民法》第45条以下法人登记义务，第51条设置财产目录及社员名簿义务，第67条及第82条须受主管官厅或法院监督及检查之义务等之皆为公法义务，当可了然矣。又由当铺管理法之名称言之，乃以警察上之管理为其主要目的，其属公法，虽无庸疑，然同法第9条关于限制质契约之利息，因其定有契约之效力，则属于私法，第10条至第12条亦同。

又此种区别，亦不得仅依条文之字面判断之。例如法规中定有不得移转某物之规定，然既有国家禁止其移转之公法规定，亦有在当事人间不生效力之私法规定。前述竞马法中亦得移转胜马投票券之例，属于前者；《民法》第625条——雇佣契约，使用人不得劳务者之承诺，不得将其权利移转于第三人之例，属于后者。

果然，则制定法规中之所定，究属私法，抑属公法？将以何为其决定之实质标准耶？其一，须阐明立法目的之所在。

私法者规律个人相互间关系之法也。故在私法规定中，其立法主眼之所在，乃私人相互间所负之某特定权利或义务，是否适于法律秩序。因是，其所保护之法律秩序，系该关系当事人之个人私益，例如前述雇佣契约，使用人不得劳务者之承诺，不得移转其权利于他人之规定，即为保护个人私益而设，故得断定其为私法规定；惟私法规定亦未必均以保护个人私益为目的，为保护"公序良俗"者，亦复不少，观诸《民法》第 90 条，当可明了。但私生[①]规定，纵以维持公序为目的，然亦着眼于个人相互间之权利义务，或系使个人相互间具有某种内容之权利义务关系者无效；或为以适于公序者为有效而加以保护，故此种规定，乃仅着眼于该权利义务之效力，而非以事实上之社会状态为法律保护之目的。

反之，公法则系规律国家与人民关系之法，故公法规定之立法目的，纵令其中规定，有关于个人相互间之生活行动，亦不在个人相互间具有某种内容之权利义务，是否适于法律秩序，而在事实上个人相互间之此种生活行动，是否适于国家与社会秩序。例如由前述胜马投票券而观，投票券之权利，究属甲抑属乙，与公共秩序并无影响，故其权利之归属若何，非法律主眼之所在，不过事实上倘容许投票券之移转，则有卖价腾贵与包买弊害之虞，因而禁止耳，故其立法目的之所在，非个人相互间之权利义务关系，而系事实上投票券之移转有害于社会秩序。盖私法规定之对象，乃个人相互间之权利义务，故其立法目的，在维持个人相互间公正之法。反之，公法规定之对象，则系国家与人民间之权利义务，至其中关于个人相互间生活行动之规定，亦系使人民对于国家负有为此生活行动或不为之义务，故为其规定内容之生活行动，乃事实上之生活行动，而非发生法律效果原因之法律行为。且其立法目的，亦系因为此事实上之行动或不为之而维持国家或社会秩序。在私法中，仅系个人相互间权利义务之效力问题，公

---

[①] 当为"私法"。编校者注。

法中则系事实上社会生活行动之问题；又私法以秩序。在私法中，仅系个人相互间权利义务之效力问题，公法中则系事实上社会生活行动之问题；又私法以维持个人相互间之法律秩序为目的，公法则以国家生活或社会生活秩序事实上不受妨害为目的。

制定法规中关于个人相互间生活行动之规定，究属私法，抑属公法，由上述见地而采其立法目的之所在，得以分别判断，当可了然。

虽然，在上述实质标准外，尚有在下述各点中之形式标准焉。其一，在社会定有对于违反其规定而科以刑罚或罚金时，则此种规定之属于公法，当极明了。何则？因倘系私法规定，则违反者系民事上不法行为，而非违反国家义务，国家即无科以处罚制裁之理由也。但各种规定之属于为公法，虽甚明了，然亦不得仅以此即绝对否定其为私法，因在同一法条中，亦有私法与公法之结合规定也。惟此种规定，除劳动法及其他稀有之规定外，倘其明为公法规定，即概得以之为推定其非私法规定之理由也。其二，反之，由利息限制法及当铺管理法第5条而观，则定有超过法定限制利息之契约，其超过部分无效；又如关于保证身份之法律，亦定有违反本法规定之特约无效，此种规定，因其系为个人相互间而所定之法律行为之效力，系私法规定。其三，由宪法言，私法规定，仅得依其法律定之，故秘令（紧急命令）或命令（委任命令），均须除外。盖依命令而定者，恒系公法规定也。

## 二　公法与私法效果之差异

某制定法规之所定，因其系公法规定或私法规定，而生之效果问题，亦由于个人相互间社会生活关系所生。盖法规所定，倘系国家与人民间之直接行动，与人民对于国家负有作为或不作为之义务时，则其为公法规定，自极明了。又此种规定，具有与私法不同之特殊性，已如前数项所述。惟个人相互间之生活关系，或为公法规定之目的，或系法规定之目的，故某种规定，即有属于公法或私法之问题。且因其所属之不同，其效果已因之而异。

此种问题，应注意下列各点。

（甲）公法对象之私的行动与私法对象之私的行为之差异。国家为维持社会公共秩序与增进公共福利，而于与个人生活行动者，乃以其行动为社会事实而观，与为此事实之行动，或以其有妨害社会之虞而禁止之，或以其为社会必要而命令之也。故为公法上命令或禁止对象之私人相互间之行动，恒系事实上之生活行动，而非发生法律效果之原因，即法律行为。反之，国家以保护监督私法秩序之资格而定私法规定时，则为使私人相互间享有公正之权利与义务，故私法规定中所关于私人相互间之行为，恒系发生法律效果之原因，即法律行为，而非事实上之生活行动。

例如同系不得移转某物之规定，倘系公法规定，则以此移转行为为事实而观，与禁止为此种事实行动，苟系私法规定，即以其移转行为为移转所有权之法律行为。故其规定意义之所在，乃不得移转所有权，亦即否定所有权移转之效果也。

（乙）违反公法命令或禁止之法律行为，在私法上之效力。国家干与[①]私人相互间之社会行动，或命其负作为或不作为之义务者，乃以其生活行动为事实而观察，与命令或禁止其为此种行为，故违反其命令或禁止，即系对于国家之义务违反，国家即得依罚则所定，科以私法公法上之制裁。至此种行为，在私人间，究发生何种法律效果，则非公法法规之所应问。故纵系违反其命令或禁止之行为，苟系私法上之法律行为，且由民法见地而观，并不反于公序良俗时，亦不特为有效。

---

① 同"预"。编校者注。

例如公法规定中定有不得移转某物之旨，此种规定，纵系禁止事实上之移转行为，而非否定所有权移转之效果，故纵令违反其规定而为移转，则此民法上之买卖契约，亦完全有效，而无妨于所有权移转之效力。又如依代书人规则、向导人规则及汽车管理规则，在公法上，限制其工资，禁止其请求超过一定额数之工资。倘违反此种规定而受多额之工资时，纵系处罚之原因，依罚则加以处罚。然与该契约之私法效力，则无何妨。

要之，违反公法命令或禁止之结果，虽有公法上之制裁，然与私法效果，则无直接关系。至私法效果，须另由私法见地观察之，不过由私法见地，认其有违反公序良俗之内容时，使之无效耳——如负有为犯罪义务与享有使其为犯罪权利之内容，乃违反公序是，故以公法上禁止事项为其目的之债权债务，不得成立，自系当然，在此限度内，公法之命令与禁止，间接上即有关于私法效果矣。

（丙）公法请求权人与私法请求权人之差异。属于私人所有之物，在公法上由国家保管或暂时归属于国家时，则其请求返还权，恒系基于其物所有权之权利，而以所有权人与返还请求权人相互一致为原则，惟在公法上倘不问该返还请求权人是否其物之所有权人时，则就同一事物之返还请求权人，在公法上即与私法上之权利人，不能一致。

（丁）公法上之支付义务人与私法上债务人之差异。依上述同一理由，由公法见地以特定人为支付义务人时，则此支付义务人，亦不得断定其为私法上之债务人，至私法上之债务人，究系何人？须另由私法见地判定之。①

---

① 节译《公法与私法》。民国 26 年 2 月 2 日于故都桐荫轩。

# 公法与私法中法律原因之共通性

## 张蔚然

法律事实,其为公法关系之发生,变更及消灭之原因者,称为公法之法律原因(法律要件),反之,其为私法关系之发生,变更及消灭之原因者,称为私法之法律原因。故公法与私法之法律原因,实有显著之差异。在公法关系中,因国家系具有优越权力之意思主体,人民则居于隶属之地位,故公法关系,通常多由国家一方意思所形成,反之,私法关系,因当事者之个人,均立平等之地位,以是私法关系之形成,概依当事者双方之契约。殊如执公法与私法区别说者——即所谓一为权力服从关系,一为平等者间相互关系之说,殆均谓二者之法律原因,并无任何之共通性质。

然由实质言,二者间之差异,实仅系程度上之问题,非如上所述者,有根本之悬殊也。换言之,即二者之法律原因,大部相同,其属于二者之特有部分,为数甚少也。

凡法律原因——无论其为公法与私法,均得大别为二,即其一,为不经特别之意思行为,而以某种状态及事件之发生,即依法而生一定之法律效果者。其二,系因特别意思行为而生法律效果者是。法律原因之此种区别,不仅系公法与私法之所同,即令关于发生法律效果之状态或事件之种类,以及为法律效果发生原因之意思行为之种类,大体上二者亦具有共通之性质。兹就此二者,分别述之于下。

## 一 状态与事件

法律效果，纵系直接发生而不须特别意思行为者，然亦以发生与效果有关之状态与事件为必要，事属当然，自不待言。且此种状态与事件之种类甚夥，一一列举，殆不可能，兹就其中之显著者，略述于下，亦足以知公法与私法共通性之所存。

（甲）年龄。就年龄而言，私法中之年龄，发生无能力者与能力者之区别，婚姻能力，养子收养能力及隐居能力之原因也，公法中之年龄，则系发生就学业务、兵役义务、选举权、被选举权、公民权与刑事责任能力等等法律效果之原因，然为公法原因之年龄与为私法原因年龄之间，其计算方法，则无若何区别。吾人观诸明治35年法律第50号关于计算年龄之法，得共通适用于公法私法者，当可了然矣。

（乙）人之出生、死亡及身份，亦均得为公法与私法之法律原因，且其适用于公法与私法，亦无若何差别。例如华族无论在私法上与公法上，均系华族，禁治产准禁治产者，在私法与公法上其意义相同是也。

（丙）住所。住所不仅系私法之法律原因，且在公法上与选举权及公民权之发生原因，纳税义务与裁判管辖等，亦均有关系，至决定住所之标准，载于民法，公法中则别无规定。因之，关于住所之判断，并无因公法私法而异其解释之理由。行政法院及最高法院之判例，其所以承认民法住所之规定得适用于公法者，即住所观念乃公法与私法共通之明证也。

（丁）期间。期间者公法与私法之法律原因也。惟计算期间之方法，民法、刑法、民事诉讼法与刑事诉讼法中，虽均设有特别规定。然公法中关于一般适用之通则规定，则付阙如。惟倘无特别规定，则公法与私法之计算方法，即无异其适用之理由，故关于公法上之期间计算,最高法院及行政法院之判例,均使其准用民法之规定。① 此种解释,实极正确。换言之,亦即公私法间所适用之期间原则系共通者是也。

(戊)时效。时效者私法权利上所承认之制度也。至一般公法权利虽无适用此种制度之明文,然公法上之金钱债权与刑罚权,亦有消灭时效之规定,故公法中亦非完全不适用时效之规定也。换言之,即时效制度,最低限度,公法中之一部,亦与私法共通,故除法有特别规定外,民法上之时效制度,公法亦得适用之。例如《会计法》第33条,关于公法金钱债权之时效,即如斯规定。不过民法时效,以当事者之援用,为确定效力之条件,当事者苟不援用,法院即不得依之而为裁判,反之,公法上之时效,乃权利消灭之绝对原因,而不以当事者之援用为其条件,其效力有不同耳。

## 二 意思行为

就法律效果须依特别意思行为而生者观之,意思行为之为公法效果之发生原因与为私法效果间者,本质上亦无差别。然则此种共通性,将何所存耶?曰:在于下列诸点。

(A)公意思行为与私意思行为。通常论意思行为之为法律效果发生原因者,辄谓公法效果,仅由公法之意思行为而异,私法效果则发生于私法上之意思行为,然意思行为与法律原因中之公私区别,其间未必尽同。因依公法上之意思行为而生私法效果者,与依私法上之意思行为而生公法效果者,均不乏其例故也。

意思行为中之公私区别。意思行为其为国家(或公共团体,以下同此)立于具有优越意思力主体之地位——非立于准私人之

---

① 公法判例大系上卷81页以下参照。

地位——对于特定或不特定之对方所为者，私人对于国家或公共团体相互间所为者，为公法之意思行为。反之，其为私人（或立于准私人之地位之国家或公共团体）相互间所为者，为私法上之意思行为。惟此种公私区别，乃意思行为之区别，而非依之而生法律效果之区别。由法律效果言之，二者立于相互交换之地位，不得以其效果而区别意思行为之公私也。

盖第一，国家在私法关系中居于保护者与监督者之地位，故其于与私法关系，为数甚多，何则？因此乃保护监督作用之必然结果也。第二，国家为达财政、警察、公企业经营及其他行政目的，而入于私法关系，因而时常变更私法关系，故依国家公法上之意思行为而生私法效果者，其例亦颇不少也。前者如设立法人之许可，裁判之离婚与不动产及其登记等，后者如租税滞纳处分、警察没收与土地收用等是。反之，依私法意思行为而生公法效果者，则较为少数。例如《贵族院伯子男爵议员选举规则》第11条，选举人委托同爵中其他选举人代为投票之行为；《河川法》第18条，凡得有占用河川空地及流水之许可者，依同法第21条移转其权利于他人之行为；《民诉》第25条，依当事人之合意而定管辖法院之行为，同法第79条委任诉讼代理之行为，又同法第360条，依当事者之合意，相约不为控诉之行为；《刑诉》第39条，选任辩护人之行为，等等，皆系依私人相互间之意思行为发生公法效果之例，盖公法关系，非尽为公益，同时亦保护个人之利益也。且纵系个人利益，倘与公法无碍，得由私人意思左右之，亦不反于公法之性质也。

（B）意思表示及法律行为。意思表示及法律行为之观念，通常均以其属于民法，而谓其为私法中之特有观念，且由日本法律上之用语观之，行政法规及其他公法法规中，殆均无此种名称。惟由论理言之，此种见解，实欠允当，盖法律上性质相同者，以相同观念表示之，性质相异者以相异观念表示之，倘系论理上之正当论断时，则意思表示与法律行为之观念，即有共通适用于公法与私法之必要矣。且此种论断，亦系法律正当解释所应尔。盖为使公法学与私法学分离发达，且使公法学中宪法，行政法学与刑法及诉讼法学，各成为独立科学计，因之，而生使一切共通之法律事实，依各学科而异其观念，同时，复以其名称不同而异其性质之错误也。例如民法中之法律行为，相当于行政法规中一般称为"处分"以及诉讼法规中所谓"判决"、"决定"或"命令"等语是也。惟此种名称之差异，不仅非其性质之不同，即以"处分"一语谓系发生公法意思行为之法律原因，亦为未妥，何则？以公法效果，未必均由行政官厅之处分所生，私人之意思表示，常为其要素之一，且依双方结合始生效果者，亦为数不少也。至意思表示观念，公法中与此相当之事实，虽系时见不鲜者，然在公法法规中，则无与此相当之名称也。

一切法律学之观念，莫不以法律上性质之异同而为其基础，且此种异同，亦系为决定观念正否之标准，故公法效果，除由法律直接发生者外，在其因关系当事者之意思行为而发生者，既与私法效果无所差异，则不问法律用语之若何，而以意思表示及法律行为（准法律行为）之适用，为公法与私法全法域中之共通观念，再别为公意思表示及私意思表示，及公法律行为与私法律行为二者，当甚允正。且公法之意思表示与法律行为，谓其系行政与司法双方所通用者，亦最能适合学问上之要求也。

（C）单独行为与契约。法律行为中有单独行为与契约之区别，绝非私法律行为之特有，公法律行为中亦复相同。盖契约观念，乃基于私法之发达而来，且仅就契约言，通常亦均指私法上之契约。虽然，倘以契约观念解为依当事者之合意而意图发生某种法律效果之行为时，则契约决不以私法之区域为限，公法区域中，当亦不乏其例，学者间已屡言之矣。故今日之一部学者，不论其如何否定"公法契约"，亦与公法契约之存立，毫无影响。且此种实例，不仅平等之公共团体相互间，得依双方之合意而定公法关系已也，在国家或公共团体与人民间之关系中，国家纵系优越意思力之主体，然与人民间关系之形成，亦非绝对不容人民置喙者。故在必要情形之下，国家虽得以其意思命令或强制人民，然因事之性质不同，既有无反于当事之意思而加以命令或强制之必要者，亦有以此为不当，而尊重对方之意思自由或依双方合意而发生一定之公法关系者，然此种种，固皆不反于公法性质也。吾人观诸兵役法第 3 条规定，即可知矣——即兵役法为权力发动之最显著者，然其第 3 条则有"因志愿而入伍之兵役"是。盖普通兵役之征集，乃国家之单独行为，反之因志愿而入伍之行为，则系合意之行为也。惟此种合意，其为国家与人民间之关系——即具有次节所述之公法特殊性者——固不待言，然亦不得以此特殊性而否定公法与私法契约之共通性也。此种实例，征诸组织法、财政法、公企业法、公物法及公用负担法中之公法契约，当更了然，惟一一叙述，无此必要，故从略焉。

（D）意思表示之附款。民法总则中关于意思表示之附款、有条件及期限（总则编第 127 条以下）及附有负担之赠与（第 551 条第 2 项）。惟此种附款，亦非私法意思表示之特有，公法意思表示，亦得适用之，就条件言，停止条件与解除条件之观念，亦复相同。故此种附款，虽不能以民法规定适用于公法上之意思表示，然与此连带之一般原理，则固系公法与私法之所同也。

（E）代理。代理观念共同适用于公法与私法，较诸上述各点，均极显著，且亦系学者一致之主张。且就代理中之法定代理与授权代理而言，公法与私法，亦无何异。复代理与无权代理不同。惟代理之规定，公法与私法，虽未尽相同——即不得以民法规定迳①适用于公法——然其基本原理,因无所异也。

除上述外,在法律行为之无效与取消问题,事务管理问题及其他法律原因中,具有公私法双方之共通性质者,亦复不少——容后详述,要之,法律原因,在公法与私法之间,既无根本之差异,则以公法系权力服从之世界,因而仅以公法为有命令与强制之见解,恐即不能维持之矣。②

---

① 同"径"。编校者注。
② 译自《公法与私法》。民国25年12月8日于故都桐荫轩。

# 私法与公法化

张蔚然

## 一　契约自由之公法限制

在今日国法中，契约自由之公法限制，乃"私法之公法化"现象之最显著者。此种实例，为数颇夥，且今后唯有日趋增加之一途。此种限制，乃对于违反者，科以公法制裁，或以国家强制力使其履行义务，与违反私法限制之契约，使其无效者，判然有别也。

在契约自由之公法限制中，或有违普通警察目的之工具，或系充财政目的之手段。禁止违法出版物之销售，限制枪炮火药之移转，乃前者之例；禁止烟草耕作人处分其生产之烟叶，则系后者之例。惟兹所述者，仅以统制经济生活为目的而限制契约自由者为限，故前述诸例，姑从略焉。

在今日国法中，契约自由之限制，其以统制经济生活为目的者，种类甚夥。就中，最主要者，则有下列数种：（1）强制组合；（2）商品检验；（3）契约约款之监督；（4）输出输入之限制；（5）国外汇兑之管理；（6）重要产业之统制。由目的言，此种统制，或为调整市价，或为维持商品声价与防止组制滥造。且其中为保护交易对方之一般公共利益者有之，为保护中商工业之利益，而限制大资本之压迫者亦有之。又或为保护劳动者之利害，而调和资本家与劳动者之利害，或为国际经济战争与维持货币制度等。

惟其目的虽有种种，然与自由放任主义之思想，则均立于反对之地位，换言之，即不许国民经济生活，各为自由竞争，而以国家权力限制契约自由，予私法契约关系以公法要素，因而形成私法之公法化，乃彼此共通之目的是也。

上述各例，倘一一详述，既不胜其烦，且无此必要。故仅就私法契约关系之有关国家行政权者，聊述一二于下：

> 契约自由之公法限制，其最显著之例，为矿业主与矿业劳动者，及工业主与工业劳动者间之雇佣契约。在法律名义上，此种工业主与劳动者之关系，乃平等权利主体间之相互关系。然事实上彼此间之经济力，则相差殊巨。盖事业主大权在握，劳动者每处于服从事业主一方意思之状态，故法律就其契约内容，加以各种公法限制，使其不得订立具有法律禁止内容之契约，而与违反者以制裁也。所谓年龄及劳动时间之限制，休息时间及定休日之强制，限制最低工资，强制支付工资，限制解雇及强制扶助因业务所致之伤害及死亡者等，均系各国法制所规定者。我国（日本）法规定，虽尚未达于世界之水准，然工厂法、工厂施行法、矿业法、矿夫劳役扶助规则及劳动者灾害扶助法等，则均系契约自由之有公法限制者。

此种特异制度之表现于劳动法者，为《工厂法》（施行令第19条、第27条，四）中扶助及就业规则之规定，即工业主所定之扶助规则及就业规则，须呈请地方长官，地方长官因必要情形得命其变更是。《矿业法》（第75条，《矿夫劳役扶助规则》第1条、第31条）中关于矿业主所定之雇佣劳役规则，须得矿山监督局长之许可，扶助规则须呈请该局局长，且该局长基于必要，得命其变更等，于前述同。此种规则，虽系事业主一方所定，而未得被雇者之同意者，但其拘束效力，则及于双方当事者之事业主与被雇者。故由表面而观，虽具有以事业主单独意思而拘束被雇者之权利，然由法律构成而言，因雇佣关系乃契约关系，故被雇者既得依自由意思订定，亦得依自由意思脱退。故此种规则，苟已成立，即应视为已得被雇者之承认，倘其规则，成于雇佣之后，亦应视为被雇者承认该雇佣关系之继续。然而无论如何，由法律见地而言，该规则之拘束被雇者，均有被雇者自己承认之根据。此种情形，恰与铁路乘车规则之拘束乘客，学校规则之拘束学生相同。然均不得以此为权利之发动，或以之为国家将立法权委任于事业主，而应以之为私法之法律行为也。不过事实上此种法律构成，因被雇者在经济上有不能脱退之苦，不免受其拘束，法律因而置于行政监督之下，予以公法限制而已。

私法契约之与行政权有关者，尚有契约争议之解决。盖私法上契约之争，以民诉解决为原则，其依调停程序而解决时，通常亦属于司法法院之管辖，即如小作调停之设有小作官吏，然小作官亦仅负有调查事实，申述其意见于法院之职务，不能身当其冲，自负调停之责。然关于劳动争议，则不仅使行政机关担任调停，即无当事者之申请，行政官厅亦得依其职权招①开调停委员会（《劳资争议调停法》第1条）。故调停之成立，虽非由于国家权力之强制，而由于当事者双方之同意——即非公法行为，而系私法争执之解决，然行政机关不问当事者之意思，强制为调停程序之开始；参加解决之协议，斡旋进行，以及在调停程序进行中，禁止第三者诱惑或煽动使用人及劳动者等，则参有公法要素也。

此外，在农村负债整理组合法中，尚有与上述相同之实例。

---

① 同"召"。编校者注。

惟此仅系行政机关为当事者协定之成立而斡旋，并无丝毫强制力，存于其间也。

## 二　私法与公法之结合

私法公法化之最后形体，系同一内容之法，既系公私[①]，又系私法，换言之，即同一内容之义务，一方系个人相互间之义务，一方系个人直接对于国家所负之义务是。吾人称此为公法与私法之结合。

公法与私法之结合，绝非珍奇稀有之现象，乃吾人日常生活所得习见者。例如不加害他人之生命身体；不损毁他人之名誉；不窃夺他人财产；不侵入他人住宅；等等，即系对于其人负有私法义务，与对于国家负有公法义务者——因是，违反该义务者，国家课以刑罚制裁。其以同一行为构成犯罪且系民事上之不法行为者亦同，何则？因犯罪系违反公法义务，民事上之不法行为，乃违反私法义务故也。刑事诉讼其所以容许附带私诉者，即不外此。

惟在经济生活之交易关系中，个人相互间之法律关系，原则上仅系个人间之权利义务，而个人与国家，则立于分离地位。国家除因当事者之要求始以司法权保护外，别无直接之关系。所谓经济生活中公法与私法之分离原则，即由是而生。

然因自由放任主义之变化，与经济生活中之公法要素，日益增加之结果，致经济交易中个人相互间之法律关系，一方成为个人间之关系，同时又成为个人与国家间之法，其保护即不以请求为限，且乃进而依职权监督其义务之履行，对于违反义务者，科以公法制裁矣。

---

[①]　当为"公法"。编校者注。

惟此与单纯契约自由之公法限制有别，换言之即契约自由之限制，有仅系公法方面者，故违反者，亦仅负公法上之制裁，并无妨于私法之效力——私法上是否有效，须以私法见地，加以判断。至公法与私法之结合，则与此不同。盖公法与私法之结合，乃同一内容之法，既系私法又系公法者，故违反者，一方须受公法制裁，他方亦失其私法效力，又其权利，既得以民诉请求之，亦得依行政权保护之，且行政机关复得而监督且强制其履行义务也。

公法与私法之结合，通常均表现于劳动及少年法中。例如工业劳动者最低年龄法，定有不得使用未满十四岁者，违反者处以千元以下之罚金。此种规定，即系设定工业主之公法义务，违反时雇佣契约在私法上亦不得成立也。又劳动灾害扶助法，亦定有劳动者因业务负伤、疾病或死亡时，事业主负有遵从一定准则扶助其本人或遗族之义务，违反时予以处罚之旨。此种规定，由事业主一面对于劳动者或其遗族负有私法义务，一面对于国家负有公法义务而观，实具有二重性质也。①

---

① 节译美浓部博士所著《公法与私法》第 261~268 页。民国 25 年 9 月 29 日于故都桐荫轩。

# 公法关系之适用私法规定

## 张蔚然

某种法律关系，因其为公法关系或私法关系，而其适用之规律，有所不同，自系当然。且公法与私法之特殊性，亦在于此点。盖倘系私法关系，债权人对于债务人之不履行契约，虽得请求损害赔偿，然如为公法关系，则公法上对于不履行义务者所加之制裁，在私人方面，即非损害赔偿请求权；在国家方面，亦仅得请求法律上之保护而已。又在私法关系中，对于因第三人之故意过失而生之权利损害，虽亦有损害赔偿权，然公法关系中则无之。此外，私法关系中之权利义务，原则上均具有融通性，得以任意移转，然公法关系亦无之。又私法义务，承认第三人之代位清偿，公法义务，亦无此原则；私法义务得与对方同种义务相抵销，公法义务亦无之；私法权利，权利人得自由抛弃，公法权利则无之，凡此种种，均系原则上公法与私法关系适用不同规律之明证也。

虽然，上所述者，亦绝非绝对之原则也。公法与私法，在某种程度下具有特殊性，同时在某种程度下复有共通性，已如前述。既具有共通性，则在此共通性范围之内，有共通适用之规律，自系当然。就中，（1）公法关系以财产价值为其内容时，其性质与私法关系，最相类似。盖以虽系具有公法性质之关系，然在财产法关系中则与私法关系有共通之性质也。同一性质之法律关系，须受同一之规律，乃公正平允之要求，故公法关系之以财产价值为其内容者，除因其特别性质不能适用私法原则者外，在各种关系中均适用私法之规律。（2）公法关系除具有财产价值者外，其与私法关系有共通性者，虽较为少数。然法律原因之有共通性者，则为数甚多。且就公法关系言，现今尚无一般规定：如民法之有总则者，是则以原为私法关系适用之民法规定，依类推方法，而适用于公法关系，自无不可。

## 一　公法上财产关系之适用私法规定

公法关系以财产价值为其内容者，其性质与私法关系，最类似私。故此种关系之适用私法规律者，为数颇多。例如国家之租税征收权，公法权利也。此种权利，以具有公定力及强制力，不得移转、扣押及抛弃；义务人不得以自己之金钱债权相互抵销等为其特色。惟因金钱债权与私法债权有同一内容，故得适用代位清偿；继承人得将该义务移转于其他继承人；得适用消灭时效之规定；倘确其为误纳多额之租金时，亦得适用不当利得之原则；又义务人破产时，亦得为财团债权之一，而与私法债权适用同一之原则等。

惟此亦非谓公法上之财产关系，均适用私法之规定也。盖此种财产关系，纵均得适用私法之规定，然依权利之种类，亦多有不同。而国家权利与个人权利，尤不能同日而语。然就一般而言，公法上之财产关系，其适用私法规定，或与私法规定适用同一原则者，则有下列诸点。

公法上财产关系中权利义务之移转性。公法上之财产权，其属于国家者，乃国家公益必要之故，一般均不得处分移转。租税及其他公课征收权之无移转性，自不待论，即就动产与不动产所有权而言，国有财产除杂类财产外，均不得移转（国有财产法第4条）。因杂类财产乃以私物适用私法，故关于该物之权利，纵属于国家，亦系私权也。北海道国有未开地，虽与杂类财产有别，然尚与之相似，该国有土地，其所以承认出卖及租借者，亦不外此。公法团体之公法财产权亦适用同一之原则。

反之，公法财产权之属于私人者，除官吏薪俸请求权，辞官或其遗族之恩俸请求权，特别注重权利主体之身份者外，或在无条件之下，或在一定限制之内，均承认其有移转性。因是，亦得为私法上法律行为之目的物。且法律就此有明文者，亦不乏其例。例如《河川法》第3条定有"依本法许可所生之权利义务，非经地方行政官厅之许可，不得移转于他人"；又《轨道法》第15条定有"轨道经营人，倘得主管长官之许可，依特许所生之权利义务，不得移转于他人"；《公有水面填埋法》第16条："填埋许可，非经地方长官之允许，不得将填埋权让与他人"等，皆系在长官认可之条件下，而许其移转于他人者。又《矿业法》第22条："矿业呈请人之更换名义，在试掘时，须呈报矿山监督局长，采掘时须呈报商工部长，否则不生效力"，此种规定，乃明示矿业呈请人仅以呈报（通知行为）为其效力完成要件，而任意移转其由矿业许可所得之权利（自系公法上之权利）。且即无此种特别规定私人权利，苟非置重权利之身份（即专属权利人一身时），而以财产价值为其内容时，纵系公权，亦与私权相同，得任意移转于他人。然此固非私权也。最高法院判例，恒依融通性之有无区别公法与私法，而以得移转者为私权，不得移转者为公权，实非允当。盖纵系公权，倘属于私人而具有财产权之性质时，则在诸多情形之下，无论属于何人，均无关于公益，故应承认其有融通性也。

严格言之，即系无权利性质之公法利益，而有金钱价值时，亦须承认其有移转性。殊如在警察许可中，除置重技能及经历者如医业许可及药剂师许可外，因其非专属受许可效果者之一身，故亦得承认其有移转性。例如浴澡堂及公寓与渔业许可，均得为卖买契约之目的是也。

凡此种种，均系公法关系，得为私法上卖买及其他法律行为之目的者。就其法律行为言，仅在以认可或呈报为必要之点，与公法有关，其他则均属私法。故关于该行为效力之争，应属于司法法院之管辖。然在其他方面，以该行为须经官厅认可而观时，则该认可，即系国家公的意思表示——"行政官厅之处分"，故认可行为违法时，即得为行政诉讼之目的。且该认可取消时，该法律行为，亦归无效。故同一法律行为之效力，因其理由不一，而其管辖亦有不同——或属民事诉讼之管辖，或为行政诉讼之目的。

公法上之财产权，纵系不得以卖买或其他法律行为而任意移转者，然因其他法律原因，在某种限度之内，亦得承认其有移转性。此种情形，有下列两种：其一，系权利义务之包括继承，其二，系随事业之移转。兹分别说明于下：

（A）包括继承。在继承或公司合并而发生权利义务之包括继承时，即今一般认为无移转性之权利义务，在严格之下，其非专属一人时，亦得移转于继承人。例如官吏在职死亡，继承人当然有承受其生前薪俸请求权之权利是。又公法义务——如纳税义务与官公吏公法上之赔偿义务，即金钱义务，除刑罚之罚金专属一人外，亦得移转于继承人。属于公共团体之公法权利义务，如市区村，水利组合之分合废置、耕地整理组合之合并或解散、健康保险组合之解散等等亦系包括的继承。

（B）随事业之移转。凡经营某种事业者，由公法赋予之权利义务，莫不与其经营有密切不离之关系。此种权利义务，离事业而单独移转于他人，虽非所许，然随其事业上之移转，该权利义务亦得随之。法律就此有明文者，如《公有水面填埋法》第16条第2项："依前项规定而承受填埋权利者，得继承让与人由填埋法令及基于该法令所生之处分或在该法令所定之条件下所生之权利"，又《土地收用法》第3条："土地需用人依本法规定或基于本法所发之命令所生之权利义务，随事业移转于承继人"等，皆其明证。盖此种情形，纵无明文规定，亦系当然之理也。

## 二　公法上财产权之扣押

凡具有国家公权性质之财产权，不论其为国家或公共团体之权利，因其均系为达到国家公同的所承认之必要权利，故皆不得为债权人之财产利益而扣押之。

反之，属于私人之公法财产权，则许其任意处分——该处分行为虽以官厅之认可为必要，然债权人不得加以扣押。至不许任意为处分行为之公法财产权，法律上明示债权人不得扣押者有之（日《恩给法》① 第11条），或仅许其扣押一部者亦有之（日《民事诉讼法》第618条）。倘法无特别明文，虽不无疑义，苟其权利性质，基于该特定事业之经营而生，则该权利之与事业，即居于不得分离之关系，因是，该权利亦不得与事业分离而单独移转于他人，故应解为不得扣押（昭一〇，一一四，最高法院民：谓依煤油试掘奖励金交付规则所定，煤油拭掘业者所受之奖励金，不得扣押之。② 反之，昭一〇，五，二〇③，最高法院民：谓依地方铁道补助法所定，地方铁道业者所受之补助金，得以扣押云云，此种区别理由之所在，实难以想象。因二者均应解为不得扣押故

---

① 原文误作：思给法。编校者注。
② 原文确实如此简写，是指昭和10年1月14日或11月4日。编校者注。
③ 指昭和10年5月20日。编校者注。

也），反之，仅以权利人财产上之利益而承认之权利，则应解为得以扣押。例如议员岁俸之全部，均容许扣押是。总之，在法无特别明文时，就该权利之全部，有得以扣押者，亦有不得扣押者。又就其一部，亦系如此。

### 三 公法中适用连带债务、保证债务、保证金及选择债务等之规定

属于私人财产上之义务，纵属公法义务，亦有适用如民法中之连带债务、保证债务、保证金及选择债务者。兹分别说明于下：公法上之连带债务，其见于明文者，有《国税征收法》第 4 条第 4 项："由共有物及共同事业或由共同事业中某物所生之国税，督促手续费，延滞金及滞纳处分费等，纳税人负有连带义务"，又《矿业法》第 87 条："共同矿业权人之纳税义务，各负有连带责任"，又《公有水面填埋法》第 16 条第 2 项但书定有：填埋权人移转其填埋权时关于为关系者所支拂之公法上之损失补偿，"让与人及让受人均负有连带责任"等。至法无特别明文者，例如纳税义务，负有连带义务者数人，共同以非法手段脱漏租税时，则因漏税罪所处之罚金，当然由共同漏税人负连带义务（最高法院之刑事判例，虽亦承认此种原则，然依《关税法》第 75 条及第 83 条规定，漏税货物，因不能没收而科以返征金时，共同漏税人须负连带责任）。凡此种种，均系公法义务之连带。规律此种连带责任者虽不能谓其必为民法，然因法律上无关于公法连带效力之规定，且在金钱债务之连带责任中，公法与私法之性质相同，故关于公法上之连带效力，法律上当然承认其得类推适用民法之规定。因是，此种公法上之连带债务，除性质上不得准用之外，均应解为得准用《民法》第 432 条至第 445 条之规定。

又公法上之保证债务，亦不乏其例。例如《制酒税法》第 14

条、《遗产税法》第 17 条及同法施行规则第 16 条等，皆承认纳税保证人之制，又《市区村制施行令》第 36 条定有市区村对于市区村吏员，得令其立身份保证。此种保证人之义务，其主要债务均系公法义务，故其所负者，亦系公法义务。此种义务，在其得为行政手段之强制执行而言，虽与私法上之保证债务有别，然其性质，则与私法上之保证相同，故亦得准用《民法》第 446 条以下之规定也（但关身份保证法规，因其仅以私法上之身份保证，为其中心，故公法上之身份保证，不得适用）。

公法上之保证金，有担保纳税之保证金，市区村征收吏及其他公吏之身份保证及发行新闻纸之保证金等。此种提供保证金之义务，均系公法义务，且在国家或公共团体为特定目的，对于此种保证金，公法上之先取特权时，亦属于公法，然由提供保证金人享有之利息请求权及返还请求权而观，则系私权，故其关系，亦与私法上之保证金，并无差异。

公法上之选择债务，其例甚少。有之，亦仅以市区村中所赋课于夫役者为限。

### 四　公法中关于担保物权之适用

关于纳税义务及其他公法上之金钱债务，在公法上适用保证契约，又在国税征收法、关税法、制酒税法、沙糖消费税法及遗产税法中为担保纳税义务定有公法上之先取特权、留置权、抵押权及质权等，已如前述。以上种种，在其附有行政权之强制力而言虽与私法上之担保物权有别，而具有公法之性质，然其权利内容，则与私法上之担保物权相同。故在其性质所许之限度内，自得准用民法规定。

## 五　公法中关于代位清偿及时效之适用

公法上之金钱义务，其消灭原因与一般之公法义务不同，又在其适用代位清偿及时效之点，亦与私法适用同一之原则。

第三人之代位履行，乃一般公法义务所不许。盖公法上之义务人，以其自己履行为必要，故他人代为履行，为法所不许。惟以经济价值为内容之义务，殊如公法上之金钱债务，则无必由义务人躬自履行之理由，无论任何人为之其内容皆同，其经济价值，亦无何异，故得准用《民法》第474条之原则，许其依第三人之代位履行，而消灭其义务。

又公法上之金钱债权，在其依时效而消灭之点，亦与私法债权适用同一之原则。但公法债权非直接适用民法之规定，而依其他法令规律之，例如《会计法》第32条（《关税法》第7条至第9条，亦设有特别时效之规定），《府县制》① 第116条第3项，《市制》第131条第5项及第140条，《区村制》第111条第5项及第120条，不过关于时效中断，停止及其他事项，其他法令无规定时，则准用民法规定耳，换言之，即除法律无特别规定者外，原则上关于公法上之金钱债权，得适用民法时效之规定是也。

## 六　因不履行债务所生之利息，一般公法义务之不履行，纵系受公法制裁之原因，然以不得请求损害赔偿为原则

惟公法上金钱债务之不履行，《国税征收法》第9条及同法施行规则第11条，则设有征收延迟金之规定，且此种规定，其他各

---

① 《府县制》（ふけんせい）是明治11年制定的地方三新法之一。编校者注。

种公法上之金钱债务亦准用之。此种公法上之金钱债务，虽由特别公法规定所规律，然其内容，则与私法上之金钱债务，适用同一之原则（参《民法》第419条）。

## 七　公法中关于事务管理及不当利得原则之适用

在民法意义下之事务管理，乃"无义务而为他人管理事务者"，公法上之事务管理，与此相当者，亦不乏其例。此种事务管理，因司法权之作用而生者有之，因行政权之作用而生者亦有之。前者如失踪人财产之管理与继承人所在不明之财产管理。后者如救护水难及行路病人死亡等。凡此种上，虽未必直接适用民法之规定，而各有其特别之规定，然其性质，则属于事务管理之一，故苟无特别规定时，即得准用民法之原则。

又形式上，基于公法原因而为给付，且其给付，因取消或绝对无效而无法律上之原因时，亦适用民法中不当利得之原则。例如纳税人以赋课于自己之租税为违法，提起请求取消之行政诉讼，因胜诉取消其赋课时，则其缴纳于国家或公共团体之金额，即系无法律原因之所得。在斯情形之下，收纳此种租税之国家或公共团体，即负有将该金额返还于纳税人之义务。假令不为返还，纳税人即得以不当利得为理由，提起民事诉讼而请求返还之。在上述取消租税者外，倘其赋课者，自始即绝对无效时，则亦系无法律原因之给付，因是，缴纳人亦得以民事诉讼请求不当利当之返还。

## 八　以物之占有为内容之公权侵害与民法上之不法行为

公法上之权利侵害，由一般言之，均不得构成民法中之不法行为，然公法权利之中，其以土地或物之占有为其内容而具有财产价值，且属于私人者，倘第三人妨害其占有或侵夺其占有时，因其系私人权利，故不得以国家强制力排除其妨害，因是，该占有纵系基于公权，亦须准用民法上之占有及以之为民事上之不法行为，而以民诉请求排除其妨害或损害赔偿。换言之，即在此情形，纵系公权之侵害，然因其内容与侵害私权相同，故得构成民事上之不法行为而适用民法规定也。[①]

---

① 节译《公法与私法》。民国 26 年 3 月 2 日于故都桐荫轩。

# 由公法行为形成之私法关系

张蔚然

## 一 导言

通常均以私法之法律关系,以发生于私法为原则,及依私人相互间之法律行为所形成者,换言之,亦即通常所谓"私法自治"是也。惟此种"私法自治"原非绝对原则,故私法关系,由国家公法行为形成者,亦决不罕睹,此种情形,得分为二:其一,为达私法之目,其二则为达其他行政上之目的。前者以司法权行之为原则,后者则专属于行政作用。在后之情形中,其发生原因,系行政行为,而其效果,则属于私法。故其裁判管辖,疑窦丛生,屡有问题也。

## 二 由司法行为形成之私法关系

所谓由国家行为形成私法关系者,乃私法自治原则之例外也。此种情形,其一,乃国家立于私法秩序监督者之地位,对于私法关系之形成,有不能任于当事者之合意,进而衡诸当事者之利益,为之形成其法律关系也。其特色所在,乃为达私法秩序之目的。盖国家为拥护正义者,故以创设私人相互间之衡平法为其目的,倘任于私人间之自治,即失其创设衡平法之目的,故国家置身于其间,俾使私人相互间得以形成衡平之法律关系也。吾人倘谓此以达到私法秩序为目的之国家作用为法政（Rechtspflege）① 时，则此种形成行为，即所谓法政权之行为矣。且法政权以属于司法权之范围为原则，故此种形成行为，原则上亦属于法院之权限，或依民事诉讼之形成判决，或依非诉事件之形成行为而行之也。

此种国家行为，多规定于一般私法所谓民法，商法及破产法中。例如规定于民法者，有禁治产或准禁治产之宣告及其取消（日《民法》第 7 条、第 10 条及第 13 条），失踪者财产管理人之选任及改任（第 25 条、第 26 条），宣告失踪及其取消（第 30 条、第 32 条），财团法人设立者死亡后财团法人之名称，事务所或任免理事方法之决定（第 40 条），法人之理事有缺额，为之选任暂时之理事（第 56 条），宣告法人破产（第 70 条），法人解散无清算人时，为之选任清算人（第 75 条），裁判上共有物之分割（第 258 条），在分割共有物时，裁判上为之指定证书保存者（第 262 条），裁判上为之决定地上权之存续期间（第 268 条），留置权者

---

① 德文 Rechtspflege（司法）是由 Recht 和 Pflege（执掌、护理、维护）组成的复合词，泛指"司法"，即行使司法权的各种活动。如果说 Rechtsprechung 是指狭义的司法相比，Rechtspflege 则是指广义的司法。首先，Rechtspflege 的主体不仅限于司法机关，有时也包括行政执法机关；其次，Rechtspflege 不仅包括法院作为司法机关裁判法律纠纷的活动（即 Rechtsprechung），而且还包括法院以外的其他司法机关实施法律、维护法制的活动或过程，如检察机关的执法活动、法律咨询和法律服务活动等。在德国，特别是诸如土地登记、遗产事件、监护事件、公证事件、不动产移转、公示催告等非讼事件，性质上也属于广义的"司法"（Rechtspflege）范围。但是已超越 Rechtsprechung 的范畴。律师负有促进公益义务及其不得以汲营私利为唯一目的之特性，虽然所从事的不是 Rechtsprechung 活动，但 1958 年生效的德国联邦律师法（*Bundesrechtsanwaltsordnung*，BRAO）第 1 条明确规定：律师系一独立司法机关（unabhängiges Organ der Rechtspflege）。参见邵建东主编《德国司法制度》，厦门大学出版社，2010，第 2～3 页。姜世明：《律师民事责任论》，元照出版有限公司，2004，第 11 页。Eckhart Müller，*Der Rechtsanwalt als „ Organ der Rechtspflege "-vom Instrument der Disziplinierung zum Argument gegen die Deregulierung*，资料来源：http://www.rae-strafrecht.de/veroeffentlichung/pdf/Organ_ der_ Rechtspflege.pdf，访问时间：2014 年 10 月 9 日。编校者注。

投费用于留置物时，关于所有者之偿还义务，因所有者之请求，予以相当其间者（第299条）……裁判上之离婚（第813条至第819条），亲族会员之选任（第945条至第905条），继承财产管理人之选任（第1021条、第1043条、第1052条），遗嘱执行者之选任及解任，与其报酬之决定……等等，皆系法院变更其条件者也。

此种形成行为，与后述之认可行为，所谓予当事者之法律行为以同意，而完成其效力者不同，乃不依当事者之行为，仅由国家行为使之直接发生，变更或消灭私人间之权利义务者；又此与确认行为所谓认定当事者间现时存在之法律关系，而确认其效力者，亦不相同，盖此乃依国家行为予现存法律关系以变更，而具有创设之效果者；又此亦非对于私人命令其作为或不作为者，乃变更私人相互间之法律关系也。

至裁判上之和解，调停或强制和议，则不得视为国家行为之形成行为。盖在成立和解，调停或和议时，以当事者间之合意或决议为必要，且其效力，亦系根据此等当事者之行为而生，国家仅立于辅助或劝告其成立之地位也。

### 三　由行政行为形成之私法关系

以私法秩序为其目的之作用，大体上均属于法院之权限，故依行政行为而形成之私法关系，均得谓其为达行政上之目的。

惟此有例外者，即在私法秩序与行政利益有关系时，亦得依行政官厅之行为，而形成以私法秩序为目的之私法关系也。

此种例外，在特许权及其他工业所有权中，尤为显著。盖特许权与工业所有权，虽均系纯然之私权，然因其与商工业行政有密切之关系，故特以商工部为其主管官厅，至其他私权，虽系属于法院权限之行为，此则多属于特许局之管辖。在此等行为中，或为确认行为及公证行为或为形成行为，共属于后之种类者，有特许发明实施之许可（第 41 条、第 49 条）、特许之取消（第 41 条）、特许发明实施权之取消（第 42 条）、特许权存续期间之延长（第 43 条）、特许权之改订或分割（第 53 条）等。由以上所述之性质而言，均属于民事行为，故关于此种争议，不属于行政法院之权限，因而为之特设审判及抗告审判之制，而处理其争端，对于抗告审判之判决，得上告于最高法院。

至矿业权及渔业权，虽属于同一之主管行政官厅，然二者均系一方具有公权，他方复具有私权之性质者，已如前节所述，故以此为私权而观时，则形成此等权利之国家行为，性质上应视为民事上之作用，然国家之所以参与其形成者，乃置重其公权性质之故，非性质上以之为民事作用也。故关于此等权利之移转或其他法律行为之争，以及基于权利侵害之损害赔偿，纵属于司法法院之管辖，然如矿业许可，矿区之分合增减订正或改正，扩大挖掘区之设定，矿业权之取消，渔业许可，渔业权之限制，渔业权存续期间之更新，及渔业许可之取消等，凡关于形成此等权利之国家行为，均不属于司法法院之管辖，而属于行政法院之裁判。换言之，即法律不以此为民事作用，而以之为公权也。

除上述外，尚有以行政行为形成私法关系，其目的不在于私法秩序而在于行政者。就中，为达公企业，财政或军政目的者尤夥。例如公用限制（特如所有权之公法限制）、公用收用（特如土地收用），及依耕地整理与土地区划整理之换地处分、特许企业之收买、专卖货物之收纳、租税滞纳处分，及依警察权而为物之扣押与没收等，其重要者也。上述种种，皆系基于行政之必要，对于私法关系，转如私法上之财产权，加以某种变更，或限制之行为，与使之消灭，或设定新财产权，或以其他权利而代某一权利者，凡此等等，皆系依公法之行政行为，使之发生私法之效果也。因兹无详细说明之必要，姑从略焉。

兹就土地收用之例而言，收用裁决，倘已确定，其效果在起业者（经营事业者）依交拂[①]补偿金取得为达收用目的之财产权，同时被收用者即随之丧失，此与民事诉讼之形成判决，恰相类似。民事判决仅以私法秩序为目的，收用裁决则着眼于公益事业之利益，二者之目的，虽有不同，然其效果，与分割共有物及变更赁贷关系之判决，则均系变更私法上之财产关系，使之发生私法上之效果者也。

## 四　由行政行为形成私法关系之裁判管辖

依行政行为形成私法关系时，其效果属于私法关系，其发生原因，则由于行政行为，故就此有争议时，究是否属于民事之性质，颇有疑义。此种情形，得就下列各方面观察之。

### （一）行政行为之违法及请求其取消或变更之诉

例如受土地收用裁决者主张其裁决之违法，受租税滞纳处分者主张扣押财产及公卖处分之违法，及请求其取消或变更等，除法律将收用判决中关于补偿金额部分，特使属于司法法院审理者外，纯然之公法事件，不得为民事诉讼之目的。故由其效果言之，虽属于私法，然因其发生于行政行为，故其效果之争，即不外行政行为适法性之争也。且审理行政行为之是否适法，亦仅系行政法院或其他行政机关之权限，司法法院不得审理之，故亦不得为民事诉讼之目的。例如收用地所有者主张该裁决违法，以确认所有权之诉提起民事诉讼。名义上虽系民事诉讼，实质上则系"因行政官厅之违法处分，而伤害权利之诉讼"，故司法裁判所不得受理之。

---

① 同"付"。编校者注。

## （二）行政行为无效之诉

行政行为违法之诉，与自始即因其欠缺法律上之有效要件，而主张绝对无效之诉，应严加区别。盖所以主张行政行为之违法者，因其在具有正当权限之官厅取消该行为以前，以有效为前提，而请求其取消也。且具有取消该行为之权能者，除处分官厅及其监督官厅外，唯行政法院有之，故司法法院无审理之权能，因是不得受理之。然绝对无效之诉，由效力关系言之，与无行政行为者相同，故系自始即不能因之而发生私法效果者，然私法效果之是否发生，审理私法关系者之司法法院，当然须加以审理，故以行政行为绝对无效为理由而提起确认私权之诉时，司法法院须以之为适法之诉而受理之也。

例如关于土地收用之裁决，被收用者不仅主张其违法，且以欠缺程序上之要件为理由，而主张该裁决自始即全然无效，以起业者为被告提起确认所有权交还土地之诉时，性质上即属于民事与司法法院之正当管辖矣。至行政行为究在何种情形下，始为绝对无效，自系应加细详究之困难问题，然因行政行为，具有公定力之故，单纯违法则不能使其无效，因之，绝对无效云者，当系比较之问题，倘置比较问题而不论，以行政行为为绝对违法时，该行为即无拘束司法法院之公定力，司法法院即有以其独立权能加以审查之权矣，故如认定其为无效时，即可置该裁决于不顾，确认被收用者为正当之土地所有者，使收用者负交还该土地于正当所有者之义务矣。

为请求取消行政行为，而出诉于行政法院时，有法定出诉期间之限制，倘已过期，该行政行为，即行确定，当事者即不得再为诉争，但行政行为，自始即无效时，则不得因时之经过使无效行为为有效，故无出诉期间之限制，当事者，倘在其权利未罹时效以前,任何时间,均得以民事诉讼请求救济。

### (三) 确认行政行为失效之诉

因行政行为形成私法关系时,倘该行政行为因某种法律原因而失效,因之该行为不能形成其目的之私法关系,而请求确认其失效之诉,性质上属于私法事件,故仅得以民事诉讼主张之。倘系行政行为无效之诉——以言无效,在形式上即已存在——则其请求取消之诉,在行政诉讼之出诉期间内,即得以行政诉讼主张之。行政法院虽须对此予以受理,然请求确认失效之诉,乃行政行为在形式上已全然不存者,故不能成立行政诉讼也。

此种实例,在土地收用之裁决:因起业者不付补偿金而失其效力时,最为显著。盖在收用裁决所定之收用时期既届,起业者仍不支付补偿金于被收用者时,该裁决即行失效,倘已失效,则土地所有权将依然属于被收用者。故关于请求确认失效之诉,被收用者有正当利害关系,自不待言,因之为达其目的而提起诉讼者,亦数见不鲜。在此种情形下之诉讼,究系公法事件?抑系私法事件?颇混淆不明。一般人因其属于行政行为之问题,故时有以之为公法事件而出诉于行政法院者,实则误也。盖在适法之行政诉讼中乃请求取消现实存在且违法之行政行为者,此种情形,则与之相反也。何则?因其非主张行政行为之违法,乃主张行政行为之已失效力也。故如仍以行政诉讼主张之,实无异自投罗网,其不能成为适法之行政行为也宜矣,故必以民诉中确认所有权之诉主张之始可也。①

---

① 节译《公法与私法》179 页至 190 页。民国 25 年 10 月 14 日于故都桐荫轩。

# 劳动法与经济法之关系

## 张蔚然

### 一 经济法之发生

德自欧战以还，经济法（Wirtschaftsrecht）一语，甚嚣尘上。各大学中，创设"经济法讲座"者有之，设立"经济法研究所"（Intitut für Wirtschaftsrecht）者亦有之，故经济法讲义，普遍于该国各大学。此种研究之逐次报告，其有裨益学术界，实非浅鲜。殆后1921 年德意志法学会，复设经济法部（wirtschaftsrechtliche Abteilung），与公法部及私法部鼎足三分。柯斯凯尔等所编纂之《法律及国家科学辞典》（*Die Enzyklopädie der Rechts-und Staatswissenschaft*）中，于公法私法之外，又另辟《劳动法及经济法》（Arbeits-und Wirtschaftsrecht）一门，破历来法律分类之途径。于是，所谓经济法，乃立于矻然不动之地位。

盖世界大战之影响于国民生活，至大且广。战争中心之德国，其所受之影响，尤为深刻，自系当然，而况该国复因战败而发生政治革命耶！所谓经济法问题，即发生于此种影响之下。故该法之历史根源（historische Wurzeln）①，势须溯诸大战与革命。盖当时德国之法律问题，莫不以经济问题为中心，致历来之法律体系浸润于经济生活之内，而丧失其固有之绝对性（absolute

---

① 原稿误作：historische Wurzehln。编校者注。

Charakter)。此种变更,其表现于私法者,为所有权之社会化;其影响于劳动法者,为劳动者团体在经营内之共定权(Mitbestimmungsrecht)。换言之,即以立宪劳动设备(Konstitutionelle Fabrik)之观念而代历来雇主专制之工厂支配(Herr im Hause)[①]之原理。

职是之故,个人主义、权利本位之所有权观念乃趋没落,团体主义与义务本位之所有思想遂形抬头。换言之,亦即个人契约自由原则失其权威,团体契约自由取而代之是也。故经济生活之变动,足致新法律观念之形成。新法律观念之形成,又可招致经济生活之变更。如斯,互相影响,赓续不已。新生之法律问题,非旧法理所能解决,自系当然。为满足新事实之要求计,此经济法之所由生也。

## 二 经济法与劳动法之关系

基上所述,吾人当知经济法发生情势之梗概。惟经济法果属于旧法律体系耶?抑否耶?倘不属旧法律体系,在法学上究占若何之地位耶?历来学说,颇不一致,故劳动法与经济法之关系,究系何若?亦迄无定说。兹将学者对于经济法之意见及其与劳动法之关系诸学说分别介绍于下,末附管见,俾就正于海内学者!

### (一)黑特蛮(Hedemann)氏之说

黑氏以现代经济法之冠以"经济",与曩日自然法之冠以"自然"相同。此乃表示现代法制特有之基础,不得以此谓其自成特殊之法律理论也。其言曰:"在十七八世纪中,一切之生活关系,莫非'自然'(Natur)一语所组成。现代之生活形态,则均以'经济'(Wirtschaft)二字为标征。故昔日随自然科学

---

[①] 原稿误作:Herrn im Hanse。编校者注。

(Naturwissenschaften)、自然宗教（Naturreligion）及自然哲学（Naturphilosophie）等而有自然法。现代亦随经济哲学（Wirtschaftsphilosophie）、经济政策（Wirtschaftspolitik）与经济议会（Wirtschaftsparlament）①等而有经济法。何则？以此乃必然之时代现象故也。是以吾人不得注重题目，将某种法律成分，与其他相区别，名之为经济法多应以基础为出发点，与理解自然法之真缔相同。盖一切法律，莫不有强弱之差。所谓家族法（Familienrecht）、教会法（Kirchenrecht），即因基础不同而其名不异者也。现今一切法制之基础，皆以'经济性'一语表现之。所谓高度之紧张、极度之不安、流动之现象与最大效果之标语以及最高利用之理念等等，皆经济性特征之所在也。此种紧张流动之经济性，倘永久郁积，甚或促成革命，法律因此种□□性及其特征而受有影响，自不待言。此固有法律体系所以卷入此种漩涡中，而丧失其绝对性也。"简言之，即黑氏之所谓经济者，乃指具有经济性基础之现代一切法制而言，而非某种新法律分科是也。

至劳动法与经济法之关系，据黑氏 1921 年书于尼培尔德所著之《契约强制论》之序文中，内有经济法之种类，应分为四种：其一，为组合法（das Recht der Vebände）；其二，为经济契约法（das wirtschaftliche Vertragsrecht）②；其三，为劳动法（das Arbeitsrecht）；其四，为土地法（das Bodenrecht）。故依此而观，是劳动法亦同系带有经济法之法律，而构成经济法之一部也，昭昭然矣。

## （二）奴斯鲍穆（Nussbaum）之说

奴氏以战时战后所发生之经济法规全体，统名为经济法。故

---

① 原稿误作：Wirtschfatsparlament。编校者注。
② 原稿误作：das Wirtschaftliche Vertragshecht。编校者注。

其所谓之经济法，乃法典外各种法规之集团，而非具有特质之特别法。盖当欧战及德国革命时，经济法规，发生至夥。一般民商法学者，多漠然置之。而大学讲义著述中，亦多无系统之讨论。故奴氏将此种新发生之经济法规编为一系，名为"新经济法"（das neue Wirtschaftsrecht），与柯丝凯尔将战后发生之劳动法规，统称为"新劳动法"（das neue Arbeitsrecht）相同。至奴氏所谓经济法之内容：计有（1）货币及资本之流通（Geld-und Kapitalverkehr）、（2）货物交易及供给契约（Warenhandel und Lieferungsverträge）、（3）公共经济之扩张（Ausdehnung der öffentlicher Wirtschaft）、（4）不动产法（Grundstücksrecht）、（5）劳动法（Arbeitsrecht）、（6）债务者保护及权利保护（Schuldnerschutz und Rechtsschutz），等等，故劳动法亦不外乎经济法规之一种也。

### （三）柯斯凯尔之说

柯氏谓"一切法规，莫不规制某种人人间之关系。若然，则经济法所规制之关系，将为何种人耶？此种关系，非依该规定而立于间接地位之人，而系直接从属于该规定者。今苟由此种见地而观察此种问题之多数法律材料时，则此种规定，非一切人人均适宜也，唯一定范围之人——即经济企业者（wirtschaftlicher Unternehmer）始称宜耳。所谓经济企业者，即在自己计算之下，继续为营利行为之人也。故经济企业者之特别法。惟经济法关系规制此种特别法律关系时，则经济企业者法律关系之全体，皆属于经济法耶？抑仅限于某特定法律系耶？此种问题，势又须为之解决。

盖经济企业者之法律关系，计有三种：第一，为依民商法规律之经济企业者与消费者（Konsumenten）之关系，例如卖买契约、承揽契约及赁贷借契约之缔结等。此种契约，在其内容及技术形成中，虽不绝依新法而有部分之改变。然因其经济企业者与消费者缔结之故，其无论如何，亦不能脱离民商法管辖之外，而仍属历来分科之内。不过，在今日法律发展之影响下，其内容有所变更耳。以是，此种关系，不得谓为经济法。

第二，为属于劳动法之经济企业者与职工（Personrl）① 之关系。由原理而言，劳动法虽系被佣者（Arbeitnehmer）之特别法，然同时亦规律经济企业者。惟其所以如斯者，乃以经济企业者为雇主（Arbeitgeber）② 之故，而非以之经济企业者也。故二者在事实上及法律上须严加区别。是以劳动法——被佣者之特别法，经济法——经济企业者之特别法，系姊妹科学，而非同一成分者也。

第三，除上述外，在经济企业者之法律关系中，所余者唯有企业管理与由企业者所发生之关系矣。要之，经济法之概念，必以规制经济企业者在法律上以企业者之资格所发生之特殊规范之总体为限，征诸前述，不难自明"。

要之，柯氏所谓之经济法，乃企业者阶级之特别法，与被佣者阶级之特别法——即劳动法立于对立之地位。故所谓经济法者非经济法规之集团，而系孕有特殊法理之独立特别法。柯氏之说与前述不同之点，即在于此。

### （四）高尔德史密特之说

高氏以"经济组织"特有法规之一团为经济法。其言曰："国民经济形态之原理有二：其一，为变通经济或私经济（Verkehrs oder privatwirtschaftlichen），其二，为共同经济（Gdmeinwirtschaftlichen）。

---

① 此处错误，似应为 personal。编校者注
② 原稿误作：Arbeitergeber。编校者注。

由交通经济原理而言，个人彼此间，系立于财物与劳动力之交换关系中。此种个别经济之交通，无论如何，须加以规制，因之而有规制之交通经济。反之，共同经济——则系因管理经济特如财物之共同生产及构成分配之统一体（Eihheit），所成之共同态（Gemeinschaft），故与交通经济有别：倘由以上之经济原理而言，现时之发展，乃交通经济，渐次入于广泛规制之下，共同经济日趋于扩大之途。惟共同经济之扩大，非排斥交通经济所致，而系交通经济之缩小。所谓经济法适与规制之交通经济、共同经济互相对应。换言之，即在历来法律分科中，非全无经济法之适当地位，乃本质上，经济法以新法为限之故。更换言之，经济法系新法律分科之一，且其所以如斯者，乃因其随社会经济新现象所发生之故也。是以规制之交通经济，其得为经济法之对象者，仅以法所规制者为限。至道德与宗教所规制者，则不在其内。又交通经济之规制，亦生于抑止经济上之强者而保护弱者之中。但此种方策属于社会政策，而不属于经济法。易言之，此种规制之本质，宁使其属于广义劳动法或社会法（Sozialrecht）为宜也。故一方劳动法与社会政策相对峙，他方经济法与经济政策相对立。即经济政策及经济法之对策，乃为改良生产所设之规制，而非在社会政策见地下。所设之变通经济之规制。且兹之所谓生产含有商业（Hande）与交通（Verkhr）二者，与财之分配（Güterverteilung）适相对立。交通经济中关于财产分配之规制，与共同经济不同。盖此非经济政策之对象，而系社会政策之对象也。换言之，即经济政策及经济法之对象，乃狭义生产与财之流通（Güterumlauf）是也。要之，经济法乃为改良生产所规制之交通经济与共同经济之特有法。换言之，亦即组织经济之特有法（das der organislerten Wirtschaft eigentümiche Recht）也。"基上所述，吾人当知高氏所谓之经济法以及该法与劳动法之关系矣。

## （五）管见

　　以上所述，乃经济法意义及其与劳动法关系之梗概。学者执己成词，是其是而非其非。然由余而观，诸说概系形式之考察，皆未能触其本质。盖经济法发生于战时及战后。其基础建于社会民主党——即社会民主主义之上。惟当时德之社会民主党，名虽标榜社会主义之理想，实则确立布尔乔亚之支配势力。盖德之经济，因战争发生至大之破坏，致当时社会犹如狂风暴雨，动摇异常。布尔乔亚为克服此种混乱，举全力以求扑灭之方，而先务之急，厥唯怀柔普罗列塔利亚之攻势，故将政权开放，容许社会民主党自由活动。因是社会民主党与独立社会民主党相互结合而有1918年之革命。故社会民主党掌握国家权力后，其主要任务，即在击碎普罗列塔利亚之急进运动，以之确定布尔乔亚之支配权力。为维持此支配权力，于是而有广泛之社会立法。其首先实现者，为社会民主党根据国民委员协议会之要求，确立八时间劳动、废止仆婢法、团结禁止与官营产业之劳动团结等；此外，为使战时经济转为平时经济，复实行士兵称为市民生活之经济复员。又劳动者组合、使用人组合及官公吏组合等，亦于斯时设立。同时，劳动协约亦随之而有显著之发展。此外，因承认劳动者之企业协定权，复有经营协议会法之制定。如斯，1919年之新宪法——即魏玛宪法，乃有制定统一劳动法之宣言。

　　其时私法与公法之社会化运动，又甚嚣腾，因雇主与被佣者协同之设立，在产业上，甚至立法行政事项，复生共同解决之机运。此种社会化法，即所谓煤炭、加里、电气、铁与蘸酸经济之立法以及外国贸易统制、住宅、小作与家产立法等。故此种政策，纯系使德国战后之狂暴社会运动趋于高度资本主义统制之渡桥，新宪法中关于社会化法之条文不过为缓和反对者所采之必要手段耳。

　　由斯以言，故所谓经济法及劳动法者，均不外在社会立法名称之下，为维持资本主义之支配势力且使其强化政策之具体表现于法者也，因其系独占资本主义之产物，故与前期之法理截然不同，自成一独立之法域。惟前者重在企业之统制管理，后者重在劳动者之怀柔运用。一系直接，一系间接，二者有所不同耳。前述四说，不究该法发生之本，只就其表现之形式，罗列堆积，推敲钻研，故其言虽巧，其意虽精，余亦不敢赞同也。

# 德意志新经济法中之劳动法

## 晋 庸

经济法学，实为新法学之一部，最近德意志大学之讲义，学者之著述，莫不以经济法为主题。其研究之热心，直令人可惊。然则经济法研究之勃兴，其原因果何在乎？盖德意志自欧洲大战，甫告终结，国内革命，复接踵而起，社会状况，既发生巨变，法律生活，亦因此引起种种变化，于是经济法研究之必要，乃应运而生。详言之，此等变化之结果，必动摇公法私法之界限，公法乃侵入私法之范畴，公法之构成，亦发生种种变动。对于此等巨变，欲以旧时法律，及其研究结果，谋适当之解决，终不可能。必须一方面有适应新时代实际生活之法律产生，他方面有多数学者，对于此种法律，热心研究，方克奏效，可断言也。惟所谓"经济法"（Wirtschaftsrecht）之用语，学者之间，各从其是，殊无定论。兹姑从奴斯薄姆氏之见解[1]，曰："经济法者，以直接效果及于国民生活为目的之法规也。"故凡以间接效果及于国民经济为目的之法规，或性质上不以国民经济为目的，仅以私生活为目的之法规，均不包含在内。

---

[1] 奴斯薄姆博士，系柏林大学教授，本篇所述，即以博士所著《德意志新经济法》（1922年增订再版）为据。

## 一 概论

### （一）立法之发达

在主要私法之范围内，因战争及革命而彻底变动者，莫劳劳动法若。劳动法新思想之繁多，亦为他法所罕觏。此项法规，若就其各个规定，仔细考察，疏漏缺点，固不一而足，与德意志现状相扞格之处，亦不在少。但就其全体观之，其影响将由本国而遍及其他诸国，成为世界各国劳动法规进步基因之处，亦甚夥多，此不容轻忽之事实也。

所有权之意义，最近因种种事件发生之后，在法律组织之领域内，渐受压迫。所谓"最高经济财货之劳动"（Arbeitskraft als höchstes wirtschaftliches Gut）（《社会化法》第 1 条），今已首先成为问题。故德意志之劳动力，除《社会化法》外，于《宪法》第 157 条，与以特别保护。并于《宪法》第 163 条第 2 项，一般的规定曰："凡属德意志人民，均应与以得依经济的劳动而求生活资料之机会。其不能与以适当之劳动机会者，须支给必要之生活费用。"又为一般的强制劳动则起见，并设"凡属德意志人民，均负担活用其精神的肉体的力于公共福利之德义上之义务。但身体自由，并不妨碍。"（《宪法》第 163 条第 1 项）云云之明文。

德意志之社会的立法，在欧战以前，似已登峰造极，然考其实际，不过在种种庞杂之范围内，得极不平均之发达而已，如农业上劳动者之权利，亦甚重要，然竟等闲视之，即其适例。又以政府所谓保护之见地而论，关于公之保护，殊觉偏于一方，此为全世界共知之事实。至关于雇佣契约之规定及对于劳动组织之法律上处置待遇（劳动者委员会 Arbeiterausschuses 织工组合 Gewerkschaft 劳动会议所 Arbeitskammern），则尚多应行改良之点。

当欧战之时，为将来容易履行起见，曾就一时的组织，试行改造（1914 年德意志法律公报 333）。1916 年 12 月 5 日之祖国辅助勤务法（同上公报 1333）（*Gesetz über den vaterländischen Hilfsdienst*）①，设立仅与革命的劳动立法有关系之劳动者及调停委员会（Arbeiter u. Schlichtungsausschusse）。预告将于 1919 年 1 月 1 日以后，采用八时间劳动制。嗣复于 1918 年 12 月 23 日，发表关于足以影响一切劳动组织之劳动协约（Tarifverträge）② 之紧急命令。此外理论上具重要价值者，更有 1920 年 2 月 4 日之经营协议会法（Petriebsrategesetze）。其后又公布广泛之经济复员法（Demobilmachungsrecht），自该项法律公布之后，凡军人于和议时遣回者，均得从事于相当之一般职业劳动。

窃谓劳动法发达之难关，不在上述各种法律命令，而在支持被佣者地位之各个劳动协约。至于搜集各种劳动法规，冶为一炉，蔚成唯一无二之统一法典，将来德意志政府，总当着手进行，但欲告厥成功，绝非短时期间所能奏效，亦可断言也。

### （二）劳动契约（Arbeitsvertrag）

试从最近发达之趋势观之，德意志营业条令上对于商业劳动者常用之"劳动契约"一语，虽不能谓为彻底的，然其相习使用，已与民法上所谓雇佣契约（德民第 611 条以下）之一般的意义相同。在劳动契约上，最注重者，厥有三事：一为存于劳务之意义之从属性；二为事实上之劳动履行；三为佣主及被佣者应有同一之权利，然此等要求，在形式上，究属不能容认。夫欲使佣主及被佣者，有同一之权利，因冀其立于私法上之地位，以契约当事

---

① 原稿误作：Gesetz uber den Vaterlandischen Hilfsdienst。编校者注。
② 原稿误作：parifuertrage。编校者注。

人之资格,互相对峙,终为不可能之事,故无论如何,至少应认劳动阶级,在经营上,有重要之共同决定权,方克收效,职此之故,古来"家长"专制主义之原则,已弃若敝屣,认"立宪的工场"(konstitutionelle Fabrik)① 之原则以代之。纯财产法之见地,其源远发于罗马,今已不值一盼,而身份法之上要素,乃起而代之,人类相互关系上可贵之见解,实存于斯,惟现今立法之趋势,尚未完满发达,故现行之缺点,与过渡时代之逆境,均为劳动法发达之一时的障碍。幸世人对于此种新见地,已渐渐理解,则可为劳动法前途庆贺者也。

此新见地,不仅限于工业劳动者之范围,原则上并可适用于全劳动阶级,故被佣者各个团体间之旧有区别,已归消灭(其意义尚未全失),当该区别消灭之时,以整顿社会秩序(不依劳动之专门的性质)为注意之新区分,即同时成立。即劳动者使用人,指导的使用人之区分是也。此种区分,发端于战前之法律,进展于经济复员法及之劳动协约,巩固于经营协议会法。经营协议会法之立法旨趣,与 1911 年 12 月 20 日之使用人保险法相同,使用人保险法所谓使用人,凡雇官吏及其他(不论预备教育有无)地位较高之使用人,掌柜、老师暨教育者等,皆属之,依经营协议会法,较底级或仅从事于机械的劳动之使用人,亦归入法律上所谓使用人之中。至于"动劳者"系被佣者之总称,除使用人外,家庭工业者,亦包含在内。"指导的使用人",则凡法人之理事,业务执行者,业务代理人,包括代理人,及经营指挥者,皆属之,被佣者之有独立任免权者,亦包含在内。此等指导的使用人,对于商业上之主人,立于第一位,故原则上为使用人法所除外,与

---

① 原稿误作:Ronstitutionelle Tabrik。典出 Heinrich Freese, Die Konstitutionelle Fabrik, Jena: Fischer, 1909。编校者注。

经营协议会法及八时间劳动制,尤其毫无关系。

### (三) 佣主及使用人组合 (Arbeitgeber-und Arbeit-neh-merverbände)[①]

关于被佣者及佣主间之组织之法律,亦已迭经种种重要之变迁,战前立法,所持态度,对于职业组合、营业组合,极为不利,乃尽人皆知之事实。然至欧战既发,此种态度,遂非变更不可。依 1916 年 6 月 26 日之法律,劳动者及佣主之营业组合,不受关于政治组合之德意志组合法规定之适用。又依 1918 年 5 月 22 日之法律,与职工组合运动有密切关系之德意志营业条令第 153 条,完全废止。至同年 11 月 12 日,国民受任者,公布革命布告时,同时废止以前联邦法上所有对于某种劳动团体之联合禁止;并于《宪法》第 165 条第 2 项,承认一般佣主及被佣者双方之组织及联合,对于营业组合,则于《宪法》第 124 条第 2 项,载明《民法》第 61 条第 2 项之规定为无效。政治上社会政策上及宗教上之组合之登记,既经行政官厅,加以禁止,其权利能力之取得,遂不可能。此皆重要之点也。

上述营业组合之新发达,同时又使意味深长之劳动组合,基础益形巩固。其组织中,关于工业者,设有含义极广之规定。种种庞杂分歧之德意志劳动组合,各从其营业种类而组织之,该组合,总括于德意志工业上营业上佣主及使用人之中央劳动组合。各劳动团体,均须选出佣主及被佣者,参加临时德意志经济会议及公共经济上之自治团体。

---

① 原稿误作:Arbeitgeder-u. Arbeitnehmerver bande。编校者注。

## （四）八时间劳动制（Achtstunden-Arbeitstag）

八时间制之采用，与其谓为法律上之改造，毋宁谓为经济上之重要改造。在德意志最先提创者，为社会民主党，1918年11月12日，国民受任者之布告，宜言即时采用八时间制。但营业上之劳动者，依1919年11月23日之命令，方始实现，使用人（指导的使用人除外），依1919年3月18日之命令，方始实现，上列两项命令，俱系德意志经济复员部所发表，但有虽至经济复员期以后仍属有效之性质。

依上述两项命令，除休息时间外，逐日有规则之劳动时间，定为八小时，星期六之工作若较平时早完，得补充他星期工作时间之不足。因此之故，劳动时间，又成为每星期四十八小时矣（星期日除外），使用人，则以一年内由佣主选定之二十日，为定时外之劳动日。其平时业务，每日不得超过十小时，且不许继续至夜间十时以后。又对于使用人，许其依劳动协约，而为某限度（三十小时以内）之变更。凡公开之卖店，每夜须至七时以后，方可闭门，又由警察所指定之二十日间，营业时间，非再延长不可，但亦无延长至九时以后之必要。

星期日及休息日，一切业务，原则上均加禁止，但亦认有种种例外。

## （五）失业者之保护

失业者之保护，与新劳动法之完成，关系至巨。德意志此项事业之企图，始于革命以前欧战败北以后，实现于1918年11月13日之命令。惟迭经变更之后，复依1920年1月26日之命令而修正。该项命令，成为经济复员法之一部分，故可认为临时处分，将来或变为失业保险，亦未可知。地方团体，对于失业者，本有保护之义务，但其费用十二分之六，归国家负担，十二分之四，归州负担。至于受保护之必要条件，则如有劳动能力，有劳动意思能力，年在十六岁以上，因战后全部或一部失业而陷于贫穷等是。此外，劳动能力缺如者，另有养老保险，废兵保险，及其他相类之保护处分，以资求助。总之，地方团体，实有出资保护失业者之责任者也。

## 二　劳动协约及调停手续

### （一）劳动协约

劳动协约，即关于劳动条件被佣者团体与佣主团体或各佣主间书面所订 Tarifverträge[①] 之同意。在欧战以前，因法律缺乏此种规定之故，其法律关系如何，议论纷呶，各趋极端，至 1918 年 11 月 23 日命令公布之后，始得有所遵循，依据该项命令，劳动协约，对于有订约能力之团员以"即使无各人自发的明示或默示之承诺亦为有效"为前提，其结果，成为强制的，仅于当事人间，有拘束之力。易词言之，受劳动协约拘束之佣主及被佣者间所立违背劳动协约之约定，毫无效力，且当然应受劳动协约各该相当规定之适用。仅于被佣者方面有利之场合，承认例外而已。故适合劳动协约之报酬，有最低赁银之性质。此项法律之强制规定，虽劳动协约，亦不能以之为无效，但于其他场合，劳动协约，今已认为法源，于佣主及被佣者之地位，有拘束之力，此点，有与立法权同等之权能。

上项命令，并规定：德意志劳动总长，可以宣言"劳动协约，在该协约适用地域内，即使对于不属于有缔约能力之组合之佣主及

---

[①]　原文误作：Parifvertrage。编校者注。

被佣者，亦有一般的拘束力"。从实质上观之，上述劳动总长之决定，以"劳动协约，在该契约适用地域内，关于劳动条件之形成，有优越权力之意义"为前提，更从形式上考察之，则某种手续，有禁止之必要。至于要求劳动总长宣言"劳动协约有一般的拘束力"之声请[①]，非由劳动协约当事人之一方为之，即由与义务宣言有直接关系之佣主或被佣者合意为之，二者必居其一。又提起异议之期间，应由该总长公示之，至有效期间经过之后，该总长应就异议声请，为终局决定；同时并决定一般的拘束力发生之时期。其业经劳动总长宣言有一般拘束力之劳动协约，应登录于劳动局所存劳动协约登录簿，并公告于公报。再由登录簿付与通知及证明于关系人，不征手续费。上述一般的拘束力之宣言，可从法律之种类而作成法规。然关于此点，以关系团体及德意志劳动总长之协力为必要。为作成劳动法上之规定起见所付与之权限，既为总长及关系团体所分割，则关于劳动协约及殖民，当然发生种种困难问题。

"可由大职业组合与同业协力作成新法律"云云之思想，所以能经法律认可者，实与社会化法付与法律作成权于公共经济自治团体之倾向，极有密切关系，此可视为劳动法之社会的自治之一例，如斯，使包含于经济的集团之生活力，接近立法上之效果，虽不免有破坏法律之危险，然健全之思想，可以从此发现。

劳动协约各场合之内容，千差万别。如劳动时间、休暇、劳动报告、共同决定权、公断处或契约之场所的效力范围等，其尤显著也。

## （二）调停手续（Schlichtungsverfahren）

未能订立劳动协约之场合，或佣主团体（或各佣主）及被佣

---

① 同"申请"，以下同。编校者注。

者（或其团体）之间，关于一般劳动条件，发生纷争之场合，换言之，非与各个劳动者之纷争而为团体的纷争之场合，调停委员会，有裁决该项纷争之权限。此调停委员会之制度，发源于祖国辅助勤务法。依据该法，调停委员会，实解决佣主及被佣者间本于某种特殊的辅助勤务法而起之纷争，并调停佣主及劳动者委员会间关于赁银及其他劳动条件之意见相歧者也。调停委员会之组织，应以由战争局所委任者为议长，并由佣主及被佣者中，选出同数之委员。然自革命时代之立法，排除议长之后，委员会，常仅由佣主及被佣者组织而成。议长则当然从委员中或从公平之第三者中选出之，故例由佣主及被佣者轮充议长，不能一致时，地方中央官厅，有任命公平之第三者为议长之权。委员会之职责，纯在圆满解决当事人间之纷争（1918年12月23日之命令）。恰如欧战以前，工业及营业裁判所之为调停人，其关系相同，和解不成立时，委员会所发之调停裁决（Schiedsspruch），不过具德意上之意义而已，故须当事人双方承认，始能发生法律上之拘束力（1918年12月23日之命令），关于此点，1919年9月3日之命令，更设如次之规定：即赁银、给料及其他劳动条件发生纷争时，经济复员委员会有宣言"调停裁决有拘束力"之权，从一般的见地考察之，该项规定，性质上，其纷争非关于团体的不可，但依现行1920年2月12日之命令，经济复员委员，可本于调停裁决之理由（即从其内容），决定"团体的劳动关系之全部成一部条件，有拘束之力"，因此，虽于当事人有反对意思之场合，该委员亦可置之不顾，并得以劳动协约之全部或一部，强制当事人。夫债权法上发生直接效果之权能，原属于当事人，而按诸新经济法，则此项权能，可付与国家，上述事实，其适例也。然上述事实，究系对于契约自由原则上之侵害，即使系为团体的效果起见，亦殊非是，理论上亦大有驳斥之余地。盖此种情形，劳动协约之基础

(即依当事人自由意思而成之法律组织），必致徒存其名，官僚的专制的法律组织，必起而代之故也。然此种组织，绝不能持久。其对契约自由原则如是之侵害，仅在革命的动摇时代为维持劳动自由起见之一时的处分，可加容认而已。

调停手续，本来纯系调停性质，完全不容强制，其详细规定，于今仍付阙如，其手续之进行，性质上悉听委员会之自由裁量，委员会不能强制证人之出席或宣誓，委员会提出动议，应以当事人之陈述为主要基础，再参以自己之专门知识。又委员会有不用强制力传唤并讯问报告人之权限，对于当事人本人，可以百马克以下之罚金，强制其出席（1918年12月23日）。

除上述调停外，应归裁判所审理之各项纷争，亦可使委员会为转团体纷争更加公平之决定，例如对本于经营协议会法之任免所生异议之决定，及关于参加战争者及重伤者之回复业务或继续业务之决定，其一例也。

由其全体考之，调停手续，以现行法之现状而论，尚极不完全，且过于错杂，德政府现正计划新调停法之提案，此或系对于不当同盟罢工之预防策，亦未可知。

## 三 经营协议会及经营贷借对照表

### （一）经营协议会（Betriebsrat）

经营协议会（Betriebsrat）堪称"新劳动法之砥柱"者，实为经营协议会之制度。1916年12月5日之祖国辅助勤务法，关于有劳动者五十名以上之一切经营，已有劳动者（使用人）委员会之设立。该委员会之委员，由劳动者以直接且秘密之比例代表选举法选出之，其所选出之委员，须与其代表团体利害休戚关系深切者。此项制度，足使委员会权限之基础，因命令权之方法与劳动协约，而愈益巩固，委员会之共同决定权（Mitbestimmungsrecht），并及于被佣者之任免，考其影响所自，纯在革命以后经营协议会使政治上经济上一切势力集合于该会之思想。此种倾向，欲在政治领域内芟除之，总须于经济领域内，与以充分之余地。其一时的解决方法，1920年2月4日经营协议会法公布后，愈形发达。依据该法，原则上至少须每被佣者二十名从业之经营，组织一经营协议会，劳动者及使用人，各按其数，选出代表，经营协议会之劳动得组合员，同时组织劳动者协议会（Arbeiterrat）[①]，使用人组合员，则组织使用人协议会（Angestelltenrat）[②]。此两协议会，有一定之要件时，依补充组合员，互谋其安固。选举，每年举行数次。劳动者全体，对于经营协议会，以经营集会（Betriebsversammlung）对抗之，其权限，限于得为声请及希望之范围以内。且在只有劳动者五名乃至二十名之经营，有以被佣者所选出之经营议长（Betriebsobmann）代经营协议会者。劳动者之多数与使用人之多数，于议长之人选，不能一致时，由各团体各选出议长一人。由自己之中选出指导的经营委员（小协议会仅于代理人外任命议长一名）之经营协议会，于一般被佣者地位之利害体戚，知之甚深，其为对于佣主及调停委员代表劳动者地位之机关，尤为一般所信认。又经营协议会，关于一般的雇佣之规定，有为一切被佣者设法与佣主融合之义务。若其见解不能一致，则由调停委员会裁决之。为佣主者，应本于经营协议会之要求，向经营委员会，说明在一定条件之下关于一切劳动协议约及被佣者行为之经营行程，即使无特别要求，亦应报告企业之成绩、经营之效果及预料所及之劳动需要等事。

---

[①] 原稿误作：Arbeierrat。编校者注。
[②] 原稿误作：Angestellenrat。编校者注。

较经营协议会之权限更为广泛者,厥惟团体协议（Gruppenrate），若遇缺乏关于劳动协约之规定时,该会须协助规定赁银及劳务关系（如以日计算之工作条件、个数、赁银；新赁银制之采用；劳动休息时间及休假等）。关于任免,更付与该会共同决定之权。任命之实行方法,须由该会与企业者协定之,遇必要时,调停委员干涉之。任命之方法,本归佣主单独决定,但有管辖权之团体协议会,得就其任命,于五日内,提出异议于调停委员会。若调停委员会赞成佣主之决定时,与新使用人所立劳动契约,得以为"在法律上之解约告知期限内已经有解约之告知"者而公布之。经济复员委员,就"有拘束力"之宣言,不受经营协议会法之适用。

被佣者既由佣主方面受取解约告知以后,对于此项告知,得于五日以内,向有管辖权之团体协议会,为异议声请。例如因告知属于某种性质者,或由于政治上或宗教上之理由者,又或于被佣者之状况经营上之状况,不相当,有不当苛酷之处者,其适例也。团体协议会,既认其异议声请为有理由时,及已与佣主之间十分谅解时,由调停委员会,本于协议会或劳动者自身之声请,为最终之决定。调停委员会认异议为有理由时,佣主方面,即无使被佣者将来就业之义务,仅赔偿委员会所决定之损害足矣。上述种种关系,揆诸所谓"立宪的工场"之用语,已发挥尽致。企业者,在原则上,仍为经营之主,惟其权利之行使,为经营协议会所限制。故经营协议会与企业者,合而言之,可称为经营之社会的活动上之机关。故经营协议会,不能谓为被佣者团体之法律上代理人。又被佣者团体,亦非法人,其与经营协议会之关系,与民法上之代理,本质上大相径庭。

## （二） 经营贷借对照表（Betriebsbilanz）

在大规模之经营（例如有劳动者三百名以上又或使用人五十名以上者），企业者，有因经营协议会之要求提出每年损益计算表及经营贷借对照表于该会之义务。兹所谓经营贷借对照表中，不包含企业者之私用财产。又兹所谓企业之中，包含多数之经营，又经营贷借对照表，须为企业全体之贷借对照表，各个贷借对照表之报告意味，及其相互关系，企业者，有依据贷借对照表原簿而为报告之义务，但无提出原簿于经营协议会之义务。

## 四 雇用强制及解雇强制

### （一） 概论

经营协议会之共同决定权，关于身份上之问题，犹认企业者有广泛之自由，因此，企业者之意思，无论于如何情形，不能阻止。又企业者之意思，虽占极优势之地位，但其提案及适用，可依"应与经营协议会相协力"之规则，加以限制。新劳动法，对于此点，毫不认有何制限，但征诸过去现在之事实，则世人竟于某种情形，阻止企业者之意思，且对于企业者，强制订结劳动契约（雇用强制 Beschäftigungszwang）[①]，强制解除既存契约（解雇强制 Entastungszwang），此种雇用强制，成为编入强制（Zwang zur Einstellung），在业已编入之被佣者，则成为再雇用（Weiterbeschäftigung），但于编入强制，又成为新编入强制（Zwang zur Neueinstellung），又于同一佣主从前之被佣者，成为再编入（Zwang zur Wiedereinstellung）。

---

[①] 原稿误作：Beschafigungszwang。编校者注。

佣主权利范围之侵害，必如何然后成为问题？此仅系一时的。换言之，不过以经济复员法时代之规定可加是认而已。在有利于"社会思想上具重大意义之重伤者"之时，雇入强制，毫不受时之制限。

## （二）关于经济复员之规定（Demobilmachungsvorschriften）

德意志在陆军大瓦解后最穷迫之时代，为应行解雇之战争关系者之利益计，曾与大佣主及被佣者团体协定，认从前之佣主，有再编入之义务。此种义务，因1919年1月4日之经济复员令，而成为法律。该项命令，其后迭经变更，现今所以为标准者，系1920年2月18日所制定。

依照该项命令，一切经营之企业者，均有再雇用曾于1914年8月1日从业于各该企业之参加战争者之义务。惟该项参加战争者，以曾于出伍后二星期内请求再雇用者为限。俘虏或被幽囚者，则须于六星期之通知期间内，提出声请。此再雇人之义务，若遇被佣者人物上存有重大原因，又或因经济上之特别状况（例如在经济上雇人有不可能者）全部或一部分不可能时，当然消灭。既经再雇用之后，至早，非经过三个月，不能解雇；又解雇，只可于月历之终为之。自有此项一般规定，参加战争者之保护，自可益臻完备矣。依前此1920年2月12日之命令，对于佣主，课以继续雇用之义务（Weiterbeschäftigungspflicht），佣主因再雇用之原因或劳动者人数之递减而行解雇者，应以劳动之延长（Streckung der Arbeit）不可预期之情形为限。故依劳动者递减之解雇，既加是认，则佣主甄别解雇者之际，自须于某种条件，除经营状况外，如年龄、勤务年限及被佣者家属状况等，加以斟酌。其他原因之解雇（尤如各被佣者之缺格），本属佣主之自由，然此种情形之解雇，与关于共同决定权之经营协议会法规定，殊有密切关系。关于由上项命令所生争议，归调停委员会裁决之。其裁决，可由经济复员委员会，宣言"有拘束力"，于此情形，可认为当事人间，业已从调停裁决之内容，归结雇佣契约。

在经济复员时代，解雇强制，已经采用。该会得于有对抗失业者之必要时，在一定条件之下，强制佣主解放使用人。1922年4月1日以后，该项解雇强制，已归废止。

### （三）重伤者

为救济重伤者起见而采用新编入义务（Neueinstellangspflicht）由来已久。但兹所谓重伤者，不仅由于世界战争者，由于公灾害保险者，亦包含在内。（由于战争及劳动而残废者）（1920年4月6日之命令）依照该项命令，凡得付与劳动场所之佣主，遇有适合于该重伤者之空位时，有尽先录用该重伤者之义务，又德意志劳动大臣，得于某种经营，规定：非为重伤者腾留劳动场所空位不可。私佣主，至少应按每被佣者二十五名至五十名，雇用重伤者一名，每被佣者五十名以上，雇用重伤者一名以上。重伤者之解雇，至少应限于四星期之解约告知期间以内，且有"战时重伤者及战时遗属保护局"之公告者。解约告知期间，与上述公告，同时发生。凡由于故意或重大过失所生对此法律之违反行为，由调停委员会，科以一千马克以下之罚金。又保护局对于恶意之重伤者，得剥夺其一时法律上之利益。

由其他法律所生义务之纷争，其裁决，调停委员会有管辖权。故其现行规定，有与经济复员法之所规定，相同者，尤如上级之行政官厅（与经济复员委员会一般相同），得宣言："调停委员会之仲裁裁决有一般拘束力。"遇有重伤者之编入发生问题时，得就应行编入之重伤者，本于保护局之声请，于有拘束力云云之宣言中，决定之。由是，可视为佣主及重伤者间，业已缔结劳动协约者。

## 五　农业劳动者及仆婢

1918年11月12日国民受任者会议之布告，以多数联邦内所存仆婢令（Gesindeordnung），尤如1810年11月8日普鲁士之命令，为无效，并废止对于农业劳动者（Landarbeiter）之例外法，例如关于禁止农业劳动者团结及同盟罢工之法律是也。仆婢，向与农业劳动者相同，受社会上极不利之民法上雇佣契约法之规律，但在贝伦，则依1918年12月13日贝伦经济复员委员之命令，旧时缺陷，业已补充。该项命令，仅限于家庭内之雇佣，且与从事于农业上之雇佣者，毫无关系，又该劳动时间，常限定于十小时，夜间休息时间为九小时，对于每夜九点以后之劳动，与以特别报酬，此外星期日及工作日之就业时间等，亦有详细规定。且于家仆在勤务一年以后，至少付与请求休假八日之权利。

关于农业劳动者，曾于1919年1月24日，公布临时农业劳动令（Vorläufige Landarbeitsordnung），依据该项命令，农业及森林业劳动者之劳动时间，定为每四个月八、十、十一，超过上项时间时，应给付特别报酬。至于即时解除劳动关系之重要原因，则尚保留未决，但有"政治上及职工组合上之行动不应成为解雇原因"之制限，至以物品为赁银一层，为劳动者之利益计，佣主之义务，规定甚为明确。并以预妨①劳动者之不当利得为目的，设有详细之规定。又赁银之减额，须受限制。对于非办理家事不可之劳动妇人，须加特别斟酌。例如妇人于主食时间之前，为办理家事计，每日可以早退是也。农业经营，至少须有继续的劳动者二十名，

---

① 同"防"。编校者注。

方可设置劳动协议会，缔结劳动协约。

在欧战开始之际及开始以后，从事于农业及森林业者，依照1919年3月16日之命令，于上述以外之营业，不得以为被佣者而雇人之。但此项属于经济复员法之规定，业于1922年4月1日废止矣。

## 第三编
# 经济法作为社会法的属性

# 从个人法到社会法

——法律哲学的新动向

陈任生

## 一　社会法学的发展

说起法律哲学的新思潮，我们就不禁会联想到 19 世纪时代法律哲学的理论的斗争。原来 19 世纪，算是法学思潮的鸿沟，同时也就是法律哲学上新旧两派的分野时代。法律哲学，和其他社会科学一样，是随同社会的变迁而转换的。19 世纪以前的法律思潮，是建筑于个人主义的原则上面，19 世纪以后的法律思潮，则站在实证主义的社会学上。在前者方面，有 18 和 19 两世纪间的自然法学派，在后者方面，就是本篇所欲述的社会法学派。而在实质上，前者，是以权利做基础，后者则以义务做对象。从自然法学派的权利本位到社会法学派的义务本位的法学，是有一定社会的背景和动力，所以说到新法律哲学的社会法学派，就不得不先追溯到 19 世纪以前的自然法学派的思潮了。

不过社会法学派，在理论的体系上，可以把它分作两大派别：一是社会学的法律学，一是社会主义的法律学。属于前者，有德国的基鲁克（Atto Von Gierke，1341~1921）的团体法、法国狄骥（Léon Duguit，1857~1928）的社会连带法律哲学等等；属于后者，又可分作前后两期社会主义的法律学。圣西门（Saint-Simon）、阿因（R. Owen）①、福利亚（Fourier）②、蒲蓝（Louis Blanc）③、蒲鲁东（Proudon），代表前期社会主义（即空想的社会主义）中的法律思想者；孟格（Menger）、尼米（Levy）④、麦脱（Mater）⑤、柏伦特亚（Pellontier）⑥、马克斯（Marx），是代表后期社会主义（即科学的社会主义）的法律思想者。在后期社会主义的法律思想中，又因各人立场不同，而演成各种派别。马克斯是根据他的唯物史观和剩余价值学说，而建设阶级法理学；柏伦特亚是以直接行动来创造工团主义的法理学；孟格（尼米和麦脱的思想与孟格相似）则根据国家社会主义，来完成法的社会主义的理论。学说和派别，既是这样的复杂，而所包括的范围，又几乎牵涉整个社会史的领域。要原原本本写来，自非一部专书不办，所以我仅选择狄骥的法律思想介绍一下，其次我介绍狄氏的学说，还有下述的意义：

狄骥不但是法兰西现代法律哲学界的泰斗，而且是现代法律思想史上很有权威的学者。他的法理学体系，不但推翻法兰西传统法学的旧营垒，而且打破从来法律学的界说，因为法国自从1789年大革命以后，约百余年间，卢梭的天赋人权学说，几乎支配了全部的法律思想，这最初不过反映于法兰西宪法及民商各法，不久之后，便风靡全世界构成了近代

---

① 罗伯特·欧文（Robert Owen，1771~1858），英国空想社会主义者。编校者注。
② 夏尔·傅立叶（Charles Fourier，1772~1837）。编校者注。
③ 原稿误作：Louis Blance。指路易·布朗（Louis Jean Joseph Blanc，1811~1882）。编校者注。
④ 不详待考。编校者注。
⑤ 不详待考。编校者注。
⑥ 斐尔南·佩路提埃（Fernand-Léonce-Émile Pelloutier，1867~1901），安那其工团主义的创始者。编校者注。

法律哲学的骨子。英美宪法的天赋人权说、私法上的契约自由原则、相续权的原则和所有权的原则，是其中最显著的例，即如我国的法制，亦受其影响，民国元年的临时约法中所载"中华民国的主权，属于国民全体"的规定，便是承继国民主权说（souveraineté nationale）① 而来的。②

但是到了狄骥，他在公法方面，否认主权论，因此推翻历来的国民主权说和国家主权说（Doctrine de l'Etat-puissance）③ 乃至主权论的权利观念，而代替以义务的思想，在私法方面，又力说传统的权利本位法学的矛盾而提倡义务本位的法学。所以狄骥的权利否认论，实际是对准着传统的公法和私法双方而发的。因此之故，狄骥的学说，便卷起法学界空前绝后的波浪，还不止此，而在事实上，狄骥的学说，影响于各国新法制不少，例如1919年德国新宪法的"经济生活"一章，尤其第153条"所有权的行使，必须不背公共的利益"并大战以后欧洲各国新宪法的义务思想，乃至晚近私法学的社会化这些法制的变迁，虽是随同社会组织的变革而转换，但狄氏的学说，确有很大推进的力量。所以我觉得狄骥的学说，很有介绍的必要。不过孟格的法的社会主义和马克斯的阶级法理学，在最近法律思潮中，都占了很重要的地位。这派学说，正在完成它的体系，将来成为法律哲学上一大势力，亦未可知。

## 二　从权利本位的法学到义务本位的法学

前面说过，义务本位的法学，是对权利本位法学的反动而来

---

① 原稿误作：Soveyainé é Nationale。编校者注。
② 国民主权说是根据卢梭的天赋人权说。
③ 原稿误作：Doctrine de I' Etate-purssance。编校者注。

的，所以以下先述个人主义的权利本位法学的概要。个人主义的权利本位法律思想，根据自然法的观念，依这派学说的见解，"法"的基础是建筑于个人的自然权利上面，所谓自然权利，就是指人自有生以来的天赋人权。这学说，发生于17世纪之末，首倡此说者，算是洛克。洛氏在他所著的《政治论》中，曾说人类放弃自然状态而组织社会，是为防卫社会未组织以前的自然权利。尔后，此说在18世纪渐渐传播，在社会科学思想上，尤其在法律学上极占重要的地位，当时勃拉斯顿（Blackstone）① 的《英法论》并1789年的法国人权宣言书，都是根据这天赋人权的学说，例如该宣言书第1条说："人类出生以来，在权利上是自由平等的。"这种思想，几乎构成18世纪以后各国立法的原则。个人主义的权利本位法律思想的缘起，如上所述，至关于权利本质的研究，则有下述三个学说。我们从三个学说的演进，可以看出从权利本位法学到义务本位法学的发展过程。

### （一）权利意思说

权利意思说，认权利是意思的力，那就是一人的意思比他人的意思较强的时节，这较强的意思，便是权利。主张此说者，以为国家对个人有命令的权利，是因为国家对个人有强制命令的力；同样，所有者得强制其意思，于妨害其所有物者，是因为所有者，在所有的事实上，有所有权的权利。又如债权者有债权的权利，所以他得强制他的意思于债务者，使债务者履行债务，这些法律行为，都是在于说明权利的本质，不过是意思的力而已。

但是，若把权利解为意思的力，在各国现行法制上，有许多不能贯通之处。我们知道，幼者、胎儿和精神病者，显然没有意

---

① 指威廉·布莱克斯通（William Blackstone，1723~1780）。编校者注。

思的力，论理就不该享有权利，而各国法制，则用明文赋予权利。又如法人和国家的团体，既然不是精神上和肉体上的人类，就更不该享有权利，但在法制上，竟和自然人一样，站在权利主体的地位。权利意思说，有以上的难点，欲就意思说，来说明权利的本质，在事实上，终竟不能透彻，于是遂有权利利益说的产生。

## （二）权利利益说

此说见于伊厄林格（Jhering）[①] 的名著《罗马法的精神》。伊氏谓权利就是"法律上所保护的利益"。幼者、胎儿、精神病者、国家和法人等，虽没有"意思"，而能享有权利，是因为各有各的利益而受法律保护，所以伊氏以为权利意思说的难点，可用权利利益说来说明。但是法律上所保护的利益，在实际上，未必都是权利，例如刑法上所规定往来妨害罪的性质，虽在保护行路人的利益，但这种规定，并不构成一种权利，否则利益和权利，便混合一起，无所区别了。同样，国家关税保护政策，虽在保护国内生产者的利益，但这种利益，亦不构成一种权利。关于此点，伊氏又用"法的反射"来解释，他以为像以上所说生产者所获得的利益，是"法的反射"的作用，并不是权利，所以他认像这种例证，不足否认权利利益说的主张。但是，在法律的事件上，何者是法的反射，何者非法的反射，伊氏不能明白指出两者的区别，于是伊氏便渐渐变更他的学说而主张利益主体受他人妨害，为除去此妨害起见，要求法律保护的意思表示时，这利益才算是权利。换句话说，伊氏一面主张权利利益说，他面则倾向前面所述的意思说，这就是以下所述的折中说的缘起。

---

[①] 指鲁道夫·冯·耶林。原稿误作：Irling。编校者注。

## (三) 折中说

所谓折中说,就是以上意思说和利益说两者的调和,而将权利的主体,归于意思和利益的结合。代表此说者有法国的米屑和德国的厄利尼屈。米氏和厄氏,以为利益和意思两者并存时,才发生权利,所以法律所保护的利益,不能即时构成权利,必须在法律上,有活用这所保护利益的意思(volonté capable de mettre en oeuvre l'intérêt protégé)[①] 时,这利益,才变作权利。换句话说,依折中说的见解,在权利上,意思的力,较为重要,这意思的力,是权利主体的人,所有的一种优越性(qualité particulière)[②]。这种思想,显然从天赋人权说而来的。按 1789 年法国的《人权宣言书》所谓"人自出生时节,有一种权利,凡是人类,便有这权利的特性,人类把握着这天赋人权,加入社会,为保护这人权起见,'法'因之产生,换句话说,权利在'法'之前,已产生了"的权利论,就是解释权利的本质,是人类优越的特性。

但是谁都知道,按近今学者的研究,天赋人权说,在学术上,不过虚构的理论,没有历史的根据。到了今日,天赋人权说,在学术上,已不能维持其固有势力,折中说的优越特性论,结果,亦不能维持它的权利思想。

如上所述,近世的法学思想,归于个人主义的权利和权利主体的抽象的观念,终跳不出意思说的权利主体论,而权利理论,在其本身的体系上,又不能作圆满的答案,于是个人主义的法律观念,发生摇动,法律社会化(socialization of law)的思潮,因之抬头。其次,自从 19 世纪产业革命普及的结果,经济的生产系与

---

① 原稿误作:Voloeté Capable de Mettry en Oeuvre L'inteiet Prorégé。编校者注。
② 原稿误作:Qualite Parficuliere。编校者注。

生产手段发生了变化，社会组织突起空前绝后的变革，法律制度，当然要跟随社会组织的变革而转换其新方向。从前的个人主义的法律制度，不能适应社会的要求，于是义务本位的法学派，便随之而起。狄骥的社会连带法理学，亦受这些环境的影响而产生了。

### 三 义务本位法学之理论的体系——狄骥社会连带的法律哲学

#### （一）狄骥的社会连带论

狄骥的法律哲学是根据社会连带（solidarité sociale）①的社会观和实证哲学（Positive Philosophy）的方法论上。狄氏以为人类终究是社会的动物，不能离开社会而孤立，因此，人与人间发生了相互的关系。人类一面有共通的需要，他面又有个别的性能。因有共通的需要，彼此必须合作，使彼此满足其需要，因有个别的性能，彼此必须分工，互相交换而后满足。前者叫作类似的连带（la solidarité par similitudes）②，后者叫作分业的连带（la solidarité par division du travail）③。类似的连带在一般人看来，似乎社会契约说的观念。其实不然。社会契约说所谓社会生活发生于人类的理性和意思，因而缔结契约构成人类的集团这种思想，是和实际的事实相反。因为人类社会生活，是被强制于社会的自然事实，不由理智的选择而来；同时，分业的连带，是起于人类事实上的不平等，亦与社会契约说不同，因为人类有了个别的性能，无论怎样，不能不有差别，像社会契约说所谓人类在自然的状态时，是平等的。这种观念也是和事实不合，所以狄骥的社会连带思想，

---

① 原稿误作：Solidarite Sociale。编校者注。
② 原稿误作：la Solidarite Par Simititudes。编校者注。
③ 原稿误作：la Solidarite Par division du travail。编校者注。

根本反对自然法的观念。狄氏以为以上两个连带，都在促进社会的发展，但是后者，在促进社会连带发展的力量较大，因为个人有了差别，个人的特长，可以分担特种的劳务，各个贡献于社会，尤其在今日职业分化多端的时代，这种特别的技能，是分业上必要的要素。分业上各个人的发展，其结果，既是社会的发展，社会的发展同时又是使各个人彼此获得需要，那末，为促进社会的发展起见，各个人便要负社会连带的义务了。个人的发展，虽因个人的能力和地位而异，但各个同是为了社会连带起见，而负应该负担的义务。同样，治者，站在优越的指导者的地位，操握强大的权力，强制的支配被治者，也无非是用个人的技能，去维持社会生活和促进社会连带的发展，换句话说，治者为政者的强制的权力，并非权利，却同是一种公共服务（public service）。这就是狄骥的义务思想的根据。

### （二）狄骥的法的发生论

如上述，个人的能力发展，在社会连带上看来，不过是个人对社会连带上应负的义务，则各个人实行这义务时，就必须对社会连带的关系上负应该做和不应该做的行为。这种行为的规律，叫作社会的规范（norm sociale）。因为人类社会存在之处，必然的发生了一定的规准去规定某种事可做和某事不可做的个人的行为，一面使各个人维持社会的秩序，他方面则依各人的能力，去促进社会秩序的发达，所以从社会连带上，必然产生社会的规范。

但是，社会内各成员，不一定都会遵守这社会的规范，社会一般感觉着有防止违反这规范的行为的必要时，就必须组织的防止手段，此时，社会的规范，便变作法的规范了。狄氏以为一般所谓"法",大概可以分作两部份①:一是规范法,一是技术法。前者就是前面所说的从社会规范而来的"法",后者是规范法的实行法,那就是规定如何处罚违反这规范法的一种手续。换句话说,技术法,是组织的强制力的"法",在独占强制力成立时才发生,独占这强制力的,便是治者即国家,所以规范法,在社会存在之处,必然的存在,反之技术法,却在于强制力的独占者——国家——发生时,才成立。不过,技术法的成立,虽以国家的存在为前提,至于技术法的拘束力的渊源,并不产生于国家的意思力,乃是存在于规范法之中,例如"不可杀人放火",最初不过一种规范法,其后,实行这规范法时,才变作"杀人放火者处以死刑"的技术法,所以狄骥认技术法的拘束力的渊源实际是从规范法而来。从这里,狄氏便否认传统法学者所谓"法"是国家最高意思的力或命令的力的见解,狄氏以为"法"是为了社会连带的必要,而必然的产生。狄氏的社会连带的法理,从以上的逻辑,便渐渐引伸②出来的。

### (三) 狄骥的义务本位的法学

综上所言"法"是渊源于社会的规范。社会的规范,则由社会连带而来,则一切"法"都是从社会连带而来。这社会连带的"法",是包含着各个人行为的规准,依社会的组织的制裁力而成立的。

在法的秩序之下,各个人不能不遵守"法"。何以呢?各个人如果不遵守法,他要受社会直接或间接的制裁。换句话说,各个人在社会上,必须负作为和不作为的积极的和消极的两个义务。

---

① 同"部分"。编校者注。
② 同"引申"。编校者注。

结果，各个人在"法"的各种义务，便随伴而起了；同时，各个人在社会上，依社会的拘束力的保护，而又发生特别的地位。这个人的地位，亦非权利，绝非一种特别优越意思的力，因为像上面所说过的一样，各个人为社会利益起见，必须使自己的身体、意识乃至道德上的各种能力发达，要使这些能力充分的发达，各个人必须有相当的自由，但各个人既为社会连带起见，各个随其地位和能力而尽最高努力的义务，那末，为尽这义务而有这种的自由，便非权利了，因为权利可以任意抛弃，像这样的义务则不容抛弃的。例如，就不动产所有权的问题上说，传统派法学者，都认所有者在所有目的物不动产上，有所有权的物权，所有者在所有的事实上，依"法"的保护，既然有了这种权利，他便可对抗第三者了，反之，若依狄骥的见解，则法律虽然承认而且保护这所有的事实，但是，这却不能就这样说这所有者在所有的事实上，有所有权的权利，因为这些所有的事实，不过是法律上所承认所保护的一个地位而已，而且这地位是随伴社会连带的义务而来的。因此，各个人在法的秩序下，要负作为和不作为的义务，结果，各个人各有特殊的法的地位了。要之，狄骥的社会连带法理学，所牵涉的范围，虽是广泛，但他的学说的中心，是在否认从来公私法上的权利思想，代替以法的地位的理论。他以为人类因为有类似和分业两个社会连带的关系，相互的结合而成社会。个人对社会，只是一种义务的性质，并其相互而生的法的地位。从来法律学的权利思想，在狄骥法律学上，便没有存在的余地了。

末了，狄骥学说的基础观念，如上所述。不过，狄氏的思想，虽曾卷起法学界极大的波浪，对现代法学，贡献不少的功绩，但在实际的事实上，狄氏的理论，亦不免发生许多难点，兹略述如下。

第一，我们都知道，在17和18世纪绝对王权时代，当时封建社会破坏，中央集权的政治确立，君主操握了立法的大权，一切法律不过是君主一人的意思，并不是由社会规范而来的，法国路易十四世说："朕欲之，故为之"，可以表示当时法律的意义了。

第二，降至近世，因为产业革命，资本主义发达，社会上分作资本和劳动的两个对立阶级，资本阶级独占了生产机关，利用经济的优越地位而支配国家机关，此时，国家的立法权力，归于资本阶级之手，一切法律都是支配阶级的意思，像这种的法律，不须说，亦不由社会连带而来，正正相反，乃是由于社会分裂的结果，因此，即有社会连带上最善良的"法"亦无存在的余地了。"法"既是君主的御用品、支配阶级的工具，那末这种"法"的实质，不过少数人的权利而已，狄氏的社会连带的义务本位的法学，在现实的事实上，不免发生了动摇了。

第三，如果像狄氏所谓一切"法"，除了规范法以外，便没有"法"，则狄氏虽然否认自然法，而其自身亦不免陷于自然法的同一错误。按自然法的理论，自然法的效力非常之大，它的效力在成法之上。成法违反自然法时，便不生效力，所以成法违反自然法，或是成法发现不完全时，则直接支配共同生活者，便是自然法。狄氏虽否认自然法，但是他一方面像自然法学者一样，亦否认成定法，他方面又复主张像自然法一样空虚的社会规范法，结果，他本身不免亦陷于自然法的思想了。所以有一般法学者谓狄氏的法理学，不过亦是自然法学派的一系，像这种观察，似乎不是没有相当的理由。

# 社会法之现代性

陆季藩

## 一 法律定型化与社会法之现代性

法律乃以一定时代社会生活为背景,所形成之社会规范也。故当时社会生活之特殊性。常表现于法律中,所谓法律定型化是也[①]。苟一观过去法律形态。即可了然矣。在历史上,古代社会以家长成有身份关系之团体为社会单位。是以彼时法律常着眼于身份阶级,如日耳曼法是。逮中世封建制度确立后,其主要社会生活为地主与佃农关系,故当时法律所规定之对象,即为地主与佃农,于是乃有封建法(Lehnrecht)。至于近代法则以商品自由交易为背景,而着眼于个人自由平等,是以以规律平等市民或经济人(如商事公司是)相互关系为其目标。此无他,即以社会生活随历史发展阶段而带有特殊性,法律既为社会规范,故其特殊性亦浸

---

[①] 法律定型与社会定型有极密切之关系,在法律学者以社会定型为其断定法律定型之根据,在社会学者则以法律定型为其断定社会定型之准则。总之,二者交相为用,若自互相启发一点观之,至少法学者不能不以社会学为根据。何则,论述社会定型之书籍甚多,而谈法律定型者,尚属寥寥故也。法律定型论之说,非唱之梅因,在 1857 年阿美力著《比较法学批判》(*Emerico Amari, Critica e storia di una scienza delle legislazioni comparate*, p. 485) 一书中,已有与梅因公式——由身份到契约——相同社会法之现代性。思想之发现。阿氏以为历史进化之目标,正在"自由意思之结合代替权力统制社会"一点。此显然理解法律定型之言。不过无梅因之明确表示耳。而梅因之法律定型论纯以特尼斯(Tönnies)之社会定型论为根据。关于特氏之社会定型论,请参阅后注。

润于法律中，遂有法律特定形态之形成。因此，有若何社会发生，即有若何法律之制定，其法律之形态，即以该社会生活特殊性为基础。故法律定型化不外为社会生活特殊性之反映而已。

惟社会生活括有两种意义，自全体言之，为互相扶助，自个人言之，为互相竞争。故其自身即含有矛盾性。其矛盾因种种原因——如人口增加、生产力变更是——而扩大。法律当然亦随其矛盾性扩大而变更。因此，法律定型化亦不过一时之静止状态而已，并无永久性。梅因所谓"由身份到契约"（from Status to Contract）①，虽系表示法律演进之阶段，但亦可知法律定型化之无永久性也。

现时法律状态之演变，已由市民法趋向社会法，换言之，即由分立社会法制转向为共同社会法制。何以言之？即以法律与社会有不可分之关系，如影之随形。所谓"有社会即有法律，有法律即有社会"（Ubi societas ibi ius, ibi ius ubi societas）之格言，即为此写照也。而社会中又有两个对立不同社会之存在，即共同社会（Gemeinschaft）与分立社会（Gesellschaft）是也。② 以前者社会为背景之法律，则异于以后者社会为背景之法律。自古以来，

---

① Henry Sumner Maine, *Ancient Law: Its Connection to the History of Early Society*, London: J. M. Dent and Sons, 1861, p. 170.
② 社会定型论首倡于迪原克姆（Émile Durkheim），迪氏依社会联带作用，将社会组织区分为二：一为机械的联带（solidarité mécanique），一为组织的联带（solidarité organique）。嗣后斯宾塞（Spencer）将社会分为军型社会（militant type of society）与工型社会（industrial type of society）而特尼斯则本人之意志关系，将社会分为共同社会与分立社会。前者为必然的结合，后者为相离的结合。此说与梅因之法律定型论关系颇深，故将其区别，略述如下。（1）共同社会为爱慕而结合，换言之，为结合而结合。反之，分立社会则为追求特殊目的而结合。前者如宗教团体，后者如工会是。（2）共同社会无组织，而分立社会则有之。（3）共同社会乃自然而发生。分立社会则由人类意思所组织。（4）共同社会其构成员之范围，无明确限界。而分立社会则否。

此两种社会互相推移，此衰而彼兴①。此种变动，不独其自身而已也。即以其为基础之法律，亦莫不受其影响，如一览过去法制，即可知其转换之痕迹矣。此两种不同社会之法制，各有其特征，在前者——共同社会法制——以规律指挥服从之共同生活秩序为目的。后者——分立社会法制——则由财产法见地，规律权利义务之对立关系。故"由身份到契约"之公式，颇足表现上述两种法制之特点。而今日法律状态又有逆转之势，已由分立社会法制时代步入共同社会法制时代。盖分立社会因资本主义高度化而趋崩溃，于是其反对社会途代之而兴。社会内容既发生变动，以其为背景之法制，当然亦随之变更。社会法即其变更之结果，故其内容颇富于现代性。其现代性如何，要不外下述三点。

## 二　实定性

由前节观之，可知社会法乃以现代社会为背景而形成之实定法也。其内容与其他法律相同，亦握有社会一部现象。非由个人主观凭空构思而成，故不失为客观法规之一，是以谓其有实定性也。② 此实定性乃今日法律所有之特色。盖近代社会生活因自由平等思想之发达，各人皆有自觉心。对其行动是否合法，皆欲预先知悉，以免触法网。譬如旅行，在出发之前，必详视地图，规划行程，以预测其足迹，而吾人于其社会生活，亦莫不如此，均不欲盲目从事，皆希预先知其法律地位，以审度其行动。是以，法律之于人生，如旅行之有地图然。而法律为满足此种期望，则不能不根据社会实况详订其内容。19 世纪以来，成文法所以占绝对优位者，即以此也。社会法既为现代法制之一，当然不能例外。

---

① 恒藤恭著社会ト意思 105 页。
② 桥本文雄著社会法ノ研究 218 页。

如工厂法、合作社法及团体协约法，皆有成文规定，明示其实定性，俾人预知其内容而有所适从。虽一般学者对社会法视察方法不同而各异其名称，或谓为团体法，或称为社会自主法，或视为劳动者阶级法。要之，不外由于观察角度之不同而异其称呼，并不能以此即否认其无确定性也。

## 三　对照性

社会法与民法同以资本主义社会为背景，并无轩轾，惟以所把握之社会形态不同，故二者仍各有其独自机能，而社会法之对照性亦即隐然于此矣。其与民法关系宛如在初期资本主义社会商法与民法之关系然。兹将二者对立点摘要述之于下。

### （一）法律主体之对立

近代民法以解放个人脱离封建社会为目的，故对个人自由活动保护甚周，而其法律主体即为追求自利之个人[①]。惟个人亦有种种职业之分，究以何种个人为标准，总不外为商人型之个人。其非商人型者亦受商人待遇，如雇契约亦视为财产法上契约，与买卖契约同规定于债法中是。至若多数人之团体，亦使其个人化，而与以法人格。不但此也，即特定财产有独立存在必要时，亦使其人格化，如财团法人是。总之，民法上之主体，不论为单独的个人或多数的团体，均有同一之人格，以便在市场中为交易之对手。反之，社会法上之主体，适与民法立于相反地位，不以抽象的利己的个人为主体，而着眼于法律主体之经济的社会的强弱地位，故其主体为社会

---

[①] 班达穆（Jeremy Bentham）以为个人对其生活之利益或不利益，知之最深。是以个人为其"自利追求"及"自利选择"之最善判定者。故法律于个人经济生活即可任其本能之自然作用，不必加以干涉。此种思想为近代民法之根本骨干（平野义太郎著法律ニ于クル阶级斗争九八页参照）。

人（der Menschen in Gesellschaft, der Kollektivmensch），如工会及雇主团体是。

### （二）原理之对立

近代民法以初期资本主义社会——分立社会——为背景，故其大部为财产法规，不但编纂完备，且有统一性。惟以墨守个人主义，全部均为契约自由、自己责任及尊重所有权所笼罩①，是以其统一性因资本主义高度化及社会关系日益复杂而渐崩溃。民法原理既不能充分规律现代之社会关系，则代其而兴之社会法，当然不能不改弦更张，另以其他原理代替之。其原理为何，即团体主义与统制主义是也。社会法之团体主义乃统制主义与民法之个人主义及自由主义正立于反对地位。

### （三）阶级之对立

在社会之内，每因生活利益之不同而有阶级之分。法律既为社会规范，故其阶级利益当然亦能表现于法律之中，因此在法律内亦有阶级性之存在②。关于此点民法与社会法适相对立，前者为有产阶级法。后者为无产阶级法。民法大部为财产法规，以保护有产者为主要目的。而社会法则否，以保护劳动阶级或社会弱者为目标。但此阶级性之不同，不过略示二者性格区别而已，其间

---

① 拙稿社会法之发生及其演变参照。
② 法律是否有阶级性，在今日尚有争议，惟一般切认其有阶级性（Eugen Paschukanis, *Allgemeine Rechtslehre und Marxismus. Versuch einer Kritik der juristischen Grundbegriffe*, Wien/Berlin：Verlag für Literatur und Politik, 1929, Einleitung）。

仅有深浅之别，并无绝对之差。①

## 四　非革命性

社会法之特质即在其与民法之对照性中，惟此种特质并非突然而生，一面由于所把握之社会不同，一面因受民法原理之洗礼，始有今日特殊理论。但此特殊理论并无革命性，因其大半由民法原理演变而来。故与苏俄立法不同，苏俄立法非由固有法律内部发展而形成，乃由法外过程，以革命手段而创立②，是以具有激烈之革命性。而社会法则否，虽形式上与民法对立，然实质上，并不否认民法之存在③。盖在法律演变过程中，新法理论尚未建设完备之际，旧法律仍不能完全失效④。在此新旧更替之间，不免有矛盾之处，而此矛盾乃法律演变过程之产物，并非全由法律性质之不同也。是以民法与社会法得以对立存在，以适应今日复杂社会之需要也。

总之，社会法与民法之对立，乃因社会有共同与分立之别，已如前述。至其所以无革命性者，则以其经济基础与民法相同，虽其间稍有差异，然并未逃出资本主义社会，既在同一范畴下，当然不能谓社会法有革命性也。

---

① 校注者按：此部分原文有注释"（注一）桥本文雄著社会法卜市民法 44 页以下。Gustav Radbruch, *Einführung in die Rechtswissenschaft*, Leipzig, Quelle & Meyer, 1919, S. 91."原本排版讹误，没有出注之处。
② 桥本文雄著社会法ノ研究 226 页。
③ 前注拙稿参照。
④ 关于此点完全指法律定型变迁而言。非指新旧制定法之夏替也。故新法废旧法之格言，不能适用于此，是以谓旧法何不能完全失效也，例如德国希特拉政府极力恢复日耳曼固有法制，但在其固有法制尚未完全恢复前，其继承罗马法理论之民法，仍不能失效是。

# 混合权利

张蔚然

无论何种单一权利，均无专属公法或私法之必然性质。故单一权利，均得具有公权与私权之二重性。盖区分公权与私权者，虽以公权为国家或公共团体（其立于准个人地位时除外）与个人间之权利，而以私权为私人相互间之权利。然在个人权利中某种单一权利，既可对抗一般私人，同时亦可对抗国家。此种权利，在其对抗一般私人上，具有私权性质，在共对抗国家上，复具有公权性质。又在国家权利中，权利主体之国家，在某种限度内，系具有优越意思之主体。然在某种限度内，又居于准私人地位。兹例证述之于下。

（A）在私人权利中，混合权利之最显著者，莫如渔业权，盖渔业权系得以对抗一般私人之绝对权，例如《渔业法》第17条规定："渔业乃物权，准用关于土地之规定。"是则渔业权得适用民法及其法律关于土地物权之规定，彰彰明矣。故此种权利之为私权，与土地物权同。既属私权，自得为卖买、贷借及设定抵当权之目的物——倘加以侵害，即构成民事上之不法行为；亦得为扣押及强制拍卖之目的物也——就此有争议时，亦仅得以民事诉讼解决之。

惟渔业权者，国家赋予之权利也。盖渔业权源渊于国家，且系为公共利用之公有水面之权利。故其具有国家公权之性质，至为显著。所谓为公共利用之公有水面者，即系在国家公法支配权之下之意。故渔业权乃国家支配权所赋予者。渔业准许既系国家公权所赋予之行为，渔业权设定亦系国家将其权利赋予渔业呈请者之行为。此种行为与特许权及著作权之登记，国家仅立于私法秩序监督者之地位，而参与私法关系之形成行为不同。故在允许以后，尚保留所谓取消、停止及限制等权利。就中，渔业权具有公权性质之最显著者，莫如渔业者就渔场区域、渔业权之范围及渔业方法有争议时，关系者得请求行政官厅为之裁决。倘不服该裁决时，得诉于行政法院（日《渔业法》第56条）。故渔业权苟系单纯私权，则关于该权利范围之争执，即必然具有民事之性质。然法律所以置于司法法院之外，而使其依行政诉讼之手段而求保护者，要即置重其公权之性质也。

要之，渔业权一方系私权，同时复具有公权之性质。以私权论，应服从司法法院之裁判，以公权论。又须服从行政法院之裁判。故在裁制管辖上具有两属之性质。

至所谓入渔权，虽系在历来惯行外，依渔业权者间之设定行为而成者——与国家直接赋予之渔业权不同——然因渔业权系公用水面所有之物权故，既含有公权之要素，复含有公权之性质。因是，渔业权者所设定之入渔权，虽非国家直接所赋予，然仍分有公权之性质——因渔业权系公权之故。入渔权既系公权，则关于其权利范围之争，自须与渔业权同，均依行政诉而处理矣。

（B）至矿业权之一面为私权，同时复兼有公权之性质，虽不如渔业权之显著。然其公权性质，则与渔业权相同，均系国家所赋予者。例如《矿业法》第3条规定："凡未开采之矿物，均属于国家所有"，此即明示凡未开采之一切矿物，均属于国家之支配权是。故法律所谓"国家所有"一语之"所有"，并非民法上所有权之意，应解为公法上之支配权，且矿业许可，即系国家公权之赋予行为。矿业权既渊源于国家，复为国家所赋予，则其含有公权要素，自不待言。职是之故，矿业权者关于矿业之施行，有服从国家之特别监督及依施业案而遂行事业之义务，倘在某期间内不着手施行或休业时，尚可取消其权利（《矿业法》第40条）。不过，渔业权存于公用水面，矿弃权存于私有地上，二者相较，矿业权之公法性质，不如渔业权之显著耳，故仅以矿业许可及其取消（日《矿业法》第89条至第92条），为行政上之争讼事项，至关于矿业范围之争，则使之属于司法法院之管辖。

（C）依《公有水面填埋法》而取得填埋许可者之权利，依北海道国有未开地处分法而取得出卖或赁借权者之权利，及依国有林野法与国有林野部分林规则而取得部分林之造林者之权利等，在某权程度下，不得视为含有公私两要素之混合权利。

其中，如取得公有水面填埋许可者之权利，不仅系公有水面上之权利，即在填埋工程竣工认可以前，依国家一方之意思，取消其许可、限制其效力或变更其条件等，亦具有显著之公权性质者，且就此有争议时，不仅得依行政诉讼处理之。但收得权限者，倘已受工程完竣之认可，自认可之日起，即取得填埋地之所有权（《填埋法》第24条）。换言之，即取得权限者，以工程完竣之认可为其条件，在条件附中而取得该土地之所有权，故由条件附所有权之点而观。即必须谓其具有私法之性质矣，曩日最高法院所谓"公有水面填埋许可权，乃以填埋公有水面使之成为民有地为其目的而取得官厅许可之权利，填埋权限者之取得所有权，以填埋为条件，故属于私法之范畴（大六，八，三，大民）云者，乃仅知该权利性质之一斑，而未能窥其全貌者，然仅从该点而言，其见解亦颇正当"。

由北海道国有未开地处分法与桦太国有未开地特别处分令而观，因该法令而取得出卖或赁贷土地者之权利，其私权性质，更为显著，故应视为私权，殊如在出卖时，有出卖权者之取得土地所有权为尤甚。但此种权利,并无完全所有权之不可侵性,仅系依法令所定之期间,负有应完成其土地之公法义务,违反该义务时取消之权利而已,换言之,亦即保留公法上取消权之权利也。至仅有赁贷权者,其受公法之限制,尤为显著,即此等权利,并非具有完全意义之私权,乃在其权利内线中,一方为私权,一方在必须依国家命令而行使之拘束下,兼有公权之性质耳。

至国有林野部分林造林者之权利,大体上谓其属于私权,虽不容疑,然此乃系公营森林财产国有林野之权利,非仅为造林者之私益,且为公共行政之经营森林目的而承认者,故其权利之行使,附有公法上之义务;苟无行政官厅之许可,即不得处分其权利;又由造林者违反该义务时,不依民法规定,仅依农林部长一方之意思即得解除部分林设定契约观之,更足以表现其具有公法之性质。

(D)除上述外,纵令系吾人在一般上所认为毫无疑义之私权,倘具有对世绝对权之性质,即必然含有公权之要素。

就中,关于所有权,日《宪法》第27条有曰:"日本臣民之所有权,不得侵害之",此即所有权得以对抗国家之明征。所有权者不仅得要求一般私人不得加以侵害,即对于国家权力,亦得要求其不得加以违法的侵害,且就得以要求国家之点而言,其为公权,当至了然。又公权之所有权,并非存私权之所有权以外之某种个别权利及单一所有权中,合有私权与公权之二要素,故既得对抗一般私人,复得对抗国家也。

日《宪法》第25条曰:"日本臣民之住所,除法律所定者外,倘无本人之承诺,不得侵入并搜索之",此乃依国家之官宪而保障不得违法侵入臣民之住所也。但不得侵入住所之权利,不仅对于国家得以主张之,即对于任何人均得主张。吾人对于任何人均有要求不得侵害吾人住所之权利,斯即所谓家宅权(Hausrecht)。依国家之官宪而保障不得违法侵入住所者,不过其中之一表现耳。换言之,即家宅权系得以对抗一切人之对世权,其对于一般私人之权利乃私权,对于国家之权利乃公权是也。然斯二者,并非个别之权利,而为单一权利之兼有私权及公权两要素者。吾人应注意耳。

宪法中除上述外,尚设有关于自由权之各种规定。如居住移转之自由、身体自由、信教自由、言论著作印刷集会及结社之自由等皆属之,此等自由权,虽系臣民之重要公权,然吾人既可依之而要求不得以国家权力侵害之,亦可要求一般私人不得加以侵害也。此种权利,即所谓人格权是。宪法上所以保障之者,即不外谓此人格权得以对抗国家权力也。故私法学者所谓之人格权与公法学者所谓之自由权,并非个别之权利,乃单一权利对于一般人所表现者及对于国家所表现者有所不同耳,即同一权利兼有公权私权之两面,一般人惯以自由权一语而代表公权耳。

(E) 以上所述,均系属于私人之权利,而兼有公私两面之性质者,然国家(公共团体亦然)权利,亦复如是。此种权利,即国家在公物之国有财产上所具有之支配权也。通常均以国家在此等财产之上,一方有私法上之所有权,同时复有公法上之公物管理权。而谓此公物管理权与所有权,乃二种个别之权利,但此种主张,则系不知单一权利同时兼有公私性质之结果,实则所有权与公物管理权,均不外国家在该财产上所具有之支配权,应以之为单一权利也。在国有财产之中,国家对于杂种财产之权利以及对于公用财产、公用财产与营林财产之权利,由物之包括的及排他的支配权而言,其性质相等,盖前者系单一权利,后者亦然也。惟前者系纯然之私权,仅有私法上之效果,后者则具有公法及私法之两种效果,故亦兼有公权及私权两面也。①

---

① 节译美浓部博士所著《公法与私法》170 页至 179 页。民国 25 年 8 月 25 日于故都桐荫轩南窗下。

# 何为混合法律关系

张蔚然

## 一 混合法律关系之可能性

学者对于国家（或公共团体）与人民间之单一法律关系，未有承认其为一部属于公法，一部属于私法之混合法律关系者。盖彼等以国家在同一法律关系中，苟非优越之意思主体，即立于准个人之地位，同时兼有双方，乃势所不能也。

在德国法律中，是否有以合法律关系，乃一般所争论，其中，就官吏关系，争辩尤甚。盖官吏关系属于公法，乃学者所公认。惟德国关于官吏之薪俸请求权，则许其诉于司法法院。故旧时学者，既有谓薪俸契约系私法契约者，亦有谓其在某种限度内与私法之法律关系相混合者。然薪俸请求权，其所以成为民事诉讼目的者，乃法律将公法权利特许其以民事诉讼而处理，绝非使国家立于准个人之地位，故不能断定其为私权。近时学者承认其为公法关系，而否定其混合性质，诚不易之确论也。至在日本国法中，关于薪俸请求权，因其绝对不许诉以民事诉讼，故自始即无若何疑义。是官吏关系完全属于公法性质，自系当然。

虽然，倘由官吏关系乃非混合之法律关系，而推论其并无丝毫之混合性质，亦殊属非是。盖此既不适于现实之国法，理论上又缺乏充分之根据也。

国家乃经济生活与统治官吏主体，故在官吏关系中，国家绝非立于准个人之地位，而官吏关系之无混合性质，由此足以概见。然国家者经济生活之主体也，因其系经济生活之主体，故常以此种资格而为经济活动。在此情形之下，国家一方即须服从私怯之规律，同时因其立于与私人完全不同之地位——即所谓私益保护者之地位，自又须在某种程度下，服从与私人相互关系不同之公法规律矣。

盖当国家（或公共团体）为公企业（营造物）主体时，其企业经营，性质上并非权力行为——即私人亦得为之。故享受此种经营利益之企业主体——国家或公共团体——与人民间所发生之法律关系（营造物利用关系），性质上即类似私人相互间所发生者，而具有适用私法之适格性矣。惟此种关系，全体均以服从私法为原则，亦有未可。盖一切公企业，莫不为公共利益而经营。既为公共利益，则于必要限度之内，自不能全部均适用与私人相互关系完全同一之法律，是则应其必要而制定与私人相互关系之不同法规，自与公企业之性质相容。又此种关系，在其特别法或特别私法中，纵属于私法领域，然有时亦具有公法之性质。后述单一营造物之利用关系，即系一部属于私法，一部属于公法者。所谓混合法律关系，即由此而生。

盖国家与人民间之法律关系，究属于私法或公法，必一方以法律之性质为衡，一方以法律规定为基础，始能区划清晰。第一，由法律关系之性质而言，在某种单一法律关系中，国家与对方之关系，究系优越之意思主体，抑系与私人平等之意思主体，吾人并无审查之余地。因国家原系具有优越意思力之主体。今纵令在原则上使其与私人立于平等地位，亦系基于公益，而无妨碍发动其优越意思力之理由。且单一之法律关系，其全体亦不以全属私法或公法为限。当其为平等意想之主体时，属于私法；为发动优越意思力之主体时，属于公法。故单一法律关系，亦有混合公私法二要素之可能。第二，依法律规定，有一部为公法，有一部为私法者，较前述更形明了，良以国家与人民间之法律关系，其所以属于私法者，究不外视为与私人相互间之法律关系相同耳，故法律亦无必使其全部均为私人相互同之法律关系之理由。若然，则依法律规定，使其一部属于公法，因而使其服从与私人相互关系之不同法规，自毫不足怪。

## 二 混合法律关系之实例

倘以实例而说明上述理论时，则第一，依法律规定，其一部为私法，一部为公法之法律关系，有下列各例。

（甲）电话使用人与电话公署——代表国家之机关——之法律关系。电话使用人与电话公署间之法律关系，乃双务契约之关系，尽人皆知，不待言——即用户依电话规则而有利用电话之权利。反之，电话公署则有征收电话费权。然此种双务契约，并非单纯之私法契约，而系具有公私两法之混合性质者。故由此而生之效果（即权利义务），一部属于私法，一部属于公法。盖使用电话人之利用电话权，乃纯以经济为内容之权利。使用人依电话规则，得任意变更其名义，故此种权利，具有公认之移转性，是以法律以之为私权。最高法院之历来判例，亦以此为"以利用电话为目的之私法债权"。反之，关于电话公署征收用户之电话费权，依日本《电信法》第21条规定，则有所谓"电话或电信公署对于不缴纳电话或电信费者，得依滞纳国税处分之例征收之"。又第18条有"关于电信及电报之既纳金及罚金，除命令所定之场合外，概不退还"。此种规定，乃公法权利，自易了然。即在利用电话之单一法律关系中，使用人之权利，属于私法，国家权利则属于公法。至就使用电话者对于电话公署所享有之按设电话请求权而言，倘使用电话，纯系私法契约，则请求使用，即不外私法契约之请求矣。故此种请求权，亦须视为私权。但此种权利，在日本旧电话规则中，除继承外，不得移转于他人。故当时最高法院之判例（大七，九，二七，大民）以之为公权。然现行之电话规则（第45条），对于使用者之请求权及使用者之权利，均承认其具有融通性，故应解为私权。

（乙）寄信邮递。发信人与邮政公署之法律关系其性质原属运送契约，故由其性质而言，虽应属私法，然法律在诸多场合，均设有特别规定，而排斥民商法之通用，致使该法律关系之全体，均属于公法。例如，不缴纳邮费，得以行政手段而为强制执行；邮件投递，专依公法之规定发信人无以民事诉讼请求其邮送之权利多及发送邮件，须依法令所定之条件，殊如发送法令所禁止之邮件，须依刑罚制裁等均是也。由此观之，发信人与国家间之关系，虽属于公法，然最低限度，由某点而言，亦须服从私法之规律，且在此限度内，势又须承认其为混合之法律关系矣。至所谓某点者，即因归责于邮政公署之事由，而毁弃或遗失邮件，致发信人有损害时，邮政官署对于发信人所负之损害赔偿义务是也。至邮政公署之赔偿义务，例如赔偿原因、赔偿金额及时效，虽设有特别规定，不适用民商法之普通原则。然此种规定。亦系特别私法。故此种赔偿义务乃私法义务，发信人即得以民事诉讼而请求矣。

至受信人与邮政公署之关系，则非契约关系，而系直接由法律所定，即所谓纯公法之关系矣。是故受信人不得拒绝已贴足邮票之邮件，以及接收未贴邮票及欠资邮件时，负有须缴纳未纳额二倍之义务等，殆无不属于公法。

（丙）交通事业。乘客与交通业者（团家或公共团体）之法律关系，属于营造物利用关系。故系典型之私法关系。然在《铁道营业法》（第29条以下）中，则定有乘客所应负之各种公法义务。

违反者不仅须受公法制裁，必要时铁路职员尚可命其下车。故在此限度内，乘客与铁道之关系，亦含有公法之要素。故亦不得不谓其为混合之法律关系。

（丁）健康保险法。在健康保险法中，保险者（健康保险组合或国家）与被保险者之保险广泛，乃依法律之力，不问当事者之意思如何而成，并非因契约而生。故此种关系，完全属于公法，不得谓其为混合之法律关系。故保险者对于不纳保险费者，得依行政手段而为强制执行，苟就此有争议时，得提起诉愿或行政诉讼。唯彼保险者之保险给付请求权，则得诉于普通法院。故此种规定，虽非私法债权，而系公法权利之特许提起民事诉讼者，然由裁判管辖而言，则系具有行政事件与民事之混合关系者矣。

（戊）国立或省立大学及教育部直辖学校与其学生间之关系。此种关系，在教育学习限度内，属于公法关系，不得以之为民事诉讼之目的，乃事之不容疑者。故国立省立及教育部直接①学校，对于不交纳学费者，除开除外，将无征收不纳金额之手段。然法律对于府、县及市区村之使用费、手续费及其他收入，则许其以行政手段而为强制执行。故关于国家收入，苟缺此一般规定，而于学费等无特别规定时，行见法律保护，付诸阙如，而为国法旨趣所不能容矣。故此种金钱请求权，应使其以民事诉讼请求之。即此种学校与学生之关系，在其伦理内容之限度内，属于公法，在纯然经济内容之限度内，属于私法。必以此为两者之混合关系，始性理允当也。②

---

① 当为"直辖"。编校者注。
② 节译美浓部达吉博士《公法与私法》159 页至 170 页。民国 25 年 7 月 2 日于故都桐荫轩南窗下。

# 社会法之发生及其演变

陆季藩

## 一

社会法（Sozialrecht, social legislation）在现代法制中，可谓为最新之法律，其历史虽已有一世纪之久，然其发达成长则自战后始，迨至最近乃益扩张，从"由个人法到社会法"（vom individualistischen zum sozialen Recht[①]）口号中，即可表现今日社会法发展之情况，同时，亦可知今后民法之趋势。现在社会法内容及系统，仍未达于完备境地，但与民法已立于对等地位，在最近将来，纵不能取民法之地位而代之，至少与以极大限制，则可断言。兹将其发生原因及演变过程，略述于次。

## 二

现代民法一般均称为资本主义的法制——个人主义之法制——此法制之基本原则有三，即个人财产尊重原则、契约自由原则及自己责任原则是也。[②] 此三大原则乃渊源于"自由"、"平

---

[①] 原稿误作：Vom individualistischen zum sozialen Rcht。编校者注。
[②] 关于民法之基本原则，其说不一。甲，a. 个人财产权尊重原则，b. 契约自由原则，c. 自己责任原则。穗积重远民法读本五页。乙，a. 个人意思自治原则，b. 自由契约原则，c. 个人财产尊重原则。我妻荣民法总则，现代法学全集一卷八九页。丙，a. 所有权原则，b. 契约自由原则，c. 继承权原则。　（转下页注）

等"之思想。"自由"、"平等"为资本主义之唯一指导原理,无论在政治经济或法律,均占有重要地位①,虽其反映不同,而于近代资本主义文明,皆有莫大之供献,此已为一般学者所公认者也。

此"自由"、"平等"所以能支配当时社会一切制度者,即因十六七世纪之顷,人民为封建制度所锢桎,无论在政治上或经济上,均不能自由发展,为改善此种状况计,不能不以争取"自由"、"平等"为目标,法国大革命即其一例也。逮专制制度崩溃,"自由"、"平等"取得后,为巩固其既得权利计,乃假手于法律,于是"自由"、"平等"之思想,遂一变而为民法之三大原则矣。②

此三大原则之效果,即将封建时代诸制度破坏无余,使个人在法律上,均立于平等地位,除受法令拘束外,不受任何干涉。因彼时正当商业资本主义时代③,前述三原则确能保持交易安全及

---

(接上页注②) Anton Menger, *Das Bürgerliche Recht und die besitzlosen Volksklassen*: *Eine Kritik des Entwurfs eines Bürgerlichen Gesetzbuches für das Deutsche Reich*. Tübingen: H. Laupp, 1890, S. 3ff. 丁,a. 个人自由原则,b. 所有权不可侵原则,c. 仅以契约为创造法律关系原则,d. 个人负责原则。迪骥私法变迁论,本文根西岛弥太郎译本 28 页以下。本文暂从穗积氏说。

① "自由"、"平等"之思想,在政治上之反映,则为民主政治制度之确立,在经济上之表现,则为营业自由。
② 平野义太郎法律ニテル阶级斗争 97 页以下。牧野英一现代文化卜法律 399 页。
③ 关于资本主义之发生期,其说不一。张伯特谓其发生于 1203 年,是为初期资本主义(Frühkapitalismus)。由 1760 年至 1914 年为高度资本主义(Hochkapitalismus),自战后以来,则为后期资本主义(Spätkapitalismus)。Werner Sombart, *Das Wirtschaftsleben im Zeitalter des Hochkapitalismus*, Leipzig: Verlag von Duncker und Humblot, 1927, Ⅺ. 郝布士以资本主义之发生,则自工业革命始。John Atkinson Hobson, *Evolution of Modern Capitalism*: *A Study of Machine Production*, London: Charles Scribner's Sons, 1894, p. 27. 而地尔因本斯达穆勒(Stammler)法律与经济关系说,以解释法律制度之变迁,故对资本主义之发生期,则持特殊之见解,谓法国自 1789 年大革命始,德国由 1810 年承认营业自由始,英国自 1814 年废止学徒条例始。Karl Diehl, *Die rechtlichen Grundlagen des Kapitalismus*, Jena: Fischer, 1929, S. 8. 关于资本主义之发生,非本文之目的,故不多赘,但为说明法律制度变迁计,故遵张伯特之说,将资本主义分为三期:在初期资本主义时代,以通商为主,故又谓　　(转下页注)

自由，故不感民法之有缺陷也①。逮社会由商业资本主义趋向工业资本主义时，经济情形发生极大之转变，再益以资本主义自身之矛盾，社会情形途与初期资本主义时代不同。而民法上之三大原则与社会，亦日趋乖离。此无他，即以"自由"、"平等"之观念，忽视社会一切差别性，不论有产者无产者、弱小的个人或巨大的团体②，均有平等人格，故均有受三大原则保障之权利。而其反映之结果，在社会强者手中之所有权自由（Eigentumsfreiheit③）及契约自由（Vertragsfreiheit④），与在社会弱者手中者虽有同一之内容，然其结果则异。例如在有产者手中所有自由，由物上支配自由，一变而转为对人支配自由是。因此，有支配生产手段之权者亦有支配劳动者权⑤，再与契约自由相结合，则更增其支配力矣。盖无产者缺乏生产手段，不能自动生产，必须附结于有产者，然后始能发挥其劳动力，同时，因无所有，不能为生，于是必须出售其劳动力，而劳动力之出售，以市场为中心，其顾主——多为资本家——本其营利原则及经营合理主义，以为缔结雇佣契约之条件。在无产者手中，虽亦有契约自由，可任意去留，然每为生活所迫，纵有不利条件，亦不得不为屈就，以维持其生活。因此，资本家

---

（接上页注③）之商业资本主义时代。其后适值工业革命，生产方法变更之际，故高度资本主义，亦可称为工业资本主义时代。逮至战后，资本主义已由自由竞争趋向统制，金融独占握有操纵世界市场之权，故又谓之金融资本主义时代。

① 在资本主义社会所需要者二：一为资本所有权之安全，一为交易自由。在民法基本原则中，对此两种需要，均能与以充分保障，当然不成民法机能之有缺陷也。

② 民法上法人之规定，即其适例也。此种规定，不外使庞杂的人之团体（社团法人）或物的团体（商事公司），均有独立的人格，以便于交易，而适合于商业资本主义之需要耳。

③ 原稿误作：Eigentumfeileit。编校者注。

④ 原稿误作：Vertragsfeiheit。编校者注。

⑤ Gustav Radbruch, Vom individualistischen zum sozialen. *Recht*, *Hanseatische Rechts- und Gerichts-Zeitschrift*, 13, 1930, S. 457ff.

对无产者之强制，每依契约自由而实现，由此一例，即可知前述三大原则之有缺陷也。此缺陷之发生，即以现代资本主义已趋高度化。在高度化中，一方排斥自由竞争趋向独占，在此过程，遂有少数支配者之成立，此少数支配者为维持其独占地位计。对昔日以"自由"、"平等"为基础之民法，已不能忠诚信赖；他方在此社会经济组织下，立于不利地位之劳动者日渐自觉，感昔日"自由"、"平等"之法律，不能维持其阶级利益，故亦不愿个人主义之民法原理无修正之存在。于是，初期资本主义之民法既不得社会上层意识（有产者）之支持，又不受下层社会（无产者）之欢迎，因此从来民法之基本原理，亦不得不发生变化。民法学者为其适于近代资本主义社会之需要，对此原理不能不加改造，或依日耳曼之团体说，或依法国社会连带说，其出发点虽然不同，而其目的则一也。其改造之表现，不外所有权之限制、契约自由之拘束、法律行为意思尊重主义、遗嘱自由之限制及无过失损害赔偿是也。[1]

在民法理论转换中，从来法律系统，不免发生种种变迁，为弥补其缺陷，乃有新原理之发生，所谓社会法者即为调节此种缺陷而发生之法律也。关于社会法之概念，今日尚无定说。黑德曼谓社会法乃由19世纪至20世纪所生之法律，深蕴社会精神之历史法域之总体也[2]。卡思克尔所谓与劳动法有同一意义，乃在20世纪社会经济一定发展阶段中，所生之特定社会人之阶级法也[3]。基

---

[1] 我妻荣前书14页，桥本文雄社会法卜市民法156页，斋藤常三郎私法原理之转变（《国民经济杂志》51卷1号）。迪骥前书28页以下。

[2] Hedmann, *Einführung in die Rechtswissenschaft*, S. 203.

[3] Walter Kaskel, *Arbeitsrecht*, S. 2.

尔维滋谓社会法为共同社会自治之法律[1]。而明戈尔则谓社会法为社会政策之立法[2]。各说纷纭，莫衷一是。愚以社会法乃解决社会问题所制定之法规全体也，换言之，即以经济支配阶级与其隶属阶级间之冲突为基础，所制定之社会法规之总体也。总之，社会法之概念不能以形式定义决之，自今日观之，不外为经济组织发达过程中一个历史概念耳。当其具体内容尚未确定前，对于社会法演变之情形，不能不为一述，借为研究社会法之历史根据。

## 三

社会法发生之历史甚短，虽有人认中世之日耳曼法及封地法（Lehenrecht）类似社会法之性质者[3]，然因其经济背景不同，故终难首肯也。现代社会法乃萌芽于19世纪初叶，其内容虽括有种种法规[4]，但其主要部分则为劳动法，故有视社会法与劳动法为一事者[5]，因此叙述社会法之演变，不能不以劳动法为根据。在资本主义社会下，劳动法之形成，不外两个不同社会意识斗争之沉淀。由其过去历史观之，即可知矣。当初期资本主义时代适值封建制

---

[1] Georges Gurvitch, *L'Idée du droit social*: *Notion et Système du Droit Social. Histoire Doctrinale Depuis le 17. Siècle Jusqu'à la Fin du 19.* Siècle, Paris: Sirey, 1932（本文依后藤清社会法，理念卜劳动协约一文，社会政策时报167号）。

[2] Anto Menger, a. a. O. S. 22.

[3] 桥本文雄前书159页以下。

[4] 关于社会法之内容，现在尚无定说。卡斯克尔以社会法括有社会保险法、社会保护法、社会契约法及社会团体法（Walter Kaskel, Begriff und Gegenstand des Sozialrechts als Rechtsdisziplin und Lehrfach, *Deutsche Juristenzeitung*, 1918, S. 541 ff. 林德利尔谓社会法含有劳动契约法，劳动组织法，工人保护法，社会保险及失业救济（Max Lederer, *Grundriss des Österreichischen Sozialrechtes*, Wien: Österreichische Staatsdruckerei, 1929, S. 6-13）。孙田秀春以社会法只括有劳动法及经济法而已（改订劳动法总论94页），详细讨论，容另文论之。

[5] 北冈寿逸社会法概论（《法律春秋》二卷一号）。由前注中亦可窥知社会法为一广义之劳动法。

度破灭后，商业日兴、工业尚未发达之际，资本家为其资本积蓄增大计，对工作时间之延长，工资额数之减少，皆为力争，因此在 18 世纪之各国法制，关于工作时间均在十小时以上[①]。逮至工业资本主义时代，则特别缩短，殆均以八小时为原则[②]，此二相反之社会立法，完全以当时国家受资本主义组织强化之压迫如何为断。盖商业资本主义时代正由旧式生产方法步入近代生产方法之际，国内市场已无隙地，为争夺国外市场不仅须有经济势力，且应有一强力政治组织，对外使其保持市场，对内则令其制定促进资本主义强化之法令，以达其积蓄目的，是以此时代之社会立法，不外为资本主义组织强化之反映而已。逮入工业资本主义时代，资本主义已达安定期，而政治组织亦变为民主主义，在民主主义下，一切均较放任，故资本家亦不积极，在剩余价值可能范围内，稍为让步，是以此时代之社会法制，多属缓和妥协之立法。

以上所述，乃由商业资本主义时代至工业资本主义时代，社会立法演变之状态，然最近以来，资本主义更渐高度化，生产之与秩序与资本之庞大占有，益使社会对立关系激化，于是排斥自由竞争，而采独占之形态，此际资本主义已由工业时代，进而为金融独占时代。在政治上则由国家主义阶段发展为世界资本主义。于此过程中，社会立法又演变何如，实一有兴味之问题。原

---

[①] 例如英国学徒健康道德法（*Sir Robert Peel's Health and Morals of Apprentices Act*, 1802）及法国 1874 年法律（*Loi du 19 mai 1874 sur le travail des enfants et des filles mineures employés dans l'industrie*）均规定童工及学徒每日工作时间为十二小时，在童工尚且如此之长，其他成年工人更可推知矣。

[②] 如 1908 年英国矿工地下工作时间法规定每日工作不得超八小时及 1919 年法国八小时工作法是。其他主要工业国家，亦均以八小时为原则（吉野信次劳动法讲话 116 页以下）。

来金融独占时代为资本主义之完成期,亦有谓其为崩坏期者[①],究竟资本主义是否已达崩坏期,非本文讨论之目的。总之,在1930年之顷,世界经济危机濒仍,资本家于其固有地盘,努力维持,因此对于社会立法已不持妥协态度,将劳动者既得权利,再为撤废[②],又返其原来状态矣。工作时间之延长、劳资争议之强制调停及团体权之可侵性,即此阶段社会立法之特殊表现也。

总之,在资本主义向上期,资本家对于社会立法之态度,是微温的、缓和的,故有进步之姿,在恐慌期或向下期,对自己之存在,彻底维持,所以持强制态度。前者是助长社会政策之立法,后者为强压之社会立法。战后德国即其一例也。自德国《宪法》第157条、第162条及第165条规定与1934年德国《国民劳动秩序法》比较观之,即可知今日社会立法之趋势矣。

## 四

由前述观之,社会法乃民法原理转变中之产物,在形态上,虽与民法立于反对地位,而其实质并不否定民法[③],不过予以限制耳;在其效用上,与民法互为表里,以达维持现代经济组织之目的。至其演变过程,在初期资本主义时代因与专制国家相结托,故其形态为强压的。逮至高度资本主义时代,适世界经济处于安

---

① 如马克斯、张伯特、斯马林巴荷(Eugen Schmalenbach)谓资本主义因世界经济恐慌而崩溃。但亦有持反对说者,如地尔是。其说详《资本主义之法律基础》(Karl Diehl, *Die rechtlichen Grundlagen des Kapitalismus*, Jena: Fischer, 1929)一书中。

② 1934年1月20日德国国民劳动秩序法(*Gesetz zur Ordnung der Nationalen Arbeit*)第69条三款及意大利1926年4月3日意大利罢工禁止法是。

③ 民法之发生以W(Ware商品)→G(Geld货币)→W(商品)过程为媒介,而社会法(尤其劳动法)则存在于G(货币)→W(商品)→G'(货币)过程中,后者过程乃由前者而发生,故社会法亦不外前者流通过程之法的反映而已,是以其实质相同也。

定期中,因此社会立法均为改良主义之产物,由强压的态度一转而为微温的,仍不失为进步之立法。泊乎近代又渐退缩,再返为强压态度,与初期所不同者,即其基本原理既非人道主义,又非改良主义,完全以团体主义为基础,而以"国民与国家协同利益"相号召,此其特色也。[①]

---

[①] 《德国国民劳动秩序法》第 1 条,《意大利劳动宪章》第 4 条参照。

# 社会法意义之商榷

陆季藩

## 一 引言

自近代资本主义高度化后,其内藏矛盾日益显露,依"社会存在决定意识"之定则,对近代市民法当然予以极大冲动。结果,市民法一方因经济组织由多数自由竞争,转化为少数独占,此独占阶级为维持其独占地位,对自由平等之市民法,已不能忠诚信赖;他方因立于不利地位之新兴阶级,日渐自觉,感近代市民法不能保障其阶级利益,故于近代市民法亦不欢迎。于是市民法遂不能无修正之存在。社会法即为弥补此种缺欠而发生。①

社会法之名词,为论理概念,抑为历史概念,自来颇有争议,由其演变过程观之,虽可推知,然究以何者为当,不能不有待于商榷。尤以社会法为新法律科学之一,其内容尚未确定,故学者之观察,多有出入,其概念亦因之不同,或以把握之对象不同,或以观察角度有异,或以拟定之范围悬殊,众说纷纭,莫衷一是,如不详加检讨,实难断其当否。本文本诸斯旨,罗述各说,继以评论其当否,最后并略申管见,借以与研究斯学者作一商榷云尔。

---

① 关于社会法之发生及演变,请参照《法津评论》第639期拙稿。

## 二 关于社会法意义诸学说

关于社会法意义之学说，为数甚夥，如一一列举，不但限于篇幅，且无此必要。故择其较著者。列述于下。

### （一）团体法说

此说乃基儿克（Gierke）所主张，谓社会法与个人法相对立，乃规定团体组织及机能之法也。其对社会法概念，由两方面观察之，一方由个人法与社会法之对照说明之。他方由国家法与社会法比较说明之。兹分述如下。

A. 基氏解释个人法与社会法关系曰："人类本质虽同，然在法律中，则有个人法与社会法之差别，盖吾人一面为单独之生存体，一面为社会组织之一员，苟如自然法论者，则所有之法，均可为个人法。反之，依社会主义者之意思，则一切法均可视为社会法。"此二者之所论，不使人类分解，即拘束个人自由，均足使文化退步。如欲法律完成其文化任务，则应依人类生存之两种状态，将法分为两种，且宜同一视之，不容稍有轩轾。

个人法以规律有独立意思之个人相互关系为主旨，唯于团体视为个人时，亦在其规律范围内。因此以对等关系（Verhältniss der Nebenordnung）为基础，故由尊重主体意思而出发。

社会法乃规律组织社会人（Gesellschaftswesen）之人人意思关系，换言之，即规定高于个人之团体或团体相互间之结合。故社会法以上下关系（Verhältniss der Über-und Unterordnung）为基础，由拘束主体自由而出发。[1]

---

[1] Otto Friedrich von Gierke, *Deutsches Privatrecht*, Bd 1: Allgemeiner Teil und Personenrecht. Leipzig: Duncker & Humblot, 1895, S. 26.

B. 基氏解释国家法与社会法关系，一反罗马法思想①，独倡国家法与社会法不同之说。基氏谓"依罗马法思想，个人法与社会法人对立，与公私区别，完全一致。何则？罗马法思想以私法即个人之法，公法为国民之法。故在法律上，社会与国家相符合，非个人法，即非私法，非国家法则非公法。而近代之公私法关系，与此不同，在日耳曼法亦然，社会与国家实有差异，除国家之外，尚有无数社会法之发生。但国家为最高团体，对国家法外之社会法，因其规律共同生活，于国家自身亦有价值，故赋以与国家相同，或类似之权力，唯其权力并不高于个人法。现今谓之私法括有个人法全部及不属于公法之社会法，即亲属法、公司法、团体法、寺庙法、国际法及一般国家法。公法则包含国家法全部及在国家下之团体，其团体规则经国家承认者均属之，如教会法、地方团体法、公共团体法及国际法是"。②

### （二）社会自定法说

此说以社会法乃社会自己所制定之法，申言之，即社会势力有意识之表现，所创设之自律规范也。与由国家机关所制定之法，适相对立。此乃幸治海穆（Sinzheimer）所倡。幸氏本其社会自定法之观念（Idee der Sozialenselbsthestimmung im Recht），以确定社会法之义意，其言曰："国家制定法每不能随社会之发展而共进。只以社会系移动的，且为多方的。而国家制定法则为固定的、形式的。社会发展愈为显著，其与社会之冲突，亦愈为深刻。自来对于法律与社会调节之企图，不但不充分，且有限制。其所以如此者，即以不能注意于法之制定力与发生力之分离（Trennung der

---

① 参照《法律评论》第 643 期拙稿。
② Otto Gierke, a a. O. S. 27.

rechtsetzen den von der rechterzeugenden Kraft）也。此种分离得以直接立法之方式除去之，团体协约即其适例也。何则？以团体协约系由自由组织之社会势力，直接的且有计划的所制定之规范，而自行管理之故也。此种观念吾人即谓之社会自定法之观念"。①

## （三）阶级法

此说谓社会法乃社会政策之立法。换言之，即劳动阶级法也。奥国法学者明戈尔（Menger）主张之。明氏谓："法学为完成其使命，必须贯彻其现在既往及将来三种任务：在第一种任务，即搜集现行法规，加以理论组织，以摘除其缺陷及矛盾，而为现行法之资料，所谓解释法学（dogmatische Rechtswissenschaft）是也。与此相反者，则为历史法学（geschichtliche Rechtswissenschaft），即研究已往特殊法制及法规之渊源，以追寻其进化之迹。最后则属文法政策法学之任务（die legislativ-politischen Jurisprudenz），乃将祖遗之法律资料与现在各种状态加以对照，再推测将来之兴革"。②

"立法政策法学最重要部分，余名之为社会法学。属于立法政策法学范围中者，即为现存法律状态之改造。现存法律状态之改造，因种种理由实有必要。……其中重要法律秩序之改造，乃由于市民社会各种阶级势力关系，转变而发生。凡此种种均为社会法学特有之领域"。③

一切法律秩序在国民内部，不外历史发展过程中，所形成的势力关系之一大组织。支配阶级如固执其利害时，其余国民必将

---

① 桥本文雄著社会法ノ研究 50 页。
② Anton Menger, *Über die sozialen Aufgaben der Rechtswissenschaft. Inaugurationsrede gehalten am 24. Oktober 1895 bei Übernahme des Rektorats der Wiener Universität.* Wien：Braumüller, 1895, S. 3.
③ Anto Menger, a. a. O. S. 15ff.

要求在客观上已经承认之权利，因此法规不能不发生变化。此种势力关系如渐次变更，则法规必丧失其自然基础（natürliche Grundlage）①，再沦于利害斗争之状态中。如能详细观察上述势力关系之消长，而得一改造将来法规之结论，实为立法政策学之任务。现在劳动阶级已为一有力阶级，为此阶级创造一新立法组织，乃为吾人之任务。②

### （四）社会政策立法说

此说谓社会法乃规定阶级均衡关系之社会政策法规也。里特拉（Lederer）③主张之。里氏谓："最近十年间因学术研究与专门资料显然进步，社会法规遂独自形成一法律部门。社会法规因考虑共同福利（Erwägungen des Gesamtwohles），故于个人经济实力不许任意活动，一方与个人一定活动范围，他方对社会阶级间所存之对立，在正当均衡下，搭一渡桥，以努力社会政策之完成。而此社会政策活动之主体厥为国家公共自治团体。其客体即为经济斗争中之被害者集团，尤其在现代资本主义社会下，为道义及经济平等关系（moralischen und ökonomischen Gleichgewichtszustand），应受特别保护之劳动阶级。此社会政策实施之目的，即为阶级差别之平均化，换言之，即贯彻社会弱者之保护及社会斗争之预防。因此，其效能为预防的（Präventiv），故社会政策可视为缓和现代历史情势之安全器。而以社会政策为基础之社会法，亦有预防爆

---

① 原稿误作：Naturliche Grundlage。编校者注。
② Anton Menger, *Über die sozialen Aufgaben der Rechtswissenschaft. Inaugurationsrede gehalten am 24. Oktober 1895 bei Übernahme des Rektorats der Wiener Universität.* Wien: Braumüller, 1895, S. 16ff.
③ Max Lederer, 1874~1942。编校者注。

发性，其对劳动问题尤为显著。"①

## （五）社会人法说

此说谓社会法者乃以具体社会人为基础所制定之法也。拉得波拉希（Gustav Radbruch）② 即主此说。拉氏谓："吾人如将社会法仅解为保护经济弱者福利之法律，则不能了解社会法发达之真相。社会法在一切法律思想发生变化中以新'人'的概念为基础所制定之法律也。从来个人主义之法律，不但忽视个人之社会及经济地位，即于其差别，亦弗加考虑。"总之，以利己自由及平等的人类为对象。而社会法则否，不以具有自由自利及理性之抽象人类为主体，对吾人之智力经济及社会情势，皆加以顾虑，而以具体社会人为基础。所谓具体社会人（Gesellschaftsmensch）非为孤立的个人，乃指团体人（der Mensch in der Gesellschaft）或集团人（Kollektivmensch）③ 而言。故不称各人为人格者，而名之为雇用人受雇人劳动者或使用人。社会法既以社会人为对象，是以其中心思想在使既成权利变为道德化。

社会法之思想约有四种意义：第一，除于平等化抽象化之观念外，尚考虑各人在社会地位上之特殊性。第二，因顾虑各人在社会上地位之强弱，故于弱者加以保护，于强者加以统制，对个人法之平等思想（Gedanken der Gleichheit）而代以较量思想（Gedanken der Ausgleichung）。前者为报偿正义（kommutative Gerechtigkeit），后者为分配正义（distributive Gerechtigkeit）。第三，因视个人为社会人，故于私法关系，亦不止视为个人私事，且视

---

① Mard Lederer, *Grundriß des österreichischen Sozialrechtes*, Wien: Verlag der Österreichischen Staatsdruckerei, 1929, S. Iff.
② 拉德布鲁赫（1878~1949）。编校者注。
③ 原稿误作：Kollectivmensch。编校者注。

为社会全体事。第四，竭力调剂法律形式（Rechtsform）[①]与法律事实（Rechtswirklichkeit）之冲突[②]。

## 三 各家学说之批评

以前所述，乃将各家学说对社会法定义之主张，加以介绍，其间颇不一致，或注意于法理性质，或着眼于法源之特殊，或侧重于法律主体之不同，或倾向于实质任务，或着眼于人类定型。凡此种种皆欲将传统法律加以改造，故各学者之主张，每与既往法律原理，处于对立地位[③]。关于此点，如出一辙，由此可知社会法为近代市民法原理转换中一个历史概念[④]。兹将各家学说略评如下。

### （一）团体法说

基儿克之团体法说乃鉴于个人主义法制之缺陷，而思有以修正之。故自团体主义出发。盖个人主义法制之基础，不外自由平等而已，于私人生活关系，皆委诸个人自由，国家鲜加干涉。因此，各人对其生存权之保持，以自力为主，无待于他人。惟以生活资料有限，如任个人自由竞争，则相互间之公平终难保持。现在已臻此境。在实质上，法律中之自由平等，已为形式上之名词，不再陷于无秩序者几希。基氏之说即以此为背景，对个人主义法制之自由平等，而代以团体主义法制之统制。社会法即为团体主义之法制，故基氏所称之社会法适为团体法，与现今之社会法不

---

[①] 原稿误作：Rechteform。编校者注。
[②] Gustav Radbruch, Vom individualistischen zum sozialen. *Recht, Hanseatische Rechts- und Gerichts-Zeitschrift*, 13 Jahrgang, 8/9 Heft, 1930, S. 459 ff.
[③] 参照拙稿《社会法之现代性》。
[④] 参照拙稿《社会法之发生及其演变》（《法律评论》第 639 期）。

同，在二者之间，并无直接关系，既无直接关系，而仍引用者，良以"社会法"一语，首创于基氏①，为明示二者之差别不能不引用者一也。其次，基氏反对公私法对立，而倡个人法社会法区别之说，在此区别下之社会法与今日社会法稍有关联，即同含有团体主义性质，此不能不引用者二也。

惟以基氏所称之社会法，系由日耳曼主义演绎而来，其内容不仅包含劳动法及经济法，且括有亲属法、公司法、团体法、寺庙法、国际法及一般国家法。故其对传统市民法只有修正之意味，并不完全处于对立地位。同时，对国家法因其本身即含有国家法，当然不能谓其对立也。而今日之社会法则否，一方因由个人主义法制演变而来，与市民法立于对立地位，他方因其内容仅含有劳动法及经济法，与国家法亦系对立，二者既显然不同，故不能用基氏之说，以确定今日社会法之意义也。

## （二）社会自定法说

成文法所以优于不成文法者，即在其有固定性一点，而其劣点，亦即存此。何则？盖成文法制定手续甚为繁重，一经成立，改正殊难，而社会生活与时俱进，无时或已，是以其间每有矛盾现象之发生，此种现象乃势所必至，无可讳言。故各法学者谋设种种方法以调剂之，其通常手段不外解释，改正及另立新法而已。19世纪以来，自由法运动（freirechtliche Bewegung）及私法命令（Privatrechtsordnung）②之说，高唱入云，卒以效能有限，不可多期。习惯法虽可补其不足，然以其由于无意识习惯所成立，对于

---

① 木村龟二著 Otto Fr. von Gierke ニ就テ（《国家学会杂志》36卷1, 2号）。
② 私法命令云者，即对私法关系用命令代替法律，以适应社会变化之谓也。欧战之际，交战各国曾屡用之。爰命令之发布，无须议会通过，仅由行政单独处分，即可成立，因较制定法律为容易，故富于移动性也。

突转急变之阶级冲突，每不能切实解决。幸氏所倡之社会自定法说，可补前者之不及，自在意中。

幸氏之说乃着眼于社会法法源之特质，虽与国家制定法（成文法）相对照，然亦为社会规范意识之表示，不过未经国家立法手续耳。故二者之区别，只在于形式，其内容并无若何不同。如自效力言之，社会自定法较先适用，制定法则稍次之，故有人谓前者为第一次法源（source primaire du droit），后者为第二次法源（source secondaire du droit）①，非无故也，他若制定法穷尽时，社会自定法仍有补充效力，此种补充任务，由幸氏之言自得窥知，然此种效力，只为自定法一作用，仍不能代表社会法全体也。

## （三）阶级法说

明氏说明社会法，首以法律之阶级性为基础，对从来法制视为保护资本家利益之法律，对社会法则称为拥护无产阶级之法律。此种见地自法律为社会规范意思表现一点，亦有相当理由。盖在一定社会内，因利害之不同，常有阶级之存在，其阶级意识每随其势力，表现于法律中，而新兴阶级之意识即为改善其地位，是以对固有阶级立于反对地位，而以此为背景之法律，当然异于旧日法律也。

惟社会是否尽以新兴阶级为主体，实有疑问。据余所信，在今日资本主义社会中，资本家尚占有优越地位，社会法既为社会规范意识之表现，则资本家之势力，亦不能忽视，是以保护新兴阶级之法律，时受其影响，不能尽量保护。纵观社会法发展阶段，即可知矣。②苟从明氏之说，则于此点无从解释。靡但此也，社会

---

① 后藤清著社会法ノ理念卜劳动协约（《社会政策时报》第 167 号）。
② 参照前揭拙稿。

法包含两部：一为劳动法，一为经济法。纵依明氏之说，视前者为保护劳动阶级法，而后者无论如何诡辩，亦不能谓为保护劳动阶级法。何则？经济法乃规定企业者法律地位之特别法规①，以统制全国资本为目的，在某程度下，有抑制资本家自由发展之意味。是以，将社会法视为保护劳动阶级之法律，仍有未当也。

### （四）社会政策立法说

社会政策说与前说相似，其不同者，即以社会政策之意旨为根据。换言之，社会法乃由社会政策见地所制定之法律。因着眼于社会问题之全部，故凡社会政策立法均属之，其范围较阶级说为宽泛，自不待言。惟社会法之制定并不完全由于社会政策见地，尤其现在社会立法，多系团结斗争产物，如团体协约法是。出于社会政策之意旨者，实居少数。苟如里氏之说，不免有本末倒置之嫌，故仍不能采此说也。

### （五）社会人法说

最后社会人法说，以社会定型如何，为决定社会法意义之标准，不但明示市民法与社会法主体之不同②，且可窥知社会法为一历史概念。法律之存在，非为特殊之各个人，乃为一般人而制定，固不待言。惟忽视其特殊性而图绝对普遍化，亦势所难能。是以，对社会之特殊人必须加以考虑，在一定限度内予以尊重。所谓法律普遍化，亦只为相对而已。③ 因此，乃有法律定型化之形成。法

---

① 关于经济法之意义，颇为纷歧，学者间尚无定说，兹暂从卡斯克尔说（Walter Kaskel, Begriff und Bestandteile des Wirtschaftsrechts, *Recht und Wirtschaft*. 10, 1921, Nr. 11. S. 213）。
② 参照前揭拙稿。
③ 桥本文雄著《市民法卜社会法》，第4页。

律定型化不仅与时间地域及生活状态有关，即与人类形态，亦莫不有密切因缘。罗马法之着眼于自由人，日耳曼法之注意于身份阶级，近代法以平等人格者为主体，即其适例也。社会法既为现代法，当然可以代表现今社会之特征，即重视团体轻视个人，故拉氏谓社会法为社会人之法，实握有历史上理由，未可厚非。惟拉氏之说只能表示社会法为法律演变阶段上一历史名词。换言之，谓今日法律已经由个人法进化于社会法境域，而不能表现社会法全体内容，不免有空虚之嫌，故亦不能采择也。

## 四　结论

以前各说，皆因学者之视角不同而异其词，如细加推敲，难尽周延，惟其言非无据，故由其说虽不能窥社会法之全豹，亦可为认识社会法之一助。现代法律进化已由个人法趋向社会法，乃昭然若揭。而社会法之发达，虽不自今日始，然其具体理论及内容，因历史尚短，庞杂不纯，与民法有不能比拟之势，故其定义亦无确说，一任学者之自由解释。前述各说，即其一端也。

社会法非论理概念，乃近代法制转变中一历史概念，故谓为近代市民法之变形，亦未为不可。良以社会法乃因近代市民法发生破绽，不能规律现代社会秩序而发生，是以其内容多由民法演变而来。所谓所有权之行使带有义务性、契约自由之限制、法律行为意思之尊重及无过失损害赔偿责任，即其特征也。此种特征对市民法诸原则，只加以限制，并不否认。自辩证法言之，封建法为正（These），市民法为反（Antithese）[①]，社会法为合（Synthese）[②]，故社会法诸原理均由既往法律演绎而来，其所代表

---

① 原稿误作：Sntithese。编校者注。
② 原稿误作：Isynthese。编校者注。

之社会为现代资本主义社会，与以近代资本主义社会为背景之市民法，适立于对照地位。①

现代资本主义社会为金融资本主义时代，其内容虽含有统制计划及团体的性质，然此统制与计划并不否认自由主义及个人主义之原则，不过略予一部限制而已，对于全体社会仍系无统制与计划。是以以此种社会为背景之社会法，仍不能完全脱离市民法原理也。故谓前述诸说，仅能表示社会法性质之一端，而不能代表其全体内容。近来研究斯学者有鉴于社会法内容之复杂及富于历史性，多不予以理论概念，而只谓其法律史上一历史名词，此言虽当，然终属抽象之至，令人如坠五里雾中，益感社会法之玄妙也。故余姑拟一定义，以示其轮廓，而为此篇之结语。其定义为何，即调节阶级冲突所制定之国家法规及社会法规之统一名称也。

---

① 桥本文雄著《市民法卜社会法》，第329页。

# 社会法的基础观念

李景禧

## 一 引言

社会法的名词,在我国法律界还没有引起普遍的认识,可是在欧美各国,已成了脍炙人口的问题。自从清末欧美资本主义法制输入中国以后,中国民法典也渐渐个人主义化了。学校里所讲授的法律,只是个人主义的法律,然而个人主义法律的黄金时代,已将成了过去。欧美近代的法学,是走向团体法及社会法的途径,而中国的法学界却还停顿在个人主义法学里面。这有什么足以证明呢?那只要观察中国法学出版界,就一目了然了。据个人所知道的,社会法的专著,只有张知本先生的《社会法律学》一册,论文截至民国 23 年 6 月止,只有四题[①],中国法学界认识社会法的不普通,由此可见一斑了。本文谈不上社会法的研究,只不过要使读者认识认识"什么是社会法?"罢了。

## 二 社会法成因

凡一事物的发生,都不是凭空出现,大体各有它的内在原因。经济自由主义的发生,是由于中世生产的缚束,政治自由主义的发生,是由于封建君主的压迫。同样,一种法律制度,也绝非由

---

① 参拙编《中国法学论文索引》,中山文化教育馆出版。

于先验的规范，或经验的制约的，换句话说，决不是天才和圣君能够创造出来的。法律的型态及内容，实被一定的社会经济组织所决定。例如，古代家族团体，是为当时社会生活的单位，家内的财产由同族人自己生产消费，家长居一家之尊，有管理财产、监督族人生产的威权。所以，这时反射出来的法的型态也就是"家长法"，它的内容是"意思不自由的法"、"团体拘束的法"。技术发达的结果，生活形式由牧畜转至农业，富裕家族的实力足以吞并弱小的家族团体，使隶属于自己管制之下，封建制度渐次的成立，农民对于领主经济的法律的隶属，也就增大起来。领主卫护着农民，农民耕种领主的土地来报答他。适应这关系的法的型态是"封建法"，它的内容也就成了"支配服从的法"、"身份隶属的法"。封建制度烂熟的时节，正是中世都市发达的时代。手工业代替了农业，行会代替了领主的威权。封建制度主要的生产力是农业，都市里却以商业、手工业为主干，故"封建法"的适用，成了自然发展的桎梏，于是就有中世"都市法"的发生，它的内容可说是"商人行会的法"、"手工业统制的法"。

一般法律的发生，即"家长法"、"封建法"、"都市法"的发生，都有一定的内在原因，有如上述，社会法的发生，同样也有一定的原因。要知道社会法成立的前因后果，我们也要严格地追论先它行世的近代私法之历史和结构。

产业革命以后，近代资本主义勃兴，照当时社会的情势，欧美各国为了适应经济发展的新阶段，无不争先恐后继受罗马法。但是继受罗马法，是有条件的继受，是择其适合于近代资本主义条件，加以精练和扩张的。继受罗马法主要所形成的法域，是"自由所有权法"为中心的物权法和"自由[①]交易契约法"为中心

---

[①] 原稿此处误植为"自和"。编校者注。

的债权法。

新兴市民阶级最热烈要求自由权与所有权,这是中世"都市法"里行会统制缚束的反响。所以,近代国家对于市民的态度,不能出于积极的干涉,只可采取消极的放任。所谓"个人最大限度的自由,国家最少限度的干涉",即市民要求的具体的表现。故近代法的型态是为"市民法",它的内容是"意思自由的法"、"个人本位的法"。

19世纪初叶的法国民法典(Code civil des Français 1804)① 与19世纪末叶的德国《民法》第一草案(Entwurf eines bürgerlichen Gesetzbuches für das deutsche Reich, 1888)② 最足代表这"意思自由的法"和"个人本位的法",现在且把前者立法原则,并后者的理由书,简约的举其纲要,以明近代市民法内容的结构。

A. 法国民法的立法原则——(1)法律上人人平等;(2)人格之自由保障;(3)所有权神圣不可侵犯;(4)宗教信仰自由;(5)缔结契约自由;(6)封建世袭财产的废止;(7)封建之身份永久隶属的撤销。

B. 德国《民法》第一草案理由书所列的原则——(1)权利能力享有的原则;(2)法律行为方式自由的原则;(3)意思自由的原则;(4)权利平等法律普遍的原则;(5)权利行使自由的原则;(6)契约自由的原则;(7)物权法定的原则;(8)遗嘱自由的原则。

这些个人主义的、自由主义的近代私法之根本原则,把个人的自由、所有权和个人自治的法则,最明白地显现出来,尤其促进个人经济自由活动的积极的态度更是充分彻底。这样内容的法

---

① 原稿误作:Code civil des francais。编校者注。
② 原稿误作:Esntwerf eines burger lichen Geselzbuches für das Veutsch Reich。编校者注。

律体系，实在适应近代市民社会之历史的发展阶段。它一方面因资本主义社会的发达完成了自身的体系，另一方面又给资本主义社会的形成提供了恰合的条件。

近代私法，照德国《民法》第一草案理由书所载，是站在法律普遍、权利平等上面，意即是废止特权和排除职业阶级法的色彩，可惜这所谓"特权的废止"、"阶级法的排除"，只是中世贵族领主僧侣特权的废止，并封建阶级法的排除而已。换句话说，近代私法上的平等自由，只有不过新兴市民阶级的平等自由，于市民以外之人，无异以暴易暴，反是新的特权的设定。这些内在的矛盾已结成了社会法最初的胚胎。

近世私法制度的中核不是注重"人"，反而注重"资本"。换言之，不为"劳动"，而为"所有权"。故各国民法关于所有权之得丧变更，规定得无微不尽，而劳动的规定却只有一节。譬如，民法债编中关于给付不能的规定、多数当事人之债权债务的规定、危险负担的规定以及总则编物权编的各规定，无一不是着重经济交换和所有权的得丧变更，劳动的规定只有债编中雇佣契约的一节。由任何方面观之，都可见得现代私法对于组织现社会大多数被佣者的不利益。契约自由的原则徒有其美名，甚且变成压迫榨取的工具；所有权的规定，于赤手空拳的劳动者，丝毫无益；民法的保护，造成偏枯于一方，其适用上的不合理，正如"家长法"之对"封建法"、"封建法"之对"都市法"。近代私法走到这个阶段，大有日暮途穷之势，由是随风而起的"法律的社会化"、"民法的公法化"、"由个人自觉至社会自觉"、"由个人本位至社会本位"的呼声，遍满了欧美法学界。这正像替社会法撞着诞生的钟，告诉我们它已呱呱坠地了。

总而言之，资本主义内在的矛盾和近代私法本身的不合理，造成社会法成立的主因，其他别的原因，固非无之，但不如这个原因的重要，故不赘述。

## 三 社会法的概念

"社会法"（Sozialrecht, Soziales Recht; droit Social; Social legisliation）的名称，并不是社会法发生的当儿就有了的，它的内容像下段所述的，不过是一团的法规，学者到了现在才冠以"社会"的名号而已。所以，它不是制度的命名，只是便宜的命名。社会法因其是一团的法规，并没有像民法刑法具有法典的型式，因此与由一团法规聚成的行政法，外形上颇有类似之点。

18世纪的社会生活，以自然相标榜，一切事物都冠以"自然"二字，自然哲学、自然宗教、自然法，是其适例。20世纪的社会生活，重视"社会"二字，由是社会哲学、社会道德、社会教育、社会运动、社会经济、社会政策、社会局、社会法等名称也就应运而生了。社会法到底是什么？这是社会法概念规定的问题，今日的专门学者，还未给它一明确的决定。黑特曼（Hedemann）说："社会法是19世纪20世纪新发生的，并且是'社会精神'所浸透的历史法域的总体，它是公法和私法的'中间领域'、'混合形态'。"德国劳动法者创者卡斯克尔，他把社会法与劳动法同视，他说："社会法是20世纪社会经济一定的发展阶段所产生之社会的人的阶级法。"此外，尚有说社会法是"社会政策的立法"或"社会自主的法规"的。学说上的定义，虽然各异其词，但它们都肯定着下述的前提，并由这前提所归纳出几点的概念：

资本主义社会的所有自由、契约自由全是片面的自由，所有自由在有产者手里，是单纯由商品上的自由转化到人身上支配的自由,即因支配生产手段(Arbeitsmittel)① 的人,同时于劳动者之上也有了支配,这样所有自由的原则和站在平等人格观念之契约自由的原则合体,在社会有力者方面,成了专制的自由(Diktatfreiheit)②,在无力者方面,成了服从专制(Piktathorigkeit)的自由。申言之,资本主义的发展,法律的现实(Rechtswirklichkeit)与法律的形式(Rechtsform),渐呈悬殊和矛盾,即法律的形式上,固是平等的享有所有权,但在法律的现实上,却是无产者对于有产者所有的隶属。这时所有权,遂蒙着本质的变化,它不单是"商品上的支配权",并且是"人身上的支配权"。

在上述前提之下,一般学者把社会法的内含概念,归纳到下列四点:

一、社会的有产者,考虑无产者的地位,例如"人"在民法上苟视为单纯的"人格者",社会法上应分别之,或为雇主与被佣人,或为劳动者与使用人。在刑法上也不宜纯粹的视为犯罪人(Täter),宁应分别视为偶发的犯罪人(Gelegenheitsverbrecher)和惯性的犯罪人(Gewohnheitsverbrecher)③、匡正可能的犯罪人和匡正不能的犯罪人。

二、由保全无产者的利害,再进一步,使无产者的保护与有产者的统制成为可能。即:个人主义的法律本于平等的思想,社会法则本于较量的思想(Gedanken der Ausgleichung)。前者为报酬的正义(kommutative Gerechtigkeit)所支配,后者为分

---

① 原稿误作:Arbeitsmittel。编校者注。
② 原稿误作:Piktatfreiheit。编校者注。
③ 原稿误作:Gwohnheilsverbrecher。编校者注。

配的正义（distributive Gerechtigkeit）所支配。

三、历来认为私人的契约行为（例如雇佣），社会法却不把它当作个人的私事，把它当作社会关系来把握。换句话说，即对私人的法律行为，加以国权的干涉。

四、使法律的形式，与法律的现实，在新的平等上调和之，即排除法律形式上的平等，达到团体协约上实质的平等。

社会法的概念，一般学者的意见说明后，现在要说作者个人的意见了。作者以为社会法的概念规定，绝不是形式论理下一个定义所能决定的。社会法，它是近代社会产出的一个历史概念，若从目前的法律秩序说，它是过渡的法的型态，它是近代法中特有的特质，故与其要定义它，不如先明了它的历史的性格，即它的本质与机能，那么社会法的概念。将更易于理解了。这让诸最后来说明，现在先论社会法本身的内容和在法律体系中所占的地位。

## 四　社会法的内容和地位

社会法的历史，比较的短些，它没有法典的型式，只是一团的法规，已如上述。这些法规由1848年至1914年逐渐的汇①合，完成了社会法的体系。因它是一团的法规，变动无常，范围不定，因此，要说明它的内容，也就困难了；所以我们只能够把完成社会法体系的重要法规，予以历史的叙述。

19世纪初叶，资本主义经济在英国最先发达，社会法便也在英国最先萌芽，工场劳动者保护法，就是社会法最初萌芽的法规，它随着资本主义的发达，弥漫到普国、德国各州以及法国、瑞士、

---

① 原稿误植为"准"。编校者注。

俄国、荷兰、意大利等大陆国家，甚且西至美洲，东及日本。工场劳动者保护法起初使用"工场法"（Factory Law）或"工场立法"（Fabrikgesetzgebung）的名称，后来这种立法扩张适用到经营的劳动者。德国19世纪末叶，创设了社会保险制度，当时立法者从社会政策的见地，为经济弱者的被佣人制定一种法规，叫作"劳动者保护法"（Arbeiterschutzrecht）。尤其是1891年产业条例的改正，劳动者保护法由劳动契约法中区分出来，别为劳动契约法、劳动者保护法和劳动者保险法，这三者总括于一名称之下，叫作"劳动者法"（Arbeiterrecht）。1911年，社会保险法改正的结果，历来仅限于劳动者有适用的社会保险，此时使用人同样也有了适用，因劳动者与使用人的不同，致"劳动者法"的名称失之过狭，遂改称为"被佣者法"（Arbeitnechmersrecht）或"被佣者保护法"（Arbeitnechmerchutzrecht），劳动者保险法则改称为社会保险法，这些法规总名为"社会立法"或"社会政策立法"（soziale oder sozialpolitische Gesetzgebung）①。然以大战前，经营协约、劳动协约等劳动者自主立法在德国风起云涌，由是又有"劳动法"（Arbeitsrecht）的出现，它成为社会立法全法域的称呼，同时也成为各国法典上所采取的名称了。大战中以德国经济生活非常的变动和国家的统制经济为契机，超越传统的市民法理，与劳动法有同一进取态度之所谓社会化"经济法"（Wirtschaftsrecht），于焉而生。新法系基本的根据，为社会的团体主义的精神，德国学者之间，遂最先有了"社会法"新法系的提倡。

归纳上面的叙述，我们把完成社会法内容的法规，分为三个时期：第一期从19世纪初叶至中叶，可说是社会法的诞生时代，其内容由工务劳动者保护法组成，英国工务法（Factor Law）为这

---

① 原稿误作：sozialeod, sozialpolitische Gesetzgebung。编校者注。

时代的代表。第二期是社会法成长时代。在欧洲大战前,特别是德国社会政策立法的运动,社会法次第成长,这时以德国的社会保险法为其代表。大战过后,德国国内经济发生剧烈的变动和劳动协约的发达,形成了完整的社会法的体系。劳动法及经济法代表了这第三期的成人时代。

所以,我们最后还要说:"社会法是一团的法规。"

社会法成立之后,它的地位又怎样呢?换句话说,它与公法私法有如何的关系呢?它是属于公法呢?还是属于私法呢?或是别有所属呢?要知道这些,不可不知道公私法的分类。公私法的分类,渊源于罗马学者乌尔比央(Ulpian)① 所说的"公法为罗马国家之法,私法为私人利益之法"的,后来成了法律体系中根本对立的分类,不拘何种法规,不归于公,即属于私,没有跨在公私两法中间的,这就是说公私法的分类,是根据最高法理之绝对的分类。在任何情形之下,二者绝不相侵,能够保持它不变的领域,即以为法的范围,得以这二者的领域,就可尽其分类的能事了。殊不知一种制度,都不是永久不变。它是在社会经济一定阶级中出现,而且将在一定级段中变更和消灭。公私法可分类的时节,是表示当时社会经济已发展到可以区别的阶段,但是目前公私法的分类,都已在变更过程之中,譬如社会法——劳动法经济法——中限制个人自由契约自由的公法规定,使历来个人主义的市民法,受了极大的侵蚀,致过去纯私法的地位——雇佣契约——已经不能维持,渐呈公私法交错的状态。换言之,私法的某部分,早变换它的本来面目,公法部分与私法部分,在不可分离的关系上,已经混合了不少。这正是说公法私法的理论,已没

---

① 原稿误作: Ulpianua 。指乌尔比安(Gnaeus Domitius Annius Ulpianus, 170~223)。编校者注。

有解决新发生的法律现像的能力了[①]。

卡斯克尔曾说："公法与私法，在法律技术上，不可区别。私法的制度与公法的手段合为一体，成了现时法律的特征。社会法就是由这两法律部门构成的。理论上，虽然也可归属于二者中的一个，但因它内部关联的缘故，即着重公法与私法并存的缘故，应自成为一个统一的分科，即社会法，它的规范是与公法和私法的分类无关的。"

总而言之，社会法的地位是独立的而非附庸的，是并立的而非隶属的。以前在法的体系中，只让公私二法平分秋色。现在增加了社会法，却是鼎足而三。

## 五　社会法的本质和机能

社会法的本质，是与一般法的本质同样不易解决的问题。随着各个人的宗教观念、社会身份与世界观的差异，见解也因而不同。我们对于本问题的态度，拟从法与经济的关联上，并近代市民法与现代社会法本身对照中，来探寻社会法的本质。这也许较为适当些。

曾有人说，近代市民法是"近代社会之法、近代市民之法"，故现时产生之社会法，自是"现代社会之法、现代社会人之法"。这样的说法，文字上、表面上都似很合理，其实是修正的、不彻底的。何以言之？即近代市民法，它固是近代市民社会之法，它适应了近代资本主义经济组织的法理体系，然而现时的社会，即现代社会还是维持着资本主义的经济组织的。换言之，现代社会实与近代社会同样是资本主义的社会；近代市民法与现代社会法，若从其共同母体的社会经济关联上来看，那么，前者是"近代资

---

[①] 参拙编《法学通论》96页以下，商务版。

本主义的法",后者是"现代资本主义的法"。申言之,前之市民法,是"初期资本主义的法",后之社会法,是"高度资本主义的法"。

由此观之,社会法本质的也是资本主义社会的法。

市民法与社会法的对照中,我们须要知道社会法并不否定市民法,即非排除市民法的支配而成立的,不过与市民法并肩存立而已。这因为社会法只是历来市民法的内在矛盾所产生的新兴法域的缘故,从而社会法与市民法的关系,远不如"封建法"之对"家长法"、中世"都市法"之对"封建法"、近代"市民法"之对"都市法",性质上带有革命的意义。它的发展不是飞跃的、革命的,只是渐进的、合法的。资本主义的社会法之无革命性,正是它本质的特征。

我们再从法与经济的关联上来看,市民法之根据自由主义的个人主义的法理,和社会法之依照统制主义的团体主义的法理,正非偶然。中世的都市法,已如上述,只是商人行会的法,它缚束了个人经济自由的发展,由是根据自由主义法理的近代市民法,于焉出现。但是,自由主义极端发达的结果,社会上的财富集中到少数人手里,使19世纪的历史投进到独①与无产、奢侈与贫穷、饱食与饥饿的恐慌对立之中。立法者有见于此,遂依据修正自由竞争的统制经济来制定法律,统制经济反映出的法律,就是社会法(劳动法、经济法)。社会法在这种意义上,可说是"统制的法";社会法既是统制的法,那么它的机能,自也不外"统制"二字了。

法律若是社会强者的意思,则法律的机能,最终还是拥护强者的利益的。但是,利益除掉了阶级利益之外,也有注重全体的

---

① 此处应有脱字。编校者注。

利益的。民族的发达、文化的向上、国防的安全、卫生的设备、身体生命的保护等,不特是强者阶级的利益,同时也是弱者阶级的利益,即全体的利益。法律为此而制定之者,亦非无之。那么,社会法的成立是不是为着全体的利益呢?顾名思义,似无疑是为全体的,但社会法成立的背景,却是片面的,而它的机能则为双方的,即一方为维持现代的社会组织,缓和了冲突的激化,他方为防止经济弱者地位的日下,调整了暂时的矛盾。在这个意义上,社会法又可谓为"矛盾缓和的法"。

要之,社会法在本质方面来看,它是"资本主义社会的法"、"无革命性的法";在机能方面来看,它是"统制的法"、"矛盾缓和的法"。

# 社会法在现代法制体系中之地位

## ——公私法之区别与社会法之地位

陆季藩

现代法规系统之分类,自来约有两种,一为日耳曼之分类,一为罗马法之分类。前者以法规之主体为标准,分为个人法(Individualrecht)与社会法(Sozialrecht)[1]。后者以法规所保护之利益为标准,而分为公法与私法[2]。前者分类在1794年曾实现于普鲁士普通法(preußen allgemeines Landrecht)[3]中,嗣后以继承罗马法,此种分类逐归消灭,但德学者基尔克(Gierke)仍持此说[4]。至于后者区别,远自罗马法,Ulpianus以公法乃关于国家组织之法,私法则为规定个人利益之法。盖罗马当时不知社会与国家之有区别,惟知国家与个人利益之不同耳。故规定国家组织权力及活动之法规,即视为公法,反之,则为私法。罗马法之分类,虽于实际无多裨益,但影响于后世甚大,迄至今日,仍有此区别,

---

[1] Otto Friedrich von Gierke, *Deutsches Privatrecht*, Bd 1: Allgemeiner Teil und Personenrecht. Leipzig: Duncker & Humblot, 1895, S. 25, 惟基氏所称之社会法乃团体法(Verbandsrecht),与本文所称之社会法不同。
[2] 在优帝法典中,谓"关于法之研究,共有二科,即公法及私法是也。公法者乃关于立国制度之法也,私法则为个人利益之法"(广滨嘉雄著私法学序说413页)。
[3] 原稿误作:preuss allgemeines Landrecht。编校者注。
[4] Gierke, a. a. O. S. 25.

纵有反对之说①，然终不能全然否定也。故谈法学者仍有公私法之论②。

及法与私法区别之标准，今日尚无定说，胡林戈尔（Hollinger）在其《公法与私法区别标准》论文中③，已列举十七种，此种学说如一一论述，不但非本文之目的，且无此必要，兹将其代表学说，略述于下。

## 一 主体说

此说以法律关系之主体为标准，公法者乃规定国家与其他公共团体之相互关系，或其与私人关系之法律也，私法者即规定私人相互关系之法律。业陵内克（Jellinek）④及陶马斯（Thomas）主张之。如依此说，每没却法之内容及实质，反失其区别之实益。如国家与私人缔结买卖承揽等契约原为私法关系，而反视为公法关系是。或有谓国家及其他公共团体而有两种资格，一方为统治者，他方为私经济之主体，以为此说辩者，但此两种资格乃由法律关系性质而生，并非主体之真有差异，故仍不足实此说也。

## 二 法律关系说

此说拉邦德（Laband）主之，以法律关系性质之差异为公私法区别之标准，公法关系为权力者与服从者之关系，私法关系为

---

① 如格尔珍（Hans Kelsen, *Hauptprobleme der Staatsrechtslehre：Entwickelt aus der Lehre vom Rechtssatze*, Tübingen：J. C. B. Mohr, 1911, S. 226.），奥斯汀（John Austin, *Lectures on Jurisprudence*, London：John Murray, 1885, p. 744）是。
② 美浓部达吉著《公法卜私法》1~6页。穗积重远《民法总则》1页以下。
③ Jakob Hollinger, *Das Kriterium des Gegensatzes zwischen dem öffentlichen Recht und dem Privatrecht dargestellt im Prinzipe und in einigen Anwendungen, mit besonderer Berücksichtigung des schweizerischen Rechtes*, Zürich：Buchdruckerei J. Weiss, 1904.
④ 指德国法学家耶利内克（Georg Jellinek, 1851~1911）。编校者注。

对等间之关系,是以规定权力服从关系之法即为公法,反之,规定平等对立关系之法即为私法。所谓权力服从关系者即优劣强弱不同意思之上下相对关系也。平等对立关系者即无优劣强弱不同意思之对等关系也。此说只能说明公法与私法之一般区别,如视其为区别之标准,亦不免错误也。如亲属法中之亲子关系,并非对等关系,又如国家相互间之关系,虽为对等关系,而规定此种关系之法律(国际公法),却为公法是。

### 三 利益说

此说渊源于罗马法,近世顿恩(Thon)亦如此主张,以法律所保护利益之不同,为区别公法与私法之标准,凡以保护公益为目的者即为公法,反之,则为私法。然公益与私益之意义混淆不清,且社会自身利益与社会构成员利益并不对立。故此说亦不能彻底适用,例如以保护公共秩序为目的之刑法,却保护个人利益(《刑法》第322~345条),而拥护个人利益之继承法,亦有巩固社会组织之规定(《民法》第1138~1145条)是。

### 四 社会说

此说为基尔克所主张,以个人与社会之对立,为区分公法与私法之标准,在其私法论中谓:"吾人一面为单独之生存体,一面为社会之一员。其规定个体相互关系之法,即为个人法。因此个人法以规律个人为主旨,唯于团体视为个人时,亦在其规律范围内。个人法因以对等关系为基础,故由尊重主体意思而生发。社会法乃规律组织社会人(Gesellschaftswesen)[①]之人人意思关系,换言之,即规定高于各人之团体或团体相互间之结合。故社会法

---

[①] 原稿误作:Gesellschaftswsen。编校者注。

以上下关系为基础，由拘束主体自由而出发也。"① 其公法与私法区别标准，即存于此。其结果虽已一致，然仍未尽当。即基氏所称之社会法为规定高于各人之团体或团体间相互结合之关系，故其中不仅括有公法人（国家及其他公共团体），即私法人，如民法上社团，亦包含在内。但今日所谓之公法，私法人并不在内，故仍难谓其妥当也。兹将基氏之说，图示如下：

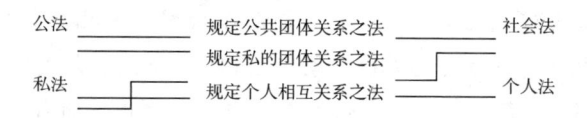

```
公法 ──────── 规定公共团体关系之法 ──────── 社会法
     ────── 规定私的团体关系之法 ──────
私法 ──────── 规定个人相互关系之法 ──────── 个人法
```

以前诸说，殆均欲以一定理论标准，将法规全体截分为二，是以不能不坚持己说，以排斥众议，而其结果，均不能贯彻其目的，不过略示公私法区别之典型而已。由此观之，公法与私法非单纯理论上之区别，乃现行国家法上之区别②，而现行国家法则系种种错杂思想所构成，其间交纵错杂，互有关联，故不能绳以单纯标准，如强而为之，不外失败而已。在德国《民法》第一草案理由书中，对于公私法区别，所以委诸各州法律发达之实际者，亦以此也。

东瀛学者美浓部达吉有鉴前者之失败，故其区别公法与私法之方法，于一定基本标准外，尚采弥补方法，以期其能适合于现行法规。其说之前提，即认公法与私法同为国家法③，而国家法所以分公法与私法者，乃以"在实定法上，国家为强大统治力之保有者，除于直接国家法外，对于其他社会之法，亦认为国家法，

---

① Gierke, a. a. O. S. 26.
② 美浓部达吉前书 32 页。
③ 美浓部达吉前书 33 页。国家法之意义原有广狭之别，自广义言之，乃国家制定法之全体，不论公法与私法，均包括在内。自狭义言之，与公法同义。

以尽其保护监督责任。就广义言之，在国家法中，不论为直接国家法或其他社会之法，唯国家始能保持其法之秩序，为其保护监督，对国家法不能不分为两种"①。其基本标准，仍本主体说，以法主体之异同为依归，谓"公法所规律之法主体，至少一方为国家或由国家授与公权之团体，反之，私法所规定之法主体，直接为个人或非为国家公权主体之间体，国家在二次始受其规律"②。故其结论谓："公法者乃以规律国家组织及其与其他国家或国内人民之关系为对象之法也。反之，私法以规律个人相互关系或私的团体组织及其与社员关系为对象之法也"③。美氏以上述标准，仍不能适用于现行法规，尚有修正之必要。其修正方向有二，"其一即国家与私人立于相同之法律地位时，则视国家为私人，因此亦受规定私人相互关系之法律的规律，此时非为公法而为私法。其二即住国家下之公共团体及国家授与公权之团体，亦得视为国家，此等团体为法主体时，与国家为法主体时相等，亦属于公法"④。美氏之说较前述各说，确为进步，已将公法与私法区别之详细轮廓，昭示于吾人，惟其说仍不能将公法与私法截然划分，则可断言。即在美氏自己亦知公法与私法之关联性⑤，是以二者之区别在今日虽有必要⑥，然只为程度问题，若彻底区分，则绝不可能。不但因时代及场所而不同，且随实定法精神而变更，故在社会主义之法律制度，以所有法律均为公法，即经济生活与家族生活，亦视为公法之一部，不认私法之存在。反之，无政府主义以法律制

---

① 美浓部达吉书 34 页。
② 美浓部达吉书 36 页。
③ 美浓部达吉书 37 页。
④ 美浓部达吉书 43 页。
⑤ 美氏在前注书中第三章，关于此点有详细之论述。
⑥ 关于公法与私法区别之实益，约有三点。（一）适用之法律理论不同。（二）解释上有宽严之差。（三）审判管辖之互异。

度之存在，唯私法而已①，此种思想虽不足以代表现代法制体系之理论，然可窥知公法与私法之分别具有时代性。其将来演变，日趋混合，则可预知者也。而其最大之征候，则为社会法之发生。

社会法以高度资本主义为背景，融公法私法于一炉，故其内容难为分割，不但不能以私法理论解释之，即以公法理论绳之，亦非妥当。例如，《工厂法》第45条规定："在劳动保险法施行前，工人因执行职务而致伤病或死亡者，工厂应给其医药补助费及抚恤费。"依此规定，工人或其遗族（同法第46条）遇有前条事故时，对于雇主（工厂）即取得抚恤请求权，而雇主则负给付之义务。就法意言之，纯为私法规定，则毫无疑问者也。唯雇主所负之义务，一方固为对有请求权之工人，而他方亦系对于国家。何则？即以同法第70条规定"工厂违背本法第45条之规定者，处五十元以上二百元以下之罚金"，明文与以制裁。因此，前条亦可谓为公法规定。然究竟为公法规定，抑为私法规定，实难断言。总之，不外为混合规定而已。此类规定，在社会法中，不可胜数②。故有人谓其为公私法之混血儿，独自形成一特别法域者③，亦非无故也。惟社会法是否独自成立一特殊法域，在今日尚有争论。果如其说，则社会法将与公法、私法鼎立而三矣。此派学者所持之理由，即以社会法以调协社会中阶级斗争为目的，因此其原则均有特殊性质，不能以旧日理论解释之。其言固当，但社会法并不反对现代经济组织，换言之，以巩固现代经济组织为其最后目的。其理论纵有特异处，亦不过为修正个人主义法制之缺陷

---

① 田中耕太郎著《法律学概论》，第300页（现代法学全集）。
② 如工厂法第5条以下至第10条与第69条规定。第14条至第19条与第71条规定是。
③ 如孙田秀春（劳动法论总论各论上95页）、柴田义彦（劳动法大意152页）及马特海（Matthali, *Grandrisz des Arheitsschts*, S. 7ff.）是。

而已，故其基本原则并不否认现代法制，在其未与现代法制立于绝对反对地位前，无另成立新法域之必要。此无他，即以社会法所具有之特殊性，并未逸出公私法之范围外，其对现代法制如商法之与民法然，故除采反对说谓其位于公私法之间，而为两大法域之混合产物也。

# 社会法与社会法学

吴传颐

## 一 绪言

个人主义的世界观，已响澈了坍溃的号角，这不能说是一时的或偶然的现象，实际上反映了社会经济的变迁。第一，在资本主义经济组织下，受资本支配的一群，由于个人之无力，深切地感觉到以团结为发展自身命运之手段，有迫促的需要。其次，即在企业者，也因为独占经济的发展，为了应付新而猛烈的竞争，不得不进行扩大其经济组织体：成立所谓"托拉斯"、"加特尔"等。这样使孤立的个人，步入了团体的队营。可在团体主义的最高理想，是使个个团体联结或融合而成和谐的集团。现代社会的动向，至少示明了这个起点。

法是文化之一部门，社会文化之改造常诱至法学的改造。因之，一世纪来个人主义的法和法学开始其划时代的变迁，是不待言的。

## 二 社会法的观念和特质

### （一）社会法的观念

通常认社会法不过是保护经济弱者福祉的法，并不够理解社会法发达的真相。毋宁说社会法是基于社会结构的变迁和法律思想的推移，所构成新的人间概念之法。换句话说：社会法观念之特征，正是近代社会和法律思想的反动。在近代社会中，有的是孤立的个人，没有凝集的组织；有的是利己的行动，没有牺牲的精神。这样表现在法律思想中的是没有社会地位差别性的抽象的人格概念。这人格的概念也就是平等的概念。不问有产者和无产者、脆弱的个人和庞大的团体，一律看作平等的人格。在这人格概念中含有法律上的平等，即所有自由的平等的契约自由的平等。可是从法律的现实看来，所谓"所有自由"和"契约自由"，只存在于社会强有力者的手中。一到社会弱者手中，几乎面目全非了。所有的自由，原指物上支配的自由；可在有产者手中，便兼有人上支配的自由了。企业者握有生产手段和劳动力赁金（工资），因而支配劳动者；这是最好的适证。其次，企业者以垄断商品价格为手段，达到了对消费者的控制。最后，以独占市场和原料为手段，而完成其对于竞争者的支配。资本所有的自由，常无限制人上支配的内容。而对于劳动者的强制和消费者强制，表面上却是隐蔽了以契约自由的法形式来实现的。因之，法律形式上的平等和自由，对于社会弱者转化为实质的不平等和不自由了。本来，要维持这种平等和自由的法律秩序，只有在小资产阶级普遍化的社会中，人和人间，彼此势均力敌，才可能充分实现。资本主义过度的发展，使法律现实和法律形式间的鸿沟日深。甚至所有的法概念，都发展而为反对物了。校正这种弊病，所构成的新的法律观念，以共同的社会生活和连带的法律思想做基础，可说是势有必至理有固然的。

因之，社会法思想有四种意味：第一，剥去平等化抽象化的人格者概念的表皮，从每个人社会地位之差别性：权势者或是无力者而予以适当之估量。在民法上，与其一律看作人格者，毋宁看作受雇人使用人或劳动者，给与特殊的保护。在刑法上，与其一律看作犯罪者,毋宁看作偶然的犯罪者或惯行犯罪者,来研讨有没有匡正的可能。第二,基于个别的社会权势者和无力者地位的不同,进一步考虑怎样保护后者而抑制前者。假使说个人主义的法律基于平等的思想,和它相对立的社会法便基于较量的思想。假使说前者以报偿的正义为基础,后者便奉分配的正义为圭臬。第三,社会法的思维,设想每个人为社会成员之一,好像螺丝钉之为机械的构成分子一样。所以纵然是私的关系,也得作为社会关系之一来把握。这样私的关系,在私人之外,不能不由社会的大存在者出来监视和干涉了。第四,社会法的形式和现实,不能如现存制定法的形式和现实,发生南辕北辙的现象,必须在新的平面或立体上开始调和和适应的工作了。

## (二) 社会法的特质

社会法还在形成中,它本质的特性,一时还难详述。目前在形式的构造上,可得而言者约有四种。第一,社会在它法域的广漠上,几乎颠倒了从来公法、私法的顺位。个人主义的法律秩序下,规律个人利益的私法原则地笼罩了规律国家制度的公法。国家虽说主要地为公益而存在,实际上只是为调和个人利益而存在;国家活动只有以保证人民利益为出发点,始能顺利展开。可在社会法的秩序下,团体的规范替代了个人的规范,私的自治从不全部消失,至少须以公的职能为限制和条件。第二,社会法领域中,不再有公法和私法的对立,只有这两种法域的渗透。现代土地法和劳动法就是最清楚没有的例证。纵然在理论上公、私法还可能指出它们的区别,事实上已混淆而不能分离了。第三,社会法在概念上,已步入清算以前私法繁琐的技术、抽象的公式底阶段;坚实地立足于社会现实或经济政策之上。目前所谓社会立法已呈示了这种端倪。第四,社会法在内容上开始对私权附以社会的义务。例如《德国威马宪法》第153条第3项宣称："所有权负有义务，所有权之行使同时应增进公共之福祉。"这点意义上，社会法和中世纪的封地法颇相近似。都以义务为权利实质的基础，权利的授予□是使权利人负终局义务的手段。法律对于权利者义务之履行，常施以立法的监视：《德国威马宪法》对私有财产之没收社会化诸规定（第153条、第159条、第156条）我宪法草案对于私人财富之限制（第141条后段）□□□以必要的步骤，防止社会法和封地法一样趋于堕落之径。

### 三　社会法学的酿成任务

#### （一）社会法学的酿成

提到一般法律学，谁都会意识到解释法学。解释法学原为从来法学的中坚，而解释法学却以解释制定法或成文法为核心任务。所谓制定法或成文法原是依一定的社会机关，依一定的条件，由具有一定资格之人员，以一定文字的形式表明出来的法的规范。假使单从依一定的社会机关订制着眼，应称为制定法；单从依一定的文字形式表现着眼，则称为成文法。不过解释法学的方法主要地依文理的或论理的途径逐条阐明法文的内蕴。可是在依文理的或论理的途径去阐明法文之前，首须注意的，还在法文的内蕴到底含有甚么意味？从来就有所谓"立法者的意思"和"法律的意思"两说的对立。

主张立法者的意思说者说道："法律解释的目的，在解明法规的内容，而法规是基于意识的创造行为，立法者深思熟虑的制作物。立法者对于未来的规范，什么是最妥当的，没有不经过深长的思虑，再以选定的语言表现出来，如同精心著作一样。所以法规是立法者和意思。要究明法规的内容，不能不阐明立法者的意思。"

主张法律的意思说论者认为："解释法律，首须严密注意解释对象的特性。解释对象原是特有方法下的思想表现，与其认为某些人的意思表现，就它的特性说来，毋宁认为表现自体，即是意思。这不只是一定时间特定人意欲之表象，而是因果的规律的意思，借特定人完成它表现的过程，获得拘束力的法规形式，是客观化了的法规形式；这时它已和创造者的人格相脱离，要解明它的内容，必须直接在法规形式中去把捉。法规是永久地要求妥当的意思，因之它具有不绝的生活力。总之，解释法学，依其特性，和语言的历史的解释有全然不同的本质。"

上述两主张的对立，是主观地去认识创造者在法文中所含一定的思想内容，还是客观地作为和创造者无关的一般人去理会表现自体的争执。也就是说该重视立法者的社会地位，还是首在究明立法的作用，无须顾虑立法者的具体意思怎样？可是，解释法学原以解明制定法为主要课题，本质上有阐释具有一定资格之立法者，依一定条件所制成法文的使命。假使如法律意思说者主张，首重立法的作用。那么，制定法就不能不跟着社会情事和观念的推移而变迁。这等于说和立法者当初所赋于法文的意义绝缘，而承认法文自身具有生命力。这样不免抹杀了社会法律制定机关中立法者在法律生活上的重要性，从而削灭制定法固有的本质，显然超越解释法学的范畴了。

制定法既不外一人或数人意思的表现。因之，制定法自身难免有很多的疏漏。第一，在制定法的用语或方针上可能存有矛盾或不明。换句话说：一方可能因语义的龃龉和不明至使规定的意义不明；他方可能因规定主旨的冲突及关联的不明至使法典的方针不明。第二，制定法不断地因时代的推移或情事的变迁，发现不当的规定或感觉必要规定的缺如。换句话说：可能在法律制定当时认为妥当或不必要的场合，一旦因时过境迁，使原为妥当的转化为不当，或原无必要的转化为必要了。解释法学的任务，既为阐明制定法的内容。即如法律意思说者批评立法者的意思说者，努力适应社会的变迁。可是第二种疏漏，到底也无法弥缝。解释法学的非社会性，诱使法学者在制定法之外，有探究自由法的必要。自由法学的主张，□育在解释法学非社会性的特性里。

从来学者从事解释法学的研究，工作主要的偏于制定法法文的阐明□限，首先肯定现存法的权威，无用丝毫置疑。努力的对象是规定的分析、语义的敲推、逻辑的推断，至多作若干无关痛痒的补缀，绝对不理会立法对社会的功用和社会给立法的刺激。解释法学的独断性，诱使法学者对立法政策的法学发生兴趣。立法政策的法学培养在解释法学独断性的特性里。

制定法的固定化，使解释这固定化法律，不能不舍弃社会生活或社会现象和现存制定法间的因果关联，成为概念游戏或技术搬弄的学问，□□不能进入科学的庙堂。相反，不给现存制定法所拘束，依因果的法则、历史的法则来把握法律和社会生活或社会现象的关联，使法学成为理论和实践融会的学问。才能挽救解释法学的非合理性和非科学性。社会学的法学□成长于解释法学的非科学性的特性里。

此外，团体法学或社会的组织法学无非是制定法和解释制定法学的个人性和浪漫性的对照。

不过，上面种种主张，虽和解释法学互有出入，到底并不排斥，□□一般法学之一部。假说一种法学，本质上不以现存制定法为对象，目的在发现社会生活自体生成的规范，旨在规律个人利己关系的法以外□□□□集团共存共荣的法，无疑在法的领域中完全是新的原野。同样，□□□□法，来阐扬它的理论，来代替从来个人主义的法理，不成问题在法学的领域中也完全是新的原野。这在从来法学之外，独树一帜的法学，就叫作社会法学。

## （二）社会法学的任务

古代法制向近代法制的推移，梅因所说"从身份到契约"的名言，公式化了这一动向。可是近代法制到现代法制或者以往法制到未来法制的展望，该在什么形式下去认识呢？我们可在透尼斯的共同社会和分立社会的分析里，获得富有价值的暗示：

> 分立的社会中，各人追求自己的利益；他人只在促进自己利益的度内，才肯定他们底存在。妥协和特约成立之前，各人和各人的关系，潜伏着斗争的概念和状态；契约只是矛盾利益的调和协定。因之，一切权利和义务都可能还原于财产的价值或商业上交易的状态。

> 共同社会的思想要求全体□成份子结合而成一特有的社会力，个个份子不约而同底发生休戚相共的一体感。共同秩序下，有人指导，也有人服从，指导和服从不过是有□□机能之显现。所有关系都可能在自然的共同的状态下觅得应有底地位。

所以，两种社会法制底特征，可作如下对照的描写。共同社会的法律秩序是规律指导和服从关系底自然的共同的秩序。而分立社会的法律秩序却系规律纯财产的权利和义务关系底妥协的对立的秩序。所谓"法的社会化"，只是分立社会的法律秩序向共同社会的法律秩序移行的口号而已。

目前，在现存法体系中，法的修改，可称为法的社会化或法的伦理化的,已占了不小的部份①,其次,新的立法,一般称为社会立法或社会政策的立法又占了极重要的部份。这些法制中,不成问题曾凝集了新的法理。而新的法规之运用,逐渐地使新的判例法理产生。最重要的,现实的社会生活,也唆示了企求新的立法在人民意识中普遍地成长。总之,新的立法和新的法理的全盘诞生,该已迫在眉睫了。

只是,团体法学或社会的组织法学,不能称为社会法学。因为现存制定法既根本浸透了个人主义,往往拘泥于传统的法理,以个人主义的观点来阐明非个人主义的法制。目下公司法学中行为法的分量超过了组织法。劳动法学中劳动契约的重视常胜于劳动保护和劳动保险。足以证明立足于解释法学的团体法学不能达到社会法学的主张的。

同样,社会学的法学也不就是社会法学。它以现存的制定法为对象,没有越过雷池一步。这是限制重利的规定为什么不能消灭高利贷现象,说明立足于现存制定法基础上的社会学的法学无力解决社会法学的课题。

在社会法的全部诞生以前,社会法学面对着已走下坡路分立社会和□在萌芽中的共同社会,预想未来共同社会的现实生活,同样研究已就式微的个人主义法理和尚未茁壮的团体主义法理,预想未来共同社会的现实秩序和理论。社会法学的当前任务,主在发现共同社会中现实的社会生活和现实的法的规范意识的关联,进一步构成规范的理论的体系。

## 四 结论

当社会法和社会法学还在形成过程中,研究的对象,有时不

---

① 同"部分"。编校者注。

免要依赖于假想。但假想必须有现实的科学的根据，否则便是幻想，幻想一己的理想而不顾一切的客观条件。这样不是流为空想便可能发生危险。

现实的科学的根据之搜求，不外现存实际资料谨慎分析和比较和广泛的科学成果之吸收。在丰富的果实成熟前，垦植的艰辛，是不言而喻的。

# 第四编
## 经济与法律的互动

# 论经济与法律

戴镈隆

## 一 绪论

经济与法律在社会上是交互联系，其间关系并是遵循一定的方式与法则。

经济作为一种社会形式，法律作为另一种社会形式。我们看到，这两种社会形式在社会的一定发展阶段是并同存在着。

只要粗粗一瞥这样的事实：许多经济事项都订定于法律，借法律力量去推动；及法律体系中，大部分都规制着社会经济生活事项，就可朦胧地知道这两种社会形式的并同存在，不是各自绝离地在各自的领域活动而不相交往。它们之间似乎是存在着一种交互联系。

从人类社会发展史，从文化比较的研究，我们又看到：社会经济状况的某些特征，总与法律这社会形式作紧密的伴随。悠长的历史中，社会经济的诸多变迁与发展与法律的论文变迁与发展，它们之间的互相适应，似乎都有一致的倾向。社会经济状况一达到某些主要特征点，法律亦就产生了；法律产生的时机，亦正就是社会经济刚已具备了某些特征点的时候。像这样的事情，古代好些种族，在互相不交通的情形下，毫无传播继受的痕迹，各自不约而同地作了相同的完成。假如，以两个社会来比较，时间空间不同，人种文化亦各异，只要它们在经济上有主要相同点，其法律上的主要点亦大致相同；法律上主要点相同的两个种族，它们经济上主要地亦相类似。法律规定经济事项，各个时代、各个国家，似乎总是固持着一种类似的标准，亦总是那些一定的经济事项可得规制于法律中。这些昭示我们，经济与法律之间不但似乎有一种联系，而且它们之间的关系还似乎是遵循着一定的方式与法则。

社会发展到了一定阶段，社会经济的运行与法律的运行，实际上混合得很难分解。客观实况是如此，于是，要理解经济，帮助经济的实践，理解法律，帮助法律的实践，都不是单纯纯粹地专就其中之一所可得到成功的；要在它们作用上的联系交互才能理解它们各自，帮助它们各自的实践。因此研究它们间的联系交互关系，就有了实践上的重要意义。亦就是在这意义上，这题目在历史上就由无意识地转为意识地成为思想家、经济学研究者、政治学研究者及法律学研究者探讨的对象。虽然到现在为止，这方面探究的成果只不过是一点只言短语，没有整理成为系统。

## 二 关于"论述经济与法律的交互联系及其所遵循法则"的一些有科学意义的片断思想之介绍

历史上关于论述经济与法律的交互联系及所遵循法则底片断思想中，有不少的是离奇见解，亦有极多宝贵的天才指示。大概在资本主义发生以前，因为经济与法律的关系，客观存在的不明显，所以论述到它们间底关系的极少，即有，亦多不正确。资本主义发达后，随着时日的进展，经济与法律间关系底客观现象的日益明晰，注意到这方面的人亦较多了，由无意识地领会到意识地考究，因此，产生了很多光辉的启示，同时亦就滋长了反对方面的见解。这里，只抉择一些有科学意义的引在下面，从这些行语中，可以见到本文思想内容的渊源。

自然底环境论者孟德斯鸠（Baron De Montesquieu, 1689～1754）在他的著述中有不少地方提到经济要素之影响法律，虽然他没有系统正确地理解到经济对法律之决定作用，只不过注意到了为社会物质生活条件之一的地理环境对法律的影响。他在他的大著《法意》（The Spirit of Law）一书中专门写了一章关于"论法之系于土壤肥硗而异者"。孟氏在一些地方认识了法律状况随经济状况而异，如："各国之民，生业各异，而所立典之广狭有与为相济者焉。为商贾习海之民立法，必系于耕耨地著之民；为耕耨地著之民立法，系于游牧行国之民；为游牧行国之民立法，系于渔猎击鲜之民也。""……故柏拉图谓，使城域之内，无河海之通。因之而无商业者，其民法之简，虽半通商之区可也。盖地通商，异种之民总至；契约质剂，日以益多，财币之通，生业之广，皆非不商之区所可同日而论也。是以通商都会，其与他所异者，其法官则弥少，而法典则弥多。"是"法典之异，有沙栗，有理普，有白尔根，有威西峨特，其于法也，皆行于一时，久乃渐废，此其故可得有言也。封建制行，采地世守，而民之从于公事者，各有受田，由是世俗异古，而旧有蛮夷之法典，不可施行。虽然，其法意无双，国中争讼，大较以罚锾行，但国币之值常变，所科之罚，乃与俱变。"他在一些地方亦认识，法律之起源系因于经济。如："司域尔民法起于疆界产业者也，蛮狄诸种无疆界无产业，故虽有民法亦简而繁。相侵者，以强暴弱，以众暴寡而已。而寡弱者亦相合以御众强，故其国有维持治安之国法，而无正乱禁非之民法也。自其国圜法之事兴，而后狡者有夺愚之事，而人情之变，乃各方矣。欲作伪之不行，始不得已而立民法。民法者以黠之侵愚而后有也。""虽然质野之民不耕稼而畋渔游牧，彼之所克享自繇，而无忧其失坠者，即以国无泉币之故。入林而畋，即水而渔,逐水草而事其牧养,凡其所禽①获而有者,虽有聚敛,势固不得以甚多。势不得甚多,故虽富不足以济恶,而贿赂相污之事,亦至微已。……□无泉币之民,其嗜欲必寡,寡故易供,而人人之所得若平等,非能平等也,势不能不平等。故为其长上者,亦无繇以专制。"孟氏又在"以契约贷财及罗马时代之重息"及"续论罗马重息之律"两章中,论到法律之经济根据,不合经济情形之法律如何影响及于经济,及如何的没有力量。如:"商业举债以息,人事之至常者也。而古又有以契约贷财者,往往契约不信,而私重息之弊以兴。方罗马民权之日盛也,官吏常欲有以自结于民,则姑为媚民噢咻之政焉,而不悼其流极之为害。如有贰贷之讼,彼不责契约之宜信也,而务政刻出贷母财之家,始犹取其息而减之,甚且以取息为不道而夺之。总之,有如此类之讼,责焚券捐逋者,乃什八九也。法令纷更,出于官之条教者【有】之,出于民之公议者有之,大抵皆损贷者、利贰者。由是私利愈重,殆不可诘。而其害流数百年,盖使有财者,一出其财以贷人,亲见向之乞怜求通者,乃今以一人之身,为逋客,为法官(谓主立法),为狱吏(谓主行法),则虽有明誓坚约,复谁从而信之?然而民又不能无缓急也,以无信之尤,而求人之我信,此非不情无艺之重息,又乌足以饵之。钱家道地也。以此而罗马数世之民,无公平之贰贷,虽有严刑峻法,而息愈重,民愈贫。由此观之,彼为政而明于一偏者,不可悟乎,使法而不平,虽有至良之意,适足生害已耳。彼欲民之无为贰,势不能也。有贰者,而暴贷者之家,虽暴犹贷,非贪倖偿之重息,孰肯为之。""今乎法律者依于人情物性而立者也。违人情,拂物性,过犹不及,未有不滋弊

---

① 同"擒"。编校者注。

者矣。故前令①行，而民日与法相遁。为上者不得已，乃附益修饰之，然皆无补□法俗相诡，有时则弃法从俗，有时又弃俗而责法，然而俗常胜也。盖民方窘而亟于贰也，觉为之梗，即在此右之□法，所欲右者，求财为用之家，然其人必弃法避法，而后有财之用。亚司旅为法官，□债家□执法自芘。而其人旋被杀，盖民以其复不公之旧令，而坏罗马通财之局也。夫徒法不能自行，有如此者。"

较孟德斯鸠《法意》出版迟十年，即 1758 年，霍桥氏（Abbe' Antoinp-Yves Goguet②）写了一本书，题名为:《关于法律、技术、科学之起源及其在古代国民间之发达》(De l'origine des loix, desarts, et des sciences, et de leurs progrès chez les anciens peaples③），曾大致说到经济决定法律的产生及变化的情形。虽然霍桥氏认为悟性是考察一切终极的东西而陷观念论的立场，并且又单以技术之发达程度作为根据而说明法律制度的成立。如:"耕作之发现，使道德发生了。从别的地方而移入这个技术——耕作之诸民族，需要一定的土地居住。他们大家集合于各都市中，社会使因为不知而轻视农业之重要的诸民族，需要较多的各种技术，于是，结果必使他们需须要很多法律。"④ "因此，各种民族在这样的生活（农业生活）开始之时，他们是需要各种农业上其他的补助手段，这样的需要之探求，产生了很多技术。这些技术之产生，又促进了商业之发生。而商业在社会各种成员的共同的和特别的利益之中长成了，对这一切之诸规定是必要的。" "因为土地分割

---

① 指罗马黎沁尼律。其律载逋家已偿息钱，即于母钱。减如其数，所未还之母钱，则以三度匀还之。
② 指罗马黎沁尼律。其律载逋家已偿息钱，即于母钱。减如其数，所未还之母钱，则以三度匀还之。
③ 引自 Walter Sulzbach, *Die Anfänge der materialistischen Geschichtsauffassung*, S. 20-21。
④ 引自 Walter Sulzbach, *Die Anfänge der materialistischen Geschichtsauffassung*, S. 20-21。

发生法律与法律学。"① 商业给予了法律很多急促其发生之机会。并且商业发达，使新的商品出现，新的试验举行。这样，就产生了不少奢侈品与浪费的行为。为适应这样的环境于是法律的商业的诸规定，结果又须要扩张和改变了。②

德人亚达林（J. G. Adelung）对于法律依存于经济的情形亦有不少灿烂的指示。我们借在石滨知行所著《历史与经济组织》一书中，于叙述过他的引证，来看他对这方面的意见："关于亚达林的思想，苏士巴哈（Sulzbach）约略的这样说：孟德斯鸠、卢骚、李□以及马布里等建设物质的历史观之失败的地方，通通都为亚达林所克服了。他以为法律几乎是'事实的确认'之表现，而国民的法律则是依存于国民的经济底构造的……，……他以为历史之表现，就是一定的土地内底人口的疏密关系，可以使技术与经济关系发生，又可以决定法律、宗教与道德……"

> ……原始时代的狩猎人与畜牧人，是适应于他们的原始生产成为可能的各种发明而经营生活的，□适应于生活之需要，就产生了道德与风习。住在同一的地域上底人口，渐渐的增加起来了。为的是这样多的人们要继续的生存下去，他们于是转变为经营农业了。于是，财产之观念就发生了。人口之增加使各种技术产生，又使市民社会的秩序确立起来。
>
> 从这样的游牧生活而到农业生活之移行，这又使法律变化了。法律常时为现实的经济生活所限制的。"因此，毛锡的法律，一部分是由游牧之生活的传说和习惯法而成立，又一部分是由埃及的法律和习惯"——好像埃及国家的基础底农

---

① 引自 Sulzbach, a. a. O. S. 21。
② 引自 Sulzbach, a. a. O. S. 21。

业那样的新农业,成为新国家的基础,因而这就比埃及的是更为合理而适用——而成立的。建立在这个基础上面的一切,表现着这个时代是单纯的。那即是土地是永久不能移让的财产,僧侣阶级以外的阶级一律平等。市民间与农民间之无差别,由游牧生活而保存的种族与民族的分裂等等。① 关于法律与经济生活之关系,康诺(Cunow)这样说:"亚达林不时地说,其时代的各种法律是依存于某国民的经济活动的。因为一切的经济活动,创造了社会成员的相互关系,而这样的关系必然的迟早都要为法律所规定。可是法律状况未必是不时的都适应于现实的经济状态的。法律状态可以说是追从着经济阶段的变动而变动,法律一经施行之后,是就强固的为社会所维持其存在的。并且,在可能内,法律之存在要极长久的。因此,就是社会的状态陷于矛盾之时,法律亦不能立刻就可以废止。人类在新的生活状态中,多少的是要适应于它的法律的。"②

亚当斯密(Adam Smith,1723~1790)在他的著作中,更是常常有意或无意地说到经济法律的关系。如他有一段话说到法律及一切有关法律事项,系由私有财产之出现所引起,并且为保护私有财产之用,亦随私产之增大而增大。"在狩猎民族社会中,几乎谈不到有什么财产,即会说有,亦不过值两三日劳动的物品罢了。那种社会当然用不着何等确立的裁判官,或者何等正规的司法行政。一个人既没有财产,他人顶多不过是能够毁伤他的名誉或身体,而且被人杀害、被人殴辱、被人诽谤的人,虽然感到痛苦,

---

① Adelung, a. a. O. S. 160 f.
② Heinrich Cunow, *Die Marxsche Geschichts-, Gesellschafts-und Staatstheorie: Grundzüge der Marxschen Soziologie*, Bd. I, Berlin: Buchh. Vorwärts, 1920, S. 183.

而杀人者、殴辱人者、诽谤人者，却得不到什么利益。可是对于财产的损害就不同了。即，加害于人者的利益，往往与蒙受伤害者的损失等。而财产关系上引起的嫉妒、恶意或怨恨，每至成为毁伤他人身体或名誉的有力冲动作用。……

然而，富者的贪欲与野心，贫者嫌忌劳动，贪图眼前安乐的嗜好，都在在足以激起财产侵害的冲动。这冲动在作用上遥为牢固。在影响上是遥为普遍。有大财产的所在，就是有大不平。一个巨富的旁边，至少有五百个穷人。少数人的富裕是以多数人的贫乏为前提的。富裕会激怒了贫者，匮乏会驱迫贫者，羡望更会煽惑贫者，使他们侵害富者的所有物。由各年劳动或累世劳动而蓄积起来的财产的所有者，没有司法官保障庇护，他那能高枕而卧呢？富者虽时都有不可测知的敌人在包围他，他纵没有敌人，却无法缓和敌人。他想避免这不正义的侵袭，那只有倚赖强有力的司法官的保护。司法官是可以不断惩治一切非法行为的。因此，大宗价值财产的获得必然会唤起治民政府的树立。若在没有财产可言，或顶多只有两三日劳动的物品的社会，那当然不会这样急于设立这种政府。一个治民政府，必先取得人民的服从。治民政府的必要程度，从财产价值的增大而增大。……"

亚当斯密论法律对经济之扶助作用："任何国家如其它没有具准正规的司法行政，以致人民关于自己的财产不能感到安全，契约上的信义不能由法律来保障；并且政府又不定能正规的行使其权力，强制一切有支付能力者偿还其债务，那么，那里的商业是不能长久繁昌的。"

他观察到法律并不能决定经济。如："且商业之多也，当有其所由多之故，方其降少，法不能为之多；及其□多，法亦不能为之少。""工资之高下，有至理定发行乎其中间而生其不齐之效。强以法令一切整齐之者，多见其逆理而败也。""爱德华六世受宗教热忱的鼓舞,禁止一切利息。但这种禁令与同性质的各种其他禁令,同样成为具文。其结果,高利贷的弊害,不仅没有减少,却反而增加了。由是亨利八世的法令,又由伊利沙白女皇第十三年的法令第8条复活了。此后10%常为法定利息率,至詹姆士一世第廿一年,始制为8%。复辟后不久,利息率又减至6%。安皇后第十二年,再减至5%。这一切法律的规定皆极为适当,那都随在市场利息率变动之后。换言之,随在普通借款利息率变动之后,并不抢在前头。""法国的法定利息率,虽较英国为低,一般市场利息率,却较英国为高,这就是因为法国和其他各国同样有一个极安全的方法可以回避法律。"法律完全禁止利息,绝不能得到效果。多数人有借入金资的必要,同时,因为有这法律,对于这资金的使用,所有者将不仅要求相当的报酬,他要回避法律,困难危险在所不免,所以不免要求相当的保险费,否则他绝不肯贷出资金。据孟德斯鸠说,"一切回教国利息率的高昂,都不是因为他们贫穷,其中原因,一部分是法律禁止利息"。

他在他的著作中亦常说到法律阻碍经济的作用。

"一国所获财富皆已尽其国土壤气候位置所许获得的限度,此后,就没有进步的可能。……就连长期停滞于静止状态的中国,其富裕虽在许久以前,就已达到该国法律制度所许有的极限,但要易以其他法制,则按照该国土壤气候位置说,离此极限的距离其实很大。一个忽略或鄙视国外贸易,除了二三港口即不许外国船舶通航的国家,如能改变法制,所可经营的事业还有很多。一个只有富翁大资本家享受安全、贫民小资本家不独不能安全、且其常在法律名分下被下级官吏横征暴敛的国家,国内经营的各种事业,都不能按照各种专业所能容纳的程度投下足够量的资本。""长男继承法使大土地不能因承继而拆小,断分法又使大土地不能因分封而拆小。""在欧洲,长男承继法、各种断分法都使大土地产不能分裂，使小地主不能增加。我们知道小地主土地所有有限，视听甚周，对于自己的土地，他的用心，他的爱护真是无微不至；他不但喜欢开发它，而且喜欢改良它。他在各种耕作者中其实是最勤勉、最开明、最常成功的。加之，长男继承法、断分法又使许多土地不能出卖，常使购买土地的资本多于待售的土地，从而使土地常以独占价格出售，购买土地的所得的地租，常不足支付购买货币的利息……所以以小资本购买土地，在欧洲居然是最少利润的用途……任人购买的土地既甚少，土地的卖价又甚高，结果有许多原本愿用来改良土地、开发土地的资本到底不能投到这方面来……再者，在大家庭的家主死时，所遗土地财产若能平均分配于各个儿女，则所遗地产大都出售之日，待售的土地增加了，土地就不能再以独占价格出售。土地的自由地租渐足抵付购买币的利息。以小额资本购买土地亦将和其他用途同样有利。""但自伊利沙白治世之初以来，英国立法，每特别注意于商业制造业的利益，事实上欧洲各国（荷兰本国亦非例外）的法律，一般说均更宜于此种产业，所以商业制造业就在这全期间不断向前发展起来，无疑农村的开发与改良，亦在进步，但其进步往往远在商业制造业进步之后。"下面亚当斯密又接着说，虽然英国立法当局亦会制定法律赞助农业，但因长男继承法尚未消灭，什税继续征收，断分法依然有时尚有效力，农业因此不能获得法律的直接鼓励，只能由商业的进步而获得间接的鼓励。

亚当斯密尚有一段文字，暗示法律应如何去调适经济情形："在放债取利不被禁止，重利盘剥却受禁止的国家，往往规定合法的最高利息率。这个最高利息率，常应略高于最低市场利息率，这个法定利息率若不及最低市场利息率，将无异全然禁止放债取利，没有相当的报酬，债权人不肯借钱出去，但按照适当标准受十足价值，又有受处罚的危险，这种危险非债务人出钱担保不可。

如果法定利息率适等于最低市场利息率，结果，遵守国法的诚实的人固将受其迫害，一班没有稳当担保品的人，亦计无他出，只好任重利盘剥者盘剥。现在在英国以货币贷政府，年息3%，贷私人者，若有适当的担保品则年息4%，或4.5%。像英国这样的国家，规定5%为法定利息率，也许是再适当没有。

法定利息率应略略高于最低市场利息率，我们已经讲过了。但亦不应于过较高。比方说，如果英国法定利息率规定为8%或10%，那未，就有大部分待借的货币会借到浪费者空谋家手里去……一国资本因之有大部分会离开诚实的人，而掷在浪费者手上，不用在有利的用途上，却用在浪费资本、破坏资本的用途上。在法定利息率仅略高于最低市场利息率的场合，有钱出借的都宁愿借钱给诚实人，不愿借钱给浪费人、空谋家……但钱在诚实人手上是稳当得多，一国资本因之得以大部分掷在诚实人手中，使经营有利的职业。"

观念论的圣西门（Saint-Simon，1760~1825）[①] 亦说过这样的话："规定所有权的法律是一切事物中的最重要的东西，是社会的建筑物的基础"。"所有权之确定，以及尊重所有权之规定，这真的赋予了社会一个唯一的基础。"

卡尔（Karl Marx）及并列德里黑[②]（Friedrich Engels）对于经济与法律的关系这问题，虽然没有详细谈论过，但是他们在这问题上的片断论述，导于这问题各方面都有了更明确的轮廓指示出来，《德意志意识形态》中有这样一段话："私法与法私有财产同地由自然发生之共同组织之解体而发展。在罗马人私有财产与私法之发展，没发生更进一步的实业上的与商业上的结果，因为他

---

① 原稿误作：Sanit simnon。编校者注。
② 即弗里德里希·恩格斯。编校者注。

们的整个生产方法是始终没变（大利盘剥）。在近代的民族，到达的共同组织为工业与商业所解体了的，是以私有财产与私法之成立开始了一个有更向前发展之可能的新的局面。例如：在中世纪经营着繁华的海上贸易的最初的城市 Amalfi①，同时亦造出了海上商法。只待工业与商业起初在意大利，继续在别的国家中，一把私有财产愈见发展了起来，形成了在罗马私法，立即被采纳，仰为了权威。到后来，资产阶级得到了充分力量，竟使诸国王侯深信着借资产阶级之力以推翻封建贵州为自己的利益。法律之本身的发展，便在各国，在法国是于16世纪开始了起来，这把英国除外，在各国都是以罗马法英为根据。就在英国，为要使私法之发达，向罗马法之根本原则（特别是动产权）仍然是不能不被采取了（法律和宗教一样，并没有本身固有的历史的）。在私法中，已成的财产关系，是被表述为一般的意志之结果。使用与滥用之权利，其本身一方面是说出私有财产和共同组织已经全无关系的这个事实；另一方面是说出这个幻想，好像私有财产本身是根据于纯粹的私人意志，即是对于物品之任意的处置。在实际上，只要私有财产主不愿意看见自己的财产，因而连同其滥用权之让渡于人，滥用之于私有财产主是十分划定了的经济上的界限。因为一般地把物品仅在其所有者之意念中，可说是不成其为物品，要在交通中，要离开了权利关系，然后才成物品，成为实在的所有（这一种关系，哲学家们，名之为观念）（关系于哲学家们——观念，他们只知道"人也者"对于自己的关系，所以一切实际上的关系在他们便成为观念）把权利归纳成纯粹的意志的这种法律上的幻想，在私有财产关系进展中，必然会达到这一步，便是每一个人不必实际上有某种物品，而于该项物品能有法律上的名义。

---

① 阿马尔菲。编校者注。

例如，由于竞争之结果，土地之地租落空了时，地主虽然有法律上的名义，连同使用与滥用之权，但他是无钱可用，假如他没有充分的资本来耕他的地面时，他所有的仅是地主之空名而已。由这些法律家们之幻想，可以说明的是：个人相互间之发生关系（例如契约），在法律家与法典上，一般是视为偶然；还有是这种关系在法典上是视为人可以自由缔结或不缔结的东西。其内容是在当事者之个人的任意。新的交通形态总常常是由工业与商业发展形成了的。例如"保险等等的商务公司一成立，法律每次都不能不把他们认为财产之获得方法"。

"社会不是依据于法律的，它是一个法律上的空想。法律实是依据于社会的，它就是反于个人的自由意志而常时由物质的生产方法发生的共同的利益和欲望的表现。……法律是与生活关系的变化而同时变化的。拥护反于社会的新发展的欲望与要求的旧法律，在其根本意义内，是除为反于适合时代的全体利益之不能追随时代的特殊利益的伪善的拥护外，就没有任何物了。"

"就法律来说，也是一样。当新的分工成为必要时，就产生了职业的法律家，于是一种新的独立的领域展开了。这领域除了对于生产和交易有着它的一般的从属关系之外，同时对于他们又有着一种特殊的反作用的能力。在一个近代的国家里，法律不仅只是适应于一般的经济状况，而作为它的表现，并且还得是一种在自己本身有着关联的表现，它不能因为内在的矛盾而在表面上亦显现出不一致。为要做到这一点，于是经济关系的反映的真实性就愈更愈更的被破坏了。法律的典籍愈更不能够成功为严峻的、无情的、不虚伪的阶级支配的表现时（这可以说已经就违背了'法律概念'了），那破坏亦就愈更厉害。1792 年到 1796 年的革命，资产阶级的纯粹的彻底的法律概念，在拿破仑法典里已经有了某些方面的伪造，而当它在法典里面体现出来以后，因为无产者大量成长起来的缘故，它还要渐渐地从各方面更减弱下来。使拿破仑法典能够成其为法律的典籍的，那东西亦就是在整个大陆上的一切法典编纂的基础。因此'法律发展'的进程本质是不外这样的：首先企图要解决那为着把经济关系间接地转移成法律基本原则而产生的矛盾，并建立一种调和的法律体系，接着是经济发展的影响和强制，又不断要把这体系冲破，于是，又把它卷入新的矛盾里。（我这里首先只就民法来说）

经济关系在法律上的反映，亦必然地同样是一种头足倒置着的东西；它的出现不必要那处理它的人对于它有明白的意识，法律家总以为自己是根据着先验的原则行事，而不知道这只是经济的反射——于是一切都头足倒置了，而这种颠倒（它在没有被识破的时候，就构成了我们所谓的意识形态的观点）之能够又从它这方面反作用于经济基础的事，对于我们却好像是自明的。继承权（以相当的家庭发展阶段为前提）的基础是经济的，但我们却很难于证明，像英国的绝对的遗嘱自由，像法国的对于这自由的很强的限制，是不是在一切部分都只有着经济的原因。然而两者都以极显著的方式反作用于经济，即它们影响到了财富的分配。"

"政治的……及市民的……立法都不过是把经济关系之意欲记录来，布告出来。"

"在族长制度之下，在品级制度，行会及封建制度之下，通过社会全体，以一定规律而行分工，这个规则是由一个立法者所制定的吗？不是的，始原于物质生产条件之发生，以后才被提升到法律。""每种生产形态，制造其独有的各种法律关系，各种政治形态等等。"如果国家和公法是受经济关系所决定的，那么很明显的，民法亦是如此了，因为公民法的作用，在本质上，乃是对于现存的，在特定环境下正常的人与人的经济关系，加以立法上的尊崇。不过，这一尊崇的方式，可以各不相同的，例如可保护着旧的封建法制形式的大部分而仅在其中授以资产阶级的内容,甚至直接给封建的名□上添加一种资产阶级的意义。像在英国,遵照它的民族发展的全部□□,就是如此的。同样,可拿商品生产者社会的头一个全世界的法律,即罗马法作为基础,对于单纯商品所有者(如卖者与买者、债权人与债务人、契约、债券等)一切主要的法律关系,均以更精确的判订,像欧洲大陆上就是如此,并且为了小资产阶级社会,甚至半封建社会的利益和幸福,或者可以简简单单地用司法的实践把这一法律降到这一社会的水平线上(普通法),或者甚至在司法上可借以那些自以为聪明的劝善的法学家,把这一法律加以曲解,改造为特殊的适合于上述社会状态的法律"普鲁士土地法"。最后,在伟大的资产阶级革命以后,根据那个罗马法,还可创造这样一个资产阶级社会的模范法律,如法国民法典者。因此公民的法律规定只是社会生活的经济条件的法律上的表现而已,不过看当时情形如何,它们有时表现的很好,有时则表现的很坏。

"这种权利关系——不问是不是依法成立的,它终归是在契约的形式上——是一种意志关系,并在其中反映出一种经济关系来,这种权利关系或意志关系的内容,也就由这种经济关系规定。"

"中世纪的人民,纯然是耕作的。在那里,像在封建统治下一样,买卖是很少的,从而利润亦是微小的。所以取缔高利贷的法律,会在中世纪被认为是正当的,并且在一个农业国,设非为贫穷所迫,人民亦很少有借钱的需要。"

"一当市民社会发展时,司法权与行政权会益与土地所有权(在封建时代,司法权与行政权却不过是土地所有权的□性)相分离。"

"关于那些独占者(指土地独占者——锌)使用或滥用地体一定部分的法律权力,并没有何等问题要解决,这种权力的使用完全依存于经济上的各种和他们的意志相独立的条件。法律□概念自身，仅指明土地所有者可以处理他自己的土地，正如同其他一切商品所有者，可以处理他自己的商品一样。而且，这种概念——自由的土地私有权的法律概念——在古代世界只是发生于有机社会秩序（organische Gesellschaftsordnung）① 分解的时期；在现代世界，只是产生于资本主义生产发达的地方，而在亚细亚，那不过在若干地域，已由欧洲人输入罢了。"

"随着社会发展上（即经济发展上）的诸种要求的变化，明文法也会变更它的定限，并且不得不变更它的定限。"

"机械在劳动力卖者和买者间的法律关系上，引起了一种革命，这种革命，使他们之间的交易失去了自由人与自由人的契约的外观。因此，英国国会后来也有以国家干涉工厂的法律理由了。"

"资产阶级虽在其他方面欢迎分权制度和代议制度，但在劳动法律上，资本却以私立法者的资格专擅地确立对于劳动的独裁权。当劳动过程，因实行大规模合作，使用共同劳动手段，尤其是使用机械之故，而必须实行社会的统制时，这种法典不过是这种统制的资本主义的漫画而已。驱策奴隶的鞭为监视人的罚簿所代替了。当然一切处罚，都还原作罚金和扣工资的形态了，不仅如此，工厂立法者的立法智能，还会造成这种局面，使法律的遵守，反不及法律的违犯那样于自己有利。"

"我们讲过，工厂法，和棉纱、自动机、电报一样，是大工业的必然的产物。"

"工厂法本来是以例外法律的资格专取缔机械经营的纺织业的，但大工业之历史的发展，却证明了，这种例外法律有转化为

---

① 原稿误作：Oaorseller gesellohof tsordnnng。编校者注。

一般法律'取缔一切社会生产的法律'的必要，换言之，有普遍化的必要。"

"工厂法是劳动阶级在肉体方面精神方面的保护手段，但当工厂法的普遍化为不可避免时，则如上所示，由小规模分散的劳动过程到大规模的社会结合的劳动过程之转化，资本之累积、工厂制度之独裁，也会普遍化，急速化。工厂法的普遍化，把局部隐蔽资本支配的古代形态和过渡形态，悉加破坏，并以资本之直接的公然的支配，代替它们。同时，它又使自就资本支配的直接的抗争也普遍化。工厂法的普遍化，既在各个工作场所内劝行划一性，规律性秩序性与节约；又由劳动日的取缔和限制，在技术上给与了极大的刺激，从而加甚了资本主义生产全般的无政府状态和激变，提高了劳动的强度，增进了机械与劳动者间的竞争。过剩人口的最后的避难所，从而全社会机构一向备有的安全感，也和小经营及家内劳动的范围，一同被破坏了。"

"生产当事人间的行为如有所谓正义，那种正义也是用这个事实作基础，即，这种行为乃是生产关系的自然的结果，这种种经济行为，当作当事人的意志行为，当作他们共同意志的表现，当作国家'□□别当事人相对立的国家'可以强制执行的契约，固须有合法的形态，但这里种形态，因为只是形态，所以不能决定它的内容，它不过把内容表示出来。这个内容与生产方法符合时，便是妥当的。与生产方法矛盾时，便是不妥当的。在资本主义生产方法的基础上，奴隶制度是不适当的，商品的品质欺诈也是不适当也。"

"人们在其生活之社会的生产中窜入于决定的必然的，与自己意志无关涉的诸关系里，即是生产诸关系，这是和人们物质的生产力之某一个既定的发展阶段相适应，这些生产诸关系之总和形成社会之经济的结构。即是一种法律的和政治的上层建筑之所于以建立。……物质的生活之生产方法规约着社会的、政治的和法律的生活过程之一般。……随着经济的基础之变革，全部庞大的上层建筑或缓或急地自行崩溃。"这是人们最熟悉而常引用的一段。

此外如新康德主义的法学家斯坦木拉（Rudolf Stammler[①]）曾专有《经济和法律》（Wirtschaft und Recht）一书，论述经济和法律之关系。内中有这样几句话："经济方法之变化须常在先行以后，新法律习惯始必然也伴随。换言之，经济和法律的关系是一因果关系，但不仅质料和形式的关系，而是以经济变化，乃使新法律规模不断发生。"

以上这些引证，告诉了我们经济与法律之间的关系，如何地作为问题而被一些思想家们所谈论到。先辈们虽然在这方面为我们指示了一个梗略，但是没有较详细地充实它的内容。而且谈到这问题的时候往往是一种从属的不被人注意的场合。因此这问题到现在依旧是原样不动地作为学术界研究的点缀，对经济与法律之关系的评解正在盛行，从而导引整个法律学研究方向，远落于其他科学研究之后，陷入玄离超绝的境界。法律万灵支持了整个经济决策日益投向其本身幻景毁灭的途程，这些都需要我们以重新进一步的姿态来正视经济与法律之关系这个问题。

以下是这样的一种尝试。

### 三　经济与法律之交互关联底内容

### （一）经济作为法律的基础：法律的内容究极上完全是经济的

法律是生产关系的反映，其规定事项直接间接是关于经济的，

---

[①] 原稿误作：Rudolt Stammer。编校者注。

经济作为法律的基础，就是经济关系形成了内外围绕法律的大环境，法律是这个大环境中的一定的小部分，因此，一切法律的内容究极上都是经济的。离开经济，法律本身没有甚么实质的东西。法律的中心，是经济事项的规定，亦即是，法律的内容究极都不外是经济事项的规定，适应着一定的经济需要，具备一定的经济使命，企图达到一定的经济目的。

　　法律底内容，反映某种生产关系。"某种生产关系，基于生产诸力的一定状态而构成，这些生产关系观念地表现于人类底法的概念之中，又表现于多少有点抽象的规则之中，及表现于不成典律的习惯及成文法之中。"一切社会上人和人、人和事或人和物的关系，本原地在整体上都为生产关系所规定。法律是以某种特定立场来规定人和人、人和事或人和物的关系，因此法律是生产关系的一种特殊侧面的表现。法律上的契约自由，不外是经济上自由放任的一种表现。19世纪，在经济方面是资本主义的自由放任的时代，在法律方面，就是契约绝对自由时代。如上面我们所引证的那些思想家所论述到的经济与法律的关系，明晰地显示了法律形态不是离开生产关系，经济现象可以自己单独完成，而是按照生产方法及其表现的生产关系才成为一种形式的。

　　过去的法典（指古代社会，封建社会的法典，尤其是古代社会的法典）中包含着许多宗教教条与伦理规则。如果单从现象与形式来看，法律的内容，就是多元的了，说它全为经济的，似乎不尽然。其实，这些教条与规则的后面，都是曲折地深藏着经济意义，借神与伦理的说教，来巩固一种为经济秩序之侧面的秩序，间接地完成经济的作用。

　　现社会，法律部门表现得异常复杂，初看起来，似乎有些法律是规制着人类经济生活关系，另有些法律竟似乎完全和人类经济生活没有一点关系。如：民法中的债法与物权法、土地法、公司法、票据法、海商法、保险法、银行法、商人通例、各项税务法令及物价法令等直接规定经济生活事项，它们的内容是经济的，极属明显，不会引起怀疑外，其他如整个刑法部门、刑事诉讼法、民事诉讼法、行政法、各种组织法、亲属法及其他各法令，都不是直接规定经济生活诸关系。一些法律家们常常将这个作为极有价值的口实来否认这个命题——法律的内容是经济的。像这样的质难，的确有时很动听闻，不过事实上这亦正是表示了拘泥于记忆条文的法律家之肤浅。

一个法律部门与其他的诸法律部门不是孤离隔绝的，一个法律与其他的诸法律条文亦不是孤离隔绝的。每一个法律部门与其他诸法律部门，在实际运用上是有机地关联着，相互制限着，每一个法律条文与其他诸法律条文在实际运用上亦是有机地关联着，相互制限着。诸法律部门、诸法律条文，其对社会的意义不是均等划一的，它们是一种层次等级的。

物权法主要的为规定保障生产手段、生产物之分配，保证所有权的。债法主要的为规定一种交易关系。这两项法律都是直接的规定财产关系，是法律中的核心组织，是法律中的根本法律（宪法只能说是法律中之最上层的，最外围的组织）。一切其他的法令都为供它们的驱使而设，服务于它们，被决定于它们。它们的内容，如果有重大的变更，其他法令亦适应地随着变更，这意义的申演，就是：一些法律虽然不直接规定财产关系，涉及经济生活事项，但是在它们服务、辅助、规定及利便应用这些规定财产关系的法规，被决定于这些法规的意义上，它们是间接地以财产关系，经济生活事项作了它们的内容。因而它们的内容亦是经济的了。整个法律体系中除开了物权法、债法，其他法律，它们本身一无所有，对于社会并无任何意义。

商法是在财产法——物权与债法——的基础上，以一种技术性质的姿态，便利、服务于工商业而为资产阶级常常用到，于一般平民用处极少的法律。

亲属法规定亲属间共同生活的一定关系，确认亲属间的权利与义务。它鲜明地有着这样的作用，即分别继承财产的顺序、补助，便利继承法之适用，亦可说为继承法适用的前提。尤其是今日的亲属法，以很大篇幅详细地规定了夫妻财产制，更足以证明亲属法之经济的含义。

继承法，本质地就是规定一种财产之获取方式的法律，从前的身份继承，只不过是在形式上颠倒了从属关系的财产继承的一种属性，现在的继承制度已由身份继承明显的转化到遗产继承。继承法的经济意义更为明显了。

诉讼法只是一种补助法规，它本身没有什么实质的规定，不能独立，只是配合主法适用，既然一切主法都直接间接的以经济为其内容，那末，间接上，经济亦就是诉讼法的内容。

行政法令及各种组织法规制行政处理应遵事项及国家各级机关之组织系统，在一切行政处理及一切国家机关，分析到最后，都不过是从属一定的经济利益之前提下，它们何尝又不是极尽曲折的以经济作了它们自身的内容呢？

刑法，很多人们将它与经济关联的纽带切断了。概括的说，刑法是保护现行社会秩序，亦即是以保护固持现行经济关系为主要内容的。民商法是提供了一种积极的便利，使在刑法所消极保持稳定了的现行经济关系上，予一定的经济利益发挥其作用，具体的可从这样的事实看到：伪造货币罪、伪造度量衡罪、妨害工商罪于窃盗罪、抢夺强盗海盗罪、侵占罪、诈欺及背信罪、恐吓罪、赃物及毁弃损坏罪等等。这些罪刑都是以经济事项为事实非常明显。其他如渎职罪，是规定公务员在职务上为不应为之事到某一程度为犯罪条件而配以处罚的。所谓公务，在所谓政治专业化的现在,大半都是关于经济上的主务,从一些实际经验,公务上的犯罪都不过是关于收受贿赂、营私舞弊等财产金钱的犯罪。渎职罪的大部条文差不多都是集中于此(请参看中华民国刑法分则第 4 章),就是一个确证的反映。再如我国刑法第 138 条规定开折、隐匿邮电之处罚及第 27 章妨害秘密罪之各项规定,它们背后的意义,实在保持营业秘密,取得独占利润、超额利润等的企图。

并且还形成刑法之前提的犯罪,它的起因,究极上是由于经济因素。

所以直接间接上,刑法的内容都是经济的。

法律体系中最上层的宪法,它直接规定了一国中之基本的经济体制:它是法律中的法律,一切法律既以经济为内容,自然它的内容,最后亦是经济的。

这样,我们说法律的内容都是经济的,得到了事实的证实。往下的叙述,将更深一层地证实这方面。

### (二) 特定形态的经济关系底一定部分作为法律的内容

这一定部分随着社会经济之进展而日益扩大;这一定部分的具体规定就是:经济支配势力的生活定型(表现为原则法形态)加上与其相矛盾的一些社会关系?

在更严格的意义上来说:法律的内容,却不是泛泛的指一般经济关系,而是某些特定型态的经济关系,这些特定型态的经济关系,都具有着下述这些特征,即人与人之间,经济上不平等存在着私有财产,社会上划分为经济优势者群与经济劣势者群。

并且,法律的内容亦不是这特定型态经济关系的全部,只是这特定型态的经济关系底一定部分。这些特定型态的经济关系,我们亦可这样的划分它为两部分:(1)法律化了的部分,(2)法律之外的部分。"法律化了的"在一定情形之下可能转化为"法律之外的"。"法律之外的"在一定情形之下亦可能法律化。从历史的见地,我们看到,这形成法律底内容的一定部分,随着社会经济之进展而发生变化。一个很显著的变化趋向,就是它日益□扩大了它的范围。亦就是说,随着社会经济之日益向更高阶段的进展,在经济与法律并在的社会阶段内,法律关系在宽度上日加紧密地随着社会经济关系。以至于关涉经济上一些细微琐碎的事情,都正面或反面的有关法律规定。古代社会与封建社会,法律关系在宽度上不会与经济关系那样密近;资本主义社会,法律关系在宽度上就非常密近社会经济关系,所谓法典编纂运动,经常立法、法治与司法独立等现象无异就是这事实的说明。资本主义社会,商品彻遍了世界的每一个角落,交通迅速便利,人事接触繁剧,无论大小,争执的事总是特别多,因此,差不多事事都必须法律化,法律规定了极微细琐碎的事情,法令较以前惊人地增多了。每正式意识地作为一事,都要求先有法律底存在,事事都要找寻法律的根据。这样,情形就常常被人颠倒过来,以为法律是先验的原则,是一切,是万能。

关于这作为法律内容的特定型态、经济关系之一定部分,具体言之,主要的就是某时代经济上支配者的生活定型。故法律是把握某时代经济上支配者生活定型□树立的规范总和,依存于该社会支配经济组织之人民生活型态,在其后代表现为社会色彩,而在当时法律上,则反映为原则型态。例如古代社会,以家长及身份连结之团体为生活上单位。所以古代法律亦可说为家长法或团体中心之法律,在家长权威团体极庞大范围内,法律非通过家长或团体,不能直接对其家属或团员行使支配。中世纪,封建制度确立,法律的担当人变为地主,当时的主要生活关系,为地主对佃农的关系,所以中世纪封建法律,是土地所有人中心的法律。近代社会以追求利润为中心,商品生产发达,需要大量的自由劳动者，所以法律以个人人格自由为基础，以商品和金钱立于对等关系上交换为主，反以能充分判断其自己利益得失的假想经济人为中心而形成债法，为近代法的特色，以资产阶级为其担当人。

所以，某时代某社会的主要经济组织体现为法律上的原则法规。但是，该社会内所存在的与经济上支配者定型生活型态相矛盾的诸社会关系，亦必须加以法律上的规定，这常常就作为原则法规的例外法规而出现。主要地尤其是社会主要经济构造未全变它的本质以前，新经济结构尚在旧社会的胎内成长，代表新经济结构的法律就常采例外法规出现。

以这某时代、某社会内经济上支配者的生活定型为主要，加上与其相矛盾的一些社会关系，就是我们所谓特定的型态经济关系底一定部分的较具体的规定。

### （三） 私有财产的保护是法律内容的核心

法律的历史内容的核心，只不过是一般私有产的保护。所有权的经济本质是经济榨取的权利。若使所有权只是排他权的支配权及绝对不可侵权，亦不过是空虚的权利而已。由经济观点来看，所有权就是榨取利余价值的权利。西塞罗（Cicero）早在洛克（Locke）两千年前就说过保护私有权是一切政治和法律的目的，人们在常识中都认为法律保护一般人一定比保护一般财产更为注意，的确，我们在法典中，不但看到财产保护的规定，并且亦看到对人保护的规定。但是法律是以保护财产为中心的。保护财产比保护人更为周密得多。保护一般人是保护一般财产的从属意义。我们引英国法律中几个例子来说明。

英国在 1890 年的时候有一个疑难的案件。那案件的被告在树林中合法地用枪猎打山鸡，他看见一只山鸡飞起，就把它打中了一枪，那山鸡正在朝下飞的时候被告又开一枪把它打死，但其中有一弹碰到一棵松树的枝，滑了过去，打中原告。这样，松树是在被告与那山鸡的中间，与原告并不在一条直线上。不但如此，那枪所向的方向，与枪与原告一条直线所形成的角度，是颇大的。被告与原告当时约隔卅码。陪审官斟酌了关于这些情形的证据后，认定被告并无过失。虽然原告系因被告的行为而受伤，但被告非故意，又无过失，于侵权行为法上不能负责任，这是关于侵害人的案件是如此，另外有一个侵害财产的案件，我们拿来对比一下。在 17 世纪中有一案件，被告在他自己地上刈草，他的地与原告的地相连，中间界限不清，被告因此越了界限。把原告地上的草亦刈了少许，并且与他自己地上的草一并搬去了。被告始□□为□刈的草是在自己地上的。法院认为被告是□□□他人不动产的侵权行为，应负赔偿责任。这是关于错误侵入他人□□□的侵□行为的例案，错误侵扰了他人的动产又是如何呢？亦可以举出另一个案件，有个被告向原告买了一匹牛，付了价钱，原告叫他将那匹买的牛牵了去，被告走到原告的牛圈子里，却牵了另外一匹牛——他以为就是自己买的那匹。法院认为虽然被告并非有咎，他的行为仍是侵扰他人动产的侵权行产。上述三个案件告诉我们，侵害了人——或不动产——是虽无咎，也要负责。从这里可例示，法律保护的产比保人更为周密，民法上是如此，刑法亦是一样。我们仍以英国的刑法来研究一下——尤其是它以前的刑法。

故意杀人者处死刑，这是英国向来的法律。最奇怪的是，按照英国原来的习惯法（后来已经变更），故意烧了他人的房屋也处死刑。而且所谓烧房，只要有一丝木头烧着就够，并不须要起火。这是保护不动产的刑法。关于动产就有窃盗罪，按照英国原来的习惯法，窃盗分为大窃与小窃，所窃之物价值超过 12 便士者为大窃，在 12 便士以下者为小窃，大窃要处绞刑，小窃处杖刑或其他肉体上之刑罚，强盗罪当然更是□处绞刑了。破入他人住宅意图在内犯重罪者处绞刑,而所谓破入只须稍有物质上的破裂或分开已足,这些都是关于财产的罪名,他们的刑罚都是死刑。关于人——他的身体与健康——的刑法,英国刑法有一个残伤肢体罪。凡残伤他人的四肢、手、足、眼、齿,阉人或破人头颅者皆犯残伤肢体罪。这是伤害罪中最严重者。如与烧屋、窃盗等罪对比,应该是处绞刑无疑。然照英国习惯法,竟大谬不然,他的刑罚是监禁制罚金。强奸可算是重罪了,然而他的刑罚亦是如此,略诱当然亦是如此了。结果是烧了一丝木头处死刑,残废人的身体只是徒刑,偷去一件衣服处死刑,抢□人的身体倒只是徒刑。英国习惯中的刑法,保护人的财产比保护人的身体健康为周密,与民法正是相同,实体法是如此,诉讼法亦常明显地现出这种周密保护财产的现象。譬如,拿我国《民事诉讼法》第1条与第3条、第4条、第5条对照起来看就是一个很好例证。

## (四) 在特定时代,法律保护当时为其生产组织中心之基本生产手段比保护其他一般财产更为周密

法律的内容以保护一般私有财产为中心,但是它还有一值得举出的特点就是:它在某一社会发展阶段,保护其当时为其生产组织中心之基本的生产手段,比保护其他一般财产更为周密详至。自有私产制以来,每一个特定社会发展阶段的经济关系之一些部分,都会以一种法律评定价值,固定化起来。这些被法律评定价值的经济事实,在适应当时的生产力及生产关系发展的情形下,以其在当时经济关系上所占地位之比重,相适应一致地,于是在法律评价上亦显出程度的轻重。为生产组织的中心的东西,也就是法律体系中核心的东西。生产组织的中心,是所有关系。基本的即是生产手段之分配,因此法律体系的核心,就是物权所有权。古代社会及中世封建时代,农业生产是支配的生产事业,所以从

物的生产手段说来,主要的就是土地财产。

英国习惯法形成的时期,当时还是封建社会,以土地为最重要的生产机关,所以土地是特别受了法律上的保护。我们举例子来说明当时的法律情形。

依照英国法,用手或器械打伤了人,必先究问有无故意或过失,然后才能确定应否负赔偿之责。有主人的畜牲伤人,必先究问此伤人的畜牲是那一类的畜牲。如果它是天然危险的,则不问主人是否知道它如此,都必须负责。如它不是天然危险的,须先问:这伤人的畜牲有无这一危险惯性以及主人是否知道它有这个惯性,若此畜牲并无这惯性,或虽有而主人并不知,主人仍不负责任。有主的畜牲伤人,在法律上是如此,伤物呢?则有动产与不动产分别。有主的畜牲损害他人的动产,必须有实际损伤,它的主人方负赔偿之责。对于不动产,则不必要有实际损伤,只须它跨上他人的地,主人就要负责,并且它走上他人的地上以后,在地上所致的一切损害主人都要负责,不问这个畜牧①有无天然惯性或特别惯性来作□的。将这样的规定推到极端,就有这样一个希②奇案件发生。被告的地与原告相连,中间用铁丝篱笆隔开;有一天两造的马,靠紧站在各自主人的地上,中间就隔那铁丝篱笆,被告的马用嘴伸过去咬了原告的马,用足伸去踢了它,原告的马因此受了一点伤,被告的马平常并无嘴咬足踢的惯性,所以按照畜牲损害动产的法例,被告是不负责任的。但是法院判决在本案被告仍旧应该负责,因为他的马把嘴与足伸到原告的地上去,就是被告的马侵入他人不动产的侵权行为,凡此种侵权行为一经成立,那么在他人地上所致的一切损害不问如何是统要负责的,这

---

① 似乎应为"牲"。编校者注。
② 同"稀"。编校者注。

是以土地为主要生产手段的封建时代的英国是如何在细微之处都比保护动产较严密的保护了不动产。

在英国到了土地与商业资本长尖锐化的时候，定有 1436 年奖励五谷出口的法律与 1463 年阻碍五谷进口的法律，它们的目的都在增加五谷的价格，保全地主的利益。在羊毛制造品发达时期，就有禁止羊类及羊毛出口的法律。按照伊利萨伯女皇时代的法律，凡轮运羊类出口首次犯罪者，处一年徒刑，当市将其左手割去，钉□示众，并将其货物全部没收；二次犯罪者处死刑。依照查利第二时代之法律输运羊毛出口者处死刑，并没收其财产，这些法律的目的是在保护羊毛制造者减低他们所需原料——羊毛——的价格，以增加他们的纯利。到了工业资本与旧社会挣扎尖锐化的时期，又有一种新鲜的法律，当时机器开始盛行，手工业者渐渐失业，认定机器为他们的敌人。就开始了用暴力破坏机器的运动。政府在 1812 年就制定了一个法律处毁坏机器者以极刑。

这是一件很有趣的法律。依照英国习惯法，故意烧人房屋，应处死刑，恶意毁坏动产不过徒刑。

到这时期，法律确好翻了回来——烧人房屋已改为徒刑，而毁坏某特种的动产倒处了死刑，这是以证明法律保护为当时社会生产组织基本中心的生产手段，比保护其他一般财产更为周密。

# 一个经济法律的政府[*]

"美国罗斯福总统就任之初,适逢美国经济恐慌怒潮,故其揭示之政策即经济复兴与运动(N.R.A.),并一再颁布复兴法规,限制工商业之自由产销。然美国最高法院以宪法之立场,对罗斯福之复兴法规,屡次判决系违背宪法,使罗氏之政策大受打击。故最近罗氏连任总统以后,于2月5日咨文国会,主张改组最高法院,淘汰年老思想落伍之法官,并增设新法官。罗氏改组最高法院之建议,其目的在减少个人政策之阻碍。最近罗氏曾向全国作广播演讲,略谓:'近世潮流对于谋求社会及经济之进步,政府得制定法律,以应付复杂之经济建设。乃最高法院竟屡加否决,致国会所定平衡农业出产,改良劳工生活,培养国家富源之法律,无以实施。故吾人不能容忍宪法之运命,受制于寥寥数人之私见'。由此可见罗氏改组最高法院真意之所在。本文主张工业民治,使政府之权力,不能任意干涉。立论新颖,独具卓见,足以代表美国一部分人士对于经济复兴运动之新意见。"

今日之法律家、律师,其视线不应限制于法律之实务工作。事实上,吾人日常所处之社会中,公众之经济利益以及其他经济问题,实非寥寥之法条以及宪法所能解决者,皆有待于吾人之妥为处理,但一般法律实务家之工作,除日夕研究"合法"与"不

---

[*] 本文原文为 Benjamin A. Javits, A Government of Economic Laws and Not of Men, *Commercial Law Journal*, 1937, Volume 42, No. 2。

合法"以及其解决法律疑义之工作外,鲜有逾于此者。然时代进展,社会问题日益复杂,法律家之工作应推及于大众,而不应斤斤于谋少数当事人之利益。今日之时期,可称之曰"机器时代"。工业制度逐渐扩张,其组织亦日趋复杂。为适应经济进化计,对工业制度加以合理之管理,使适合于事实上需要,实为吾人应努力之工作。若干经济计划已经试行,其最著名者如"经济复兴运动"(N.R.A.),但已告失败。著者经多年之研究与经验,主张建立"工业民治政府"(The Commonwealth of Industry),其内容节述如后。

工业民治政府本身具有统治权,与政府之治理政务相若。工业制度本身机构之复杂虽不亚于政治制度,然自来从无独立之自治组织以及法律。工业民治之主要原理,即与政治上所获得之民主政治相同,使工业界亦建立一独立之民主政体(Industrial democracy)①。工业民主政体建立之目的,并非为维护人道,或平衡社会间个人之进款,而在于使劳工阶级之生活合于水准线,同时使多数人士消费之货物,合于供需律,增加购买力,以促进工业界之繁荣。过去法律家与律师对于建立新国家以及制定宪法,曾参与工作。故今日为大众谋利益之经济解放运动,亦应薄尽棉②力。制宪者只注意于政治机构之组成,如何谋三权政治之相互调和。然在今日情势之下,此寥寥数条之宪法,实不足以应付环境所需矣。自1935年5月间最高法院判决(Schechter Decision)认为政府经济复兴运动(N.R.A.),对于工业界所加之限制,应有相当限度。判决内容对政府干涉工业界之政策,频加指谪③。结论主张工业界对于其本身之难题,应有自决之机会。故法律家、律

---

① 原稿误作:Industrial Demceracy。编校者注。
② 同"绵"。编校者注。
③ 同"摘"。编校者注。

师应速助工业界自动组织自治机关，以谋自身之利益。此种设施，既能保障大众之权利，尤无待于对宪法加以繁复之修正程序。工业政府在法律上足以保障社会公众之利益，故社会人士均负有相当责任使下列工作早日实现：

1. 保障职业界获得合理之薪金报酬。
2. 社会间各个人均须同意使货物之销售、劳务之供给均能获得合理之报酬，使经济进化中个人能保证享受经济公正（economic justice）之实益。
3. 社会间生产者与消费者均有相当资金或信用，使购买力保持于日用必需品之生产线上。
4. 工业界与劳工阶级均能获得实际利益，使消费界之购买力逐渐增进，受雇阶级得以余资偿付积欠。
5. 建立研究机关以达其增加生产减少成本之目的。

工业民治制度之法律基础，在过去最高法院之判例中屡见不鲜。最高之法院判例见解，主张工业界在不阻害公众利益之范围内，得以契约限制贸易。并且为减少竞争计，得以契约固定货物售价。然此种契约之内容以不阻害公共利益为限。故律师界应根据此种原则，使工业民治从速实现。此种组织不但工业界足以解决其本身问题，而社会大众亦得受其所赐。新组织建设之初，大总统应以工业统治权移交于新组织，使不合理之报酬及垄断逐渐消灭。初步工作律师界所应担负者，即助工商界签订联合贸易契约（Trade association contract），其内容包含下列各款：

1. 货物售价不能破坏公众经济利益。各工业界应速推行成本会计。

2. 受雇阶级享受红利。

3. 受雇阶级享有养老金失业保险等社会利益。

4. 联合贸易契约各会员，应于每年所得内扣去相当百分比例，用以促进生产标准化简单化及其他研究改进之用。

5. 根据契约组织代表机关。

6. 会员在法院许可之下得同意由联合会设计其业务经营方法。

上述契约如有 60% 以上工业团体加入，经法院核准，其效力将不仅限于此加入者 60%，而有推及于全体之效力。根据 Federal Declaratory Judgment Act,① 此种契约应认为合法。而法院对违反契约有判决赔偿损害之权。此种计划实行后，尚须组织联邦工业法院（Federal Industrial Court），与美国巡回法院（Circuit Court）相若。所有工业上诉案件，由联邦工业法院承审。不服本判决得上诉于最高法院（United States Supreme Court）。联邦工业法院之法官，由总统任命，并经上议院（Senate）通过。联合贸易契约所发生之争执，在相当期间内不能解决时得提付仲裁。

工业民治制度之建立，不仅为事实所需要，抑且为环境所促成。经济复兴法案（N.R.A.），自经最高法院判决违反宪法以后，事实上已成泡影。以今日美国工商业之发展、经济组织之复杂、管理工业之权，如操于政客之手，其结果将使工商业愈形衰落。生产消费不合供需律，物价暴落，失业者之增加，在在为促成经济恐慌之因素。故平生耗尽精力，从事于工商业者，为解决其本身问题，应出而独立组织超然之管理机关。而律师界亦应急起直追，扶植工商界完成此种理想，以谋社会大众之利益。

---

① 联邦宣示性判决法。编校者注。

# 经济上的自由放任与契约自由

粟生武夫 著　李景禧 译

## 一　绪论

Karl Diehl[①] 在他的著书《资本主义法律的基础》(*Die rechtlichen Grundlagen des Kapitalismus*[②]) 中，曾如次的说："对于生产手段的个人所有权（Privateigentum an den Produktionsmitteln[③]），在任何时代，任何国民看来，除了原始共产状态以外，不问在如何的经济型态，生产手段总是个人所有的，古代如是，中世如是，近代更不待言了。这样个人所有权为基础的经济型态，唤作个人的经济型态。个人的经济型态，和资本家的经济型态，并不一样；资本家的经济型态，生产手段私有之外，还加上经济的自由（Wirtschaftsfreiheit）。'经济的自由'，这是资本家的经济型态之本质的决定的要素。

18 世纪末至 19 世纪的开端，虽有了个人的所有权，但却没有经济上的自由，这时期的经济活动，多半在限制和桎梏之中。排脱这些限制和桎梏，是在十八九世纪的交替期。所以这时代，不可不看作近代资本家的经济型态之发生时代。"

像 Karl Diehl 所说的，"经济上自由平等"的产生，似在十八

---

① 原稿误作：Karl Dichl。卡尔·迪尔（1864~1943）是德国经济学家、社会问题研究家。编校者注。
② 原稿误作：Die rechtlichen des Kapitalismus。编校者注。
③ 原稿误作：Privateigeutum an den Produktionsmitteln。编校者注。

九世纪之交,不,其实宁在 19 世纪的前半;至于平等,宁是偏颇差别的存在;政府从重商主义的见地,对一部分商人,特别加以保护,发给奖励金,并赋予生产品专卖的特权,使一般的商人,因难和他竞争。这时节中世式的营利禁压之思想的破片,尚还残留着;即利息的限制、价格的限制、赁银的限制和法人设立的允许主义等等都是。其结果,例如要买卖而博得巨利,却逢着暴利之禁;要消费借贷而征收高利,却逢着利息之禁;要缔结雇佣契约榨取劳动者,却逢着赁银的限制;要发起公司经营大企业,不可不受政府的允许。这些,造成了极狼狈的状态。再借用 Karl Diehl 的话说:这时节虽有了"个人所有权"(Privateigentum),却没有"经济的自由"(Wirtschaftsfreiheit)。

但是,资本主义的发达,对于经济上偏颇与缚束的反对论,渐次的隆起了。资本家希望无取缔的"放任"和"自由"代替着"干涉"。无暴利之禁,是于他们有利的,因为可以尽量高价出售他们的生产品。无利息的限制,也是有利的,因为可以尽量的高利借贷。无赁银的限制,也是有利的,因为可以廉价的招集劳动者尽量的榨取。公司设立之要免许,对于资本家只是无用的干涉。"各个人能够任意追求其利益之绝对的营利自由"——这是资本家们的热望其出现的。

Adam Smith 是大胆的吐露下述思想的一人。他说:"人民比较立法者,是更会判断自己利益的,所以法律应该时常一任他们自身企图其利益。"他又说道:"完全排除一切保护和限制的制度,明白地建立自然的自由之单纯的制度。"他甚且说:"假使各个人能够自由的追求其所欲为,那无形地自然,会致社会于繁荣。"换句话说,他以为国家的任务,是与"守夜狗"一样的,为了使国民安心营业行为,只要它外御敌军、内保治安就行了。

19 世纪的立法者,信奉着 Adam Smith 一派的自由放任论;

"放任各个人的自由,自然的就会致社会于繁荣",信奉着这样非常乐天的学说。结果当他们立身私法立法的时候,极端尊重私人的意思,赋予私人自治的权限,规定着私人所欲的内容,能够自由创设法律关系(私的自治)。法院对于私人创设的法律关系,与以法律同样的价值,且不可不依据它来裁判。私人约定的法律关系,和法律规定的不一致时,法律在契约面前,失却了效力,排斥了它的适用(任意法规)。他们——19世纪的立法者,自然,对于只有为害营利活动的中世的遗制,不迟疑地挥着淘汰的大刀阔斧;暴利之禁、利息的限制,其他的什么什么,都被扫荡无遗了,"营利"之前,没有丝毫障碍,牠能够任意的高价出售,任意的高价借贷,任意的赁银之雇佣,任意的法人之设立。"契约自由"是不外"自由放任"之法的表现,19世纪,在经济方面,是自由放任的时代,在法律方面,是契约自由的时代。

本文的企图,是在观察19世纪[①]中,中世遗制之渐次的撤销和私的自治范围之逐次的扩大的全过程。

## 二 利息的自由

### (一) 利息禁止的撤销

教会的利息禁止,在资本主义萌芽的发生期之十五六世纪以后,引起了反对论,尤其是宗教改革以后,成了热烈攻击的对象物。Luther[②] 和 Melanchtou[③] 对本问题,还抱着旧教的见解,把

---

[①] 原文此处误植字作"世经过"。编校者注。
[②] 指马丁·路德(Martin Luther)。编校者注。
[③] 指菲利普·梅兰希顿(Philipp Melanchthon, 1497~1560)德意志基督教新教神学家、教育家,于1518年任维滕堡大学希腊文教授,在宗教改革运动中与马丁·路德桴鼓相应。编校者注。

"取利息贷金钱",视为神法的违反,可是,Caloin 却力说着圣书中利息的禁止,只限于苛刻贫民的时候,一般征利并不为圣书所禁止。罗马法学者也反对着利息的禁止。Cujacius(1522~1590)①、Donellus(1527~1591)② 等主张,僧侣受教会法的适用,固然是不得已,但一般市民受此拘束,实过不合理,俗人理应受罗马法的适用,允许他们 6% 的利息。Molinaeus③ 于 1546 年著"Tracratus Contractum"④,对教会的利息禁止,加以峻烈的攻击,把教会的见解,诋毁为"有害的谜妄",因此引起笔祸被处了放逐之刑。1638 年,17 世纪的代表学者 Salmasius ⑤著"De usuris"⑥,他把利子看作金钱借贷上的"借赁",尝试地来肯定它。英国的 Bacon ⑦(1561~1626),德国的 Bezold(1577~1638)⑧ 和荷兰的 Hugo Grotuis,谁都晓得他们也是利息禁止的反对论者。

判例和立法,轻视上述⑨法的确信之变化,是不行的,无论在

---

① 原文此处误作"1512~1590"。指法国法学家、古典学派学者居雅斯 Jacques Cujacius。编校者注。
② 原文此处误作"Done Hus"。指法国法学家多内鲁斯 Hugo Donellus。编校者注。
③ 原文此处误作"Molinalos"。夏尔·杜摩林,Charles Dumoulin,亦作 Charles Du Molin, Du Moulin, 1500~1566 年),法国人文主义法学家。代表作有《论采邑法》(*De feudis*, 1539)等。他在《法兰克和高卢王国的主要习惯》(*Le Grand Coutumier contenant les coutumes générales et particulières du royaume de France et des Gaules*, 1567)中,对各地的习惯法进行了注释,加以分类,从中抽象出原则性的东西,被称为"法学家的王子"(prince of jurisconsults)。其研究范围并不局限于法律领域,因为这一领域对于他充满激情的个性来说过于狭窄。他支持借贷生息,反对教会的禁令。编校者注。
④ 指 *Tractatus contractum et usurarum redituumque pecunia constitutorum*。编校者注。
⑤ 克劳德·萨尔马修斯(Claude Saumaise,拉丁文 Claudius Salmasius, 1588~1653),法国神学家及学者。编校者注。
⑥ 原文此处误作"De asuris"。编校者注。
⑦ 指弗朗西斯·培根(Francis Bacon)。编校者注。
⑧ 原文此处误作"1577~1656"。指贝佐尔德(Christoph Bezold)。编校者注。
⑨ 原文为繁体竖排,"右述"相当于"上述"。编校者注。

新教国家或是旧教国家，势不得不渐次地把利息视为"正当"。Zürich① 市首先于 1529 年容许年五分的利息，Brunelenburg 市 1573 年容许年六分的利息。Nürnberg②、Frankfurt③ 二市仿效前者，允许年五分以内的利息，Hamburg④ 市却取范后者，承认年六分以内的利息。帝国裁判所（Reichskammergericht）⑤ 1580 年以后，也认许了年五分以内的利息。帝国法也于 1654 年，是认年五分的利息了。这就是说在德国特别法的地方法，和普通法的帝国法，因时在 17 世纪中，抛弃了利息的禁止，容许了年五分乃至六分的利息。

## （二）利息限制的撤销

利息的禁止，如上所说的，已经消灭在 17 世纪中，而移向着限制主义方面，然到了 18 世纪，更进而反对限制主义。英国启蒙的哲学家 John Locke⑥（1632~1704）1691 年⑦ 著 "Some Considerations of the Consequences of the Lowering of Interest and the Raising the Value of Money" 一书，曾说："利率若果是被决定于对资本之需要供给的关系，和担保品的价格，那么纵有法律的限制，也是无益的。"Adam Smith 对利息的限制，未必是反对的，宁可是肯定的，但 Bentham⑧ 驳论 Smith，他主张："在进步的产业社会，

---

① 苏黎世。编校者注。
② 纽伦堡。编校者注。
③ 法兰克福。编校者注。
④ 汉堡。编校者注。
⑤ 原文此处误作"Reichskam-Mergericht"。编校者注。
⑥ 约翰·洛克。编校者注。
⑦ 原文有漏字，为："Considerations on the Lowering of Interest and Raising the Value of Money."《论降低利息和提高货币价值的后果》，出版时间为 1691 年。编校者注。
⑧ 指杰里米·边沁（Jeremy Bentham，1748~1832），英国哲学家、法学家和社会改革家。编校者注。

利率应由贷方与借方间契约的约定",所以法律应该拱手让它自然的决定。法国的财政家 Turgot①（1727~1781），他也曾说明了人为的利限制之所以不可。

转观立法方法，恰如 16 世纪的利息自由论，鼓动了 17 世纪的各国抛弃利息禁止法似的，18 世纪的利息自由论，也使 19 世纪的各国放弃利息限制法了。1794 年的 Prevosen 州法正是利息自由主义者的先驱，即该法第 2 部第 8 章第 692 条规定"大量处理商品的大商人"，当他为债务人时，利息由他自由约定。该可注意的，就是关于这个规定的立法理由，起草者 Karl Gottlieb Svereg 曾经予以说明。他说："商人往往手里一有了现金，每年就有获得 50% 的利润的好机会，故比利率的高昂，在商人是不足介意的，苦痛还是在金融的不流通，对于商人闭塞他的借财之道，那他时常就不得不留意到现金了。"因为中世的信用，是紧急信用（Notkredit），近代的信用，是营利信用（Erwerbskredit），以前贫民的借贷是为了消费，现在富商的借贷是为了利益的缘故，那么以前有利息限制的必要，现今全部就没有存在的理由么？Svereg 等这样地思考，而替着大量交易的商人扫荡利息的限利，他是深知近代消费借贷经济的性质的。

总之，这在德国看到了自由主义顺利的发达，即 1839 年 Württemberg② 地方，撤销利息的限制，1853 年 Bremen③ 地方，1858 年 Oldenburg④ 地方，1860 年 Sachsen Coburg-Gotha⑤ 地方，

---

① 指法国经济学家、重农学派最重要的代表人物杜尔哥（Anne-Robert-Jacques Turgot）。编校者注。
② 原文此处误作"Württenberg"。指符腾堡。编校者注。
③ 不莱梅。编校者注。
④ 奥尔登堡。编校者注。
⑤ 原文此处误作"Sacnsen Coburg-Gotha"。萨克森·科堡-哥达。编校者注。

1862年Lübeck①地方，1864年Frankurt及Sashou地方，1865年Hamburg地方，继续的撤销了利息的限制。Preussen②也以1866年5月12日的命令，和翌年1月2日的法律，承认利息的自由约定。1867年11月14日联邦法，宣布了利息依从自由约定，相反之私法并刑法的规定，一切丧失它的效力。

再看德国以外的大陆各国：（1）法国在大革命的劈头。1789年10月12日设定了利率年五分的限制，然以利息的限制，将阻碍工商业的发达，换代自由主义的呼声很高，到了1793年，革命政府宣布撤销利息限制法，利息一任贷方和借方间自由的约定，可是，这时节恰遇着不换纸币滥发的时代，利息非常的高昂，添加了这样特别的情事，限制法到底不能维持了。民法制定时，自由论占了上风，规定超过法定利率的利息约定，并非无效，但是不久又出了反动。1809年9月3日的特别法，规定"利率不得超过法定利率（民事年四分，商事年五分），超过的支付部分，应行返还"。这就是说：在法国民法的自由主义，只有三年的连续。（2）奥国也有点像法国，太早采取了自由主义，一时逢着反动的袭来，即Joseph II③（1765~1790）说是："因利息的限制，而被阻止的个人信用，与以流通"（"Um dem durch gesetzmässige Bestimmung der Zinsen genehmigten Privatkredit Erleichterung zu verschaffen④"）。在1787年，他早就承认利息的自由，宣布约定法定利率以上的利率，也不违法。然当时奥国中世式的高利贷借，

---

① 原稿误作：Lubeck。指吕贝克。编校者注。
② 普鲁士。编校者注。
③ 指约瑟夫二世（Joseph Benedikt Anton Michael Adam，1741~1790），奥地利哈布斯堡-洛林皇朝的神圣罗马帝国皇帝。编校者注。
④ 原稿误作：Um dem dureh gesetz mässige Bestinmuog der Zinsen Gehanmten Privatkredit Erleichterung Zu Verschaffen。编校者注。

尚还残留着，对限制法的撤销，露出了居奇的徵候，所以帝时常苦虑着怎样才能够一面容许利息的自由，一面防止高利贷借的跳梁，设立了种种的方策，但还没废止先前的利息自由主义，到了Franz Ⅱ（1792～1866）① 终抛弃自由主义，宣布了超过法定利率的约定利息，是无效的（1803年12月1日的敕令）。

但是，自由主义在奥国也占了最后的胜利，1868年6月14日的法律，废止了利息从来一切的限制，尤其是废止了1803年12月2日的敕令。换句话说，1863年以后，奥国已经有了完全利息的自由。

最后看看瑞士，构成这个国家的州的大半，17世纪以后，已经抱禁止主义，移向限制主义了，大抵设定年五分的限制，然19世纪中又从限制主义转到自由主义，好像Bonn②，Zürich，Basel③，Goueve诸州是，但Luzern④，Freiburg⑤诸州，等到旧债务法制定的当儿，还保守着年五分利息的限制，旧债务法起草委员中，虽劝导了这些诸州应废止利息的限制，然终以尊重各州的自治，把利息立法赋予各州的立法权（旧债务法第83条），现行债务法，也是把利息立法保留给各州立法权的（债务法第73条第2项）。

总而言之，19世纪自由放任的狂澜，到处消灭了中世遗制的利息限制法，到处弥漫着高利自由、利率任意的新思潮，可是临了19世纪终末的时命，又发觉了自由放任的弊害，却也筹划着一种取缔暴利的手段。德国1880年规定"乘他人轻率急迫无经验，

---

① 指弗朗茨二世。编校者注。
② 原稿误作：Born。指波恩。编校者注。
③ 巴塞尔。编校者注。
④ 卢塞恩。编校者注。
⑤ 弗莱堡。编校者注。

贷与金钱，贪取极不均衡的高利者"应加处罚之旨，载入刑法中（德刑§307a），就是一例。这唤作个人暴利（Individualwucher[①]）。但个人暴利的处罚，实不是贪取高利的处罚，却是慊思他恶意的利用轻率急迫和无经验的特殊情形，并值得同情的情形，所以这可说非"暴利的处罚"。反是"恶意的处罚"因为慊恶暴利的思想，已消灭于19世纪之中，19世纪的立法者，说他是取缔暴利，反不如说他是努力着定立暴利自由的原则呢！

### （三）原本额超过之禁的撤销

"利息的总额，不得超过原本额"的原则，唤作原本额超过之禁（Verbot des Ultra alterum tantum[②]）。当利息的限制盛行于十七八世纪的时节，"超过之禁"也并行者，只要原本额支付完了，利息也就停止了发生，然到了19世纪，法院显示出极努力地限定这规定的适用场合；像1839年的Darmstadt法院的判决，披沥着它的见解：原本额超过的禁止，只在债权人到了利息超过，迟延着没有何等适当手段的时候，才有适用。在超额以前，债权人若为了适当的手段，例如裁判上或裁判外的请求，那就不能适用了。后来普通法的判例，仍袭着这个见解。奥国1812年特别颁布一个指令，明示债权人在适当时期"有了裁判上或裁判外的请求的时候，那么，利子虽然超过了原本，也不停止它的发生。Preussen、Saxon[③]废止了原本额超过之禁，德国旧商法也明载着利息的总额，可以超过原本额的趣旨"。

---

① 原稿误作：IndliVidualwucher。编校者注。
② 原稿误作：Vebot des ultra alterum Tantum。编校者注。
③ 萨克森。编校者注。

## 三 价格的自由

### (一) 公定价格的撤废

教会不只对于利息,并且一般地禁止暴利,374 年的 Nicüa 宗教会议,和利息一样禁止了"廉买贵卖"(Vili emere, Cauris Vendere)。教会自身埋头着正当价格(justum Pretium)的研究——正当的价格如何的决定呢?只估量生产费和卖主的劳力就够了么?卖主所蒙的损失即危险也应参酌它么?等等的问题苦恼了他们。后来他们向都市与领主强迫要求,至少要正当的公定日常必需品的价格,结果,各处的都市,都试行着日用品价格的公定,尤其是十三四世纪以来,见到了价格公定主义的普遍,1377 年 Frankfurt 地方,1395 年 Eberswalde① 地方,公定了面包的价格,1363 年 Lübeck 地方公定了麦酒的酿造费,1472 年 Freiburg 地方,公定了衣服的裁缝费。至十七八世纪,公定主义越见普及,肉类、面包、盐、葡萄酒、麦酒、布帛和棉织物,等等,大抵都公定了价格。

学说对于日用品的价格公定,也没有剧烈的攻击,Pufendorf②、Leibutz③、Christian, Wolf, Thomasius④ 诸大家,实是赞成价格的公定的。然到了 18 世纪的更新期,反对论遂见抬头,Schmalz⑤ 1808 年所著的"Handbuch der Staatswissenschaft"⑥ 中,取例于面

---

① 原稿误作:Erberswalde。指埃伯斯瓦尔德。编校者注。
② 萨缪尔·普芬道夫(Samuel Pufendorf, 1632~1694)。编校者注。
③ 原稿误作:Leibutz。指莱布尼茨。编校者注。
④ 原稿误作:Thonrasius。指德国法学家托马修斯(Christian Thomasius, 1655~1728)。编校者注。
⑤ 原稿误作:Schmaiz。指特奥多尔·施玛尔兹(Theodor von Schmalz, 1760~1831)。编校者注。
⑥ 原稿误作:Handbuch der Statswissenschaft。编校者注。

包，说明他的正当价格公定的困难——纵使生产费决定面包的价格，但是生产费这个东西，是小麦、盐、燃料等的价格和资本的利子、职工的赁银、面包店自身劳动的价值等等的集合，要算定这些，绝非易事，他说："最简单的价格决定方法，就是一任需要供给的自然作用，国家的干涉，不但不必要，甚且有害。"

营业自由原则的确立，同时价格公定制度，也就废止了，法国1789年8月4日，乘着大革命之势，废止中世组合（Guild）的特权，宣布营业的自由。德国的Preussen1808年2月26日的法律和1810年10月28日的法律，也废止了组合，承认营业的自由。这时国家也抛弃了它支配下的市场权（Marktrecht），即决定日用品价格的权利。价格决定的权利，从国家手里移转给街头的商人；纵令需要供给自然力的播弄，物价怎样纷乱地高腾下跌，原则【上】，国家也是不能干涉的。

公定价格的撤销，就是价格暴利（Preiswucher）的公认，这因为一撤销就给了当事人尽量高价售出和任意贬价的自由；买卖价格纵是如何的反于正当价格，但是，仅有这个，买卖并不因此无效或被撤销的，纵使如何的反于世间普通情形——即所谓正常价格（normale Pries）——这也不足左右买卖的效力，法律所要求的，只是价格的自然形成（freie Preisbildung）①，既是从自由意志所约定，那么即使怎样的高价廉价的买卖，当然也是有效的。

## （二）损失过半取消权的撤销

暴利自由的承认，同时，不可不遭着撤销的厄运，这就是所谓损失过半的取消权（Aufhebung wegen laesio enormis）② 了。损失

---

① 原稿误作：freie Preisbildnng。编校者注。
② 原稿误作：Anfeetung Wegen laesio enormis。编校者注。

过半的取消权,即实价二分【之】一以下的出售,或二倍以上的买入人,能够取消买卖的规则。本来这个规则只为救济廉卖不动产受着大损失的卖主,可是,教会法及受教会法影响的世俗立法,显著的扩大这规定的适用;动产买卖也有适用,一般买卖以外的有价证卷①也适用,凡是被对方挣去厚利的人,都可求援于失过半的取消权,来取消契约,恢复原状。

19世纪的立法及判例,要极力地限制损失过半取消权的适用,例如Preussen州法、奥国民法,预先定明当事人可以抛弃取消权,判例也承认了默示的抛弃,判示着当事人若果明知物的实价、反廉价出售时,应视为豫先抛弃损失过半的取消权。奥国民法又明定,以一部赠与的意思廉卖时,例如父母廉卖物品与子女的时节,是没有取消权的。由对物特别的爱好心高价出售,例如书画古董的买卖,也不能够主张过半损失的取消权(奥民第935条)。德国普通法的判例,也否认古董买卖的损失过半的取消权,判例为了暴利的自由,极力地限制过半损失取消权的适用范围。

德国旧商法(1861)规定"商行为不得以损失过半为理由而取消"(德旧商法第286条),Saxon民法(1863)也明定"不得以给付与反对给付不均衡为理由而解除契约,或拒绝履行"(Saxon《民法》第864条),德国《民法》第一草案理由书断然的说:"损失过半的取消,是使权利的安全与交易的安全,但受危险的法律手段",坚决地排斥了它(德一草理由书2卷33页),瑞士1881年的旧债务法以来,也废止了对损失过半者的救济手段。

## 四　劳动条件的自由

十七八世顷②的国家,以"受他人提供劳务",作为"法的手

---

① 当为"券"。编校者注。
② 当为"世纪"。编校者注。

段",设置了三种的契约形态,第一是仆婢契约(Gesindevertrag[①]),主要关于家事上或田园上劳动的提供。主人方面,令仆婢居住家里,负担衣食费和给付赁银的义务;仆婢方面,以忠实和顺从,提供家事上,田园上的劳务,并限从其他的一般命令的义务。这种契约的性质,多半包含着"权力服从的性质",因为仆婢长期间继续的服从主人一般的命令,他不可不捧其劳动力的全部或重要部分的关系之故。但这并不是仆婢的不幸,他们没有突被解雇成为失业那样的苦恼,他们继续居住着主人家里,受着主人像家族般同样的爱护。

第二是徒弟契约(Lehrlingsvertrag[②])。这主要是欲幼年人提供商业上、工业上的劳务之契约形态,主人使徒弟居住家里,负担衣食费和授与成就为商人或为工人必要的职业教育的义务;徒弟一面顺从地补助主人的营业,一面应服主人家事上劳务的义务,这也正是权力服从的劳动关系,然而翻过另一面来看,却好像是培养着他人子弟,使他成就为商人或为工人,充满着教育的好意。

第三是职工或店伙契约(Gesellenn Gchülfevetrag)。这是由已过了授业期的职工,或店伙提供商业上或工业上的劳务的,他们不必住在主人家里,能够独立居住自在就业,如果住在主人家里,那与仆婢徒弟是有别的,可以不做主人家事上的劳务,他们从主人所受待遇的内容,都由习惯详细规定它劳动的时间、赁银的高低、假期的回数。一切的一切全由习惯来决定,不许由契约的约定。但这也不是职工或店伙的不幸的种子,他们宁是获着一定的赁银,没有解雇的忧虑,逍遥地过其比较的安稳的生活。

使上面封建式的劳动秩序的死灭,当然是法国的大革命。

---

[①] 原稿误作:Gesindeverrog。编校者注。
[②] 原稿误作:Lehrhlngsvertag。编校者注。

1789 年的人权宣言："一切人民，全是自由的而有平等的权利"，"凡是市民，都不得剥夺他的自由"，而承认使用人和被用人双方权利的平等并地位的对等，仆婢、徒弟、职工、店伙，全都是自由的市民，他们同主人立着对等的关系，他们能够以自由意思和主人约定劳动上的诸条件，只要所约定的给付了主人，他们就丝毫不受主人的拘束，这在当时是破天荒的意思的宣扬。

Adam Smith 一派也要求着劳动秩序的完全变更。他们说：固为劳动条件因袭的固定，阻碍了经济的发展，人们只要有了自由，就能够十足的发挥他的劳动力。要希望财货丰富的生产，那么国家不可不善为保证各国人劳动力处分的自由，不可不使他能够以所欲的价格、所欲的期间、所欲的雇用人，出卖他的劳动力，不可不代替因袭的固定的劳动关系，招引纯契约的自由的劳动关系。

上述思想的变化，引起了立法上怎样的变动呢？在法国 1803 年 4 月 2 日，颁布关于工场劳动者的法律，规定工场劳动者与无佣主间的关系，应一任他们相互间完全的自由约定，民法也坚守着劳动条件应由当事人间自由约定的见地；赁银、劳动时间、假日一切都依据着自由契约。民法又为了维持劳动者地位的自由，限定劳动契约一定的期间，仅许从事特定事业的人能够缔结。缔结终身的契约，民法规定劳动者无论何时都能解约的（法《民法》第 1780 条）。

在德国 Preussen 州法，从前封建的劳动法，几乎没有何等的变革，依然承认着仆婢契约、徒弟契约、职工店伙契约，但是跟着时代的更替，开始了撤废封建的劳动契约的运动，关于仆婢契约州法的规定（同法第 2 部第 5 章第 1 条乃至第 176 条），由 1810 年 11 月 8 日的仆婢条例被废止了，关于徒弟契约和职工店员契约州法的规定（同法第 2 部第 8 章第 278 条乃至第 400 条），由 1845 年 1 月 17 日的 Preussen 营业条例，和 1869 年 6 月 21 日北德国联邦营业条例也被废止了。1810 年的仆婢条例，规定仆婢的赁银耗费的负担，其他待遇的方法，全部应由当事人间自由的约定。1845 年 Preussen 的营业条例，规定佣主与仆婢、补助人、徒弟间的关系，应成为自由约定的对象。1811 年 9 月 7 日的 Preussen 法，也明定了采用补助人与徒弟的时节、劳务的期间、赁银、耗费，并其他的一切待遇方法，都应由他们自由的约定。

要之，19 世纪是反对劳动条件因袭的固定，要把它一任当事人的自由约定，但是，同时随着封建的劳动关系之恩爱的主从的感情，也跟之而消灭了，现在主人不把仆婢、徒弟、职工、店伙看作家庭的一员，全都把他当作工场劳动者来看待，以任意的期间和赁银来雇佣他们，不要时，随意解雇，造成了失业军，抛出街头。

## 五　结论

上面我说明了，19 世纪的立法者，撤销了利息的限制、原本额超过之禁，撤销了价格的公定、损失过半的取消权。也撤销了仆婢契约、徒弟契约、职工或店伙的特别规定——总而言之，19 世纪立法，正如 Richard Schmidt 最深刻的一句话，是撤销立法（aboritionische Gesetzgebung）；为高利的自由，撤销了古来利息的限制，为暴利的自由，撤销了古来价格的限制，为榨取的自由，撤销了劳动条件古来的限制，它是主要为资本家的利益极端扩大"经济的自由"（Wirtschaftsfreiheit）的立法。

这种思想的基础，"自上放任"以外什么也没有，他们都是 Adam Smith 的余流，抱负着"如果各个人自由追求自利，那么无形地自然会有公共福利的到临"的乐天主义者，他们是把私法的任务消极化了的立法者，这是古来所未曾有的。他们全然忘却了干涉与统制，想象着只要为私人尽去其防害营利活动的事物，就是立法者的任务。

尤其是 19 世纪的立法者,只把"公序良俗"作为契约自由的限制,似乎真能撤销它(契约自由——译者),这是从"撤销立法"中唯一的脱漏者。"公序良俗"在现代各国民法上尚还保留着余命,但是公序良俗对于"经济的自由"之限制的机能,实在微弱得可怜,社会上暴利、高利、榨取盛行着,"公序良俗",几乎全没有试行禁止而出动。19 世纪的过程中,社会投入了独占与无产、奢侈与贫穷、饱食与饥饿的恐慌对立之中,这都是在契约自由的美名下所行的罪恶;蒙着买卖的外皮,行着暴利之实,蒙着消费贷借的外皮,行着高利之实,蒙着雇佣契约的外皮,行着榨取之实。换句话说,罪恶是都在"公序良俗"自身的管辖内横行着。"公序良俗"——不拘它正义的面目如何——全不能够出示否定暴利的机能,只是平淡地静观着经济对立的激化!

法律,为什么一面承认了、许可了暴利的自由、高利的自由、榨取的自由,他方又露出否认反于社会正义契约的口吻呢?这是不是法律为了隐蔽它的阶级性之正义的粉饰呢?这是不是为了欺骗弱者的空虚的言辞呢?总之,"公序良俗",对经济上的弱者,只是慰安,没有效验,好像"神圣的护符"似的。[①]

---

[①] 本文译毕,多承原著者栗生武夫先生教正并同窗诸友之攻错,用志一言,借表谢忱。1935 年 12 月 6 日于仙台市东北帝国大学法文学部研究室。

# 释统制经济法

津曲藏之丞 著　哲西节 译

## 一　统制经济法之意义

统制经济体制，于以私有乃至私企业为其基础之点上，与自由经济同，是即以私有为基础而谋生产力扩充之经济体制也。于自由经济上，生产以及再生产之"一系统"，乃基于个人主义的营利主义，依自由竞争而行，惟于统制经济上，则依国家之生产的综合统制而行，但以其以私有为基础，故只可视其为所有体制及所有机能之变质。是以统制经济，乃自由经济转化为资本主义的生产样式之特殊阶段上的一型态，与苏联经济体制异其基础，根本不同。

此种经济体制下之整个法规，并非统制经济法，凡规律企业乃至所有的组成并活动者，俱得谓为统制经济法。即于统制经济体制下，关于以家为中心之身份法，关于宗教之法，以及其他关于文化之法以至关于诉讼手续之法，亦莫不存在，于此等法的形态下，随自由经济之转向统制经济，其指导理念以至法的技术，遂多少发生变异。惟此等法的体系，并非统制经济法的对象。统制经济法，只为规律企业乃至所有之组成及活动的法的体系而已，故其为财产法的一类型。今日之生产，多依资本形态之所有的企业而行。整个所有至今日虽尚有未能企业化之部分，然此残余部分几不具有重要性。故统制经济法可谓为统制经济体制上"关于企业之法"。

　　赫得曼反对以经济法为企业法之概念。其主张固足影响我国日本法学者的意见。但赫氏之非难，如不理解德意志主张经济法为企业法之意义，颇难一般采用。余之主张亦不必与德意志之以经济法为企业法的主张一致，故赫氏之非难，对余之立场，亦不能谓为妥当。

　　企业，如后所述，乃以物与劳动之结合体的"经营"为基础。但此种经营并非企业。经营乃物之产出或搬运的劳动与物资的统合体，而以多数分散之所有，为其经营内容，所构成的一经济组织体，是即企业也。企业绝非只为物的产出或搬运的活动体，乃以营利为目的之经济活动体也，故"关于企业之法"乃经由编入于物与劳动之经营的过程，或经由编入于分散所有之企业的过程，而为关于经济活动体之企业体制以及企业与经营有相关关系的一极复杂的法的体系。

　　于此等直接的企业法外，复有以企业为中心的各种立法，企业即一所有形态而赋有物与劳动之综合性的法的主体性者。惟其为生产制度（即含有运送牙行零售等广意义下之生产体），故亦在产生利润利息并工资而为国民所得之源泉，此种国民所得，更形成为资金或租税，或经过消费材转为劳动力，此等资金或劳动力，更还流于企业，或作为政府购买力而还流于企业。是即生产及再生产之"一系统"，惟此"一系统"之中核体，乃企业。而此"一系统"之媒介体，则为价格法，有将此一系统放任于经济自动法则者。换言之，即放任之于自由契约之"自由系统"者，自由经济体制即此。但于统制经济上，因国家在施行生产之综合的统制，乃将此一系统，于一企划的计划下统制之规制之。故统制经济法，出自企业，而又还流于企业，包摄此"一系统"之法规也。于自由经济情形下，大多视为契约法或商行为法而付以理论，于统制经济法下，对此等情形所拘束之法规，则更形增大。换言之，即对契约法（不仅含有商行为法即劳动契约法亦在内）所有法规之性格，加一变异，而转向于契约理论，视为此等资本形态之所有的企业组成法，以及依据商品流通所定之契约法，其一切法规的体系，即为统制经济法之问题。是即以企业为中心之法学的考察。

同时，统制经济法，以国家的总生产力之扩充为目标，乃企图国家全生产之综合的计划的统制之法的体系，故吾人对于统制经济之意义可定义如次。

> 统制经济法者，以企业（乃至所有）为核心，自国家总生产力扩充之立场对其组织及活动，加以规律之法也。

于以企业（乃至所有）为核心而规律其组织及活动之点上，乃基本的以私法的体系为基础。于以国家总生产力扩充为第一次目的之法的体系之点上，乃具有公法的色彩。又即自由经济，亦终不能漠视国家生产力之扩充，但此乃以各个所有者乃至企业之各个利润之追求为第一次目的，结果不过使其寄托于总生产力之扩充而已，于此点上，统制经济法，自与视为企业法之商法以及其他自由经济法异。

在详细分析并考察上述意义下之统制经济法的意义以前，吾人当须对于统制经济法之类似概念，加以叙述。

## 二　类似于统制经济法诸概念之考察

### （一）统制经济法与经济统制法

经济统制法一术语，普通在我国，亦较统制经济法一术语之使用者为多，此二术语，固多类似之处，然亦有多少不同的概念。

于所谓经济统制情形下,"对经济加以统制"之意义极强。事实上,实定法之制定,在价格之统制、配给之统制以及消费之统制,其内容大多直接与经济结合,实际上并未表示有与经济范畴不同之法的概念。故其所采之态度与内容,乃为生产、配给、消费之统制乃至产业、物资、劳动、贸易、资金、价格之统制所制定之法的体系。但此乃自制定的实定法之技术中所生之问题,并非自形式的实定法的形态与内容,将其直接置于与经济不同范畴之法学的分野上者。于所谓对经济加以统制之法的意义上,特别指出所谓"法"的一点,是不外乎"经济行政法"之范畴,于此,对于以所有乃至企业为核心而运营之经济的本体活动,自被轻视。

人类生活依存于物质,故以各个物资之生产配给消费的各个经济活动为基准,将关于此等之法规付以范型,以其视为经济法,自非不可能。例如根据制铁业、纺织业、石油事业、机器制造事业、农林业等各个工业、矿业、农业等产业,加以类别研究关于此等物资之生产、配给、消费之法规,以其为经济法,自无不可,于我国特定时期中,曾采此种产业别的立法形式,即于今日,亦多为相当于此种产业别之事业法。但在理论上体系上一贯的研究此等法规时,只考察产业别,不能充分,不得不求贯串此等的一共同地盘,于此地盘上,再加以产业别的考察。

固然,吾人不能没视物资别乃至产业别的考察。于视作国防经济乃至临战经济或战时经济之统制经济上,与平时经济同,必须求生产材部门、军需材部门、消费材部门间之均衡。为此均衡之确保,必得就产业别考察如何规制事业法,但只此亦不能尽经济法研究之能事。

此种许多产业上之生产配给消费,乃于私有基础上而行,且特别于资本形态之所有即企业形态下而行。贯通一切产业之基础,乃此企业。产业统制或经济统制,不能离开此企业形态而规律。

于所谓生产配给消费统制意义下之经济统制,作为"法之体系"而采用时,自不能离开私有乃至私企业之形态。整个生产配给消费乃至事业,乃于所谓私有乃至企业之特殊法的基础上而运行,离开私有乃至企业,付以体系,究其极,即为形式的法规的配列。

以上所述,由下列各事实之考察,自可明了,所有并企业,乃于资本主义的生产之下,采有下列之特殊的形态与内容。各种物资,固俱为人类生活上必需者。此等物资,由生产过程,创出使用价值,复经人类合目的的生产的劳动过程,成为人类之所得。于此劳动过程中,劳动要具与劳动对象,俱为必要。但此等劳动要具与劳动对象,乃私有之客体。此种私有,于资本主义商品生产社会中,乃视为价值增值过程之私有。于价值过程中,商品生产之一切要素,专只在量的方面考察价值,人类之劳动力以及劳动对象与劳动要具,以至其结果的生产物,莫不只以其为价值量而成问题。此种私有形态,即为资本所有形态之企业。故由企业生产之物,完全只为货币价值量之增值的问题。换言之,即只对原价值量之增值部分的关系,成为问题。于是一切经济事象,均失其质的色彩,得以货币表现之,而成为货币所表现之纯粹的量的问题。其本质的内容,非铁之制造,亦非织物之制造,亦非煤炭之采掘,更非人及物资之搬运,尤非文化之创出,乃只经济的价值量的计算而已,是乃自由经济上之资本形态的所有的本质也,此种资本形态之所有,即企业。

虽然,统制经济,乃以此种企业为基础之经济体制。故虽就物资别乃至产业别,配列法规,然亦不能构成其理论体系。吾人考察此等物资应于如何之企业体制下生产,是乃法学上之对象。故统制经济法于法学方面探究时,不得不以企业为核心而考察之。尤其统制经济,乃国家生产之全体的体制,故必得以各种生产部门或产业部门上之均衡为目标,惟此种均衡,只经由私有形态之变异，尤其须由企业形态之变异，方有可能，故在法学上，即不得不探究法规应如何规制所有乃至企业之问题。

故经济统制法一术语，虽在依据实定法之形式的规制的形态与内容，但难成立为实质的意义下之法学的体系。就"法学"言，不能就原有情形借用异范畴的经济概念。经济现象之统制，于法的方面如何表现乎？此种研究乃经济法之法学的对象。故此不外于财产法之一分野下，考察于法的方面如何表现生产配给消费等之统制。所有乃至企业即为此种考察之核心。故于法学方面，于统制经济体制下，结果不外为如何规制所有并企业之组成并活动的问题。因此，以具有统制经济法乃至企业法之统制经济法一术语，较之具有统制经济法内容之"经济统制法"一词，似觉适切。

统制经济法，非统制经济体制上之整个法规，乃经济法即企业法之特殊的历史的发展阶段上之法的意义。是与自由经济法对立者，就此种规定，始可与商法上各解释，互相比较，且亦始可明了其与民商法之相互关系。

又经济统制法，在对经济加以统制之意味下，亦或有失去时代特性之嫌，于是结果成为自主统制体制时代以后之经济统制法，或成为与自由经济对立之国家的统制体制时代间的经济统制法，于前者之立场，太拘泥于"统制"一词，未能考虑其为全体体制的推移，而以之为部分的产业部门下之自主的统制，如加泰尔、托辣斯企业组合等之统制，是则各个企业上大股东之企业统制，亦由各个企业资本之集中而成者，是否能谓为自主的统制乎。部分的统制之成立，乃□□认自由经济上之竞争，至国家之全生产的综合生产出现，始生有与自由经济相对立之经济体制，故以之为现时代的经济法，似较适合。

## (二) 统制经济法与自由经济法

无论以经济法为以资本形态所有即企业为中心之法，或以之为规制经济之法，在时代上可区别为自由经济体制上之经济法与统制经济体制上之经济法。①

经济法之发展，经过自由经济法②、自主的（部分的）统制经济法③、国家的（全体的）统制经济法三阶段。此三阶段划分的特征，于自由经济法时，所有乃至企业之组织及活动，可能的置于各个所有者之自由意志，法只在外围加以限制，但并非许可无限制无秩序之所有乃至企业的组成及活动。

自主的统制经济法之特征，乃由企业相互间之协定防避竞

---

① 我国法学者的一种倾向，俱以所谓"统制"一语含有强制的意味。盖在自由经济上，经济活动是自由的，毫未顾及经济之统制，故自由经济法，不能存在。余以经济法可与企业法同义使用之，即若以经济法为统制经济之法，在自由经济体制上，亦不能谓为无各种统制。各种产业立法，亦多存在，统制金融有银行法，因而将统制经济之法定义为经济法，亦可谓为自由经济体制下之经济法。

② 即于自由经济法上，对于所有乃至企业之组成并活动，于私法的范围内，亦加以规制，例如：(1) 国家的正当性（民第90条），(2) 适法性（由强行规定之限制），(3) 目的之可能性，(4) 目的之确定性的要求等是。又关于行为能力之一般的通则的限制，乃至关于意志表示之自由发动的保障等之规定，亦早已存在，更不待言。尤其强行法规多关于所有之组成，如关于社会组织之强行规定即此。但于此等范围内，基于当事者之自由意志的表示，法律关系成为人为的构造。编校者案：此处注释原文脱漏注释序号，根据文意应在此处。

③ 其能为自主统制经济法之典型者，如加泰尔、托辣斯企业组合等，国家统制经济之发展，虽利用此等□阶段之统制形态与内容，改编而成，然只多为自主的部分的统制。于加泰尔协定上，则采生产统制、价格统制、贩卖统制、生产比例统制等形态与内容，是为企业活动之拘束，只将生产、配给、贩卖、价格等经济概念抽出，并不能为法学上之研究对象。欲对企业或所有之活动，加以统制，是不得不就法学上讨论的。尤其于企业组合托辣斯等上，形成资本集中之形态，更不得不自企业之联合合同方面就法学方面探讨之。编校者案：此处注释原文脱漏注释序号，根据文意应在此处。

争或统制价格，以独占价格，废弃自由价格，但非国民经济之全体的统制，乃部分的统制经济。其拘束力乃以企业相互间之协定为基础的自主的团体法的规范，由违约罚乃至除名等之社会法的部分统制，自主地行之，但只为自由经济体制上之企业法而已。

国家的统制经济法与前二者异，其根本特征，乃自全生产之综合的统制之立场，以规制企业（乃至所有）之组成并能动。是虽在形式上作为生产配给消费之统制，表现有物资统制、劳务统制、资金统制、价格统制、贸易统制等，统制系只自全生产之综合的统制立场规制企业（乃至所有）之组成并活动。盖统制经济体制乃构筑于私有财产制度上之经济秩序也，但其特征则在基于国家指导而统制之。所谓指【导】者，必不导否定各个之创意，而以全体与个人之一系协力□□□。□种一致协力之可能的企业体制之改编，乃统制经济法之目标。是并不限制拘束个人之自由，亦并不限制拘束所有，乃以求全体与个人之一致点为理想。故不在调和全体与个人之矛盾的对立，乃在排除一切矛盾的对立，而以创设协力□□□目的。但欲将其树立于私有并私企业地盘之上，必得在企业体制上将自由经济的态容改编为统制经济之态容。欲求之于私有制度之地盘上，统制经济法之中心问题，即在企业（乃至所有）之体制的改编。只有由此改编，始能助成劳务统制、物资统制、资金统制、价格统制、消费统制等，成为全体与个人之协力，而非矛盾对立之调和。统制经济法之研究，所以为以企业（乃至所有）为核心之法学的研究者，即以此为故。

由此种全体之国家与其部分之个人之一致，统制经济法上之强行规定，即成为中心的规定。是乃随"私法之公法化"现象即

"任意法规乃至取缔法规之强行法规化"的现象而生。①

就上所述，吾人乃将统制经济法，视为企业法的经济法或视为特定之历史的发展阶段上的经济法，而使之与自由经济法对置者。②

## （三）统制经济法与经济法

经济法之术语，译自德语 Wirstschaftsrecht，在我国（日本）业已一般化。法语之 législation industrielle③不仅为劳动法，亦含有所谓产业法。④ 我国经济法之文言，大都援用自德文 Wirstschaftsrecht 一语，即在德国此语现亦较 Das Recht der Wirstschaft 普遍化。

经济法之概念与劳动之概念同为新的概念。但经济法一术语在德国所以成为问题者，即以第一次欧洲大战时统制经济虽已发生效用，而其所以一般化者乃在战后自主统制之扩大化。是以包含托辣斯、加泰尔企业组合、康滋尔□□□部门□成为问题。故经济法乃以自主统制法之体系的要求而发展。由是言之，今日之统制经济法，任何方面不应用之于支配国家资本之意义下。我国经济法学者之意见，以为自主的统制乃由国家资本之统制扩大，是亦未免太□于□□□□言之起源。统制经济体制与自主统制体

---

① 于统制经济法上，每发生有"任意法规之强行法规化"乃至"取缔法规之强行法规化"。强行法规之增大，乃一特征。但于自由经济法上，由强行法规之限制，亦有存在，故于此点上，两者之相异，只为相对的量的问题。但于统制经济上，则生有积极的命令契约，强行法规之效力，于两者间，似有多少不同之点。是虽为统制经济上"私法之公法化"的动因，然当依次考察之。
② 恒藤博士亦肯定自由经济法与统制经济法乃至经济统制法之对置（参看该博士"自由经济法与经济统制法"《经济学杂志》四卷四期3至4页。）且博士亦将统制经济法与管理经济法对置（参看该博士"关于统制经济法"《公法杂志》六卷三期）。
③ 原稿误作：egislation industrelle。编校者注。
④ 参看拙著"法国劳动法之概念"《法律时报》八卷九期。

制异。自主统制,固仍建于自由经济之上者。

当规定经济法概念时,于德国,赫德曼曾曰:搜集说、对象说、世界观说等,虽已风行,然无一能完全成功者[1]。只经济法的法规搜集,或为不限定对象之一种心理的世界观,其立场不能对特定法部门的组成予以充分的基本概念,且为给予经济法以概念故,求特定之对象,必得求之于方法论。

但当求其对象时,如加斯克尔及其他所有经济法学者之主张,关于经济的企业者之企业经营之特别法,当自企业者之主观的立场求之,或于己组织之经济上的固有法中求之,或于社会上共同经济法中求之,是乃以其适应于自主统制扩大时之经济体制而形成者,然私经济、社会经济、国民经济之相互关系究如何以及自主统制究于如何之意义下始能为被组织之社会经济,对此如不加以分析,则必难能谓其在法学方面把握对象。又所谓关于组织经济之见解与所谓经济之概念,在法学上究如何,如不分析之,亦必漠然。如谓由所谓统制经济法之意义规定经济法,不须分析经济之概念,则财产法即为完全规律经济之法,而不关于经济之财产法,即不存在。但于所谓经济法之情形下,财产法不得不为与民商法之财产法相同的一类型。且财产法为关于所有之法。

于此种所有之形态中,关于资本形态之所有的法,即经济法。资本形态之所有乃企业,因而经济法为企业法,是余之观念也。

关于此种企业法之历史的发展之特定时期的法,只为统制经济,因而统制经济法并不包含文化统制法——以家为中心之身份法。以经济法乃以企业为中心之法的见解,已早于德国盛行。但企业之分析于法学上并不若斯之详细。如以统制经济为以企业为

---

[1] Justus Wilhelm Hedemann, *Deutsches Wirtschaftsrecht: Ein Grundriss*, Berlin: Junker und Dünnhaupt, 1939, S. 14ff.

核心之法的部门，则只企业之法学的分析为理解统制经济法之前提。且企业乃资本形态之所有，故经济法只为资本之法学的考察。故统制经济法，只为资本之某时代的发展之法学的分析而已。

### 三 企业之意义与统制经济法

如上节所述，吾人曾定义统制经济法，乃以企业（乃至所有）为核心，自国家之总生产力扩充的立场，规律其组织并活动之法也，其法学的研究，乃在研究如何直接规制企业组成及活动，并在研究为生产力扩充所规制之生产、配给、消费[①]的统制又在如何间接规制企业之组成及活动。故统制经济法研究的中心问题，在企业之法学的考察。

所谓企业者，乃以经营为内容营营利活动之综括分散所有的独立的组织制度。今分析考察如次。

### （一）企业以经营为内容

所谓经营之概念，亦有使用于"管理企业运营企业之意义上者，此乃将企业用于所谓经营之动词的方面之动的概念，惟此处所谓之经营，乃意谓对置于企业而付以概念之经营体，以其为组织的制度，而于静的方面付以概念者"。[②]

所谓此种经营，乃基于特定之技术目的，统括动产、不动产等之有形财产，以及技术其他无形财产（或无形价值）与劳务三者之设备或制度，是非依经济目的之制度或设备，乃属于技术的范畴，但此种经营，于非营利法人（公益社团法人或财团法人）时，得视为法的主体而存在，惟在以其为营利的活动体之企业时，则并不存

---

[①] 此处讹字"经"。编校者注。
[②] 此处未见有收引号，据文意补正。编校者注。

有其原有的性质。经营乃企业组成之基础，于上述的意义下的经营，不能具体的存在于自由经济上之企业内部。是只为依据技术的目的之抽象的概念而已。所谓此技术的目的者，不只限定其为含有创造"物的制造运送"之使用价值之生产的目的，并广泛的含有创出"宗教的价值，论理的价值，美的价值"等的技术目的。

此种经营之素材，乃有形财产、无形财产及劳务。换言之，即物质、非物质与劳务。有形财产，乃动产或不动产，如自劳务之观点言之，即为劳动要具与劳动对象。无形财产乃技术或供求关系或顾客关系或特许权等，将经营素材之原料机器等插入于经营内部，使与此种要素与劳务结合，由是将所创出之生产物，搬送于消费者（购买者）之手，以产出技术过程上之财产的价值。劳务乃人类之目的意识的行动。此三要素为创出使用价值及其他价值所统括之制度□□□□□。

上述之经营，即企业成立之根本。但于自由经济体制上之企业，其经营则为营利的企业目的所支配，原有性质之经营，即不能存立于企业内部，是只为歪曲企业目的之一种存在而已。故经营之纯技术的目的，不表现于其纯粹姿态中，而转化为企业之营利目的。即贯通价值增值目的之一技术的过程，即由纯技术目的之经营，不存于企业之内部，只表现为利润追求之技术的过程。但企业此种技术的过程，如不以纯技术的目的而经营，即不能存在。经营乃创出使用价值（或精神的文化价值）之劳动过程，故虽为企业，然其经济的价值实现，不以此种经营为基础即不能达成。但经营技术的过程，为企业的目的所歪曲，乃自由经济体制上之企业所有的一大缺陷。将次元之不同的使用价值乃至文化价值，由经济价值之范畴而达成，是乃一问题。

于自由经济体制下，视作纯技术的制度之经营，具体的不存在于企业内部。但公益法人之非营利法人时，此种纯技术的制度，始能存在，于统制体制上之公益优先的企业体制，其经营即能存立于企业内部。此种见解，虽恰当于自由经济体制上之企业，然于整个企业体制上，则不适当。

## （二）企业乃独立的制度

所谓企业的独立性，即意谓视作个别资本而经营之经济的活动，是亦为利润之归属体，故具有法的人格性。经营则非利润之归属体，故不有法的主体性。即于统制经济体制上，经营亦非利润之归属体。

于自由经济体制上，企业之独立性，即在表示自己负担危险之责任，且作为自己目的之追求而显现，惟于统制经济上则不然，乃依国家之补偿及适正利润之容认等，减轻危险负担，且以追求国家目的为第一次的要求，不限于只在追求自己的目的，但此并不有碍于企业的独立性，故即于统制经济上，利润之归属体，乃企业，非经营。因而企业赋以法的主体性，乃法律行为之主体，亦为法律效果之归属者，于统制经济，虽容认有经营协同体之独自性，然对此点亦同。且于个人企业、组合企业、公司企业之形态下，其主体性业已明白表现出者，而在加泰尔、托辣斯、康滋尔等之复合的企业形态下，即不有此明确的表现。①

---

① 于个人企业时，即有与家计不完全分离者，然个人企业公司企业之法人格则明白表现出。只有在匿名组合时，出资者隐于背面，外部则以营业者之个人企业而表现。于合伙公司时，不得不采组合形态之法的形态而认为由共同商号而活动者，惟公司企业则多将其法的主体明白表现出，但于复合的企业形态下法主体性亦有不明白表现者，例如加泰尔，有为组合形态与法人形态之二重组织者，有为具有单一组织法人性的组合组织者。于托辣斯，有数个企业维持独立性而只在经济方面为一体者，有由买收合并构成法的单一体者，康滋尔于经济上虽为单一体，但法律上，多为数个企业保持有独立主体性。此等企业形态，乃业已所有（游资）之综括的制度，故能作为企业合同联合过程之所有的综括的扩大化过程，换言之即可视为资本之集中过程而考察之。故将独立的个别资本，视为法的主体，并无大差。

### （三）企业乃营利活动之制度

所谓企业之营利活动，即利润追求之活动。于此意味下，企业乃经济的统一体。惟于自由经济体制下，此营利目的，乃企业活动之第一次的冲动力；于统制经济体制下，虽作为第二次的而退隐于背面，然否定企业之营利性，私有乃至私企业即不能成立。于单纯的商品生产时，视作商品交换过程之契约，以补偿费用即足。于民法上之契约形态，多为此费用补偿的商品交换。但于资本的商品生产社会内，常须利润之追求，不能只以费用之补偿而成立。此利润之追求即营利性。此利润在自由经济下乃不确定的，是其特征。但于统制经济下之适正利润制，实伴有利润之固定性，惟因内部的技术的合理化，认有多少的不确定性而已。利润非利息，故此不确定性终不能止。其不确定性虽在递减，而企业之营利性亦不能否定。更所谓营利的活动，并非联络各个分散行为之集合行动，乃于多少继续的期间，依同一目的之定型的行为的集中行动。

### （四）企业乃已分散的所有之综括的制度

此要素乃企业之本质的要素，所谓所有，即为游资，乃闲息之资金形态下的所有。于个人企业或一人企业之情形下，所有乃单数的，于最典型的公司企业之情形下，乃自己分散之多数所有而构成者，此种各个所有，一方【面】以企业为独立的法主体，作为企业财产之所有主体而出现，另一方面，法律采一物一权之□，则不能以民法上所定之所有权的容态而出现，故以所有权变为社员权之形态而出现，但社员权只为所有之特殊的变异形态。社员权包摄有共益权与自益权之分肢的权能，但随经济事情之变化，共益权之丧失，益扩大化，成为只享有自益权之形态，于是随股票证券化之现象，发生股票公司债化之现象。

此种资本形态之所有，乃由自己资本与他人资本所构成，于自由经济上，即为企业组成之所有。经营只为此种所有之变质即支配资金的客体。故企业乃此种已分散之资金形态的所有的综括制度，因而企业自体虽为法的主体，但各个所有者，仍不失其所有权，所有之主体已转形为社员权，因而企业利润分散于各个所有者。他人资本之出产者的公司□□者，以利息参与企业收益之分配。此种资金形态之所有综括的制度，乃企业。

但企业因以经营为基础，没视经营技术的过程，不能达成营利的活动。经营因为已分散资金之综括体的企业所有之客体，故经营之此种技术的过程，从属于企业之支配目的。企业之目的，乃营利性，故其转化为贯串营利目的之技术过程。是乃自由经济上之企业体制的特征，惟于统制经济上，此企业体制则变质。其变质过程之法学的考察，为统制经济法之核心问题。

## 第五编
# 合作社法

# 合作社之法人性质的研究

何谓法人？即在法律上有独立单一之人格，而为自然人以为之权利主体也。原夫人与人所结成之团体，在法律上采取二种方式，以处置其权义关系，其复数之单个分列者谓之合伙（我国《民法》第667条第1项、德国《民法》第705条、日本《民法》第667条、瑞士《债务法》第530条），从可以合伙之名义从事合伙人全体之行动，究非别于合伙人之独立人格，仍为多数人之直接的债之契约关系。换言之，社团不仅有统一体之行动，有独立之财产权，并有超个人之目的及独自之生命，而合伙则其行动及财产为构成员之联合行动及财产，其目的不过构成员各个人目的之综合，并无超越于构成员之生命也。此为现代法学上之通说，惟学者之间有以合伙于沿革上原为团体法原理之制度，渐因法人之特别法则而缩小其领域，以致居于现代团体法上一小部门之地位者，即以社团法人为合伙领域中分化之独立部门。① 有以合伙与合伙人债权抵消之禁止，并应认为财产权之主体，故从事实上条件以观，其形式上之编纂，虽在民法债务，亦不可不径以合伙为社团法人也。② 余则本此理由以别于罗马法之合伙传统，认为合伙乃日耳曼团体法之遗绪，诚意日耳曼之团体（Genossenschaft）即名义上虽可为"一"（Einheit），实际上则为"多"（Vielheit）。此

---

① 宕田教授著债权法新论428页参照。
② 冈村玄治著债权法各论492~494页参照。

"多"之字样为多数共同之,对外虽以其名义而有权利义务,同时对内则构成员及直接的为此权利义务之主体,而变现不即不离之总有状态,观念上实非超越构成员之独自人格,不如法人之对外为"一"对内亦为"一",即对构成员仍然第三人也,故合伙与法人之歧义,亦如日耳曼团体之与法人,谓二者之实际效果相同则可,倘竟漠视法人别于构成员之二个人格者的关系,以否定法人形而上学的人格之存在,在现代之法律领域内,其解说要□不可通。职是之故,社团法人之财产并构成员之财产,法人之诉讼并非构成员之诉讼。构成员向法人取得财产,固不可不经由特别之财产转移手续,如利息分配及财产分割是已。至若合伙则财产为合伙人公同共有,债务为合伙人所直接负担,契约为合伙人公同订立,诉讼为合伙人共同承当也。

团体法上社团与合伙之区别既明,然则合作社之性质向如乎?在法人法定主义之下,法人非依法律不能设立(我国《民法》第25条、日本《民法》第33条),不仅法所未定之团体,不能取得法人之资格,即法律所定之要件,法人亦必须受其轨范。合作社为创设法人的法律之一,即民法所谓其他之范畴。各国立法例,有设专条明定合作社为法人,或不惮烦琐更规定为社团法人者,如我国《合作法》第2条、劫匪区①内《农村合作社条例》第2条、奥国《合作社法》第1条、日本《合作社法》第1条,是其适例。有虽不设正面规定而一望即知其认合作社为法人者,如英国合作社法以登记合作社名其正式成立之合作社,而第21条规定合作社登记完了即取得法人资格。德国《合作社法》于第17条第1项对顶登记合作社得独立享权利负义务,此非法人资格之效果而何?美国马洲《合作社法》第7条设有合作社经适法认可得为权

---

① 这是极为错误的称谓。编校者注。

利及义务之主体，尽仿德国法之立法用语者。我国《农村合作社暂行规程》第 11 条与英国《合作社法》第 21 条一致。此外，附属于商法典内之合作立法国家，亦多认合作社为特种社团。基此可合作社为法人，且为社团法人，殆各国立法例之所同具也。顾一切合作社，不问其责任之类型如何，仅因其为团体之构造，遂可一律规定为社团法人耶？揆诸社团与合伙分野之原则，不无商榷之余地。例如，无限责任之合作社本为连带债务之关系，个社员对社之债务，均处于直接并完全负责之地位，社员个人之财产、合作社之债权人得直接对弈主张债权，社员不得以其为社之债务作为抗辩之理由，而社员彼此之间，个人财产之总和，又等于合作社之共同财产，在对外债务担保上殆无限界之划分。其变现与权利之层面者，即合作社并无独立之财产权，社员即合作社财产权之主体。要之，社与社员实浑然为一体而不可分，其非二个人格者之关系，毋再烦言。故从合作社之责任类型观之，无限责任之合作社颇类似甚至可肯定为合伙性质，而有限责任乃至保证责任或德国合作社法所称之无限追捕责任之合作社始属于社团法人之范畴；英国之合作社法仅有有限责任（同法第 5 条），固不在论列之内，至德、奥、日及我国之合作社法，则莫不有无限责任之类型（德国法第 2 条、奥法第 2 条、日法第 2 条、我国法第 4 条），法律上既定合作社之为法人，同时复移入合伙性质之无限责任合作社，苟非对现代团体法加以日耳曼团体法理之改造，统一合伙与社团之支配法则，并进而废弃法人法定主义，使无权利能力之社团（Vereine ohne Rechtsfähigkeit）[①]，亦不致无法律上之籍贯，则合作社实为兼有社团及合伙两重性质之团体，而各国立法例所谓法人云云，何以概括无限责任之类型？此余所以不能止其质疑

---

① 原稿误作：Vovein Oha Rechtstahigkeit。编校者注。

者也。

于兹拟对合作社之法人性质,更就法人以目的为标准之分类,即究系以公益为目的抑系以营利为目的一为考察。日本学者之多数见解,均以从形而下之观点,合作社业务之外形,类似营利法人,故法律规定准用商法中商人之规定;而从形而上之观点,则合作社业务之目的,又类似公益法人,故多准用民法中公益法人之规定。其实,本质上二者皆不相当,不可不谓为公益及营利之中间法人。① 亦有着眼于合作社之社会使命,并不止于社员之利益,同时亦为达到社会全体之利益,而与国家积极的目的一致,随联合组织之充实,其公益法人之性质益形显著者。② 彼国大审院判例初则以合作社为特殊的中间法人,乃赞同前说,继则以合作社缺乏营利之观念,又似支持后说。于兹两说之外,甚至有曲解合作社为营利法人者,且以于法人范畴之现状下,别无中间的存说之必要,毋宁迳以营利法人观之为愈。③ 对于德国合作社之法人性质,并有因德国《合作社法》第17条第2项设有以合作社视为商人之规定,遂将合作社嵌入德国公司类型之内,居然列为公司之一,即对法国商法上之可变资本组合(société à capital variable)即所谓合作社者亦然,④ 则不无牵强附会之嫌。其在我国,前此剿匪区⑤内《农村合作社条例》第4条规定类似商业组织而以营利为目的者不得用合作社之名称,乃确定合作社非营利法人之明文,修正《合作社法》第12条但书说明合作社之法人社员,以非营利

---

① 滨田道之助产业组合法二十讲12页。石桥信产业组合法要义7页,孙田秀春博士前揭书9页参照。
② 莲池公□□揭书42页。
③ 奈良正路产业组合法四新研究五页□□颇有犀利之论,管原眷二博士日本民法论总则上卷223页同说。
④ 寺尾元彦教授会社法提要36页。
⑤ 此用语错误。编校者注。

者为限，允为反映合作社本体为非营利法人之有力规定。我国民法以法人目的为标准之分类，别为营利法人及公益法人，如严守民法之法人范畴，益以《县各级合作社组织大纲》第 2 条"发展国民经济并配合地方自治"之字样，则合作社应属于公益法人，颇有充足之法律根据。推从社员之立场观之，合作社之目的，毕竟不失其为谋社员经济利益及生活改善之团体，不过以互助组织为基础，而以共同经营为达成之方法①，非营他人之利以归己有而已；此种不营利之私益性质，殊未可视诸等闲。其综合之结论，合作社可谓以公益为大目的而以私益为小目的，以公益为私益之前提及归宿，故合作社实为公益的私益法人。我妻荣教授再分公益法人为纯粹的公益法人及公益的私益法人，以适合法人之实状，而又不出法定法人性质之范畴，于我民法之学理解释亦贯通也。②抑此公益的私益法人之类型，并于前述经济法之概念相照应，即现代之法律思想，国民对于私益尤其为经济的私益，不委诸私人之竞争，而由国家加以强制、干涉或助长，并使与政治的机能相配合，此一思想反映于法律体系之上，遂发生私法之公法化的法律现象，而经济法之概念于焉构成，其表现于法人关系之上，则使有关公益的私益团体，置于国家职能的指导及管制之下，合作团体其基本的一环也。基此一端，复涉及公法人及私法人分类之不当与不必要。盖旧法学者之论据，以对法人之组织，有无国家之积极干预（强制）为区别公私法人之标准。然国家对法人之干预，自始只有程度上之强弱，即法人之公法色彩，有深或浅；况在经济法之概念下，证以旧法学者所称私法人之合作社，亦多采取强制主义之立法，例如我国《县各级合作社组织大纲》第 4 条

---

① 合作社法第□条第 24 条参照。
② 氏著民法总则 222 页参照。

之相对的强制主义，及 1919 年苏联《消费合作社令》第 4 条之绝对的强制主义，其区别论据之不当可知。至公私法人区别之必要，或系由于诉争之繁属于司法法院抑行政法院，债权执行之为民诉的强制执行抑财政法的强制完纳，法人对侵权行为是否任责；凡此各点，莫不应由关系法人之各种法律以为决定，并非区别公法人与私法人所可解决之问题，又何区别必要之有？

# 中国合作社法上的罗去戴尔式思想

张则尧

合作社法是近世纪的产物,是合作运动在成长期的收获品,在整个法律体系中居于社会法的部门。因此,合作社法先天的便具有和资本主义的对立性!

资本主义的特征,在经济上是利润主义,在思想上是个人主义,在政治上是虚伪的民主主义,而反映于法律上的便是转换义务本位为权利本位,以确保个人的自由为伸张权利的手段。但伴随资本主义的发展,另一方面促进了社会的自觉,引起了一般对于剥削形态的反抗,于是,基于排除利润的目标,发生并展开了合作运动。在这种物质的经济的决定条件之外,实践于合作社组织的形式方面的,是真正的民主主义的平等观;包藏于合作社组织的内容方面的,也是人类本来的潜合作意识的反个人主义思想。法律是跟随社会生活的演变,适应社会经济的需求的规范,所以这个时期的法律,必然的达到社会本位的阶段,因而公法私法的分类,在法学领域之内,就有应运修改的必要。这并不是说公、私法的界限根本不存在,不过通过了公、私法的领域,产生了社会法的独立部门。社会法便是以立法手段,就经济制度的本体,促成法律的社会化。换句话说,便是使权利义务的关系社会化。

在合作运动史上,罗去戴尔合作社占了最荣彩的一页。罗去戴尔合作社的成功,直可以说是合作运动的抬头!他们的纲领,据季特教授的称颂,即使是世界上最大的国家的宪法,也没有这个纲领的健全，持久而有永恒性。在事实上，这个纲领也成为世界所有的合作社的宝典。至于由于他们从实践的体验中所制定的所谓罗去戴尔方式（Rochdale's system or plan）①，比较前面抽象的纲领，不仅更能博取劳动大众的共鸣，并且成为后此的各国合作社法的基本原则。不过，在此我们应该有一种特别的看法，罗去戴尔合作社对于资本主义，在对立性之外，还多少带有一点妥协性。妥协性的要因，当然是资本主义经济机构的仍续存在的关系。这是不容掩饰的瑕疵！

在中国，合作运动的萌芽，还是最近十余年的事实。这个运动的蓬勃发展，只有五年不到的短短过程。因为中国经济的半封建和半殖民地的二重性，中国的合作运动当然应该担负特殊的使命。这就是国民经济建设运用了合作的方法，一方面在要抵抗外来的资本主义的经济侵略，一方面又必须改革农村的生产关系，造成一个合作化的经济机构。这个运动尚在迈进的途上，不过已然启示了成功的必然性。合作社法便在这个机运中由国家的立法程序产生了。

然而，中国的合作社法的基本原则，是否继受罗去戴尔式的思想呢？是全部的继受还是局部的继受？假使我们翻开中国的合作社法典，做一番按图索骥般的检讨，很显明的可以写出如下的数点。

第一，罗去戴尔式的最有价值的创造，即盈余分配的标准，从交易额的多寡为比例。这一标准，表现了合作社和资本主义的公司的截然的对立，对于合作运动的发展，起着决定的作用。因为公司的利润分配，是从股份的多寡为标准的。这种以交易行为代替资本的方式，根本否定了资本的支配权威。公司的利润是取

---

① 原稿误作：Rochdales Systemorplan。编校者注。

之于他人而归之于自己，因其利润不外直接间接剥削劳动者和交易者的结果，而合作社的盈余是取之于社员而还之于社员，因其盈余乃是社员间相互调和的结果。中国合作社法上沿袭各国的通例，在第 21 条使这一原则定型化。不过，罗去戴尔式对于盈余的处置，仍然带有个人主义的色彩。从合作理想的立场看来，比较为着社会利益而牺牲个人利益的金威廉所创造的布来屯制度，不免有相形见绌的观感！明天的社会主义的合作社里，"盈余社有"的思想一定成功。

第二，罗去戴尔式对于资本只给以少量的利息，在盈余中提出 2.5% 的数额为教育事业的用途。中国合作社法上沿袭各国的通例，在第 19 条和第 20 条所定的社股年息最多一分和公益金至少百分之十的明文，就是继受罗去戴尔式的内容。而公益的范围，还可包括教育事业以外的社会事业，比较罗去戴尔式似乎有"青出于蓝"的进步。

第三，罗去戴尔式有所谓一人一权的原则，即社员表决权的平等。这并非出于罗去戴尔的创造，在法律上对于公益法人原有表决平等的规定。不过，罗去戴尔采用之后，使合作社漠视资本的一人一权和公司倚靠资本的一股一权，形成其对立的壁垒。中国合作社法沿袭各国的通例，在第 47 条具体的确定了这种民主主义的组织方式。

第四，罗去戴尔式对于合作社的资金，屏[①]弃捐募的来源，而由各社员尽其可能的集成。这是自助主义的表现。中国合作社法沿袭各国的通例，在第 15 条规定社员每人至少认购社股一股，不外是继受罗去戴尔式的思想。

此外，在中国合作社法上既承认盈余的存在，当然是继受罗

---

① 同"摒"。编校者注。

去戴尔式的市价主义，因为原价主义充其量只能达到收支平衡的状态。至于罗去戴尔式的现金主义，在中国合作社法上虽然缺乏明定的条文，对于合作社的实际经营，乃成为一种交易的惯例。

至于罗去戴尔式的政治中立的思想，一种妥协甚至可以说是逃避的标志，在当时的英国，或许不失为应付环境的手段。可是时代毕竟不是一个世纪前的时代，新的启示和要求，更有新的实践的经验——合作在苏联已然充分表现其政治性的效能。质言之，在社会主义化的过程中，合作社已然充分发挥其建设的作用，同时证实了"合作社的发达，即是社会主义的发达"的名言！就是在英国，基于第一次世界大战的独占资本抬头的结果，资本家对于合作更取得了政治压迫的法律根据，1933年合作社课税法案通过于议院之后，遂使前此（1918）组织的合作党更有激越的进展。所以政治中立的合作思想，不可不等同历史上遗留的敝屣。其在中国，基于上述的经济上的二重性，合作和政治当然要成立不可分的联系，才能完成其国民经济建设的使命。虽然，这是政策的问题，不属于合作社法的范畴，然而，确立合作的政治性，实为当前中国合作所应把握的路线。

以上说明了中国合作社法所继受的罗去戴尔式思想。法律上的原则，必须是实践教训的结晶，始能发生其社会适应性的作用。嗣后的中国合作社法，究应如何从实践的教训中体验其更新的原则？这不但是合作法学界的中心课题，也是整个合作界的共同指标。

# 第六编
# 竞争法与产业政策法

# 日本拟制商业上不正当竞争禁止法

最近各国之产业行政，甚注意于其国内商业上利益之保护，以保护仅及于特许权、商标权及其他规定于民法上之各种所谓法律上权利为不足，欲将商业上之利益均视为权，对此亦特制法规加以同样之保护，以禁止手段或目的不正当之商业上竞争，而防护真正纯良商人之利益。在彼德国早有此种单行法之颁布，即以商业上不正当竞争禁止为其名称。至法、奥等国则未特颁一法，将其规定包含于民法之中，方式虽异，用意实同。盖世界大势之所趋也。日本鉴于此等各国之先例，亦有编制此种法规之意，由农商部之特许司及商务司等任调查起草之责。闻已得有具体之草案，共二十九条，行将以单行法之方式发布之。现尚不无踌躇观望之态度者，则以自5月5日起，在瑞西日诺布开会之国际联盟经济会议，已预定有关于商标权、特许权国际的保障方法之议案之提出。届时自必连类而讨论及于不正当竞争禁止问题。结果所至，或将议定一种共通之法律案，以国际条约加盟各国互约采用亦未可知。故日本拟暂待该经济会议之如何议决再定实行之方针，以免事出两歧，届时转难于处置也。惟日人初意拟定为此种法规限于其本国人始能适用，以否则此法实行，对于南洋、濠洲及其他产业发达不及日本之各邦，国际贸易上转归日人之不利。其故为何？凡识日人商业道德程度之高低者自能道之，毋待区区之多渎。然若日诺布之经济会议关于此问题决定成立一种国际协定或条约，则日本为顾全其国际上体面计，固亦不便主张己国独不加入以表示其国民性之弱点于人也。

# 日本制定不正当竞争防止法

日本近数十年商业之发展颇为世界各国之所惊异，有谓其得制胜于商场者，虽由于其国民之努力奋斗，而不顾商业上之道德，仿造剽窃，惟利是趋，亦为其徼幸①成功之一助。此其言之信否，吾人虽不任保证之责，而如英、美等国商人陈诉日人之侵犯其商标、特许等权者，实繁有徒，似为不可否认之事实。日人商业道德之萎靡不振，影响于其在国际间之地位者自非浅鲜。其政府爰有制定特律拟借法律之效力，以提高一般商业道德之举，次述之不正当竞争防止法即其实现者之一端也，为译录其全文如下：

第1条 以从事于商品之生产制造贩卖或其他关系事项为业者，对于他人使用与其商品在交易上为一般所认识之地名、名称、商标、容器、包装或与足资其商品之识别之其他表示相同，或类似之物，或贩卖或推销，经使用上项表示之物，使发生商品混淆之弊者，得向之为停止其使用，或贩卖或推销之请求。对于以利便不正当竞争为目的，使发生上项商品混淆之弊者，并得向之请求损害赔偿，或为除去因混淆而生之结果所必须之处置。

第2条 以从事商品之生产、制造、贩卖或其他关系事项

---

① 同"侥幸"。编校者注。

为业者，对于他人以图谋业务上之利益为目的流布，足害其商品信用之虚伪风闻者，得向之请求停止其行为损害赔偿，或为恢复信用所必须之处置。

第3条　关于商品之原产地为虚伪之表示，或贩卖或推销有上项虚伪表示之商品，使人关于其原产物发生误会者，利害关系人得向之请求停止其行为。对于以利便不正当竞争为目的，使人发生上项误会者，并得请求损害赔偿，或为除去关于原产地之误会所必须之处置。

第4条　加入工业所有权保护同盟之各缔约之国章、旗章或其他徽章，或与相类似之物，非得该国该管官署之允许，不得用作商标，或将使用上项商标之商品贩卖或推销之。

前项缔约国之国章，设未得该国该管官居署之允许，即其使用之方法，不至因而发生商品之混淆或误认，仍不得于业务上使用之，或将使用此项国章之商品贩卖或推销之，在前项缔约国供监督或证明，用之官用记号或印章，或与相类似之物，非得该国该管官署之允许，不得用作商标，或将使用上项商标之商品贩卖或推销之。

日本帝国之国章、旗章及其他徽章，或供监督或证明，用之官用记号或印章，经该管官署允许其使用者，纵与第1项条约国之国章、旗章及其他徽章，或供监督或证明用之，官用记号或印章相同或类似，仍无妨使用之，或将使用此项徽章或官用记号或印章之商品贩卖或推销之。

第5条　前条第1项，至第3项之国章、旗章及其他徽章，暨官用记号或印章，由商工大臣指定之。

第6条　违反第4条第1项至第3项之规定者处以千圆以

下之罚金。

第 7 条 第 1 条、第 3 条及第 4 条第 1 项至第 3 项之规定，于应认为特许法实用新案法意匠法，或商标法所定权利之行使者不适用之。

# 美国产业复兴法的研究

大炎译[*]

以今春美国银行风潮为背景而产生的罗斯福政权，显然是从议会里夺出来的独裁权。其中权限最大的就是产业复兴法。6月16日罗氏签字后，已正式成立，这一天可以说是罗斯福的无血革命的成功纪念日。

"危机产生独裁"是东西洋史的共同法则。德国希特拉的三月革命乃举世瞩目的伟业[①]，在深远与广泛的程度上，能与它匹敌的，就是这次美国产业复兴法的实施。

关于这个法案，到现在介绍给国内的，只认为庞大的土木造舰计划案。但这并非他的全部。复兴法的第二部是土木建筑计划案，给予罗氏绝大的经济统制权的乃是第一部。本稿目的在于阐明这第一部的意义，并考察该法实行后美国财界组织上本质的变化。

---

[*] "危机产生独裁"可以算是历史演进的一个法则，此次美国总统罗斯福主办的产业复兴法，可说是今春银行风潮泛滥，举国经济动摇的一个产物。极度民主制的美国，也竟发生了大总统独裁性的统制经济，这是值得我们注意的。本篇载于9月份的日本《经济杂志》上，阐明复兴法的骨子之产业法的内容与意义，及给与美国经济组织上的影响，以具体的条文与共晓的事实，证明罗斯福氏的独裁性与强迫性，最后几节，以复兴法的条件与资本主义原理相抵触的理由，指出产业法的组织，未必达到预想的目的。资料坚实，立论不偏，当我政府正欲试行统制经济的今日，是一篇值得译出的文章。

① 这种观点是极为错误的。编校者注。

## 一 立法之目的

原文第一部第 1 条中说明立法的目的如下。

**政策宣言**

第 1 条，兹向全国国民宣言：目前全国已呈非常局面，失业扩大，产业混乱，驯致加重内外商业之负担，损害公共之福利，摧残美国人民之生活水平。今两院议决之复兴法案之目的乃为扫除各州间及外国贸易上之障害而谋自由之流通；促成以公共福利及产业团体间之协同行动为目的之产业组转化，并于相当的政府之认可与监督下，怂恿并维持劳动与管理之共同行为，排除不公正之竞争，促进目前生产能力之充分发挥；除必要时外，避免不正当之生产限制，增进购买力以推广工农生产品之消费，减少并救济失业，改善劳动之诸标准及恢复其他产业，而利用自然资源。

## 二 产业法

按上述政策宣言可知今后政策将以协同行动及统制经济来替代自由竞争。自复兴法公布后，反托辣斯法宣告停止，同时公认加特尔法（Cartell）了。但加特尔组织须与大总统缔结所谓产业法，所以带着强制的性质。加盟员以及其他制造者均须服从这个统制。

加特尔与大总统缔结契约（贩卖条件，劳动条件），是美国式的新做法，其用意是表示企业者出于自动，以回避宪法问题。实际上各企业者并非自动的愿意结合。关于这点后段再述。

产业法是复兴法的骨子，故有详述的必要，兹整理其原文各条如下：

（一）产业法之制定手续 代表一种产业或一部分产业之

产业团体，拟出产业法后，送呈产业复兴长官。该产业团体须普遍的代表该产业部门之利益，不得压迫该项产业之弱小企业，或扰害其他诸企业与劳动者。

（二）产业法之内容　产业法须规定下列各项：（1）公平竞争之条件；（2）每周最长劳动时间（除技师，会计员及事务员外）；（3）每周机械运转时间；（4）每周劳动者之最低工资；（5）对于某种机械之劳动者数；（6）与劳动组合之团体交涉权；（7）参加劳动组合之自由与选举代表之自由；（8）提供各种报告之义务。

（三）产业法之审查与认可　产业团体制定产业法后，须呈报复兴长官。由复兴长官召集联席会。该会由复兴局、产业顾问局（商务部任命）、劳动顾问局（劳动部任命）及消费者顾问局之代表组织之。凡与该产业法有关之各团体（无论多数派与少数派）均得出席陈述意见。经一致通过后由复兴长官呈递大总统，大总统认可后公布之。

（四）大总统公布之产业法　遇有违反产业法主旨之行为或发生滥用职权之弊时，得诉诸大总统。倘违法之当业者，并未制定已被裁可之产业法，大总统得集召联席会，规定并公布认为必要之产业法。此产业法之效力，与自动提出者同。

（五）劳资协约　大总统得充分运用机缘，使资本家与劳动者间，缔结关于最长劳动时间、最低工资及其他本法认为必要之雇条件之协约。该协约经大总统裁可后与上述产业法有同一效力。倘该协约未能互相协订，大总统得调查该产业或该部分之劳动时间及劳动工资等，劳动条件，据报告所得制定并公布适当之劳动条件。该条件与经过联席曾之决议而公布者有同等效力。大总统得依被佣者之经验与熟练之程度，或地方之情况，规定不同之最低工资与最长劳动时间之标准，但不得依劳动之性质而有差异。

（六）营业许可制度　大总统于某产业团体或某一部门施行法外的低度工资，廉价销售，或发生违反本法之行动时，得宣布该产业受营业许可制之制裁。凡无大总统附与之许可证者不得营业，大总统对违反营业许可条件之产业部门，得停止或撤回其许可证，但须征求关系者之意见，而以大总统之意见为最后决定。无许可证而从事营业者处以五十元之罚金，半年以下之监禁。该规定之有效期间为一年。

（七）产业法与劳资协约之罚则　对于违反大总统认可并公布之产业法及协约诸条件者，认为不正当之竞争方法。违犯本法之一条处以五百元以下之罚金，半年以下之监禁，地方法院（合众国）负监督本法之责。该法有效期间为二年。

## 三　管理贸易之规定

产业复兴法的根本目标，是统制国内的产业，避免产业间的自由竞争。如果有外国商品的竞争，效率必然减少，所以有管理贸易的必要。该法第3条中的规定如下：

当某种财货之输入，已达相当额数，或其输入数量与国内生产额之比率，渐逐增大，以致产业法之运用濒于危殆时，大总统得自发的，或依劳动团体产业团体之陈情，命合众国关税委员会，调查实情。调查结果认为真实时（须经过公布及联席会之通过），大总统得于一定期间对该商品之输入附以条件而特征输入税，或规定输入之数量。对于规定输入数量之商品，得发给许可证，无许可证不得输入或贩卖，大总统认为无限制输入之必要时，得通告财部长官，随时解除之。

本条规定之大总统的提高关税权,并未规定最高界限,换言之,截然没有限制的,并且限制输入数量的办法,尽可以完全禁止输入,再者大总统运用权限的条件,是漫无规定的,所以在复兴法实行后美国商品价格昂腾的时候,对于廉价输入的外国一切商品,都可视为不当的竞卖。这种情形,是值得我们注意的。

## 四 公共事业计划

上边介绍的是第一部的主要规定,其次是第二部。第二部里规定着全国建设的具体计划。关于这一部已经有了详尽的介绍,兹简单的述说一下。

一般传说该法中的兴办土木计划,总额为三十三万万金元,但原文并未明白规订。只说用第二自由公债募债法筹办款项,大概以此数字为这种债额的限度。大总统规定举办公共土木建设事业的范围如下:

(一)公道或公园道路之建设与修理,公共建筑物及公共施设物之建设与修理。

(二)开发与统制自然资源,防止决溃,水力电气之开发,电气之运搬,治水与筑港之建设,以及属于合众国之义务与权利之运河修筑等。

(三)向由公共机关办理或在其补助下之一般公益之设施。

(四)建筑低廉住宅,扫除贫民窟之计划,改造及修理等。

(五)上述各工程外,依紧急救济建设法之规定,得兴办有赁用资格之事业。

(六)大总统认为必要时,得建造军舰至伦敦军缩会议规定之限度。

(七) 飞行机及航空船之建造。

(八) 使陆军各部队机械化或汽车化之初步装置。

但六项至八项关于海陆军之建设计划,于美国加入之国际条约成立时,大总统须中止其一部或全部之执行。

这种广泛的举办范围,委实令人惊奇。差不多将联邦政府,州政府市政府的一切事业都包含了。自从本法实施以后,联邦政府的豫算[①]制度变成二部制了。从前政府的豫算,称本法所拟的建设会计为别种会计,裁决权还在政府,因为政府方面希望节约,以保持财政的均衡,别种会计方面,只知道建设与扩充。

建设计划的财源是公债。政府打算对于复兴法的募债额,在1934年预算以后,于胜利公债法规定的减债基金以外,再蓄积每年约2.5%的特别减债基金。这种基金的财源,政府决征公司财产税,公司超过所得税,股主所得税等,每年可得二万万二千万金元。

此外政府在建设方面的劳动政策,也很值得注意。此次建设的目的在于失业数的减少与国民购买力的增进,并不是漫无方针的使任何人都在低廉工资下劳作以完成工业建设。因此政府命令凡依复兴法执行的建设(无论直辖于或求助于联邦政府)必须遵守下列各条:

(一) 不得使用犯人。

(二) 每周劳动时间不得超过三十小时。

(三) 准确的支付工资,其额数须能保证其相当生活

---

① 同"预算"。下同。编校者注。

水准。

（四）对于可以服务该项工程之劳动者，须依顺序雇用，在使用有扶养者之前，首先雇用战争关系者，其次为工程所在地之美国住民。再次为工程所在州之住民，排斥兼工者。

（五）须尽量使用人力以代机械力。

## 五　复兴法的实施机关

产业复兴法的实施机关，目前还没完全构成，依原文和大总统的声明来推测，大体如下：

第一部与第二部依不同的官厅执行。第一部的长官是产业复兴长官（Administrator Gen H. Johnson）[①]，产业复兴局（National Recovery Board）管理产业法的审查与运用等一切事宜。该局的组织颇似商务部的外局，复兴长官得特别任用各种职司。按目前发表的该局的中央组织里，已有六名副长官（Deputy Administrator），他们代长官视察事务，如依棉业产业法的规定，各种产业部门须有职司管理，如此他们就可以每人主持一种产业部门。现在局中分产业课、劳动课、调查计划课、立法课、业务课、对外关系交涉课等六课。中央组织中有产业、劳动及消费者的各顾问局，各顾问局的顾问都是第一流的名士。产业界有索浦（GE 社长）、琪葛尔（模范石油社长）以下四名，劳动界方面有希尔曼与欧尔曼教授等，人数虽仅二十名上下，却都是产业复兴院的头脑，所有的产业法经他们审议通过后，再呈请大总统认可。

7 月 20 日依长官的布告，发表了地方机关的组织法。统制组织网布满了全美国，因此产业复兴法也就深入了一步。上级地方

---

[①] Hugh S. Johnson，因为其为退役陆军将军，故前面有尊称。编校者注。

机关是地方复兴局（District Recovery Board）。在商务部管辖的全美国的几个管理区中，每区设一地方复兴局，员额七名，即产业、零卖业、批发商、银行业、农业、劳动、社会事业各界的代表，由大总统任命。地方复兴局在委任的地方范围内，执行一切关于该地方的复兴院的权限，并且担负搜集报告及向中央作必要的建议之义务。各州设州复兴局，人员九名，其任命方法与各界代表之点，与上级机关相同。州复兴局有州议会，州内的一切团体（由产业团体以至社交团体）均可报名参加，各团体的主宰者就是州议会的议员。州议会是援助州复兴局的咨议机关。州以下的地方组织还没发表，但近来村镇中或已经有组织了。听说全国邮政局已动员了，将来发展到何地步，尚难预测。

看这样中央与地方的组织，令人想起欧战时的战时产业院。不消说这次的计划与企图，是应用了战时统制经济的经验。所以委任约翰森将军为复兴院长官，也是因为他富有战时产业行政的深刻体验。他与彼时在参谋本部以给养局的组织者而一显身手的战时产业院总裁巴拉琪氏是至交，目前巴氏是罗大总统的顾问，所以约翰森将军的重就荣职并非无因。这两位的合作，正相当彼时战时产业复兴院的组织。

## 六　产业复兴法的经济学

法律原是死物，运用得当可成利刃，用之失当便是钝刀。此次美国产业复兴法，令人更有此感。在此法通过两院的当时，谁也未曾想到完成目前这样四通八达的成绩。以法律的观点看复兴法时，政府的权力已成不知底止的深渊，在平常时这种法律或不能通过议会。政府把握着广泛的裁量权，原是形成独裁的要件，像目前关于产业与劳动的事务，可以说完全依大总统的执行命令与复兴长官的布告而处理了。例如产业法先由各产业部门起草经大总统认可后，就可实行。如果棉织产业法一经实施后，那么人造丝业、丝织业等产业部门都要受棉织业公布的产业法的制限，虽然规定着十天限内的声诉权①，但无形中各部门的自由是被削除了。各种产业间不许自由执行的，是劳动时间与劳动工资。棉织业的产业法一经成立，事实上就成了全美国产业的标准。复兴长官再不认可比较棉织业的劳动时间长，或劳动工资低的其他产业法了。禁止少年劳动的规条，原文上并未规定，自从棉织产业法成立后，也就变成复兴局的重要政策了。

政府累次声明产业法是当业者的自动协力的表现，并非强制的形态。产业法的主要内容，必须服从政府规定的标准，并且限制提出产业法的期间，在这点上仍不失为强迫性。7月19日大总统布告9月1日为主要产业提出产业法之最终日期，如于此间不提出时，依复兴法取缔之。按产业法对于企业内部构造的关系，如此重大，而政府竟加以这样的威迫。

政府又借着道德的压力与舆论的动员，使威迫力量越发强硬。约翰森将军宣称"政府是依赖国民的爱国心的"，这就是说不赞成与不援助产业复兴法的，就是不爱国者，政府特意造出刻着蓝鹰的产业复兴的标章，只许实行产业法的制造家与劳动者们佩戴，对于没有实行的人，显明的加以不爱国之精神的侮辱。并且实行产业法的人们，在他们的制品、工场以及汽车上都可以带上这蓝鹰标章，使买主容易辨别。翰约森将军又劝告家庭妇女们说："买东西要在有蓝鹰的店，买有蓝鹰的货物！"所以目前"蓝鹰"已充满了美国。这所谓蓝鹰革命——美国的资本家真要在蓝鹰的面前，丢掉他们自己的权力吗？

---

① "声"同"申"。编校者注。

## 七 棉业法的内容

7月9日棉业产业法，经大总统裁可后成立了。这是复兴法实行后第一个成立的产业法，同时人造丝业，丝织业等也援用了这个产业法，并且整个的产业法，也要以该法为准绳。以下说说它的内容：

一、劳动条件
1. 工作时间　每周四十小时以内，换班一昼夜二班以内，但除去直接生产以外之部署。
2. 最低工资　北部地方每周十三金元，南部十二金元。
3. 年龄　禁止未满十六岁之少年劳动。
4. 加入组合及团体交涉　依法律之规定。

二、统制机关
全国棉业制造家协会为该产业法之实行责任者，另设棉业委员会为执行机关，并组织计划委员会为协议机关，棉业委员会于每四周向复兴院报告劳动时间与工资等，每周报告生产、贩卖等状况。

三、竞争条件
棉业委员会须具体规定贩卖方法及价格条件，提供于复兴长官，经长官认可后，始有法律之效力。委员会得于增设机械时，发行许可证，并可提出关于该信用之合理的分配方法。

棉业产业法的主要规定是那样。因为政府急于使各产业提出产业法，所以除劳动条件外，竞争条件不得已委任新设的棉业委员会处理了。7月9日大总统裁可该产业法的时候，曾追加许多执行命令，如"以上规定之最低工资尚欠充足，须为之相当提高"，又"不适用最长劳动时间规定之技术员，其时间外之劳动，须格外支给其通常每时薪金之一倍半"。"技术员之时间与工资之保证务于明年1月前决定之"等。此外并使工场场主方面，提出每人工作的分量，欲增加时须得计划委员会的许可。可知产业法并不止于是互相竞争条件的协定，同时使生产的统制，与计划的生产更进一步，这一点不可看过。

## 八　毛货产业法

7月19日罗斯福大总统很严密的向全美国的雇主发出封入毛货产业法的信札①五百万件。虽说是毛货产业法，但并非毛布制造业的法条，乃企图使五百万雇主服从一个单纯的协约。信札上写：

> 雇主诸君：该契约为企图提高工资，改善雇佣关系，以增进购买力而复兴产业之全国计划之一部。此皆赖于雇主诸君之一致行动，望诸君签署于该约，以全此义务。倘此一般契约对于雇主诸君之某一部有不公平处，可于各自提出之产业法修正之。罗斯福

如果接到大总统的信札的雇主，在寄来的契约上署名后，就算与大总统结约了。与产业法的实施者同样的作为产业复兴法一员，可取佩戴蓝鹰章。全国邮政局抄记上署名的副本，以监督不正当使用标章者。政府所以这样办的，因为等着资本家提出产业法，要费时日，今由政府首先提出基本契约，叫他们签署，就可

---

① 同"信札"。下同。编校者注。

不必等待产业法的成立，且为催促提出产业法的一个手段。结果这样的一般契约简直是一种大总统令。毛货产业法全文分十四条

一、年龄限制　8月31日以后不得雇用未满十六岁之少年。但制造工业以外之产业得使用十四至十六岁之儿童，每日工作时间在三小时以内。

二、劳动时间限制　工场劳动者或家内工业劳动者之最高劳动时间，一日八小时，每周三十五小时，六周内得延长每周四十小小时。

技术员、头脑劳动者、交通从事员之劳动时间，每周四十小时以内，从事商业者每周五十二小时，于1933年7月前为五十二小时以内者，不得短缩。

居于人口不足二千五百人之地方者，二人以下之佣人时，不能援用此条，且每周所得在三十五金元以上者亦不在此例。

三、最低工资　工场劳动者之最低工资每时四十分。1929年7月之工资在四十分以下时，此后不得减少，且无论任何情形不得少于三十分。

工场劳动者以外，在人口五十万以上之都市中，最低工资每周十五元，二十五万以上之都市，每周十四元半，二千五百人之都市，每周十四元，在人口不满二千五百人之地方每周十二元，最高可提加百分之二十。

四、价格规定　该契约除当然昂腾之价格与依农业法之税金负担额以外，贩卖价格不得超过7月1日以前之数量。提高价格时，须考虑贩卖量之增加及消费者之利益。

6月16日以前确定之价格，缔结贸易之契约者，因签署该约，或实行产业法而价格较前昂腾时，得适当的修正价格。

五、与产业法之关系　该契约于大总统认可该产业之产业法之日,停止效力。签署该约者须从速提出产业法。实行该契约时,因特别理由遇有非常困难时,得通过代表该产业部门之产业团体,要求当局调查,于调查期间得暂时停止执行。

## 九　新经济学的诸条件

罗斯福氏的蓝鹰革命,势将成为全世界视线的焦点,与苏俄的五年计划同样的是世界史的一个实验。这个实验能否成功,在才开始实验的今日,还不能轻率的断定。我只举出两三个对于这个实验的重要障碍做为这篇的结说。

以减少劳动时间与使失业者复业两项,作为拯救目前深刻危机的方法,这种思想并不新奇。重新分配一般国民的所得,是能够增进消费的购买力的,能提高工资水平,同时兴办大规模的土木事业,则国内的繁荣,不难恢复的,尤其任以国内市场为中心的美国。到现在所以没有实行的,因为缺少坚决的意志与计划的组织。此次罗斯福决心与计划,能否成功,还要看下边的几个条件怎样?第一个成功条件是"劳动时间的限制与工资的提高,必须各种产业与各个都市同时执行"。如果有的产业部门按期实行,有的迟迟不进,则后者必获得不正当的便宜。因此罗斯福政府火急的催促各产业提出产业法,并且用邮寄毛货产业法的方法,采取半强制性的途经。9月1日的登录成绩与一年内强制的收获,便是该复兴法能否成功的关键。

## 十　物价政策的分裂

第二个成功条件是"在消费者的购买力实际的增进以前,物价不得腾贵"。否则由于提高工资得到的购买力仍然与增进以前的价值相同。然而，工场方面因为时间短缩与工资增高，生产费一定要腾贵，若依第二个条件的原则下，价格的腾贵不能超过实际生产费的增加程度，在这里就发生问题了。即使工业品的增高价格服从政府的统治，但消费的对象不止于工业品，还有农产物，政府对于农产物向农民约定保持1928年的价格，同时对于日常消费的工业制品又课以特别税，因此美国政府的政策，形成一面高价，一面低价的分裂状态了。此外关于流通费用的一点上，也不可轻视。因为时间短缩与提高工资的实行势必影响运输与其他商业部门，即使工业品的原场价格，稍为昂腾，在货品几次流通以后，最终价格颇为高昂，结果所得方面的增加，抵不住日常用品价格的增高。近日盛传今秋购买者有发生风潮的情势，原因在此。

政府规定6月16日以前的贸易契约，得按现实的价格修正。这个条文执行起来也非常困难，如果处置失当，难免惹起全经济界的混乱。美国产业界在今春银行风潮以后，因为政府决采膨胀政策，已经很多量的订货了。工场日夜操作，颇有应接不暇之势，运出工场大门的商品，很难辨别那个是复兴法以前的，那个是复兴法以后的，再经过二三次的流通，更难辨别了，结果吃亏的还是消费大众们。再者国内的订货即便能修正，对于外国的订购能够修改贸易价格吗？

## 十一　统制经济的非现实性

第三个成功条件是"要制止机械设备的扩充，充分利用现有机械的能力"。规定每周四十小时制或五日劳动日制的理由，原为消化过剩的劳力。如果工业一方面限制劳动时间，他方面尽量扩充设备，如此过剩劳力永远不能消灭。所以在棉业产法中，规定着扩充设备必须有统制委员会的许可证,然而制止扩充设备的办法,恰与以蓄积为工业资本主义原则的道理相抵触,所以这种计划自身是带着反动性的。美国工业的停止扩充在对外的意义上,又算添了一些不利的条件。

第四个成功条件是"须要不取利润的生产"。在资本主义下不以利润为目标的生产是不存在的。所以这个条件明显的表示该计划的非实现性。罗斯福氏主张公正的竞争须由同一起点出发,但从同一起点出发的竞争,最强者当然获得优胜。提高物价后,惟有最强的企业,能在可忍的条件下竞争,中小企业们,必不免破灭落伍。固然最低工资的规定,依地方而有差别,但在同一地方则须在同一条件下竞争,那么设备优秀,大量生产和生产费低廉的大企业当然优胜,无数的中小企业只有没落。结果排除的失业者未尝不比新吸收的失业者多。年代志上曾说:"企业家们为取得爱国者的名誉,徘徊于没落的道上。"解除这种矛盾的唯一方法,就是使一种产业部门的内部完全组织化,由生产以至贩卖像单一企业一般的,实行综合利益的计算,于各企业的独立性丧失后,再完成国家资本主义的托辣斯。已往的战时产业统制曾以此为目标。

## 十二 统制的固定性

上面说的对于蓝鹰革命的前途,或许过于悲观了。若在成功方面来说,可说是战时产业动员的再现。然而还有一个问题就是该制度是临时呢?抑是永久的呢?原文上明白规定实施期限为二年,复兴院于 1935 年 6 月就该解散,但是已经高度组织化的事体,是不易复元的。虽然不是绝对不可能,比之战后复元的情形,是要发生困难的。这种困难在某种意义上就是恐慌。例如,贸易管理制解除后,以彼时美国工业品的高价,决不能做世界上的竞争。再者,解除统制后所余剩的,是强大组织的劳动力。保有加入组合的自由,与团体交涉权的权限,可以说是有史以来最有威权了,彼时一定不容易接受低减劳动条件的办法。这种恐慌如果不能避免,则二年间的努力岂非前功尽弃?所以,许多人认为短期的统制经济,在理论上是带着固定性的。在上院讨论复兴法时,议员巴克列曾质问瓦格纳(起草人之一)说:"二年以后该怎么呢?"瓦氏答:"我相信政府执行产业统制将采取永久的形式。如果证明了有组织的确比散杂的状态优良,议会也可以认为永久的。"

## 第七编

# 财税法

# 论租税法与豫算之国法的关系

毕 厚

凡国家因维持其生存，图谋其发达，必行一定之职务。因行一定之职务，必需一定之经费，而欲充国家之经费，必有一定之收入，故国家之收入，因其支出而定，而国家之支出，因行其职务之事业而定，然则欲经营国家，其先豫定施设之事业，计其所需经费与经费所出收入之财源焉可也。

国家财政之计划，以国家事业之计划为前提，故议会议定豫算，即为议定国家事业之计划，然则豫算不仅监督国家之财政，且制限国家诸般之经营焉。夫国家之事业，固当以立国上所不可缺者为原则，然其间不无先后缓急之序。且政府之政策，未必常能适当不误，如不顾民力之如何，而妄计事业之扩张，亦非所以谋国家生存发达之道也。故以独立机关之议会议定之，使之制限监督，诚调和适中之善策也。唯一切事业计划，议会均得自由议定，则亦恐议会滥用其权，妨国家事业之进行，故宪法于一定事业之经费，制限议会之议定权，间接使议会不得任意否决一定之事业计划焉。例如日本《宪法》第66条规定：由国库提支皇室经费，议会不得核驳；又第67条规定：议会非得政府之同意，不得废除一定之岁出是也。

国家之事业计划定矣，而至于实行，其必需经费，无俟论也。而经费之额，政府之豫定，未必常能精确无遗，故与议会以审查权，使审查之与议会以修正权，使增减之，实处理国家财政必要之条件也。唯议会于一切经费，均得自由修正，则亦恐流于武断，使政府之事业计划，不能见诸实行。故宪法于一定之经费，限制议会之修正权，例如日本《宪法》第67条规定：议会非得政府之同意，不得削减一定之岁出是也。

国家之费额既豫定矣，则必需经费所出之收入，亦无俟论也。而国家之收入，大宗为租税与国债，故议会之干与多关乎此焉（日本《宪法》第62条第1项、第2项及第63条）。夫国家收入租税及国债之外，固尚有官业收入、官产收入规费等项，然为额既少，且非由人民强制征收，不过因卖买或报酬而得，与人民之权利利益，初无关系，故非租税之比，又其额少，则自与经济界无影响，且不致增重国库之负担，故与国债有别。是以此等收纳，无须议会之干与，由政府得自由定之，抑以财政学之原则言之，租税收入为经常岁入之主，国债募集金为临时岁入之主，国家所需恒久之经费（经常费），固当以经常收入支给，即一时特定事件之经费（临时费），亦应以经常收入支给其一部，惟既达租税之最高率，尚需经费时，始以公债充之。然则租税与国家经费，其间有密接之关系可知矣。而规定税率及关于租税事项之租税法，与【规】定处理国家财政标准之豫算，其间必有特别之关系，更不待论而明矣。今试于第一章论租税法与豫算，其成立上有如何之关系；于第二章论已成立之租税法与豫算，其效力上有如何之关系。

## 一 论租税法与豫算成立上之关系

租税法与豫算，其成立上有如何之关系乎？因各国之宪法及法律而有不同，以下逐节论之。

### （一）英国

英国之租税及岁出，其地租关税物产税及印花税，以法律定为恒久的，方今总岁出七分之六，以恒久的租税之收入充之。而恒久的岁出，占总岁出三分之一，故议院每年所议定者，不过足以支总岁出七分之一之收入，与总岁出三分之二之项目而已。英国于金钱案（Die Geldbill）①，皇帝有发案权（1706年下院规则，1866年3月20日下院决议参考日本《宪法》第65条），下院有先议权（1671年法律参考日本《宪法》第65条，法国1875年2月24日之《宪法》第8条），而金钱案必交全院委员会（1707年下院恒久命令参考日本《议院法》第40条），全院委员会有二：（1）议金钱支给之方法，谓之 Committee of Supply②；（2）定支给之财源（即收入方法）谓之 Committee of Ways and Means③。下院开议时，财政大臣须以主管各部之岁计豫算表提付议院支给委员会，就支给之费目，逐次审议之，而报告于下院，下院议决后，乃汇集成册，编入于费目分配案，并附记于该案所定目的外不可费消金钱之旨，以严其用途，爰公布之。支给委员会，于某项费目，决定支出若干金额时，更开方法委员会，定岁出填补之方法，财政大臣，于岁计豫算表，定明该年度费额之支给，以应入固定基金之租税充之，期保岁出岁入之均衡。故方法委员会，一方准其以固定基金支给，一方则惟限于该年度之租税，使之得其权衡，各委员会终乃报告于下院，由本会议确定之。

英国所公布之豫算，与欧洲大陆诸国及我国不同。盖其豫算揭岁出而不揭岁入，岁入虽于财政大臣提出之岁计豫算表揭其概目及各项收入金额，然不付议院之议，仅以之供其参考而已，而以租税及各种财源立岁出填补之计划者为议院，故每年有移动之租税，其税率由课税法案而定，既议决，而于费目分配案，则不

---

① 原稿误作：Die Deldbill。编校者注。
② 原稿误作：Commitee of Supply。编校者注。
③ 原稿误作：Commitee of ways and means。编校者注。

复置议于此。似此豫算与租税法，虽不免互为独立，然每年租税法，实缘豫算之成立而成立也。

（附言）英国下院有赋课租税及废止之专权，且得制定支给案，故一切租税所关之事项、征收之方法及税率时期等，皆由下院议定，其权甚固，上院不得而左右之（1671年法律、1860年巴玛士敦氏提出之决议案）。盖上院有永续之组织，其议员由皇帝钦选，常与皇室有亲密之关系，故皇帝之势力易逞，与始终得改其组织之下院，不可同日而语。且以上院比之由人民代表者而组织之下院，其体察民情，亦不若下院之周。故对于上院，若与之以与下院同等之权，非徒增皇帝之势力，其不害人民之权利利益与否，实不可保。况若两院所见互异，则租税法与豫算等之制定，亦将见困难，此英国之制度，宁可称为善也。各国宪法亦多仿之，上院惟就其全体有准驳之权，其实即以全权与下院也。日本宪法反此，对于豫算，惟与众议院以先议权。此外关于财政议案，两院有同等之议定权，而比利时宪法与前同，其两院议员有同一之资格，同由纳直接国税二十弗之公民中选举（所异者惟下院议员被选者为二十五岁以上之公民，上院议员被选者为四十岁以上且纳直接国税一千弗者，下院议员任期四年，上院议员任期八年而已）。且上院议员之数，仅及下院议员之半，故虽与以同一之议决权，而不至如英国有惹起他种弊害之虞，而其实际，二十年以来，上院对于下院议决之财政议案，从无修正之事，帝国两院之议员，其资格之异则甚于英国，而与两院以同等之议定权，且无比利时之惯例以维持之，此其弊害所以较在英国为更大也（编者按近日本上院修正下院议决之豫算案，协议又不谐，致豫算不成立，内阁改组，其弊已见）。

## （二）法国

法国之租税及豫算，每年由财政法（Finanzgesetz）[①] 而定（1862年5月31日《会计法》第30条、第38条）。盖法国之主权在于人民，故以一切法律，应由代表人民之议会制定之。以议会为立法机关，且以人民之自由平等，因三权之分立始完，议会惟执行立法权。故凡议会所议决者，悉以法律名之，而豫算则政府及议院皆得提出（以豫算发案权与议院者，如德意志、比利时、荷兰、北美合众国等国，皆不胜其弊），于提出十四日内，因议会之承诺而成立，故亦有财政法之称，但财政法于其条项，惟揭各部经费之总额，豫算表附焉。以表中所揭之经费分配各部，且按照一定之项目行之，议会就其各项议定后，作收入豫算书，揭财源项目及收入额之概算，更依此以财政法定直接税及间接税，故法国之租税法与豫算，俱以财政法而成立，而豫算又为租税法之基础焉。

## （三）日本

日本所采之制度，与英国法国不同。凡现行之租税，非以法律更改者，悉依旧征收，新立租税及变更税率，则以法律定之。于一切租税与以恒久的性质，国家之岁出岁入，则每年以豫算经帝国议会之协赞，其制定豫算也，以法律以外之特别形式，其公布豫算也以勅谕。彼法兰西、德意志及普国等，其豫算以法律而定，巴威略撒逊等，其豫算不过以为表示议会承诺租税之物，作为财政法之附录而公布之。又撒[②]逊等，惟公布租税法，豫算虽由

---

[①] 原稿误作：Finanrgesetr。编校者注。
[②] 当为"撒"。编校者注。

政府与议会之间协议,而不公布。而日本与以上诸国皆不同,其租税法与豫算,全由相异之形式而定,互有独立之形体,察其实际,租税法虽与豫算相关联,其制定改废,亦不能脱离关系,然绝非由国法上之结果而然也。

豫算制定之次序,首由政府提出于下议院,议院必以之交委员会,此外须经议会之协赞与天皇之裁可,其手续与制定租税法同。或以《宪法》第 64 条,有国家之岁出岁入以豫算经帝国议会之协赞云云,又第 65 条有豫算先提出于下议院云云,主张于议会协赞之前已有豫算,诚如论者所解释,则《宪法》第 6 条云天皇法律,亦可谓裁可前已有法律矣,不亦谬乎?裁可唯《宪法》第 71 条,于豫算不成立之际,为与政府以所循之标准,定政府可施行前年度之豫算,似不无疑义,然此时于前年度之豫算,非认为前年度之豫算而行之,认为本年度之豫算而行之也。详言之,豫算不成立之际,宪法以豫算授政府,而其豫算,与前年度之豫算有同一之内容,故此豫算,更无须议会协赞之余地也。然此实豫算成立之一变例,不得因此遽谓豫算存于议会协赞之前也。或又谓豫算之成立,不待天皇之裁可,有议会之同意足矣。其言曰:《宪法》第 67 条某种费用非有政府之同意不得废除削减,若豫算之全部无裁可则为豫算不成立。何故规定惟一部之岁出必得政府之同意,而宪法于第 67 条特设规定,即宪法以豫算之成立不待天皇之裁可也[①]。然国法上于天皇与政府显为区别(《宪法》第 40 条与第 49 条、第 38 条与第 73 条对照),又天皇之裁可,与政府之同意,全为别物,故因豫算之成立,必待天皇之裁可,别将一部岁出之废除削减,应得政府之同意者,明为规定,实毫无可疑议也。惟宪法于法律有裁可之明文,而于豫算则付之阙然,似颇为可异。

---

① 一木博士著《法令豫算论》230 页以下。

然国法上以财政主权归于天皇,所谓国家之岁出岁入以豫算经帝国议会之协赞者,实对于财政主权之行使,加以制限耳,故豫算待天皇之裁可,无待深辩。若如论者所说明,豫算之成立无待天皇之裁可,则议会之议决,直生拘束政府之效力,议会封于天皇不制限其财政主权,反对于政府制限其职权,是诚不胜其矛盾矣。然则豫算之成立与法律同,其必待天皇之裁可明矣。于是论者又谓豫算为法律,曰豫算既须经帝国议会之协赞,与天皇之裁可,故谓为法律可也。夫豫算固非以豫算法律或豫算法而发布,单以豫算而发布,然法律亦非以为法律而发布,惟具一定之条件,不问其名称之如何,即得云为宪法上之法律,豫算亦与宪法上之法律以同一之条件而生,然则亦得称为法律矣。故曰豫算者法律也。① 然《宪法》第 8 条认紧急敕令有代法律之效力,故以豫算为法律,则得以紧急敕令变更豫算,于第 70 条复何有紧急财政处分之必要,而于第 8 条之外特设第 70 条,是即不能以豫算为法律之明证,法律虽必具一定之条件,而具一定之条件者,不得统称之曰法律,论者谓具一定之条件者,得统称曰法律。豫算亦以与宪法之法律同一条件而生,故得称谓法律。主张此说者,是未省宪法之明文,而实独断的误谬之见解也。又《宪法》第 37 条规定凡法律须经帝国议会之协赞,无帝国议会之协赞,则不成为法律。而第 71 条豫算不成立之际,有不经帝国议会协赞之豫算,是亦宪法不以豫算为法律之确征也。现今我国多数学者,亦皆如此主张。② 如上所论,豫算虽与法律经同一之顺序而制定,而显非法律,故与租税法全然以相异之形式而定也。

国家之岁出,由豫算而定,国家之岁入,由岁出而定。然则

---

① 副岛义一氏著《宪法论》363 页。
② 井上博士《宪法讲义》第四编《总论》;织田博士《行政法论》864 页;《宪法义解》115 页等。

当定国家之岁入时，其为岁入渊源之租税法，必因此而受影响，此固事实上所不能免者也。如因国家岁出增加或收入减少，欲新设税目或增高现行税率以定国家之岁入时，则必因此而有新租税法之制定及现行租税法之改正。又因国家岁出减少或收入增加，欲低减现行税率或全不征收以定国家之岁入时，则必因此而有现行租税法之改废。盖政府征收必要之租税，亦不应以不急之租税，重人民之负担故也。而协赞豫算之议会及裁可豫算之天皇，对于此租税法案，有应与协赞及裁可之责任，更无论矣。且通常豫算案，与租税法案，常相关而提出于议会，议会亦相关而议定之。故议会及天皇对于斯二者表示意思，亦不应彼此互异也。然则租税法之制定改废，其根于豫算之成立固矣。然此惟实际上为然，绝非因国法上之结果而然也。就国法言之，政府得以由现行税法征收之收入不揭于豫算，议会亦得自由废除削减，且现行税法所未载之收入，政府得揭之于豫算，议会亦得而修正可决之。是故因此提出租税法而可决之，本为政府及议会之责任，然虽无此，于租税法及豫算之成立，亦无影响。盖租税法与豫算，在国法上原为独立之物，并非相关成立者也。

### （四）评论

以上就英法两国及我国之国法，间引德意志诸邦之国法，以说明租税法与豫算成立上之关系，更欲就德意志诸邦之国法有所说明，然据前所引证，已可明其概要，故不重述，以下试就各国制度略一批评之。

如前所述，国家之财政，由国家之施设而生变动，故因此而定一定期间内国家之岁出，实理论上当然之顺序也。而其期间失长，则不惟实际之需要，难以精确豫定，且至报告支出之结果于议会，因为时已远，徒便其杜撰掩饰之计。瓦敦堡王国（第112

条)、黑西大公国(第 67 条第 2 项),其期间为三年。撒逊王国(1868 年 12 月 3 日法律)、巴敦大公国(第 54 条)为二年,颇为失宜。德帝志(第 71 条)、普国(第 99 条第 1 项)、日本(第 64 条第 1 项)及英国、法国、比利时,皆为一年,其为便利多矣。

国家之岁出,因国家之施设而定;国家之岁入,因国家之岁出而定,故法国之制度,租税法与豫算,以同一期间而定,最为适于理论。然一定之经费,国家之所必需,其某种租税(例如地租),亦一定不变,故每年使议会议之,徒为反复前之议决而已。法国于此,每年必经议会之议决,似流于形式,非有裨于实际也。英国则不然,对于此等岁出及租税,认为有恒久的性质,在未变更之限度内,政府得永远据以施行,其他经费,因国家施政之方针而异,或其租税(例如所得税)由社会之情状而变者,对于此等岁出及租税,则认为一时的性质,定为每年应经议院之议决,此制度切事情而不泥形式,实较法国制度为善也。[①] 帝国宪法,国家之岁出,除皇室经费之外,每年悉应经议会之协赞,固为适于理论,然于某种经费,议会每年覆反于同一之议决,其成为形式,亦与法国之制度同。而于为岁入渊源之租税,概为有恒久的性质,此不惟反于理论,且有害政治之完美。请言其故。从一方面言之,国家之岁入,于经营必要之事业外,尚有赢余时,则政府必以其费起不急之事业,议会亦以其为从来之租税也而慢为改废,其结果必使政府失政相频,人民苦不当之负担。又从一方面言之,国家之岁入,不足经营必要之事业时,则因从来租税法所未制定,政府恐议会之反对而忌言设税,议会恐重人民之负担,而不为协赞,其结果必使政府事事废弛,而至害国家之生存发达,其弊害有如此者。

---

[①] 《国家学会杂志》第 1 卷 63 页以下。

然帝国制度，租税法全部之成立不随于豫算，其利亦足以减政府与议会之冲突，而以租税法一部或全部之成立随于豫算成立之国则反是，不免有增其冲突之弊，何以故？盖租税问题直接关于议员及人民之利害，故异议之多，非支出问题可比，且此问题实政府运命之所系，故议会常利用之以为考击政府之武器也。然政府与议会之冲突，得由种种之方法以避之，例如英国及比利时，因政党内阁之确立，议院政治之实行，瓦敦堡因特别制定之法制以免两者之冲突。是英国及比利时，下院常支配全议会，下院之多数党，左右其院，而内阁即由多数党之领袖组成。故下院之多数党，务图过通领袖等所提出之议案，政府亦务欲从党员以通过议案，故政府与下院之冲突甚少，至议案送达上院，上院惟就其大体审查之后，即可决之，故议案常得无事通过议会。英国之议会，因金钱案解散者，仅 1784 年行之一次，此后实无其事，比利时自 1846 年政党确立以来亦然。次为瓦敦堡，据其宪法，议会未召集之间，有代表议会之一委员会，以两院议长及第一院议员三人、第二院议员八人组织之（第 190 条），此委员会就次年度之豫算，豫与大藏大臣协议（第 88 条第 2 项）。而于豫算既经协议，则于岁入渊源之租税，亦必有协议明矣。故就租税法案，政府与议会冲突之稀，不难推知也。要之，以租税法一部或全部之成立随于豫算之成立者，其弊害得由种种之方法，以避除之。英国之制度，以一定之岁出及租税，定为有恒久的性质，其他之租税，则使随于豫算之成立，此最为合于理论，且切于事情之制度也。帝国之制度，于一切租税，与以恒久的性质，于一切岁出，与以一时的性质，租税法全部之成立不根于豫算，此最反于理论且远于事情之制度也。

## 二　论租税法与豫算效力上之关系

租税法与豫算，一旦成立以后，则互有独立之作用。概言之，即政府由租税法以征收租税，由豫算以处理国家之财政，议会由租税法以制限课税权，由豫算而监督财务行政是也。易言之，租税法与政府以征收租税之职权，豫算则对于政府处理国家财政之职权上加以制限也。

然有常研究者，虽无租税法，而豫算揭有某租税项目及收入时，政府得由豫算而征收其租税乎？又虽有租税法，而豫算未揭其租税项目及收入时，政府得由租税法而征收其租税乎？又豫算全不成立之时，应如何办理乎？易言之，即（1）豫算有代租税法之效力否？（2）豫算有改废租税法之效力否？（3）租税法不待豫算得完其效力否？是皆宜讨究之问题也。

此等问题，在英国制度，豫算单为关于国家之岁出者，则不发生。法国制度租税法与豫算必相随成立者，亦不发生。又如撒逊王国、威马尔大公国制度，惟公布租税法，豫算虽由政府与议会之间协定而不公布者，亦不发生，何以故？未公布之豫算，自无代公布之租税法或改废租税法之理由也。又如巴威略制度，议会单有租税承诺权，唯因作租税承诺之基础而审查豫算者，亦不发生，盖在此制度之下，议会对于豫算全部虽不表同意，而依然得以承诺租税，政府此时得以职权而定豫算故也。

要之，租税法与豫算不一致之时，则有二者效力上关系如何之问题。普国及日本之制度，于租税认为有恒久的性质，而国家之岁出及岁入，每年以豫算而定，且依立法手续或与此同一手续而制定。故有本问题之发生者，惟日本及普国为然，以下逐节解决之。

## （一）论豫算有代租税法之效力否

虽无租税法，豫算上设有新税目，揭为可得征收之收入时，政府得由豫算而征收其租税乎？换言之，此时之豫算，得以代租税法乎？此本节所欲论者也。

普国《宪法》第 109 条，现行之租税，照旧征收，是以从来之租税法为法律也。第 100 条凡租税及应收纳于国库之公课，非揭于豫算中或以特别法律规定，不得征收。故租税基于法律之时，则由其法律征收，依豫算而定时，则可从豫算征收。盖普国《宪法》第 99 条第 2 项，豫算以法律而定，故认豫算有代租税法之效力，法理上毫无龃龉之所也。且恒久的租税之外，认每年得由豫算以征收租税，与英国之制度同，比之法国及我国之制度适宜多矣。

日本《宪法》第 63 条，规定现行之租税，除以法律改更之外，悉照旧征收，是以从来之租税法为宪法上之法律也。第 62 条第 2 项，规定新课租税及变更税率，当以法律而定，是明一切租税，当以法律而定之旨也。而《会计法》第 10 条，规定租税及其他之岁入，当依法律命令之规定征收，是租税概应照租税法而征收也。《宪法》第 21 条，规定日本臣民从法律之所定有纳税之义务，是明言日本臣民于由法律以外之命令或豫算而定之租税，无纳付之义务也。是故凡未规定于法律之租税，虽豫算中揭有该税目及收入，政府不得由豫算而征收之。盖日本宪法，不以豫算为法律，故不认豫算有代租税法之效力，此亦法理上当然之结果也。

日本议会，认不基于现行法之租税，以其税目及收入揭于豫算中经天皇裁可之时，则议会及天皇，即得据之征收租税，原为当然，故于豫算制定之外，更制定租税法，是重复表示议会及天皇之意思，不徒全为形式。若有豫算之制定，而未至制定租税法，非特发紧急敕令,则遂不能征收租税,不免岁入告欠之虞矣。此普国之制度所以较帝国之制度为便也。

## (二) 论豫算有改废租税法之效力否

夫豫算于将来之一定期间,为估计国家岁出岁入之一概算书,故政府欲以得由租税法现实收纳之收入,精确定于豫算,其势固有所不能。然豫算中所揭,或显与现实之收入相违,须变更现行租税之税率方能收纳时,或豫算中于现行租税之税目及其收入,全未揭载时,政府得由现行租税法以征收租税乎?易言之,豫算得改废租税法乎?此本节所欲论者也。

日本宪法,不以豫算为法律,而租税法非以法律或紧急勅命不得改废,已屡如前述。故豫算无改废租税法之效力明甚,然则执行租税法之政府,其得由租税法以征收租税固矣。若豫算中所揭显与现实之收入相违,或其税目及收入未揭于豫算中时,虽议会及天皇,共有改废该租税法之意,且由租税法以征收租税,则于国家财政,有赢亏无常之患。然非实行改废租税法之后,则租税法仍继续有效,政府依然得据之以征收租税也,而因此所得豫算外之收入,概应照《会计法》第23条编入现年度之岁入焉。

普国《宪法》第99条第2项(德意志《宪法》第69条),规定豫算以法律而定,明谓豫算为法律,于是豫算与一般法律同否之问题生焉。或调豫算之本质非立法事项,乃为行政事项,唯以立法机关之同意制定,故豫算虽为形式的法律,而非实质的法律。故此等学者,区别形式的法律与实质的法律,其言如是而不认此区别之学者,则以豫算之制定,等为立法行为,主张豫算即法律,故关于豫算之制定及效力,二说互异。如前之说,则豫算同于行政行为,唯当据现行法律为标准,法律之效力,直接或间接及于岁入岁出之时,则政府及议会即应受其拘束,当其制定豫算,即不能自由推量，若其豫算与现行法律相违，形式的法律之豫算，其效力不能改废实质的法律之现行法律也。如后之说，则豫算同于立法行为，脱离现行法律而独立，政府及议会，当制定豫算之时，得以自由推量，若生与现行法律相抵触之豫算，则以后法改废前法，从一般原则，豫算固得改废现行法律也。

主张前说者，区别形式的法律与实质的法律，形式的法律者何？由立法机关而定，具法律之形式而成立，从一定之方式而公布者是也。实质的法律者何？凡定一切权利义务之范围（拉邦顿氏、耶利尼哥氏主此），或不问出于何机关，凡有法律上之拘束力，包含一般抽象的规定者皆是也（格尔古玛耶氏、修尔鸠氏主此）。而所谓法律者，系指实质的法律，豫算之本质，为将来一定期间内国家岁出岁入之估计书，不外一财务行政，未具法律之内容。故豫算虽由立法机关制定，然立法者决不能稍变其本质也。要而言之，立法者虽得以豫算为形式的法律，而决不能以为实质的法律也。而宪法所谓豫算以法律而定者，非谓豫算为法律，在谓豫算当如法律或以立法之手续而定也。盖宪法不过规定豫算宜以何种方法定之而已，是故当豫算制定之际，政府及议会，宜受现行法律之制限，豫算之效力，去现行法律远甚，其持论之大要如是。自1862年至1866年普国政府，因豫算问题，相继解散议会，任意以定豫算，扩军备，缩小议会之权限，减杀议会之势力，其时学者，或迎政府之意旨，或受政略之影响，遂倡以上学说，因其适于普国及德意志帝国政府之方针，大受欢迎，迄今几成通说。然按之普国宪法，绝非正当之解释。盖国法上法律之如何，一由其国宪法之规定而决，非以学者之理想可得而左右之也。夫区别形式的法律与实质的法律，而以所谓实质的法律为法律，在学者之理想，于法律哲学上，固不无多少价值。然不能即以此为国法之解释，何也？宪法以所谓形式的法律尚为法律，则有法律之效力，即应以此构成法律之观念，而谓宪法所云豫算以法律而定者，非以豫算为法律，在云豫算当如法律而定。此等解释，是以自己之理想，构成法律之观念，欲自圆其说，遂不惜擅更法文，颠倒顺序，其误谬亦云甚矣。

要之，国法上法律之如何，一由其国宪法之规定而决，故宪法规定豫算为法律，则豫算即当为法律，豫算之制定，即为立法行为，毫不应受现行法律之制限。而豫算中所揭之收入，有须变更现行租税之税率者，或现行租税之税目及其收入，豫算未揭载时，是即政府及议会，以法律表示其改废该租税法之意思也。谓之以后法改废前法，从一般原则，豫算可改废现行租税法，政府即不得由现行租税法以征收租税也。故据普国之宪法言之，豫算有改废租税法之效力明矣。

### （三）租税法不俟豫算得完其效力否

有主张无豫算，则租税法不能完其效力者，其言曰：豫算乃立法者以财政上之处分委任于行政官之委任状也，又与行政官以全权之命令也。若无豫算，国家征收租税之权虽在而代表国家之行政官，无收纳之职权，故此时租税法不得完其效力。[①] 然此解说殊非正当，在法国制度，采三权分立主义，立法机关对于行政机关，固得以一定之处分委任之。然在立法机关与行政机关共为统治机关之国，二者同隶属于统治权者之下，立法机关对于行政机关，不得以一定之处分相委任，则何以解焉？要之，豫算虽不成立，租税法之效力，依旧继续，政府本其法律执行之权以征收租税，罔或异也。

---

[①] Ludwig von Rönne, *Staatsrecht des Deutschen Reichs*, Leipzig: F. A. Brockhaus, 1876 - 1877, S. 143 ff. *Das Staatsrecht der Preußischen Monarchie*, Leipzig: Brockhaus, 1856–1863, S. 591, 592, 602.

此解释之当否，于我国法上无重要之关系，何也?《宪法》第71 条：凡豫算不成立之际，得以前年度之豫算为本年度之豫算。故日本未有无豫算之时，即无本问题之发生，有之得据《宪法》第 71 条以解决之也。

（附言）或以豫算为有可分性者，凡豫算不成立之际，政府得以前年度之豫算施行之，至于新豫算成立为止。① 然由国法上言之，除总豫算外，有认特别会计豫算，而不认所谓六个月或八个月之豫算者。故此种见解，实无采用之余地。总之，无论何种见解，而日本则未有无豫算之时也。

然此问题在普国，则关系甚重。盖普国宪法，于豫算不成立之际，未设规定，拉邦顿氏虽尝主张前年度之豫算，至新豫算成立止，其效力当然继续，然豫算之效力，限于一定之期间，故氏至后弃其说，以普国实有无豫算之时期也。

---

① 《宪法义解》130 页；织田博士著《行政法论》867 页至 873 页。

# 现行租税法论

若槻礼次郎 著　陈耀妫 译述

## 一　绪论

关于租税之定义、性质、原理、分类或制度之得失，其论议虽不一而足，究皆属于经济学或财政学之范围，为研究此学者之所讲述，予非其专门者，何敢轻易置喙。予所欲述者，专在现时日本所施行之租税。日本之现行租税，虽区别为属于国库收入之国税、府县收入之府县税及赋课于市町村之市町村税，而在本论则唯说明国税而已，故特略述租税沿革之大纲。

上古租税之制，神代纪载，邈不可稽。神武天皇御世，各国皆有贡纳，依历史所载（神皇正统记古语拾遗），贡纳之事，由来已久。世或有以为贡纳之事，始于崇神天皇时代者，其说甚谬。盖有统治服从之关系，成国家之形体于内，保持社会之秩序于外，有为防御国家之必要，而犹如古代国库，仅由于所有财产收入者，殆为无有故，国费皆由臣民征收之，特崇神天皇以前调贡之制未备，至崇神天皇时代始完成之，而又设庸调之制耳。依史所称，则为天皇所定之调者有二：弭之调及手末之调。弭之调者，男子以弓矢射猎贡其兽皮等之谓也；手末之调者，依女子之手工而纳所制造布帛之类之谓也。上古耕作之业，不甚发达，男多从事狩猎，女多从事纺织，调贡亦就其猎获织成之所余者课之。虽然在神代，史有水田、陆田之称，当时既行耕作，于耕作之余，课以田租，虽非必无，特史籍简略，末由知其详耳。至后世以几代几步称田之积量，应其积量而收租稻一二，书史虽有所纪，而由何时代行之，则未明了，故不得直以为定于崇神天皇时也。至于庸，知为上古因道路、沟渠、宫殿等土木工事，临事役使人民，非豫定其顺序方法。崇神天皇始检人民，定长幼之次第（黄少中丁老耆）及役使之先后（先富强后贫弱，先多丁后少丁），以明课役之顺序。

至孝德天皇大化元年，租税之沿革虽不详，而亦不外庸调二种。朝廷御供及国家需用，由人民继续而奉之者，称为调，田租亦包含其中。民人各勤身役，欲免役则纳布或米等代之，称为庸。至大化2年，有制度改新之诏，租庸调之制，始见于兹。现今所称之地租、杂税、夫役，区别至明，而以田之积量，分町段步之制，亦实始于大化之改新令者也。唯当时尚属草创，调则课于户及田，庸亦依于户数定之，故租庸调之分界，不如后世之划然。

租庸调之制，依文武天皇（由神武天皇至大化元年，约千三百余年，由大化元年至文武天皇之世，约五十余年）大宝令所颁布者较为完备。

租者课于田，而应田之面积，定获稻付于获米若干，使纳租稻若干之制也。其割合一町之获稻五百束，租稻为二十二束。至其实量，则考证家间议论之所存也。

按，日本古无所谓地租，当中国唐时，采唐制以课税，即所谓大宝令也。时通国皆农民，无人不课，每人课地租几何，丁税几何，全然不分，故地租与丁税相钧衡，不啻即人头税焉。后渐以收获之多少定地租，而其税率非常之高，初为八公二民，其后减为七公三民，又减为六公四民。至德川时代，乃改为五公五民。维新之初，藩籍奉还，地租尚依旧征纳，然当时亦知土地宜归民有。于明治5年立全国土地私有之制，布地租改正条例，6年至14年，继续而行地租改正处分，17年3月乃颁行地租条例，即今日所施行者是也。

调者，课于户而定其割合，使户内之正丁、次丁、中男，而随其乡土内所出之绢、絁、丝、绵、布纳之，但得以铁锹盐鱼介海藻鲊等代纳之，于此场合，次丁二人、中男四人，并准于正丁一人。

庸者课于口，正丁岁役十日，次丁五日，若不服现役者，不可不纳庸布。

正丁次丁共服役正役以上时，谓之留役，正丁之留役，达于三十日，次丁之留役，达于十五日时，则租调共免。

大宝令之后，赋课之方法，虽有多少变革，而大体相同。然班由之法渐衰，庄园益盛，庸调之制，大不如昔。至源平之乱，役丁变于军役，军役繁而庸调之制遂废。于是租税不能不向田地求之，以田租为主要之财源者，实始于武权政治时也。

鸟羽天皇文治以后，北条氏执政时代（由大宝至此凡489年），租税之状态，大略如下：

  租 上古之庸调既废，加重于租，且从来租者，课于耕地而已。镰仓以来，于郡村之宅地课之，唯市街之宅地不课租，而课地子，依于场所，则免地子，如兵粮米赋于段别，虽为元来课役之一种，而年年因袭，土地之负担，因之增加不得不尚谓为一种之租。

  年贡 课于山野河海者，在山野输铁药草等，在河海纳鱼介蕴藻等，是为庸调之遗物。至足利氏、丰臣氏等时代，课山海小租，散见于诸书，称为小成物。

  课役 与上世之庸异，为有内里社殿等之营造及城池道路桥梁堤防之构筑、驿传之运输等事，赋课费用，征收米钱，或役使人民之总称。课于段别者，谓之段钱；赋于石高者，谓之高挂米。

杂役　除段钱高挂米等，赋课于田地外，课于户，或赋于人者也。

德川氏（文治以后423年）之租税制度，与镰仓以来之制，大体相同，今略举如下：

租　课于耕宅地，不异镰仓以来之制，而正租之外，仍附加口米永及小租。口米永者，为供于乡里吏胥之俸给笔墨纸等之费用，于正租之上，加征若干，大率贡米一俵，加征一升贡永，百文加征三文，依地方有差；小租者，为补充正租之欠减也。

小物成　小物成课于山野河海之产获者，其种类甚多，山年贡、山小物成、川运上海役等不胜枚举。

杂税之课于工商及其他生业者，亦谓之小物成，而在杂税中，或称运上，或称冥加，或称分一，其名称不一。依于定率纳付者，为运上；得免许为营业而纳付者，为冥加；纳卖上高一定之割合者，为分一：观其用语，不能有精确之字义。

课役　课役者于北条氏时代，无大差异，唯镰仓之时，课役频繁；足利氏之时，诛求无度；至德川氏，定驿传助乡之率，课村役则免三役，田畑有五分以上之损害时，即除诸役等各设定法。

三役（六尺给米藏前入用、传马宿入用）亦一课役也。六尺给米者，于六尺之人员，课其给米也，藏前入用者，为充上纳人民田之杂费，而赋课之者也，传驾宿入用者，宝永年间为宿手代，赋课给之，后手代虽废，尚征收之也。

杂役　课诸川舟渡等。

在明治维新之初，租税皆准由于德川氏之遗制，以后经种种之改革，始如今日之制度。兹略观德川氏之遗制，如何变迁，于明治维新之初，为其大体之比较。

租　从来租者，赋课于耕地及郡村宅地而已，就市街之宅地中，课以地子，或免除之。至明治五年，称地子免除地，有无税之特典，始由东京，至于全国通都大邑之市街地，发行地券，付地价而征分一税。尔后施行地租改正，民有地，不问其为耕宅地、为山林原野，皆付地价征收地租。

杂税　旧时之小物成，因各地习惯，推行愈广，租税有不堪征收者，维新以来，渐次更正，又废止之，且新设税目，多施行者，旧时之小物成中，揭于下者，更正于明治8年之顷，而其他悉被废止。

酒造（元年更正）；医油（同）；船（同）；牛马卖买（同）；蚕种生丝税（2年更正）；铳猎（3年更正）；矿山税（4年更正）；碇泊税（6年更正）。

同年间新施行之税目如下；

专卖特许税（4年新设）；仆婢税（6年新设）；马车税（同）；人力车税（同）；乘马税（同）；游船税（同）；证券印纸税（同）；酱曲税（同）；诸会社税（8年创设）；车税（同）；烟草税（同）；度量衡税（同）。

课役　课役至明治8年间渐次废止。

赋金　明治6年，有仆婢、马车、人力车等税，其税额之外，增课几分，以充修路、警察等诸费。

明治8年9月分租税赋金，为国税、府县税、赋课，于全国而供国费者，为国税；由地方收入杂税等，供其地方之费用者，为府县税；至明治21年，有市町村税之制，23年有府县税之制，今日租税，所以有国税、府县税、市町村税三种。

现今所行之国税，如下之数种：

（一）地租；（二）所得税；（三）营业税；（四）登录税；（五）酒造税；（六）混成酒税；（七）冲绳县酒类出港税；（八）酱油税；（九）卖药印纸税；（十）印纸税；（十一）矿业税；（十二）取引所税；（十三）狩猎税；（十四）兑换银行券发行税；（十五）邮便税。

如上之狩猎税、邮便税，有手数料之性质，兹不说述；矿业税、取引所税、兑换券发行税，规定简单，无待说述；北海道水产税、北海道地方税，关于一地方之税目，故于兹略说明之；至海关税、吨税，与他之国税，大异其趣，不述于本论。故付于前第一种至第十种，欲为现行法规之解释，先就各税法，说明关于其赋课征收之规定，然后说明关于间接国税，及其对于犯则者，特别之处分法，与关于一般国税征收之规定。

## 二　各种之租税

维新以前，地租之沿革，绪言中已略述其梗概，兹不复赘言，故仅于明治以后，举其变迁之要，以明法规之所基。

观明治以后，地租之沿革，可谓经左之六阶段之变迁：

（一）地租改正
（二）明治13年之地价处分
（三）地租条例之制定
（四）土地之整理

（五）明治22年之地价修正

（六）明治31年地价修正、地租增征及宅地组换

## （一）地租改正

当明治之初，政权一归于朝延，凡百政务，悉期齐一。治国之要器，如税法，固有设均一法则之必要，因袭之久，一朝遽谋厘革之，不免有动摇民心之虞，遂姑依德川氏之遗制，其惯行税制中，多不适当者。盖德川氏之初，惩于前代扰乱之久，主休息无事，百般制度，皆因袭习惯。如田租之制，于其直辖之国郡，虽稍加整理者，至于他之所辖者，殆不能着手，封土异而租制亦异，其租法因检地测地之广狭，因肥瘠定地之等级，以算出土地之石盛，因检见察岁之丰凶。全国之检地，不成于同时代者，故不能无伸缩之别，如以等级言，因观测之疏与胥吏之奸致不均一，上中下之别与事实不符合，且因年间之经过，致古今之不同者不尠[1]。至检见之法，其弊最甚，胥吏之奸，与人民之黠，往往得消长租额，故全国赋租之偏重偏轻，实有不可名状者。明治政府代德川氏掌握政务之实权，当时租之状态，实为如此。议者有以再检田地，整理石盛之不均为不可者，以旧来检地，多因增租行之，执行检地，即为增加地租，其念虑早固着于民心。有检地之举之风说，则人民即有负担之情势，故此，议论不易见诸实行。至明治3年6月时之集议，判官神田孝平建议田租之改革，大论旧来租法之弊害，主张废石盛检见之法，许田地之买卖，每田作沽券交付，以为所有之证，官于一定之区域，设小衙，备田券帐，留记田券，其税额求各管辖内既往三十平间之贡米平均高，以平均

---

[1] 同"尠"。编校者注。

相场金高直之，此金高比较沽券总金高，而算定沽券税。例如贡米平均金高千五百两，而田主于每年一定之期日，自至小衙，以其税金渡于吏，而收取领收证之制，神田氏建议之趣旨，有左之三要点：

（甲）废检见之法；
（乙）地租依旧来之率以沽券之价格为标准而赋课之；
（丙）废米纳为金纳。

维新之功业，非行租法之改正，则诸形棘手，虽为当时识者之所认，而顾虑于民心之归向，不能不姑待其时机，及神田氏之建议一出，世论渐倾向之。明治4年废藩置县，首以大藏省起改正之议，议定地券分一之税法；5年正月，旧来地为免除之地，发地券于东京市街，施分一之税法，寻解全国一般地所卖买之严禁（旧来地所，虽严禁卖买名为质入，或云让证文，其实皆行卖买，明治5年之解禁，盖于事实之卖买，认有法律上之效力者也）。然施行分一税，市街地之外，仅交付以地券，收租犹依旧法。至同年5月，当时之神奈川县令陆奥宗光亦举旧法之弊，建议田租之改正，谓从现在田畑之实价，课其几分以充地租，盖与神田氏之说，大同小异。明治6年4月，地方官会同之际，地租改正之议亦大兴，审议讨究之结果，可决地券税法之施行。至同年7月以第272号布告所颁布地租改正条例，地租改正条例实一变古来租法之法律，以其所关系，至为重大，当时以发布告，非下上谕不足见其郑重，今揭之于下：

上谕

朕惟租税者，国家之大事，人民休戚之所系也。从前税法不一，宽苛轻重，率不得其平，欲改正之，乃采所司群议及地方官之众论，更与内阁诸臣辨论裁定，使归于公平画一①，颁布地租改正法，庶几赋无厚薄之弊，民无劳逸之偏，主者须奉行之。

明治6年第272号布告

付于今日地租改正，旧来田畑贡纳之法，悉行发止，更以地券调查次第土地之代价百分之三为地租，且从前官厅并郡村入费等课于地所，其金高不可超过本税三之一。

地租改正条例凡七章（以下节录之）

其第一章云得大藏省申立免许之后，废旧税法，施行新法。

第二章云地租改正施行时，于土地之原价赋税，以后若有丰稔之年不增税，歉收之年不减租。

第三章云因天灾地所变更时，实地点检，从其损颓之厚薄，定其年限免税，又起返之年限，年季中无税之事。

第四章云废田畑之称，总称为耕地，其余牧场、山林、原野等之种类，可寄其名目称为何地。

第五章云家作有一区之地，自今总称为宅地。

第六章云从前地租与物品税、家屋税等混淆，今当判然区分。

第七章云虽因从前租税之甘苦申立时，无格外偏重偏轻之分。

以上论及地租改正条例，大藏省事务总裁布达地租改正施行规则，示施行之细则于一般，更颁地方官心得书于各地方官，施行上所注意之事项，当时着手之顺序，就大体言：第一着手，先正境界，于土地每地番，付以一笔，而为甲乙之区别；次丈量以每笔调制野取图，确定其反别，各町村地目，以每笔之地位定等

---

① 同"划一"。编校者注。

级,更于郡内定各町村之村位,于县内定各郡之郡位,于各地目各等,一反步等当算出地价,属于各等,每笔应其反别,依反金算定其地价之方法,而一反步当算出地价,付于田畑云者,在自作地见积(估计)其地之收获,于其地方依石代相场,换算金额,内控除种籽、肥代、地租及村入费,以残额为地主之所得,以相当之利率、还元,以其元金为地价,在小作地以小作米,依于石代相场。而豫算控除地租及村入费,以残额为地主之所得,以相当之利率,还元而得地价,同于自作地,收获石代利率,依于实地之状况,自有异同者,虽各地不可相同,种籽肥代地租及村入费,则依于当时地方异之,种籽、肥代,收获代金要为一割五分,地租为地价3%,村入费为地租三分之一,全国一般用之,于各地,一反步当生地价之异同,全因其根于为收获石代利率之差违而已。

地租改正之实地着手,虽有各地多少之迟速,概在明治七八年之间,其竣功田畑宅地等,同在九十两年之间,山林原野等,多涉于十四五年之顷者,虽然新租以由明治9年所施行,为地租改正之土地,如鹿儿岛县,为战乱特得许可延期施行之外,悉适用明治9年改正地租之规定。

地租之定率,依明治6年第272号布告,则为地价3%,至明治10年下如下优渥之圣诏:

> 朕惟维新日浅,中外多事,国用不赀,深愍兆民尚在疾苦之中,未被富庶之泽,曩改正下税法为地价百分之三,不无偏重。今又亲察稼穑之艰难,深念休养之道,更减租额,而为地价百分之二分五厘,有司官节减几出费用,以赞朕意。

以同年公布第1号布告,定地租为地价百分之二分五厘,故于地租改正全部整顿之时，地租之定率，既为地价百分之二有半，今就当时之书类，于改正事业整顿之际，如土地之反别，地价地租及笔数，可考者如下：

| 地目 | 反别（町） | 地价（圆） | 地租（圆） | 笔数 |
| --- | --- | --- | --- | --- |
| 田 | 2630653 | 1220145280 | 30503632 | |
| 畑 | 1862188 | 267287290 | 6682182 | |
| 郡村宅地 | 329692 | 103965707 | 2599142 | 85440016 |
| 市街宅地 | 19039 | 30606368 | 765159 | |
| 盐田 | 6995 | 2035476 | 50886 | |
| 山林原野杂地等 | 7475398 | 24724353 | 618136 | 不明 |
| 计 | 12323965 | 1648764476① | 41219139② | |

上述之外，不付以地价者，在荒地反别113910町，开垦地反别44305町。

以新租比于旧租，实减11148915圆，以地价3%为定率，比于当时则地租额减为8243806圆。

### （二）明治13年之地价处分

依明治6年第272号布告，明言地租随土地之代价定其3%地租改正，在立法之趣旨，地价有土地之卖买，每依其代价改正之，是不独依于第272号布告之明文而已。地租改正事业之原动力，依于神田、陆奥诸氏之建议，又由大藏省建议于下院之文书等征之，当时之议论在以地价使与卖买代价为一致也，明矣！如此土地与消费物等大异，其代价不必比例其实益而定者，对于买主之地之

---

① 累积相加计算有误，当为"1648764474"。编校者注。
② 累积相加计算有误，当为"41219137"。编校者注。

个人的关系，大影响于其代价，在甲乙买主之间，买受之代价有甚轩轾者也。今若依于相关的之事情甚有差违者，为赋税之标准，则更订地价时，地价低昂无度，终失公平画一。故于明治7年5月以第53号布告追加一章于地租改正条例，地价地租改正后五年间据置之，其文如下：

第八章　地租改正后，卖买之间，生地价之增减，共由改正之年，五年间，据地价收税。

地租改正，有早于明治9年告竣功者，至明治13年各地方渐次告据置期限之终了，如此依于既往之实迹，则地价改正不许有如下之事情：

（イ）地价改正，官民皆要非常之劳费，故若怨缓急之时机，需平准之厚意，不保不为怨嗟之媒介；

（ロ）租额之变更频繁，则害经济之道，在土地也负担时时变更时，则其价格之度每生异动，人民之财产，必失其安固；

（ハ）以比年米价渐次腾贵，若依土地之实益，为更订其地价者，至大增加地租，此非所以协与休养于民之圣皆也。

明治13年第25号布告，达于一般者如下：

第1条　以明治7年第53号地租改正后五个年间，据当初所定地价收税，但于府县知事当初定之地价，不适当，具申其事由时，大藏卿派遣检查员实地调查之，一町村又一郡区应许特别修正。

第2条　改租以后地目变换者（以畑为田、田畑为宅地之类），际五个年满期皆组替地目，修正地价，尔后变换者可年年修正之。

第3条　依第1条、第2条加修正时，依明治6年第272

号布告之地租改正条例，及同年7月大藏省事务总裁布达之地租改正施行规则，且其费用际官吏之旅费日结外，悉皆修正，由郡区町村若所有者支出之。

第4条　地价修正之后，租额之增减，由其修正听许之年为改定者。

依于上布告地租改正后，经过五年，规定改正地价之地租改正条例，第八章之规定，自归消减，迄明治18年，不更为地价之更订，唯限于实地不适当者，限以小区域，由府县□事具申时，特许其地价修正，以补地租改正之缺漏。

## （三）地租条例之制定

地价依明治13年第25号布告，以明治18年所据置，至19年不可不改正之，明治19年欲改正地价征收地租，不可不由明治十六七年着手于改正事业，于是乎更考究地价改正之要否得失，不可不以一定处分，使人民知所倾向之时机。在明治十六七年之交，时会到来，虽当时之状势，尚与明治13年同，地价改正有不易行之事情，盖为地价改正，官民共须非常之劳费，依于地租改正之实迹征之，而改正之结果，满足民意既不可期。且于明治十七八年之顷，改正地价，以既往五年或十年间之平均米价，不可不为地价算出之石代，如此明治十三四年之顷，纸币增发之余响，反忽高米价之称呼。至明治十六七年纸币之整理，渐告成功，米价稍倾于下落，当时之米价，比于数年间颇低廉，故当时为地价之改正，不保无于土地之实益定地价者，如此影响于土地之价格，为所有者之损害也不少。

地租改正，固当实行，然关于当时地租之法规，尚未完备。虽有于地租改正条例、地租改正施行规则之外，以单行法，付于地目变换地开垦地荒地等定地，处分者颇不完全，于是当局者热议制定日本租税中关于最重大地租法典之必要，使关于地租改正条例与其他从来地租发布之就布告、布达等，其可存者存之，可废者废之，须更正者则更正之，须追加者则追加之，卒以明治17年第7号布告公布租地条例，此条例依一定之年限为地价改正之规定，故明治17年地租条例施行以后，改正一般之地价，除法律之外不得为改正。

地租条例公布于明治18年，其后虽经两三次之改正，在大体无所变更，至今日尚为地租赋课基础之法规者也。

### （四）土地之整理

制定地租条例为赋租之根本法，既告完备。大藏省以明治17年第89号达，定关于地租诸账簿样式，达之于府县，为地租赋课正确之基本。但地租改正事业整理以来，除由于地目变换、开垦荒地等之事故，有届出或愿出为实地检查者外，付于全般之土地绝不为实地之检查，则不申告于官而变换地目，或为开垦者既多，当地租改正之际，漏于调查者亦为不少，故在来之账簿图面与实地不符合者，指不胜屈。在当时改定，辄依样式调制账簿，他日实地对照之，忽发见其龃龉，其劳其费竟如泡影，则发见不申告之异动地时，得不处以重罚乎？虽然积习相沿，以一朝法律之力惩治之，遂有议其不当者。于是定适宜期限于各町村，对照在来之账簿图面，一应为实地之取调，其有异动者，须申告之。于无申告事实之场合，官吏临于实地为地押检查，因此调制新账簿使将来实地与账簿两无龃龉，以期巩固所有之权利，正确赋租之基本，维持土地整理之成绩，此固亚于地租改正之大事业，为官民费用所不可少者，其先着手于明治18年，其后更四寒暑始得竣功。

## （五）明治 22 年之地价修正

地租改正为千古罕有之大事业，以当日距维新之时为日尚浅，人心未安，其间经种种之困难纷错，殆费十年之岁月，仅得完成。盖所负担之轻重得失，系于数千万人之身，所调查之土地面积，涉于数亿万之笔数，加之各地有积年遗习之存，重者减之既不正当，轻者增之亦不适宜，故于事后观其成绩，尚有缺其公平划一者，则为大事业所不免也。明治 13 年第 25 号布告公布以来，其本于第 1 条但书之规定，依于府知事县令之具申，虽费数年矫正地价之不适当者，然该布告限以小区域者，特以出于救济不适当之趣旨，其适用之范围极狭，实际因此修正减额，在地价 1690 万余，则地租不过 42 万余圆，至于不得以全般为权衡，且地租改正后，生诸般之关系，并影响于土地之实益，为失地价权衡之原因。今案于地租改正当时及其后，案各地地价而缺其权衡者，原因如下：

（甲）改租当时之原因：

（子）地租改正之着手及完成，因于地方有先后，而于最初举行改正之地方，地价概为低下。盖于最初物价低落之际，以低廉之物价为标准算出地价，且官民尚不有经验，共欲赋租之轻减。

（丑）旧租重之地方，其价高贵。地租改正当依实验调查之结果而斟酌旧租，旧租以判断实地调查结果之当否为标的，自影响于地价。

（寅）全国地方不同其取扱者，则各出己见，不免异同。

（乙）改租以后之原因：

（天）交通机关渐次整备，各地之物价与米价，渐得平均，在改租当时，为算出地价之基础与石代，生其差违，因于土地之收利上多一变动。

（地）交通及金融机关虽得整顿，各地之金利不得平均，皆为改租当时利率所生之不适当。

（人）外国贸易之隆盛，内地工业之增进等，则一变各地市街繁否之形势，与影响于地价者不少。

有以上之事情，讲救济之途，为当局者所当勉，改租当时，须收获石代利率之更正，精密调查，依此为地价之修正，定府县其及修正总额，观明治22年法律第22号，限于田畑修正地价，录其法律如下：

法律第22号

第1条　田畑地价为特别修正，府县国郡及其修正地价总额如下（府县国郡及地价总额略之）。

第2条　依修正地价总额，可以低减，市町村田畑之地价额，大藏大臣定之，使达于府县知事。

第3条　依此法律低减地价、田畑地租，由明治23年分，依其修正地价征收之。

举法律第22号之特色如下：

（子）地价之修正，当轻减者竟低减之，当增加者不增加之。

（丑）于法律修正地价，多以府县或国为区域定其总额，以二三之县或数郡为一区域而定其总额。

（寅）府县国郡市町村之修正地价额，大藏大臣定之。

（卯）市町村内每笔之修正地价额，以其主总代定之，在法律不为何等之规定。

## （六）明治31年地价修正、地租增征及宅地组换

田畑地价于明治22年行特别之修正，稍近公平，当时修正，其岁计于何之限度行之乎？故就全国观之，尚有未得其权衡者，至明治23年帝国议会开设，地价修正论蜂起，每会中皆以此问题提议于众议院，卒于明治25年，政府以田畑地价特别修正法律案，奉勒旨提出于第四帝国议会，举其要旨如下：

（一）田畑地价之偏重者，在一亿四千万圆以上、一亿五千万圆以下之范围，则修正低减之。

（二）地价修正之标准，依土地之品位，低减收获，付于明治20年以降，正年间平均米价，以一定之步合而为低减者，石代利率总在百分之六。

（三）布町村之修正地价额，大藏大臣定之。

（四）市町村内每笔之修正地价额，据地主会议之议决定之。

地价减一亿五千万圆时，则于地租减三百七十五万圆之岁入，当时政府之计划，增加所得税、酒造税及烟草税，以其收入补充之。当时众议院虽可决地价修正法律案，否决他之三税案，贵族院又否决地价修正法律案，地价之修正不得实行。寻以明治二十七八年日清战役，国库之岁计欲增加地租定率，则不免使地租有负担之偏轻偏重者，于是地价修正至为财政上之问题，遂于明治31年第31号法律，为田畑地价之修正，其规定之要点如下：

（甲）地价之修正，可轻减者低减之，可增加者不增加之。

（乙）地价修正以郡市为区域，其区域每得彼此之权衡。

（丙）修正地价总额，定以法律，不许行政官之取舍。

（丁）郡市内每笔之地价，依其区域内从前之地价总额，与修正地价总额之此率低减之。

依地租条例之改正，市街宅地，比于他之有租地，其负担为甚重。在当时市街宅地郡村宅地之区别，虽专依改租之成迹者，然地租改正以来，有因运输交通之异同，商工业之发达等，因时势之变迁，盛衰其位，冷热其地者，有市街宅地之地目，其实不异于村落者。有郡村宅地之地目，俨然为市府之状态者。故依当时之名称，适用改正地租条例时，于宅地地租之负担甚不公平。于是以明治32年法律第62号，规定宅地之组换，以命令定之，寻以同年敕令第234号定宅地之组换。

今于说明地价修正、地租增征及宅地组换完了后，并列地目反别地价地租如下：

| 地目 | 反别（町） | 地价（圆） | 地租（圆） |
| --- | --- | --- | --- |
| 田 | 2741012 | 987510320 | 32587986 |
| 畑 | 2258505 | 217205305 | 7157642 |
| 郡村宅地 | 358753 | 107421933 | 3506989 |
| 市街宅地 | 25227 | 36184226 | 1746351 |
| 盐田 | 7094 | 1566143 | 66056 |
| 矿泉地 | 28 | 57716 | 1904 |
| 池沼 | 1056 | 125519 | 4123 |
| 山林 | 7156637 | 24151863 | 795389 |

续表

| 地目 | 反别（町） | 地价（圆） | 地租（圆） |
| --- | --- | --- | --- |
| 牧场 | 19153 | 30579 | 595 |
| 原野 | 1042259 | 2363836 | 77657 |
| 杂种地 | 10543 | 913462 | 11173 |
| 计 | 13620248① | 1377530902 | 45955864② |

---

① 累积相加计算有误，当为"13620267"。编校者注。
② 累积相加计算有误，当为"45955865"。编校者注。

# 第八编
# 银行法

# 银行法之检讨

厥 贞

银行法自民国 20 年 2 月 28 日颁布以来，荏苒三年，迄未施行，至近日始有行将实施之说。窃以本法博采各国成法，精彩固多，特格于我国习惯事实，窒碍难行之处，似亦难免，爰就管见所及略举如下。

一、银行既以公司组织为限，似不应包括钱庄在内。按本法第 2 条及第 40 条规定银行应为公司组织，如是若必欲包括钱庄在内，似有困难。虽则论者以为外国对于独资经营事业，已渐加取缔，一律改为公司组织，但以我国之经济落后，似不能与外国现下之环境相提并论。况内地钱庄，资本较少，全在开支节省，手续简便，而后方能适应当地工商业之需要。若必责令按照公司组织，使百十年来之合伙组织习惯，一旦中断，无异使钱庄无立足之地，结果摧残钱庄，其事犹小，而使内地工商业金融失其调济，资金无从周转，其影响于国计民生，实非浅鲜。若使政府步趋外制，认钱庄为欧美所无，同时本法之制定，专为取缔钱庄而设，则亦已耳。如政府认中国经济社会需要钱庄为之负调剂各地金融之责，则本条似有修改之余地也。

二、内地金融业绝少资本满五万者。内地钱庄，资本大抵一二万元左右，乡村则仅有一二千元之资本。组织钱庄者，良以当地市面狭小，无需大规模之组织也。按照本法第 5 条规定，股本最少须认定五万元，或收足二万五千元，此在通都大邑，当然不成问题,然推而至于乡僻城邑,全境百业,全恃一二小资本之钱庄为周转者,经此限制,势必难以成立。此节亦有修改余地。

三、备具出资人财产证明书之困难。按本法第 6 条规定,如系无限责任组织之银行,须备具出资人财产证明书。此事就目下环境而言,似非投资人所愿,强令行之,必致人人裹足。然前此财部意见以为"论银行钱庄目的,均在营利,果使有利可图,必不致无人投资,更不致因呈送财产证明书一事,而甘弃其营业之机会。"此言固自不谬,但天下营利之机会甚多,投资人仅可改营他业,何必定须投资无限责任之银行。"必使投资人见之裹足"一语,实非过虑。抑尤有进者,一人之财产,往往时呈变迁,每难固定,以近来市面变动猛烈,与投机之风之炽盛,仅有今日资财数百万,不崇朝而空无所有者矣。然则纵备具财产证明书,其效果亦等于零,何如责令同业公会之切实证明之为愈哉。

四、业务范围似应略予宽放。关于本法第 9 条所规定之附属业务,似应将范围略予宽放。如代客买卖房地产,代理保险等,此在银行本身无些微之危险,而有优厚之佣金收入,不妨许其兼营。

五、银行不得为他银行或他公司之股东问题。关于本法第 10 条限制银行不得为他银行或他公司之股东一层。在目下事实上有无窒碍之处,似堪研究。又如银行受押他公司银行股票,照例过入已行户名,则此时事实上无异已为他银行或他公司之股东,若因本条之规定而不便过户,则他银行或他公司之股票,势不能向银行押款,影响于企业之发展甚大,似非得计。复次,银行投资于可靠之公司股票,原为法律所许,尤以储蓄银行为最,如自来水公司、电车公司、电力公司等股份,类为可靠之投资,若照本条规定,势必为之束手,而银行运用资金之途径愈狭,当非所以奖励银行稳健经营之本意也。

六、处分受押不动产之期限应略予宽放。按本法第 11 条规定,因清偿债务受领之本行股票或不动产，若必限于四个月及一年内处分，如平时固无问题，有时因市面关系，如一二八之后，上海北区地价，一落千丈，为谋银行本身利益起见，势不得不守时待机，以期善价而沽，俾可减少损失。故本条似应加一但书，以示变通。

七、缴纳保证金问题。按照本法第14条规定缴纳保证金一节，在小银行亦有困难，小银行资本既小，若又从而扣除若干保证金，则运用之资金更少，股东负完全责任。若仅责令于资本中提出几成以为保证，即以为尽保障存户之能事，则其保障之力量亦殊有限。故本条之规定，亦有研究余地。

八、提存公积金问题。本法第16条关于提存公积金一层，无论有限组织与无限组织，似可适用，不必专以有限责任组织之银行为限。

九、放款限额问题。第34条对于放款限额之规定，在内地更多困难，殷实商号必因此而无法通融，至押款在乡间更视为不名誉之事，当然难以遵办，如此双方交受其困，转违政府维护工商业之初衷矣。①

---

① 原载《钱业月报》第14卷第12号。

# 论新银行法

项 冲

新银行法已于去年9月1日公布,并将23年公布的银行法、23年公布的储蓄银行法废止。这是我国金融史上面值得注视的一件事。客邸无书,读后约略有几点感想,谨写出以供读者。

(一)这次立法内容,受美国银行立法影响颇巨。如第19条规定:"各种银行资本的最低额,由中央主管官署将全国划分区域审核当地人口数量、经济金融实况及已设立各种银行之营业情形,分别呈请行政核定之。"这完全是因袭美国因上次经济大恐慌后,限制各新设银行的创立,所以以各银行所在地人口为标准,规定各银行最低资本限额。然美国是采用地方银行制,与我国分支行制度完全不同。前者可以就当地情形规定其资本额度,而后者实行起来,是否仅以总行所在地为标准。譬如甲乙二行,甲行所在地在重庆,分支机构分布全国,乙行在上海,没有分支机构,甲行所应收缴的资本反较乙行为少,在原则上是否合理,颇值得我们的考虑。又如第44款规定,"银行为保障存款人利益,应联合成立存款保险公司"。这一条,也完全是启发于美国联邦存款保险公司一个组织。考该公司成立,为罗斯福总统鉴于1929年至1931年,银行倒闭甚多,存户蒙受损失,所以规定凡加入联邦准备制度的会员银行,必须加入该公司为会员,缴纳保险费,万一倒闭,五千元以上的存户,可由该公司赔偿,成立以来,迄今已有十余年历史,而社会上攻评时起。第一,1933年以后,美国银行制度,已趋健全，倒闭风潮，绝无仅有，其原因，实由于美国其他法令的完密，而不是赖于该公司的成立。曾经有人统计，如果1929年金融风潮再度发生，该公司所受保费及其资力，断然不能完全挽救狂澜，所以它的功用，只是平常（so far so good）。第二，联邦存款保险公司有权检查各会员银行账目，徒然添一个银行检查机构，不特有叠床架屋之讥，而各银行也不胜被检之烦。观乎上列二点，可见存款保险这一种组织，并不一定是理想制度，何况我国银行资力，已经薄弱，恐不胜负荷保险费用，检查机构，平日已嫌其冗繁芜杂，设若存款保险组织再行仿照美国成例，有权检查账目，实有自扰扰人之讥。

（二）新银行法第二章和第三章，将商业银行与实业银行完全划分。这完全是用欧陆式的银行专业主义，与英美等混合制度不同。然而在第50条所规定商业银行得经营的业务，与第59条规定实业银行得经营的业务，几乎完全相似。所不同者，一则侧重于普通业务的联络运用，一则侧重于"农工矿"及其他"生产公用或交通事业"业务的联络运用而已。然而"普通"与"农工矿及生产公用或交通事业"究能如何划分清楚？譬如放款，商业银行得办理"各种放款和贴现"，"农工矿等"的放款和贴现，是否可以一样承做？"实业银行除农工矿等"项的放款和贴现以外，对于一般顾客，是否绝对停止承做放款？而第60条规定，实业银行所收存款总额，应有60%五运用于实业，其他35%，是否可兼运于其他顾客？所谓实业，是否即指农工矿？抑或包括交通及公用事业，凡此种种，均是一团疑问，而实行起来，实业银行与商业银行业务完全混淆，殆为不可避免的趋势。笔者以为与其将实业银行与商业银行划分，还不如将银行划分为商业银行与投资银行为妥。前者为一般运用中短期性质信用的银行，后者则为经营长期投资的银行，不得吸收存款，如美国的投资银行（Investment

Banker)、英国的发行证券银号（Investment House or Bond House）等类皆是。

（三）第 90 条规定信托公司除有契约特定者外，得为信托人投资于任何事业。此条规定信托公司的权力，未免太松，换言之，除信托人特殊指定者外，信托公司可以全权运用，仅须受第 88 条善良管理人一语的束缚而已。按诸美国法律，各州不同，而对于受托人的运用权，规定至严，如纽约州即规定受托人除契约规定者外，不得购买普通股票，若干州甚或禁止信托资金购买优先股票。我国目前金融市场，健全的投资极少，加以信托业务，尚在萌芽时期，为保障信托人财产提倡信托风气起见，凡若干合法而含有投机性质的买卖，似应列举款项，对于信托资金，禁止其自由运用。

（四）第 48 条、第 57 条、第 66 条规定商业银行、实业银行、储蓄银行应缴的保证准备金，系属硬性规定。笔者以为准备金可定最高最低限额，使中央银行或其他国家银行得斟酌金融市场情形，为控制信用的工具。如中央银行鉴于游资泛滥，信用松弛，可以提高存款准备率，以示紧缩，反是，可以减低存款准备率，以示宽放。尤以我国中央银行，既未能运用重贴现率，亦未能利用公开市场买卖，以控制金融市场，则存款准备率的提高或减低，如果运用得灵活一点，或不失为控制信用的工具之一。美国 1935 年银行法规定：各会员银行定期存款应缴的准备金为 3% 至 6%，活期存款，其在纽约及芝加哥二市者，为 13% 至 26%，在六十个准备城市者为 10% 至 20%，在其他各处者，为 7% 至 14%。联邦准备管理局，得就其最高及最低限额，随时斟酌决定，用以防止"恶性的信用扩张或紧缩"（Injusions Credit Expansion or Contraction）。这种外例，如果运用于我国今日恶性通货膨胀的局面下，固然是杯水车薪，不足挽狂澜于万一，惟立法为百年的大计，在局面平定以后，实行时或许是很可以收成效的。

# 再论新银行法

## 唐云鸿

当银行法一读公布之时,笔者会为文简述其读后感想,并刊载于本报31卷19、20期合刊。该法于［民国］36年9月1日业经政府明令公布施行,从此我国金融界有了一个可资遵循的典范,至堪欣幸。就其优点言之,可谓切实扼要,无可訾议,且广纳民意,博采舆情,尤足征其富于民主的精神。值此立法程序已定,实行条件复渐具备之际,似无庸哓喋,然就其研究立场,尚有可以商榷者,关于各地金融机构之沟通体系问题,放款投资之范围与限额问题,信托公司之业务与经营问题,时贤如朱斯煌先生等,对于此项规定,已发表重要之意见,殊足重视。笔者谨就关于银行董监事职权问题,聊献刍见,并希指正。

其一,从理论与事实上看:各国银行制度,因经济发展条件之不同,而致形成了组织职权之各异,以其业务方针而言,有主张专业制者,亦有施用兼业制者;再以组织而言,有采取分行制者,亦有实行分散制者;然最高职权,则无疑地实在董监会。盖董监会为每一个银行的神经中枢,人事由此产生,业务由此决定,整个的行基也因此而奠定。责任职权至为重要,当然,这决不是一个虚有其表或是点缀陪衬的机构,基于是,在这种使命下关于董监事的人选与职责,自应有严格的规定。

现在我们并不容否认,事实上且不必否认,官僚作风已经侵入了我们金融界,特殊人物每每利用银行的董监以为猎官鬻禄的工具，因此往往一个政治上的大员兼为金融界的名流，又往往一人而身兼数个乃至十余个行庄董监的重任，既为甲行的董事，亦为乙庄的监察，既为丙行的经理，又为丁庄的顾问，试问以一个人而身兼几个行庄的董监重职，能否有此精力时间以资应付，借曰可能，一行有一行业务的机要，一庄有一庄构成的因素，事实不同，环境不同，利害亦未必一致，试问又何以克尽其职责？因为当事者既以"地方多，头衔多"为荣显，一般行庄更不免以董监事为联络应酬，甚至为送人情的工具。

其实，笔者认为：要严肃现在的金融业，必先要有健全的董监会；要有健全的董监会，必先要严格规定董监的职责，至少，这是一个起码的条件，这个条件更非彻底实行不可。新银行法中固已尊重提倡从业人员奉公守法的精神，并于条文中禁止职员经营任何方式之信用借款及收受佣金等，但对于董监事之兼职及人选限制等问题，似乎并未提及。此点系一漏洞，实是值得我们重视的。

其次，笔者以为一个法的诞生，勿论立法精神也好，勿论立法技术也好，多系根据历史上的教训，采用事实上的统计与实行后的经验，合并而成的，固非一次可以十足的完满，亦非永久而不可改变，而是穷则变、变则通的。我国的银行，历史不过短短的数十年，尚在实验新生的阶段，而这次公布的新银行法，能否适合实际，利于推行，灵活金融，裨益行庄？当有待于实行后事实的证明。问题重心，总希望政府方面多予伸缩性之运用，以补救立法时之缺点；多接受各方之批评，以为将来改善之张本。再新银行法既已实行，则战时颁布的各项统制法令，应同时株断根绝，廓扫无遗，如果仍留恋于各种管制法令置于银行法之上，更觉有背于此次立法之精神。

# 中国银行法之研究

李文杰

## 一 绪言

吾国银行制度，袭自外国，因历史浅短，法制乃亦不备。民国20年2月，政府公布银行法，其内容多与德国银行法、美国国民银行条例相近；当时银行界及学术界中人，颇有主张其规定与现实情况凿枘，应加修改，始可实行者。批评银行法之文字，发表甚多，营业范围、资本额及股东双倍责任之三者，尤为批评之焦点。政府对于该法，迄今尚未定期施行。23年7月，政府又公布储蓄银行法，即日施行，其规定失之太刚，一时银行界及学术界，亦多持异议，现时该法事实上尚未整个实施。夫银行法为公法，即为国家取缔银行业者，务使适合法定标准之工具。其内究应超越现有之事实，实现政府建立之政纲，就立法精神上、立法技术上言之，固属当然，惟法律去事实太远，实行时不惟易逢窒碍，抑且不免疵累，故该法之实质，自不免有待于研究之点。

吾国古无银行，惟银钱业者之存在，则由来甚久。唐代有"飞券"、"钞引"之名，商股凭券引以取钱，是银行汇兑业务也。宋真宗时，蜀人以铁钱重，私为券，谓之"交子"，以便贸易，此银行之兑换券也。清末山西票号及各地之银号钱庄，为商贾流通资金之渊薮，世俗谓"钱业居百业之首"，亦可想见其地位之重要。不过,当时有银行之业,无银行之名耳。迨海禁大开,洋商来华设立金融机关,始以银行名之。考我国重农轻商,自古已然,太史公不云乎?高祖令贾人不得衣丝乘车,重租税以困辱之。孝惠高后时,因天下初定,复弛商贾之律,然市井之子孙,亦不得仕宦为吏。痛抑末利,久成风气,文人学士,鄙夷商贾,于是物质文明不能发展,国家形势日益贫弱。降至有清末叶,外患频仍,内忧迭起,有岌岌不可终日之势。物极必反,理有固然。有志之士,舍文章礼乐而谈实业,商务渐形繁盛,银行业仍见重当时。夫票号银号钱庄,因富于历史色彩之银行也,徒以不能参入新知识,并以科学的方法处理业务,故未能立于不败之地,各省官银钱号,省立之地方银行也,亦以借款太多,有时不免陨越之虞,求其营业适当,类于外国之商业银行者,盖寥寥若晨星。故言我国银行史,当自最近四十年始也。

上海为我国经济中心,言中国之银行史,首应研究上海金融市场嬗变演进之经过。自山西票号衰落之后,上海金融机关之组织,成为三角线:其一为钱庄,其二为外国银行,其三为内国银行。若信托公司、储蓄会、官钱号、银公司,均得归纳于银行或钱庄之内。溯中国之有新式银行,始于前清光绪二十二年(1896)十月上海中国通商银行之设立,迄今已有四十年之历史。当时尚无关于银行之法规成例,故内部组织及营业规程,多仿照洋商银行办理。

光绪三十年(1904)正月,户部奏准试办银行,以为推行币制之枢纽。其试办银行章程三十二条,隐然为我国中央银行之发端。至三十四年(1908),户部已改为度支部,奏定以户部银行改设大清银行,颁布大清银行则例二十四条,实具我国中央银行之雏形。该行共有分行二十二处,分号三十五处,势力甚大;辛亥革命,大清银行之名义不能存在,民国纪元,即改为中国银行,根据民国2年4月15日公布之中国银行则例三十条，采股份有限公司制度，继承大清银行之后，在官商合办之形式下，以树立国家银行之基础。此外，如光绪三十三年十一月邮传部奏请设立之交通银行，与浙江兴业银行、浙江地方实业银行、四明银行等，均为银行中资格最老者。自民国三四年以降，银行之家数日渐增多，势力亦日渐膨胀。民国13年，孙中山先生创中央银行于广州，17年国民政府定都南京，于同年10月5日，公布中央银行条例二十条，同月25日经国府核准中央银行章程四十五条，我国之中央银行，乃于同年11月1日成立于上海，22年明令改广州中央银行为广东省银行，中国国家银行之基础，始定于一。同年11月，国府又公布中国银行、交通银行二条例，明令以前者为政府特许之国际汇兑银行，以后者为政府特许之发展全国实业银行。此后银行法、兑换券发行税法、银行收益税法、储蓄银行法先后由立法院通过，经国民政府颁布，我国银行制度，至是始由雏形而入于发育时代矣。最近数年，国内银行业之新的动向，有值得列举者，如：（甲）中国、中央、四行、浙江兴业、交通、中国实业、中国通商、四明、中国垦业、中国农工等十家发钞银行，公开发行准备；（乙）上海银钱两业，各别设立联合准备库；（丙）设立票据交换所；（丁）创办中国征信所；（戊）组织联合银团，救济农村；（己）广设本埠分行办事处，扩大服务范围；（庚）与学术机关联合，举行农业调查与研究等：均为针对国民经济病态之扼要工作也。本年11月4日，政府改革货币，宣布以中中交三行钞票为法币，统制金融，已届形成，以后之银行业将迈进一新阶段矣。

从统计之数字观察之，自前清光绪二十二年（1896）起，至民国24年6月（1935年止）之40年期间内，全国先后成立之银行，计365家（内有在东三省成立及其他设立年份未详之银行49家），其已停业者182家，未详者24家，现存者159家。民国纪元前之十六年中，开办之银行仅 17 家。民国成立后，政治日渐更新，工商业生机渐著，元年中新银行之成立者，即有 14 家。民国 10 年、11 年、12 年之三年内，适承欧战告终之后，国内工商业兴盛，为我国之黄金时代，政府公债亦于是时整理就绪，信用渐固，故新成立之银行，达 79 家，为银行之蓬勃时期。15、16 年，全国境内有庞大之军事行动，工商业入于停顿状态，故 16 年仅有二家银行成立。17 年以后，国民政府奠定全国，政治趋入常轨，工商业渐有向荣之象，而公债发行竟达十万万元以上，银行为工商业之惟一辅助者，及政府发行公债最有力之代理人，因其利润优厚所诱致而成立之银行，迄民国 24 年 6 月止，达 140 家。诚以新银行之出现，与工商业之投资及政治之投机，在在有不可分离之关系。试以最近事例为证：全国存银，集中上海一埠，为畸形的经济繁荣，故自 23 年 7 月以来，小银行之组设，如雨后春笋，但盛极必衰，理有固然，故自 23 年夏季至 24 年冬，银行停业之风潮忽起，推厥原因，连年入超，白银外流，农村枯敝，市面恐慌，尚为远因，而银行之内容不甚充实，运营不甚得法，以致破绽丛生，一发而不可收拾，乃为致命伤。自政府管理通货稳定外汇之后，更着手整顿金融市场，形势一变而入于康定状态，此堪鼓舞者也。

民国 21 年 8 月 5 日财政部公布"全国注册银行一览"，惜未将未注册者及不在中国政府注册者列入，自非全豹。据中国银行经济研究室之调查，至 24 年 6 月止，全国现存银行 159 家，共有实收资本 27000 万元以上，分支行 1347 处。再就其类别言之，计国立银行 1 家，特许银行 2 家，省立银行 16 家，市立银行 5 家，商业银行 78 家，储蓄银行 5 家，实业银行 8 家，农工银行 22 家，专业银行 12 家，华侨银行 10 家。至就其地域分言之，计总行设立于上海市者 60 家，天津市 8 家，北平市 1 家，青岛市 3 家，杭州市 7 家，南京市 1 家，重庆市 9 家，汉口市 4 家，广州市 5 家，江苏省 13 家，浙江省 17 家，江西省 3 家，福建省 3 家，四川省 4 家，陕西省 2 家，湖南省 2 家，山西省、山东省、河南省、云南省、广西省、绥远省、宁夏省各 1 家，国外、香港 10 家。我国银行业历四十年之艰苦建设，已具长足之进步，欲发扬而光大之，如何使其于自由发展之进程中，不出合理的轨范，俾达祛除流弊，收获实益之境，则有待于法律之匡正与维持，甚显著也。

吾国银行立法，自以前清光绪三十年正月户部奏蒙诏可之试办银行章程三十二条，为其滥觞。该章程第 8 条、第 20 条、第 21 条诸条，已包含国家银行之业务在内。后于光绪三十四年正月十六日，公布银行通行则例十六条，同年六月十六日，奏准银行注册章程八条（该章程于民国 18 年 1 月经国民政府修正为十二条，同年 4 月 29 日公布银行注册章程施行细则十二条，在银行法施行法未公布施行前，继续有效）。同年正月十六日，又公布储蓄银行则例十三条，依各该则例之条文而论，规定颇不完备，尤以各行号均得发行市面通用银钱票（银行通行则条第 1 款第 9 条）一条，不合银行学原理；而储蓄银行则例中，对于储蓄存款之安全保障之有关事项，亦均未能确切规定。其业经拟定而未公布者，有又民国 9 年之修正银行法草案二十二条，及其施行细则草案，及民国 13 年之银行通行法草案二十五条，及其施行细则草案十九条。至民国 20 年 2 月 28 日政府公布银行法五十一条，尚待明令定期施行，此指普通银行法而言也。特种银行法方面，自储蓄银行则例颁布以后，向有民国 4 年间之储蓄银行法修正草案，全国经济会议金融股之储蓄银行条例草案，与财政部之储蓄银行条例草案之拟订。至民国 23 年 7 月 4 日，政府公布储蓄银行法十七条，已于同日施行。此外如农民银行条例草案二十条（拟定时日待查）、农工银行条例四十六条（民国 4 年 10 月 18 日财政部呈准）、劝业银行条例五十三条（民国 3 年 4 月 17 日财政、农商两部呈准）、殖边银行条例二十一条（民国 3 年 3 月 6 日财政部呈准）、交通银行则例二十三条（民国 3 年 3 月 18 日批准公布）、兴华汇业银行则例三十一条（民国元年 11 月 26 日公布）或待施行，或已失效，均可作为未来特种银行立法之参考资料。至若民国 17 年 10 月 5 日公布之中央银行条例二十条，同月 26 日公布之中国银行条例二十四条，同年 11 月 16 日公布之交通银行条例二十三条，及各省省立银行条例，及民国 20 年 7 月公布之邮政储金汇业总局组织法、邮政储金法及国内汇兑法，均我国现行特种银行法令之最值得注意者。其银行法应相辅而行之法令，有可得而列举者：如财政部银行检查章程十六条（民国 5 年 12 月 11 日部令公布），银行注册章程及其施行细则（公布日期见前），兑换券发行税法十一条（民国 20 年 8 月颁布，21 年 8 月修正，22 年 7 月施行），银行业收益税法八条（民国 20 年 8 月 1 日公布），兑换券印制及运用规则八条（民国 18 年 12 月 31 日公布），银行运送钞票免验护照规则十一条（公布日期待查），取缔银行职员章程七条（民国 4 年 8 月 24 日部令公布），银行公会章程十五条（民国 7 年 8 月 28 日公布），及战前制定之储蓄银行保证准备保管委员会组织章程，凡此与银行立法之推行工作，均有甚大之助力焉。

## 二 银行之业务

我国银行立法之沿革，已详前章。民国 20 年公布之银行法，计五十一条（以下简称本法），其性质照该法第 50 条之规定，自应解为属于普通银行法。迄今尚未施行，因该法之施行日期，须以命令定之（本法第 51 条）。溯自本法公布后，国内学者，如吴达铨（笔名前溪）、戴蔼庐、诸青来、金国宝、潘恒勤、黄彬、王澹如、传铁师、袁子健、周仰汶、李远钦等，均发表文章，就本法内容，详加讨论。上海、汉口、北平、天津等地银行公会，亦发表对于银行法意见书,并呈请政府,于修改本法以前,暂缓施行;一时经济文坛,颇呈热闹景象。历时稍久,银行法问题,已为一般人所淡忘矣。民【国】25年立法院商法委员会,有修改本法之议。10月间,上海银行公会又组织银行法研究委员会,重新研究本法,汇为意见十二条,呈请政府采纳。惟复以战事勃发中止,本法应及早实施。此点无人敢加非驳,所应研究者,其内容有无应加修改之处耳。以下分节述之。

本法对于银行之定义,不予订定,但于第1条列举银行之主要业务,于第9条列举附属业务,于第10条、第11条、第12条、第34条、第39条之五条内,限制银行之投资与放款,并于第13条规定,非营银行业务之公司,不得用表明其为银行之文字,以达具体的表明普通银行之性质之目的;此与马寅初氏不欲在银行论中确定银行定义之立论吻合。考我国起草之普通银行法,连本法,先后共有四种;对于银行之意义之规定,各不相同,要以本法之规定较为妥善。按照本法第1条及第9条之规定,银行可得经营之业务,列举规定如下;其有于本法施行前兼营非本法所许业务之银行,于本法施行后三年内,仍得继续其业务(本法第39条)。

(甲)主要业务:

一　收受存款及放款;

二　票据贴现;

三　汇兑或押汇。

(乙)附属业务:

一　买卖生金银及有价证券;

二　代募公债及公司债;

三　仓库业;

四　保管贵重物品；

五　代理收付款项。

就前述之范围研究之，凡经营各项主要业务之一者，皆为银行，受本法之取缔；更以有"只须经营规定业务之一，纵不称为银行者，亦视同银行"规定之故，所有全国城市乡镇大小银行银号钱庄等各式金融机关，亦必须依照本法之规定办理，各地钱庄业对于此种规定，佥主不能接受，一致呈请政府另定钱庄法，其理论不外："银行与钱庄性质悬殊，其最著者，银行为有限组织，而钱庄乃系合伙组织，股东皆负无限责任。"实际上，农工商业资本有不敷运营之虞时，端赖钱庄信用放款为之调剂，苟钱庄法不另订，而附庸于银行法中，行将牵动社会金融。各地各业同业公会亦均发表通电，赞同钱业之主张；结果仅据当时立法院代理院长邵元冲氏发表谈话，谓政府对于此事，尚在考虑中。衡平论之，钱庄有其特殊之立场，固为事实，然国家立法，要不能过分牵就事实。依余所信，钱庄法之订立，似无必要，惟如何于银行法中加入适合钱庄实际情况之规定，以消弭实行时之障碍，斯为立法当局所当注意者也。

银行为"信用交替机关"。单有受信或授信之业务，如我国之大商店，往往收受客户存款，以代替向金融业借款者，不得谓之银行；其专营放款业务而不收受存款者，如典业以他人之动产为质，而放款取息者，亦不谓之银行。此就本法第 1 条第 1 款之规定视之，甚为明显，其第 3 款汇兑之业务，亦可解为经营买汇与卖汇双方者。前者为授信，后者为受信，惟同条规定只经营票据贴现业务与押汇者，即为银行；考票据贴现与押汇，专属于授信业务，此与银行为"信用交替机关"之意义相悖。德美二国虽有"贴现银行"，实际亦经营普通银行业务，不过以贴现名之，非专营票据之贴现也。又如法美两国之"投资公司"，虽不兼营受信业务，然而为合伙组织，自与本法之所谓银行，不能同论。至日本银行法第 1 条，及美国关于普通银行之法例，均以兼营受信与授信业务为银行之要件。职是之故，沪汉平三地银行公会，拟请将本法第 1 条修改如下：

凡营下列业务之一者，为银行：
（一）收受存款，与办理放款及票据承兑或贴现；
（二）办理汇兑。

营前项业务之一，而不称银行者，视同银行。

建议案较之本法，较切银行原理。其所以加入"票据承兑"一项者，因欧美各国之法律，类皆许银行兼营承兑业务，盖承兑业务与票据市场，关系至密；况吾国亟待提倡票据流通与促进贴现市场之成立，自非先授银行以承兑票据之权责不可；又票据法关于汇票之承兑，特辟一节，规定綦详，亦可知此项补充，不悖立法之本意也。其次为吾人所欲研究者，本法对于银行业务消极的限制规定是已，列举如下：

（甲）银行不得为商店或他银行他公司之股东。（其在本法施行前已经出资入股者，应于本法施行后三年内退出之；逾期不退出者，应按入股之数，核减其资本总额。）（本法第 10 条）

（乙）银行不得收买本银行股票，并以本银行股票作借款之抵押品。（因清偿债务受领之本银行股票，应于四个月内处分。）（本法第 11 条）

（丙）银行除关于营业上必需之不动产外，不得买入或承

受不动产。(因清偿债务受领之不动产,应于一年内处分。)(本法第 11 条)

(丁)银行放款,收受他银行之股票为抵押品时,不得超过该银行股票总额百分之一,如对该银行另有放款,其所放款额,连同上项受押股票数额合计不得超过本银行实收资本及公积金百分之十。(本法第 12 条)

(戊)银行对于任何个人或法人团体,非法人团体之放款总额,不得超过其实收之资本及公积金百分之十,但超过部份之债务,附有确实易于处分之担保品,或有各种实业上之稳当票据为担保者,不在此限。(本法第 34 条)

以下分别研究之:

(甲)本法第 10 条之规定,乃银行不得兼营银行法规定以外业务之当然结果;盖普通银行之资本,贵乎流动,且我国银行之资本薄弱,尤不宜分散其资力,为他业公司或商店之股东。至于兼充他银行之股东,易启一本两用、虚设机关之弊。故本条规定,于理论上诚然无懈可击,即各国立法例,亦多采取此种严格的限制主义者。本法起草人马寅初氏,对此更加以详尽之解释。然而我国目下经济状况,银行与工商事业相表里,乃一显著之事实;政府刻正注重建设事业,其他工商业,亦在萌芽期间,无不赖银行投资或从中调剂,如中国建设银公司即其一例。今如遵照本法第 10 条办理,已入股者,强令于三年内退出,已属窒碍难行,并足妨害已成事业之实力。至以后建设事业暨其他工商业之希望银行予以出资入股者,银行以有违法之嫌,亦惟有坐视其凋敝而莫救,因噎废食,其影响于全国工商业者为如何?际此提倡生产、培养实力之时,削足适履,度非立法政策所宜。更就本法第 9 条之规定观之,银行本得以买卖有价证券为其附属业务,有价证券通常包括公司股票在内，既能买入股票，同时自不能不为该公司之股东，法意似有两歧。且事实上银行往往因承做公司股票质押放款，预先将该股票过入本行户名，或没收股票，过入本行户名，或因经营信托业务接受他人委托之关系，一时为他银行他公司名义上之股东者（不得为合伙组织商店之股东。按照公司法，公司不得为他公司无限责任股东之法理，则属应当）。若不许兼营，则一切股票，银行将拒绝受质，此阻碍公司股要之流通性者又如何？关于此点，前溪氏于其所著《新银行法之研究》一文内，主张银行兼营他业，成为他公司之股东，政府对之，应取非严格主义，而保留其许可权；纵决定取严格主义，对于已往者，或分别作为例外，或宽定其处置年限，条文上应规定明了，勿使一切股票均不能向银行作押。最近上海银行公会之银行法之研究委员会则主张将本法第10条予以删除，余则赞同前溪氏之见解者也。

（乙）银行不得收买本银行股票，并以本银行股票作借款之抵押品，此属当然。美国银行法例，对此亦悬为厉禁，但该国国民银行，如善意的为免除已经放出款项之必然损失起见，亦得收受本行股票以为抵押品，此种例外办法，如已订约，且将价金冲抵前述放出款项，除国家外，他人对之不得再行声明异议。惟国民银行不得将股东之股份，扣抵该股东对银行之债务；在银行章程上，如有禁止对银行负有债务之股东所有股票之过户、转让，及准许银行扣抵股份之规定，应即宣示无效。本法亦规定因清偿债务受领之本银行股票，应于四个月内处分。考银行对于自身之股票，绝无愿意久留手中者，吾国银行股票，什九均无公开行市，上海华商证券交易所去年曾有开拍银行公司股票之举，亦仅昙花一现。本法限于四个月内处分，为期过促，事实上不易实行，不如稍宽日限，使少受损失；故上海银行公会请求展长处分期限为一年，尚称允当。

（丙）普通商业银行之投资，以处分便利，回收力迅捷为贵；故购置非营业使用之不动产，或受押而放款，自以禁止为当。在欧洲诸国，往往特设机关以资周转，如德国有不动产银行、土地信用合作社，法国则设土地抵押银行。美国法例较宽，银行通常禁做不动产押款，国民银行，只许就善意的经放出之款项之限度内，设定不动产抵押权，银行如违法为不动产押款或透支放款，惟有国家，得根据该行之许可证状，采取制止之处分。自 1916 年联邦农业放款条例颁布后，美国始有以不动产放款为主要业务之农业银行。我国以农立国，需求于农业银行者甚大，乃国内城市乡镇，并无专门承做不动产押款之银行，一般农田，因移转不便，处分艰难，完全变成死物，以之押款，本非商业银行所喜，纵有少数承做者，亦于万不得已之情形下，以其余力兼营之。全国农业之困苦者以此，内地金融之不发展者亦以此，政府之经济政策，应时刻注重不动产之活动，全国金融方有发展之望，此来救济农村破产及引导都市资金回归内地之论调，高唱入云，储蓄银行法即于此种精神而订定。本法第 11 条关于禁营不动产业务之规定，理论上自有其妥当性；事实上，为适应起见，在不动产银行未能遍设以前，对于普通银行兼营不动产业务，似不宜过分严格，以资奖励，此就国内一般情形而言也。在通都大邑，土地机关组织较为完备，法院设备亦较周到，不动产权利之设定、移转与处分，较为便易；如上海市之土地执业证及租界内之道契买卖抵押，极属常事。金融机关多以之为消纳资金之途径。去年上海因白银外流引起之金融恐慌，即因洋商银行拒做道契押款为其成因，财政部所拟救济市面办法，亦以训令大银行开放不动产押款为其主要部分。自政府本年 11 月 4 日宣布通货管理政策后，活动地产，创设不动产抵押银行，尤高唱入云。可见地产一项，在全国中心之金融界占绝对之重要性，今本法不问经济背景及各地方之特殊情形，一则曰除营业上必需者外，禁止银行购置及融通不动产；再则曰因清偿债务受领之不动产，应于一年内处分之；在如斯严格规定之下，普通银行对于不动产投资，将视为畏途，其影响于全国富力者实大，此立法者应加慎重考虑者也。即退一步言之，不动产业务，可让诸专业银行经营之；普通银行因清偿债务受领之不动产，其处分本极困难，一般内地之不动产，如田地、房屋、工厂等等，一遇处分，枝节丛生，虽依照法律办理，亦往往穷年累月不决；限期一年，为事势所不许，允宜宽其时限也。

（丁）本法第12条规定，受押他银行股票，以该银行股票总额百分之一为限，所以防止银行与银行间关系太深，于市面紧急时不至互受影响，注意至当。惟规定受押他行股票，连同对于他银行放款在内，不得超过本银行实收资本及公积金百分之十云云，未免对于同业间往来存款限制太严，且计算上亦感困难，考银行以其羡余资金，存放同业，为通常之事例；且银行之总分支行，多不聚在一处，甲行对于乙行借贷数目，同时各地不能周知，同在一地银行间之彼此往来甚繁，甲行绝难随时周知其他各地本行之分支行对于各地间乙行往来投放款项之数目，而合计其总数，使其恰能符合百分之十之法定限额，势必动辄违法，欲图规避，只有同业间不相往来，或拒押他行股票，阻塞其流通性。宁非怪现象？且同业间之放款，种类甚夥。以时间言之，有往来，有定期；以性质言之，有抵押，有信用。假定甲乙二银行间有良好抵押品之借贷，初无丝毫危险，乃因本法之限制，转减少流通之效力，失却金融界互相调剂盈虚之功用。在平时，经济上之损失滋多；在金融恐慌时，使各银行坚壁清野，各不相顾，危险更大，此度非立法者之本意也。故本法对于同业间放款合计之限制，应加修正。

（戊）本法第34条严定银行对于任何个人或法人团体。非法人团体放款之最高成分，使银行投资，不致偏倚一方面，致罹危险，法意甚为妥当。惟此条所谓放款总额，就其文义观之，自系指对于一个人或一个法人团体无担保票据及担保品之信用放款而言，其限制未免太为宽泛。据金国宝氏之意见，本条规定，脱胎于美国国民银行条例第 5200 条，但于文义上稍有出入。按该条原文甚为冗长，略为："银行对于任何个人或团体之放款总额，不得超过其实收之资本及公积金百分之十；但对于（一）附有提单等之汇票及银行承兑汇票、（二）商业票据、（三）附有农产提单为担保品之本票及（四）附有政府证券为担保品之本票之贴现，不作放款论。"此所谓放款，系包括一切信用放款及抵押放款而言，所以设有票据贴现作为例外之但书者，无非为提倡票据贴现之意。金氏主张参照美国国民银行条例战前原文，修正本法原文为："银行对于任何个人或法人团体、非法人团体之放款总额，不得超过其实收之资本及公积金百分之十；但发生于货物之各种票据（包括银行承兑汇票在内）贴现，不在此限。"其文义自较简明也。

总之，经济界之情形，变化至繁，普通银行之业务范围极广，种类亦多，惟其如斯，方能发挥其最大机能，以因应经济界之需要。资金之偏倚，固应严予禁止；然而不可束缚过甚，妨碍其自然发展。若制定不合实际经济生活之法律，决不能彻底实行，不惟有损立法之威信，抑且违反社会之公益。即参照东西各国银行法，对于银行资金之运用，及经营之手腕，均未加规定，例如日本新颁布之银行法中干涉之点，亦已删除，此为经济立法潮流之所趋，可供我国取法者也。

### 三　银行之组织与设立

本法第 2 条订明银行应为公司组织，第 40 条规定，非公司组织而经营银行业务者，应于本法施行后三年内，即变更为公司组织。依照公司法之规定，公司分为无限公司、两合公司、股份有限公司、股份两合公司四种，较之日本之新银行法，规定银行限于股份有限公司之组织，已较宽格。推立法者用意所在，银行握工商各业之枢纽，若由个人出资经营，财力不充，信用薄弱，易遭变故，恐难发挥其效用，不若在公司组织下，群策群力，众擎易举。至于无限公司之组织，实亦适合国情，盖本法下之银行业者，包括钱庄在内，钱庄多为合伙组织或系独资经营，从其原有形式蜕变为无限公司组织，困难较少。至于合伙与无限公司之异点，《民法·债编》及《公司法》规定甚为明显，毋待赘述。论者谓：合伙组织之钱庄，倘必须改组为公司，则一经发动，钱庄即不免有出于倒闭者，势必紊乱金融，牵动市面，在吾国经济现象之下，实非所宜云云。王效文氏于所著《中国公司法论》中，则谓："如因合伙改为公司，多数钱庄即须倒闭，则其合伙组织之不确实，亦可想见，我国经济社会，亦何贵乎有此不确实之金融合伙组织耶？"是可见毋用其疑虑也。

银行为特殊之机关，在经济界占重要地位，其设立程序应加严格，以便政府监督，故除应依公司法之规定办理外，并须依照特别法之规定。本法尚未施行，故银行之组织与设立，现须依照银行注册章程办理。兹将本法关于设立银行应履行之程序及应注意之事项，除公司法中规定应向实业部为设立登记之程序外，列举于下：

（一）银行非经财政部之核准，不得设立。（本法第2条）

（二）凡创办银行者，应先订立章程，载明左列各款事项，呈请财政部或呈由所在地主管官署，转请财政部核准：（1）银行名称，（2）组织，（3）总行所在地，（4）资本总额，（5）营业范围，（6）存立年限，（7）创办人之姓名住所。

如系招股设立之银行，除遵照前项办理外，并应订立"招股章程"，呈请财政部，或呈由所在地主管官署转请财政部核准后，方得招募资本。（第3条）

（三）凡经核准登记之银行，应俟资本全数认足，并收足总额二分之一时，分别备具左列各件，呈请财政部派员或委托所在地主管官署验资具证，经认为确实，由财政部发给"营业证书"后，方得开始营业。

1. 出资人姓名住所清册；
2. 出资人已交未交资本数目清册；
3. 各职员姓名住所清册；
4. 所在地银行公会或商会之保结；
5. 证书费。

如系无限责任组织之银行，并应添具下列各件：

1. 出资人详细经历；
2. 出资人财产证明书。

如系股份有限公司组织之银行，并应添具下列各件：

1. 创立会决议录；
2. 监察人或检查员报告害。（第6条）

（四）银行应于经核准并登记后六个月内开始营业；否则，财政部得通知实业部撤销其"公司"登记，但有正当事由时，银行得呈请财政部延展之。（第4条）

（五）本法施行前，业已开始营业而未呈经财政部核准之银行，应于本法施行后六个月内，补请核准，逾期呈请者，财政部得令停止其业务。（第35条）

从上述各项观之：本法对于银行之设立，系采"核准主义"，不若"准则主义"之只须依法登记，即可设立。世界各国，对于法人之设立，除采"特许"、"放任"二极端主义外，在一般商法未采用"准则主义"之前，大都采用"核准主义"，自采"准则主义"之后，仅对于特种经营之事业，其为公司组织者（如银行），乃为进一步之核准，其限制较之"准则主义"为严。论者或谓：本法对于设立银行之程序，太为严密复杂，不开通地方之商人，大概不晓法令，且小金融机关用人甚少，欲责令按照公司法及本法办理各种法定手续，在事实上为难能者。不知银行业为社会经济之重要机关，于其设立，绝不能顾全事实，因陋就简，使政府之监督难期周密；况银行法为公法，本含有取缔的性质，吾人于其实质上之缺点，固应加以研究，以期完备；至手续方面，则似无多加指摘之必要也。

## 四 银行之资本

银行之基础，建造于信用之上，其资本一方为博得信用之工具，一方为运用信用之保证，本法对于银行资本之规定綦详，兹分举其要点如下：

（一）股份有限公司、两合公司、股分两合公司组织之银行，其资本至少须达伍拾万元，但在商业简单地方，得呈请财政部或呈由所在地主管官署转请财政部核减至二十五万元以上。（本法第 5 条）

（二）无限公司组织之银行，其资本至少须达二十万元；但在商业简单地方，得呈请财政部或呈由所在地主管官署转请财政部核减至五万元以上。（同上）

（三）银行之资本，不得以金钱外之财产抵充。（同上）

（四）股份有限公司之股东及两合公司、股份两合公司之

有限责任股东，应负所认股额加倍之责任。（同上）

（五）银行非俟资本全数认足，并收足总额二分之一呈请财政部或其委托机关验资具证后，不得开业。（第6条）

（六）银行未收之资本，应自开始营业之日起，三年内收齐，呈请财政部派员或托所在地主管官署验资具证后备案。

如于前项所定期限内，未经收齐，应减少认足资本，或增加实收资本，使认足资本与实收资本相等。（第7条）

（七）银行之股票，应为记名式。（第8条）

（八）无限责任组织之银行，应于其出资总额外，照实收资本缴纳百分之二十现金为保证金，存储中央银行。此项保证金，当实收资本总额超过五十万元以上时，其超过之部份，得按百分之十缴纳，以达到三十万元为限。前二项之保证金，非呈请财政部核准，不得提取。（第15条）

（九）无限责任组织之银行所缴纳之保证金，如经财政部核准，得按市价扣足，用国家债券或财政部认可之债券抵充全部或一部。保证金为维持该银行信用起见，得由财政部处分之。（第15条）

（十）有限责任组织之银行，于每届分派盈余时，应先提出十分之一为公积金；但公积金已达资本总额一倍者，不在此限。（第16条）

（十一）银行公布认足资本之总数时，应同时公布实收资本之总数。（第19条）

（十二）银行增加资本时，其应行呈请验资程序，与本节第五项所述者相同，但非收足资本全额后，不得增加资本。（第27条）

（十三）银行减少资本时，应自呈经财政部核准之日起十五日内，将减资数额、方法及资产负债表登报公告之。（第28

条）

（十四）本法施行前，业已开始营业之银行，其额定或认足而未收齐之资本，应于本法施行后三年内收齐之，第7条第2项之规定"本节第6项"，于前项情形准用之。（第38条）

综上述各点观之：本法对于银行资本之规定，极为严密，且有若干优于公司法而适用之特别规定。法意所在：第一，可使银行之滥设，稍受限制；第二，可使既设之银行，充实其资本，增加其信用；第三，可使对银行授信者，得较为安全之保障，并不致受不肖者之诈愚。惟关于下列三问题，则有一加研究之必要：

（甲）银行之法定资本最低额，是否适宜？
（乙）银行之有限责任股东应否负加倍责任？
（丙）无限责任组织之银行缴纳保证金是否必要？

（甲）银行最低资本额之规定，他国已有先例，如美国、瑞士、坎拿大[①]等均于银行法中特定明文。美国国民银行之资本，最低额在1900年以前，本为美金五万元，是年改为美金二万五千元，并酌量地方繁简，户口多寡，分别定其资本额之等级；最多为美金二十万元，"人口超过五万时"，各州对于州银行之立法例，则互有差异。"联邦准备银行"则规定最低资本额为美金四百万元。日本银行法第3条规定：银行业须为资本日金一百万元以上之股份有限公司；人口一万未满之地方，设立总行之银行，其最低资本额至少应为日金五十万元；其以敕令指定之地方，如东京、大阪两市，则其最低资本额为日金二百万元；要皆以人口为标准。由

---

① 即"加拿大"。编校者注。

斯观之，资本最低额之限定，虽有先例可援，惟同时非察度本国经济状况、生活程度，妥订富有伸缩性之限额不可。本法明订无限公司组织之银行，其资本不得少于二十万元；无限公司以外组织之银行，其资本不得少于五十万元；在商业简单地方，前者得减低至五万元，后者得低至二十五万元。所谓商业简单地方，其实质的标准何在？如上海、汉口、天津、广州等处，固可谓为非商业简单地方，其他如南京、北平等处，是否认为商业简单地方？则属疑问。依愚所信，本法所定最低资本额，在通都大邑，或可认为适合；惟内地及穷乡僻壤之区，其最低额之五万元及二十五万元，仍感过高。虽金融业与其他商业不同，法定限制过宽，易滋流弊；然我国金融状态，尚属幼稚，若以五万元及二十五万元为商业简单地方最低资本额，则于地方之中小产业者之金融，不无影响，所以加于为内地金融中心之小规模钱庄之困难尤多。一方使小金融机关无存在余地，他方又足阻碍中小产业者之发展；更衡以美国国民银行条例规定之最低额，仅为美金二万五千元，本法定为二十五万元，竟超过美国四倍，亦不甚合。故本法首应对于商业简单地方定其界说，并酌将最低资本额分定级数，再予缩小，或竟不加规定，授权财政部妥为斟酌，庶可不致与实际情形凿枘也。

（乙）考本法规定银行有限责任股东应双倍股款责任。据马寅初氏之解释，以为甘末尔顾问团主张限制银行存款总额至多不得超过资本金、公积金合计之五倍，今以此种限制，不适用于我国，乃以此加倍责任代之，实则此制创自美国国民银行条例。该条例规定：银行负有债务时，股东之责任，除交足其持有股份所记明之数额外，并须在相等于股款之范围内，再行各别依平均比例法，缴纳现款，以偿还银行所负之债务。查美国1933年银行法，业已取消国民银行股东双倍之责任。是本法之渊源，已有变更，其应加改正，不待多言，已由上海银行公会呈请政府采纳。兹姑就理论言之，在立法者之意，以为加重银行股东责任，所以期银行之基础巩固，及存款之保障安全；不知公司之组织，所以在今日经济制度下较为发达者，化人的结合为资本的结合，股东所负责任，以所认之股份为限，且股份得以自由转让，实为基本原因。今一旦责令有限责任之银行股东，负加倍责任，在将来未设立之银行，投资者了解其责任之加重，裹足不前，足以阻碍金融事业之发展。至既设之银行，在昔未尝有加倍责任之规定，而于本法施行后，则非负加倍责任不可，经营不甚稳健之银行之股东，必至发生恐慌，因规避加重责任，纷纷出让其股份，愿意投资者，又虑责任之太重，不愿承买，银行股票之价格，一致跌落，其信用乃大衰减。法意原为增厚银行信用者，其结果适得其反。尤有进者，银行之殷实与否，须视其资产之性质及资产负债之比例暨经营之是否合法而定，所谓重监督而不重责任，即使股东加倍负责，其范围终属有限，亦未能尽防患之能事。本法对于检查银行营业情形，既有详尽之规定（本章第六节），所以保障存款人利益者，已不可谓不严密矣。总之，与其加课股东之责任，毋宁加课银行重要职员之责任；因在公司之组织下，小股东散处各地，其持有银行之股份者，在股东会中，仅有发言之权能，难得表决之实益；银行经营之善否，实由其重要职员左右之，以重要职员之所为，而必强令一般以资金合作之股东共负其责，在社会政策上，不能谓为公平也。

（丙）银行资本，贵在流通运用，今照本法第 14 条规定，无限责任组织之银行，须提资本百分之二十及百分之十为保证金，另行存储，则流通运用之效力，未免减少。本法第 15 条虽准通融以债票缴纳，然于银行资本之社会的经济效用，仍无从发挥，其无限责任之意义，即为无限制的负担债务的责任，本非以投资额为限；今区区以投资额百分之二十及百分之十为保证，且满三十万即免予再提，在事实上既不足完成保证之力量，在理论上又失却无限责任之意旨，似非立法者之本意。故欲求负无限责任者不能脱卸其责任，似不如对于其全部资本及其他之全部财产，予以严格之规定。例如，无限责任组织之银行，如倒闭时，无限责任者不立时提出充分之财产时，法院得经利害关系人之声请，扣押全体无限责任者之全部财产备抵，其人均以破产者论；或规定倒闭前若干时日内，无限责任者若故意有处分其财产之行为，以不法论，予以相当之罪名之类，似于法理较符，亦于事实有裨也。

## 五　银行营业之时与地

银行营业，必有时间，于此时间内，银行对于顾客及同业，履行债务，行使债权；其不在银行时间内所为之存款、放款、收发票据等行为，在法律上不能认为银行之营业。故各国立法例，莫不对于银行营业期日及时间，加以规定。日本银行法第9条，明定营业年度，第18条明定银行假日，同法施行细则第13条，明定营业时间，为其一例。本法类此之规定如下：

（一）银行之营业年度，为一月至六月，及7月至12月。（本法第17条）

（二）银行营业时间，上午九时起至十二时止，下午一时起至四时止，但因营业之必要，得延长之。（第20条）

（三）银行休息日，以星期日，法定纪念日，营业地之例假日及银行结账日为限；但每营业年度之结账日，不得过三日。除前项规定外，如因不得已事故，须临时休息者，应即呈请所在地主管官署核准公告。（第21条）

论者关于营业年度之规定,有两种见解:(1)各银行呈部核准之章程,其营业年度都系1月至12月,至6月30日结账,纯系内部决算关系,并不分配盈利及召集股东会等;本法以每半年为营业年度,势须在总分行所在地报纸公告公积金及股息与红利分派之议案(本法第18条第2项),则于实际情形不甚切合,且使手续增繁。(2)我国以农立国,金融界之借贷决算,以适合农业经济为主,可不必拘泥于国历,近年来政府另定各业大结束期,即其适例,本法既系一般实用,对于内地旧式金融机关,不无有应加考虑之处。上述二点,虽不无理由,余则以为兹二事均为手续问题,无关宏旨,各银行中,如上海商业储蓄银行即每半年总决算一次,亦无若何不便。至按国历结账,已为实际奉行之事,可毋庸再加更改也。银行之营业地点,等于自然人之住所,与银行之涉外法律行为,关系至大。如支票本票之提示及付款、汇票承兑、存款之收受与支付、放款及贴现之订立、诉讼行为之提起,均以银行之营业所为其中心。美国银行法规定,银行之营业地点,必须于许可证状中明白订明。盖银行主要业务之经营,必须于其法定营业所为之,但遇有必要时,银行除设立分行或办事处外,亦得本埠及他埠,委托他人代理业务上必要事项。至于银行之设立分行,非经特许,不得为之。我国公司法规定:公司本店支店及其他所在地,为必要登记事项之一。本法第3条规定,银行总行所在地,为呈请财政部核准事项之一;第26条规定,银行(甲)设置分支行及办事处或代理处,(乙)变更总分支行及其他营业所在地,(丙)分行以外之营业机关改为分行,均须得财政部之核准。又第36条规定,本法施行前,业已呈经财政部核准之银行,其已设之分支行及办事处或代理处,未经核准者,应于本法施行后六个月内,补请核准,逾期不呈请者,财政部得令停止其业务,亦即本乎此意也。

## 六　银行之监督及检查

银行为重要金融机关，与社会经济，息息相关，于其设立之初，固应严加限制，于其存续期内，尤宜施以严密之监督与检查，以期防遏弊端，务使合法，此各国银行法对于银行之监督与检查，莫不有详密之规定也。本法以财政部为银行之上级主管官署，其监督权之范围甚广，列举如下：

（甲）银行设立时：

（一）核准银行之设立；（本法第2条）

（二）核准银行之章程及其他事项；（第3条、第6条）

（三）核准银行呈请展延开业期日；（第4条）

（四）对于逾期不开业之银行，通知实业部撤销其登记；（同上）

（五）核验银行之实收之资本；（第6条）

（六）发给银行营业证书。（同上）

（乙）银行存续期间内：

（一）督促资本未经收足之银行，于开始营业之日起三年内，将未收资本收齐，并加以检验；（第7条）

（二）征纳无限责任组织之银行应缴之保证，存储中央银行，并核准其提取；（第14条）

（三）核准无限责任组织之银行，请求以有价证券代充保证金，并于必要时处分之；（第15条）

（四）查核每营业年度终，银行依照部定格式造具之资产负债表及损益计算书；（第18条）

（五）随时命令银行报告营业情形，及提出文书账簿；（第22条）

（六）于必要时，派员或委托所在地主管官署，检查银行之营业情形及财产状况（第32条）；检查员应于检查终了十五日内，将检查情形呈报，对于报告内容，检查员应严守秘密，违者依法惩处；（第25条）

（七）银行经检查后，认为难于继续经营时，得命令于一定期间内变更执行业务之方法，或改选重要职员；并为保护公众之权利起见，得令其停止营业，或扣押其财产，及为其他必要处分；（第24条）

（八）核准银行关于（一）变更名称，（二）变更组织，（三）合并，（四）增加资本，（五）设置分支行及办事处或代理处，（六）变更总分支行及其他营业所在地，（七）分行以外之营业机关改为分行之声请；（第26条）

（九）对于银行增加资本，加以检验；（第27条）

（十）核准银行兼营信托业务；（第29条）

（十一）指导或监督同一区域内之银行，共同办理：（一）增进金融业之公共利益，（二）矫正金融业上之弊害，（三）办理票据交换所及征信所，（四）协助预防或救济市面之恐慌等事项，及（五）其他关于金融业之公共事项；（第33条）

（十二）银行违反法令，或其行为有害公益时，令其停止业务，撤换其职员或撤销其营业证书；（第45条）

（十三）核准银行自行解散之声请。（第43条）

就上述各点观之，本法所赋予财政部之权力极大，如何在合理的原则下，使民无扰，使法易行，俾达监督与检查之真实目的，是所望于贤明廉洁之政府也。

## 七　银行与信托业务

信托事业，滥觞于英，洎入信用经济时代，人事纷杂，懋迁繁复，信托制度乃因时势之需要，而日益发达。今日世界各国几无一国不有专营信托业务之信托公司存在，即银行之兼营信托业务者，亦所在多有，盖非无故。考信托关系，较债权债务契约之关系，更进一步，其范围较任何事业为广。而与民法上之代理，尤多相近。

我国为礼教之邦，信托心理，萌芽久远，未具雏形，民十以还，信托业务，始创于上海，十四年来，纯正信托业务，仍无相当进展。据近统计，上海一隅，有信托公司12家，全国兼营信托业务之银行42家。而国家对于信托事业之法律，尚未制定。本法鉴于银行颇多兼营信托业务者，故就银行兼营信托业务，加以规定，其要点如下：

（一）银行非经财政部之核准，不得经营信托业务。（本法第29条）

（二）本法施行前，兼营信托业务之银行，非经财政部之核准，不得继续其业务。（同前）

（三）银行经营信托业务之资本，不得以银行之资本与法定公积金抵充。（第30条）

（四）银行收受之信托资金，应分别保存，不得与银行其他资产混合；非因特别事故，预得委托人之同意者，不得以信托资金转托他银行或他公司。（第31条）

（五）经营信托业务之银行，对其受托之业务，除向委托人征收相当之报酬外，不得再从信托上取得不正当之利益。并不得为有损于受益人之行为。（第32条）

以上之规定，简略异常：第五点，事属当然，为注意规定性质；第四点似以信托存款为对象，第一、第二两点，亦系当然规定；惟第三点以另行招募股本为必要，未免严刻。我国信托业，尚在幼稚时代，银行兼营，不过为附属业务之一种，若必须独立招股，成效未可期。而信托专业之机倪，或将因而遏阻。不若仿照银行兼营储蓄业务办法，准其酌拨资本，另设专部办理之，庶能兼筹并顾也。至信托业务之基本法律，其订立不可或缓，尤不待言。

### 八　银行之解散与清理

银行对内对外之关系，复杂万状，于其解散时，如无整齐划一之办法，以为清理，势必流弊横生，小之足以诈害银行之一般债权人，大之足以扰乱社会之金融。故各国银行法，对于银行解散时之清理，莫不厘订缜密办法。美国银行法，对于银行之清偿不能停业清算之规定，最为详尽，该国关于银行清算事项之特种条例，规定：（1）绝对禁止清偿不能后之转账及支付现款等行为；（2）绝对禁止预见清偿不能时，为或种行为，使普通债权变为有担保之优先债权，诈害其他债权人；（3）清偿不能后收进之存款，为诈欺行为，应返还该被愚之存户，即使该款转入清算人或破产管理人之手，亦得由存户提出相当证明，请求返还全额；（4）清偿不能之银行所发之支票及汇票之持有人，无优先受偿之权；（5）清偿不能之银行之债权，可以其债务抵销之，均为可供采取之法例。美国国民银行条例则分银行解散为"自动停业"与"被动停业"二种，前者因股东为无意继续经营之决议，自动宣告清算，须依照法律之规定办理。后者，于（1）银行职员违法，被政府取消营业权或勒令解散时；（2）债权人对银行已取消确定判决及执行命令，而银行竟不能返还判决之债务，已经三十日，由法院书记官予以证明时；（3）金融监理官认为该银行确有清偿不能之情事时，经金融监理官考虑后，得令即日清算，并选派清算管财人，使其了结该银行之现务，并催收股东应履行之补缴股款责任。清偿不能后该行所为之不法行为，应归无效，已如前述，而对于清偿不能银行所提之任何诉讼行为，非经终局判决确定后，法院不得对该银行为假扣押假处分或假执行之处分，对于少数债权者，虽属不便，但就一般债权人之利益着想，其法意亦有足多者。本法对于银行解散时之清理方法，亦有相当规定，兹先参照公司法及本法之规定，列举银行解散之原因如下：

（甲）公司法上之原因：

（一）章程所定之解散事由发生；

（二）所营事业已成就或不能成就；

（三）无限公司组织之股东仅余一人，或股东全体之同意；

（四）两合公司及股份两合公司组织之无限责任股东，或有限责任股东全体退股；或股东全体之同意；

（五）股份有限公司组织之股东之决议，或有记名之股东不满七人；

（六）与他银行合并；

（七）破产；

（八）法院解散之命令。

（乙）银行法上之原因：

（一）未经财政部核准登记，擅自开业时；（本法第46条）

（二）登记后逾六个月不开业，亦未呈请财政部核准展延，被实业部撤销登记时；（第4条）

（三）营业情形及财产状况，经财政部检查后，认为难于继续经营时；（第 24 条）

（四）违反法令，或行为有害公益，经财政部撤销营业证书时。（第 45 条）

其次分述本法对于银行解散清理之特别规定如下：

（一）银行解散时，应将营业证书缴呈所在地主管官署，转送财政部核销。（本法第 44 款）

（二）银行如因破产或其他事故停业或解散时，除依其他法令（如公司法及破产法、该行章程、财政部制定之监督银行清理办法等）规定办理外，应即开具事由，呈请财政部或呈由所在地主管官署转请财政部核准后，方生效力；银行停止支付时，除详具事由，呈请所在地主管官署核办外，应即在总分支行所在地报纸公告之，并呈请财政部查核。（第 43 条）

（三）银行改营他业，其存款债务尚未清偿以前，财政部得令扣押其财产，或为其他必要之处置；其因合并而为非银行之商号承受银行之存款及债务时亦同。于此种情形之下，财政部得随时命令该银行报告情形，及提出文书账簿，于必要时，并得派员或委托所在地主管官署检查该行之情形及财产状况。（第 41 条）

（四）银行清理时，其清偿债务，依下列之顺序：

1. 银行发行兑换券者，其兑换券；
2. 有储蓄存款者，其储蓄存款；
3. 一千元未满之存款；
4. 一千元以上之存款；（第 42 条）

上述数项，大体尚称妥当。考本法制定之时，储蓄银行法尚未颁行，故列诸储蓄存款于普通存款偿还顺序之先；现在各银行办理储蓄业务，既另有单行法可资依据，则本法自可将该项剔除，以明界限。惟本法第 42 条所列四项，未将"本票"列入，在目前我国普通商业习惯，视各银行所出之本票，不啻现金，银行或钱庄清算时，往往将本票列入优先债权之内，此种善良习惯，足以增加社会对于本票之信托心，本法似有加以采纳之必要，又收受汇款之未经解付者，似亦应视作优先，此上海银行业同业公会银行法研究委员会之主张也。

## 九　罚则一瞥

银行须为公司组织，公司法所订之罚则，对于银行当然有其适用，本法第 46 条至第 48 条所列之罚则，其追加者也。至各该项罚金之科处，亦为刑事处分，应经由法院判决，并依据《刑法·总则编》之规定，则亦毋待多论。兹将本法规定之罚则列举如下：

（甲）对于银行者：

未经财政部核准登记，擅自开业者，除得由财政部合其停业外，并得处以五千元以下一千元以上之罚金。（本法第 46 条）

（乙）对于银行之重要职员者（关于重要职员之解释，见本法第 49 条）：

一、得处以一年以下之徒刑并千元以上之罚金者（第 47 条）：

（子）于营业报告中，为不实之记载，或为虚伪之公告，或以其他方法欺蒙官署及公众时；

（丑）于检查时，稳蔽文书账簿，或为不实之陈述，或以其他方法妨碍检查时。

二、得处以十元以上千元以下之罚金者（第48条）：

(1) 怠于为本法规定之呈报或公告时，

(2) 银行之资本，以金钱外之财产抵充时（第5条、第4条），

(3) 兼营本法未加规定之业务时（第9条），

(4) 为商店或他规定他公司之股东时，其已经出资入股者，不于本法施行后三年内退出，并按其入股之数，核减资本总额时（第10条），

(5) 收买本银行股票时，或以本银行股票作借款之抵押品时，其因清偿受领之本银行股票，不于四个月内处分时（第11条），

(6) 除关于营业上必需者外，买入或受不动产时，其因清偿受领之不动产，不于一年内处分时（第11条），

(7) 放款，受领他银行之股票为抵押品，超过该银行股本总额百分之一时，或对该行另有放款，其所放款额，连同受押股票数额合计，超过本银行实收资本及公积金百分之十时（第12条），

(8) 无限责任组织之银行，不依法缴纳保证金时，或已缴纳，而擅自提取时（第14条），

(9) 有限责任组织之银行，不依法从盈余提公积时（第16条），

(10) 公布认定资本之总数，不同时公布实收资本之总数时（第19条），

(11) 对于本法第26条规定之事项，不呈请财政部核准时（第26条），

(12) 对于经营信托业务之资本，不独立招募时（第30

条)，

　　(13) 收受信托资金，不分别保存时，或未得委托人同意，以信托资金转托他银行或他公司时（第31条），

　　(14) 从受托之信托业务，收取非法报酬时，或为有损受益人利益之行为时（第32条），

　　(15) 对于任何个人或团体放款，超过本法第34条所定之成分时（第34条），

　　(16) 非公司经营银行业务，不于本法施行后三年内变更为公司组织时（第40条），

　　(17) 因破产或其他事故停业或解散时，未开具理由呈请财政部核准时（第43条），

　　(18) 停止支付时，未在总分行所在地报纸公告，并呈请财政部查核时。

　　本法科罚条，网罗周密，亦可显见本法极富刚性，倘使实行有日，凡从事银行业者，亟宜深切研究，庶不致贻违法干咎之后悔也。

# 储蓄银行法中重农精神之研究

张道渊

中华民国修正之储蓄银行法（本文以后简称本法），已于7月4日公布施行。本法对于保障正当之储蓄，允称缜密美备。本法所关涉之各点，专家曾有精辟之论列，毋待赘言。作者仅就本法中重农之精神，加以研究，略抒管见，以求教于金融界之硕彦。

储蓄银行原为特种经营业务之银行，而非特种运用资金之银行，例如渔业银行与矿业银行之类。本法对于运用资金所列方法与规定之如何，即可知本法之立法，别具特种之精神，而有异于他国之法例也。本文今就本法第7条与第8条之条文，据以研究之。

本法第7条对于运用资金之方法，列举计有八款：第1款之总额，在第9条中特书为提供担保储户而别有所规定；自第2款至第6款各款之总额，在第8条中各有不得超过之比例以限制之，其旨在唯小是务；而于第7款及第8款之总额，独规定以不得少于之限度，其旨在唯大是务。吾人据上述以演绎之，第7款及第8款之总额，尽可扩大，而至于占存款总额四分之三（依第9条所规定第7条第1款须提供至少应占存款总额四分之一），甚可概占资本金及公积金之总额。简言之，储蓄银行运用其资金，须以农村合作社与农产质押放款为原则。观此第7条与第8款之立法主旨，全在乎储蓄资金之归农。而且第16条对于第7条第8款又严订违反之罚则。法属硬性，足见本法重农精神之坚决峻严矣。

本法既具重农之精神，抱资金归农之主旨，则立法之技术，当不外乎贯澈①其重农归农。今一检本法第 7 条所举归农放款之种类，硬性的仅列二款，而在第 8 条对此放款之总额，则规定不得少于存款总额五分之一。夫其所列举可容受之种类，与其所规定至少应付之总额，在民营制度下，是否时时可以直接适应，当然成为问题。盖经济先无真个②具体之计划与统制，而本质又不若物理化学确有比重与程式，如是，教人在资本地位，安能贸然从事于不可知之数？姑以其所列举之二款，已可认为容量无限，而且健全不敝，则立法于施受之初，若无诱导、联络与化合之积极条文，恐亦难乐观厥成。而今消极的规定限度与罚则，强人运用自如，似亦近于至尊之思想乎？又归农最矛盾之点，厥为不得使用现代经济电流之支票，使施受双方间，先告割线绝缘，而无往来接触之机遇。譬如，严限责人渡登彼岸，然而目前既无能渡之方，复无可渡之具，虽有人焉，遵令欲渡，终亦望洋兴叹，若不涉，罚则随之，涉则顿遭沉溺。结果，彼岸之农既不能得援，欲渡之商亦无济于事。所以本法重农之精神与归农之主旨，吾人举目凝视，仿佛海市蜃楼，可望而不可即也。

探究第 7 条与第 8 条运用资金之对体，专重于农村合作社与农产。其立法旨趣，似乎采取德国农业金融机关之普鲁士中央合作银行（Preussische Zentral Genossenschafts Kasse）与日本农业金融机关之中央合作银行。然而德日中央合作银行之立法，各有民族经济情形与历史之背景。普鲁士中央合作银行创

---

① 同"贯彻"。编校者注。
② 同"整个"。编校者注。

立之际（1895），德国雷发巽（Raiffeisen）[①]式农村合作社运动，已有三十余年之历史。彼设立普遍，而其组织与经营亦臻美善，当时农产又正将跨入昌盛之时期，所以普鲁士中央合作银行运用其资金于农村合作社与农产，自有水到渠成之妙。至于日本之中央合作银行，乃脱胎于德，然亦待时而动。盖其设立之时，国内农村合作社，效步德国，亦已具相当之历史与效果矣。虽然，日本之中央合作银行仿德而设，而对于运用资金，各有特征。但二者之中央合作银行，俱属官民合办，对于放款方法，兼重信用，故其法易于推行尽利。今本法欲以商办之储蓄银行，代负中央合作社之使命，非常之时，未为不可，然中国民族固非德日民族也。立法规定，不能不反省自己之环境与历史，而中央亦应勇于负责，认为股东，不宜以连带无限

---

[①] 德国农村信用合作社的创始人弗里德里希·拉费森（Friedrich Wilhelm Raiffeisen，1818~1888）于1849年任佛拉梅斯佛尔德市长时，在当地组织了60个家境较富裕的人，创立了"佛拉梅斯佛尔德清寒农人救助社"（Flammersfelder Hulfsvereins zur Unterstutzung unbemittelter Landwirte）。他认为，合作社的目的不仅在于物质利益，而且在于提高道德或精神，主张社员不仅要有经济上的信用，而且要有道德上的信用，负无限责任。只要参加信用合作社的人就可以从合作社取得低息贷款，而贷款只能用于俭朴的生活和生产目的。贷款的担保物不是抵押品，而是借贷人的信用。为了保证贷款的安全性，要求两位邻居签名作为担保人。贷款主要用于建筑和创办小企业，因此是用于投资而不是消费。在管理方式上，采取民主管理，社员就是所有者，并且是服务对象，依据一人一票的投票方式进行组织安排和经营方针决策。全体社员每年召开一次会议来选举合作社的领导，并对一些基本的贷款政策进行商议。每个合作社都会雇佣专门的会计人员来对其日常的经营活动进行记录和管理。莱弗森在一生中共组织了425个合作社。在其去世后翌年，即1889年，《德意志帝国合作社法》（Reichsgesetz betreffend die Erwerbs-und Wirthschaftsgenossenschaften）颁布，这是全世界第一部合作社法律。可参看 Walter Arnold / Fritz H. Lamparter, *Friedrich Wilhelm Raiffeisen. Einer für alle - Alle für einen.* Neuhausen-Stuttgart：Hänssler, 1985。

全诿①于民商为得计也。所以本法重农之精神，不失为伟大绝伦，而归农之技术与志愿，似宜修正，以求贯澈。

　　储蓄行为是乐观的、积极的，若无特别变故，储蓄存款之总额，自然日增月累。本法归农放款之总额，既规定不得少于存款总额五分之一，而可能扩大至占存款总额四分之三，及资本金与公积金之总额，前已述之。然则使与之适应之放款种类，不应仅限二款。立法似宜依据主旨，斟酌推广，而在其余运用资金方法之限制中，又应处处照顾归农，加以但书。如是一则至少占存款总额五分之一之贷借对照数，时时不失平衡，或贷当超于借；二则异途同归，分工合作，国于贯彻本法资金归农提倡合作之主旨。今照作者修正之管见，在第7条中宜增益者，计有六款：（九）对于农村建设事业以收益为保证之放款，（十）对于农具肥料制造工业之质押放款，（十一）对于农村典当之保证放款，（十二）对于业农或学农者具五人以上连环保证之放款，（十三）对于农村自治法团之保证放款，（十四）其他农村金融法团之保证放款。在第8条中对于第7条第3款之放款总额，已有规定外，宜加"但属于农垦田地者不在此限"。对于第7条第5款之买入票据额，已有规定外，宜加"但农村合作社之保付支票及押汇汇票不在此限"。对于第7条第6款之存放总额已有规定外，宜加"但存放各县农民银行土地银行以及有关农业金融之银行者，不在此限"。总之，重农之精神与归农之主旨，当随处运用技术，引人入胜，即陆放翁诗所谓"山穷水尽疑无路，柳暗花明又一村"者是也。立法观念如此乎？则立法技术亦如此也。

　　储蓄银行之所在地，非都市即城镇，自与农村间有相当之

---

① 同"委"。编校者注。

距离。农家不若商家之聚居都市与城镇,储蓄银行今欲以资金周旋于农村,其利用支票,较诸他种银行,尤属必要。今日我国各地钱庄,对于农村往来,无不适用支票,若上单、划条、联票之类,格式不同,功用则一。农村使用支票,已成习惯,历代农村经济与都市经济之联络,相互繁荣,端赖此类之支票。此不过就事实与习惯,在纵横两方之现象而言之。至于支票,在现代法律上与经济上之意义,姑不具论。今本法对于活期储蓄存款,限制不得使用支票,则古往今来之历史观与彼往此来之经济观,在储蓄银行与农村间,一时可告消灭无余。本法之立法,未免发生矛盾乎:今作浅近之假定,储蓄银行放款于农村合作社,而合作社之需用,又属随时或临时支取。农村合作社若将该款转入于活期存款,照章凭折而不使用支票,则每次支用或拨付,必须持折上城,亲来料理,否则,惟有在借款成立之时,如数取现。如是,债权人之储蓄银行与债务人之农村合作社间,仅能发生一次过程之贷借关系,而不能发生时常往来之票据关系。因彼此不能发生时常往来之票据关系,储蓄银行对其法定主要债务人之农村合作社,永无机会可以就其支票受票人提款之动向,随时究察其资金运用之状况。至储蓄银行放款方法之运用,势归一次清给,亦太觉不合储蓄与经济之原则。其在农村合作社方面,对于运用借入金、连带影响,不得不现收现付,其是否便利合宜,此又成为另一问题也。农村合作社既不得使用储蓄银行之支票,当然,其社员之农人对储蓄银行,亦无机缘便利认识彼此经济关系。储蓄银行在此情状之下,欲满拟资金,尽量运用于农村,是真闭门造车,妄想坐而推行于陇亩之中,高唱合作之歌也。本法第5条,对于活期储蓄存款不得使用支票一节,似宜加以修正,而管见则为"若存户要求使用支票者,非具相当保证,不得照准"。如是本法资金归农之主旨，其历史观与经济观，更见万丈光芒焉。储蓄银行之支票，亦可随同农村合作社与农产之放款，使用于农村，于是支票更引起农人之信心，则支票流通贴现，自有日趋繁荣之势，间接即调剂农村金融于无穷也。中国票据之发达得同时种瓜于农村而可蔓延滋长焉。

今就现状观察之，农村合作社成绩之报告如何，农产价值之趋势如何，农村经济之实情如何，总之，可合无所作，有农不可产，有产不能销，有销不得利。但需款孔亟，而质物已尽。进究农业之实质，人才缺乏，能力薄弱，设施简陋，加以天不时人不和，种种不堪情形，说来滋痛。本法对于资金归农之方法，借方仅限二款，又附质押，而贷方规定低度，严订罚则。政府尽管立法，而商民无限负责。本法在文艺立场土，布局庄严，章法起伏，固可称"文起百代之衰"矣。然而吾人更期当局虚谷为怀，泰山是任，以实务农，植之培之，假以余地，硕果自见，举我中华民国之储蓄银行法，蔚为中外万世之诰谟。

# 美国银行统制的新阶段

## ——1935年银行法的检讨

小岛精一 著　帅云风 译

当本年8月19日美国议会闭会的时候，成立了号称"1935年的银行法"。本法较诸"1933年紧急银行法"，"1933年银行法"，"金准备法"等所表现的罗斯福之金融统制更进一步的发展，由这一点说来，正像哥伦比亚大学教授韦礼思（H. Parker Willis）所命名为"银行界的新规约"（New deal）同一意义。

这个法律的原案，大致为现联邦准备局总裁爱柯列斯（Marriner S. Eccles）所立案，其中心目的，使银行制度更进一层的统一化及中央集权化并，使政府的统制力加度强化。简而言之，增强大总统对于联邦准备局，联邦准备局对于准备银行，准备银行对于加盟银行的统制，另一方面，在联邦准备体制之下，谋全国银行之统一，进而使金融统制之澈[1]化。这个原案曾提交上下两院各专门委员会，在下院简直未加检讨，将原案通过，遂转到上院，在上院颇经一番慎重的讨论。在这个期间，韦礼思的论说，特将第二部合有政治统制用意之规定的重大性，完全普及到全国银行家，使其认识，因之非难之声渐次而起。结果，上院委员长加达·科拉斯所率之专门委员会，对于第二部，泰半另创独自的立案，经过长期间的听问会，将原案完全更改，直至议会闭会之

---

[1] 同"彻底"，下同。编校者注。

时，始得成立。

本法由三部而成，第一部规定存款保险制度的恒久化并借扩充而谋全国银行制度之统一，第二部规定联邦准备局的组织，依其权限的强化而谋中央集权化及其他一般金融及通货关系的事项，第三部规定自 1933 年银行法以来之诸立法的必要之技术的修正。因此而成为问题者，则为第一部及第二部——尤其是对于联邦准备制度，虽然是根本的变革，但仍然袭取名义上的规定。以下姑就本法第一部及第二部，将政府所计划的原案与所成立的法律比较而加以解说。

## 一　依存款保险制度之银行统制

### （一）非加盟州法银行的问题

施行有效的金融统制之最初的前提，须将全国银行以某种形式，直接置于政府监督统制之下。然而合众国因特殊的国情，像这样简单的前提，尚未完全做到。联邦政府的直接监督权（根据联邦法所设立之所谓国法银行的全部，及准据各州法律所设立之所谓州法银行的一部），只限于联邦准备体制，而未及于非加盟于联邦准备体制之州法银行。原来联邦准备制度，是不问银行之大小，不拘联邦法与州法，凡属国内健全银行统行包括在内，而创设统一的银行制度为目的，然而多数银行家囿于地方的利益不肯加入联邦准备制度，其结果，若借前联邦准备局总裁美亚氏之言，则对于联邦准备制度之加盟银行与非加盟银行之间的竞争，因而关于有效的银行监督，发生显著的阻害；采用在联邦政府监督下之统一的银行制度，要以澈底改革银行为前提条件，以上两点，须要明白的承认，像这样事情，便会招致。

1933 年春，在银行恐慌中登场之罗斯福大总统，为要达到金融统制之主要支持所谓彼所首唱之"新法案",也曾计划谋全国银行制度的统一化。然而,不利用就任当时的紧急状态,采取非常手段,一举由正面谋全国银行之统一化,反而盘桓曲折,欲渐渐达到目的。为统一化的手段所考之案,就是依据 1933 年银行法所创设的存款保险制度。这个制度要用一句话来解释,银行陷于不能支付之时,政府(实际上是半官的存款保险公司)不过对于一定的存款,保证支付,依此为谋银行统一化的手段,加入这个制度的条件,便是为着要求银行加入联邦准备制度。

1933 年银行法的规定,分为一时的保险与永久的保险。所谓一时的保险,乃是一种过渡的实验,由 1934 年 1 月起到 7 月为止,凡是二千五百金圆的存款,皆是全额保险,所谓永久的保险,乃在 1934 年 7 月以后,实用对于全额存款的保险。

但是到 1934 年 6 月,一时的保险又延长一年,只是保险的存款提高至五千余圆。可是到了本年 6 月,1935 年银行法成立的意外迟缓,又将一时的保险延期至 8 月底。因此 1933 年银行法之永久的存款保险,一度都未实施,马上就根据 1935 年银行法,施行永久的保险制。

## (二) 从原案退却

依照 1935 年银行法,对于存款保险某一帐座,要是在五千余圆以下的存款,均施用保险,然而以此而论银行统一化的效果,这回的法律比起原案来,或是比起 1933 年法来,都要脆弱。依照原案,对于欲加入保险制度的非加盟银行,到 1937 年 7 月 1 日以后,要求加盟于联邦准备制度,假设要依照成立法,凡属被要求加盟于联邦准备制度的州法银行,只限于有百万金圆以上的存款的行家,而且就是有百万金圆存款的银行,到 1942 年 7 月 1 日止,只是参加保险制度,而不加盟于联邦准备制度也可以。

合众国现在有 15400 家银行，其中加盟于联邦准备制度者约 6400，剩下的 9000 属于非加盟州法银行及其他；根据本法，到 1942 年以后，加盟于联邦准备制度者，依韦礼思的计算，其中约有 2500 家，要依其他专门家的推算，未必能出 1000 家。因是而就骨子里来推算，就是到了 1942 年以后，尚有 6500 非加盟银行残存着，所以联邦准备体制之对于美国银行制度的统制力，犹未能期于完善。

然而由以上的结果，不能率直的断定政府统制主义的败北。因为对于非加盟小银行，虽然他们不受联邦准备制度的统制，但是比较起对于联邦准备局的加盟银行的监督还要更行澈底，那是用别的形态之国家的监督，即所谓存款保险公司（Federal Deposit Insurance Corporation 略字．F. D. I. C.），他们须要受其监督。

### （三）统一的监督机关之存款保险公司

存款保险公司与实施一时的存款制度，同于 1933 年创设，其后不断的扩大权限，终于形成在合众国的银行监督之中心的机关。

举世共知的美国的银行监督，各种的系统复杂错综，极其混乱。四十八州及哥伦比亚地方，各个持有独立的银行监督官厅，联邦政府之下，还有四个不同系统的监督机关。第一是联邦准备体制，这是执行对于全部国法银行及州法加盟银行的监督统制权。第二是通货监督官（Controller of Currency），这是由发行纸币的观点上，监督国立银行。第三是复兴金融公司（Reconstruction Finance Corporation 略字 R. F. C），这个公司前年为买银行优先股票，在四千个银行之中获得十亿金圆的参与权，因之独自设立检查官，监督以上诸银行。第四便是现在成为问题的存款保险公司。

上述种种州与联邦的监督，在许多点上都感重复，银行和政府负担二重三重的手续及费用。像这样繁杂的情况，从来都是银行家与识者之流的非难之鹄的，今后联邦准备制度系统以外的监督，渐次有委诸存款保险公司之手的倾向。若干州已采用存款保险公司的报告。就是联邦政府系统的机关，通货监督官因国法银行券渐渐由流通社会敛迹而消失其监督机能，对于国法银行之监督权，由存款保险公司接收，连复兴金融公司也有接受存款保险公司的检查报告的可能。

### （四）存款保险公司的信用能力

依1935年银行法的存款保险，与上述之1933年银行法的永久的存款保险制度及其他诸点，其中有很大的差别。被保险之存款，依后者计，对于全部存款应按照存款额的保险率递减，依新法计，犹如从来之一时的保险制度相等，对于每一帐座，制限以五百金圆为止的存款全额保险。再根据1933年银行法，对于存款保险所生之损失，凡属加入银行负有无制限的补给义务，而据新法，加入银行每年能按照规律纳入平均存款十二分之百分之一便可。

联邦存款保险公司的全资本的构成，合计约三亿二千万金圆，其数目字如下：

    150 百万金圆国库交付金
    140 百万金圆联邦准备银行交付金
    33 百万金圆加入银行交付金（第一年度推算）
    323 百万金圆合计

依据新银行法，存款保险公司能发行比资本金多三倍的债券，其潜在的信用能力，应达969百万金圆。而且存款保险公司所发行之债券，每逢紧急之际，国库应负担五亿金圆。

## (五) 储金保险公司的统制上的权限

储金保险公司,对于保险制度加入银行的营业方针,持有广泛的影响力。公司对于(1)银行经过公司的请求,仍然继续"不健全或不确实的营业方法"之时,(2)银行首脑部有违犯法律行为之时,可以根据以上的理由,要求该银行脱退保险制度。接受除名通告的银行,虽然允许抗辩,但是对于储户,不得不通告受了除名的处分。纵被除名之时,对于当时的储款,应负二年以后的保险责任。从储金保险公司除名者,纵然是州法银行,从联邦准备制度除名者,纵然是国法银行,那就是宣告破产的意思。一个银行假设脱退联邦准备制度,同时也就是脱退储金保险制度的意思。

加入储金保险制度的银行,对于国法银行与联邦准备加盟银行便不受最小资本的规定。但是,储金公司认为必要的时候,可以要求加入银行增加资本。储金制度加入银行,关于利息政策以及银行首脑部职员与联邦准备银行受同样的限制,并合及设立支店,亦须经过储金公司的承认。

对于新设银行,储金公司的影响力更为澈底。私营的新设银行,或是加盟联邦准备制度及储金保险制度,未经储金公司的详细检查是不可能的。

加入储金保险制度的国法银行,假设陷于不能支付的时候,得由储金保险公司任命该银行的破产管理人。州法银行如当破产之时,假有人要求,也得受同样的处置,可是在目前,许多州都用州法来禁止着。被保险的储金的支付,或移转加入保险的其他银行,或成立新的银行,要在"极迅速的范围内"执行之。

尤其对于后所论及为支付储金事务有创设新银行的权限,更有注意的必要。因此而产生之银行,自身原无资金,完全靠储金保险公司供给且整个的受其统制。这种银行不能与其他银行竞争，因之其事业范围亦受制限（假设在当地是唯一的银行便算例外）。开始虽然保证的是储金，但是最先交付的储金投资，便只限于公债或政府全额保证债券。而且这种银行与联邦准备加盟银行同样的要有准备金，可是与普通的加盟银行不同，没有接受当地方之联邦准备银行的股票的必要，而且无税。储金保险公司要认为必要的时候，这种银行在创立两年以内得变成普通国法银行。转变到国法银行须履行基本股票发行上的手续。

像这样联邦储金保险公司有创立新国法银行的可能性，果为什么意思？韦礼思说："这种规定为将来美国发生新银行恐慌之时，这便达到银行国有化的手段。" 1933 年银行恐慌发生之时，有 2500 家银行破产，假在当时成立了这个规定，便有创设 2500 个国有银行的可能性。

## 二　爱柯列斯的统制思想

按照顺序继续讨论本法所规定第二部的解锐，对于立案者爱柯列斯所怀抱的金融统制的主张简单述之于次。

他的思想也是像新法案的一人，富有相当统制主义的色彩。他先说明立于从来之自由放任主义之上的资本主义，已失却弹力性，不能耐恐慌之苦，主张以国家权力的指导谋经济的安定化。所谓安定者（Stability），经济变动缩少之意。当然，经济的波动的进行在私经济的资本主义中，殆为不可分之事，决不能掷而弃之。而从来之经济界富有弹力性（Elasticity），对于经济状态的变化，费用与价格，赁银与资本收益都自动的适而应之。当然百分之百的弹力性，从无实际的存在之可能，要是有完全的弹力性存在着，恐怕对于经济界也无干涉的必要了。何以言之，因为不景气时能自动的谋经济的扩张，繁荣时能自动的抑制经济的活动。但是自由放任的资本主义渐渐发生退化现象，弹力性逐次丧失，工资与资本收益的比率，费用与价格的比率都起了硬化。

此间应注意彼之所谓弹力性的概念，如古典经济学家用在自由市场的价格形成的意思。由此看法而论，货币与信用完全与市场相结托，自己没有弹力性，以自身所有的力量，不能影响经济发展。因之弹力性的概念，与此亦正相反。在现在给予货币与信用的弹力性，不必重视财货经济的变动，对于价格、赁银、收入诸水准，尽力保持同一高度，并缓和生产领城内的变动所波及于社会的影响。而在实际上至少在最近十年间，联邦准备制度的政策，也是以这个目的注意维持赁银、价格及金利的水准。因之爱柯列斯所称从来的方法是根本的错误的事，那是要全部否认的。经济安定用货币信用政策，由外部以维持赁银与价格水平的手段，那是不能达到目的的。反而使恐慌激烈化。那么，安定要怎样的才能达到，爱柯列斯说，为此首先要由超私的经济见地的指导，换而言之，要由国家的指导为前提条件。

像这样依国家所指导的民主主义的资本主义制度之中，要予银行以特殊的中心地位。所以与现在银行所占的地位完全相异。爱柯列斯以今日之银行对于现在经济所占之独立的及指导的地位，称之为经济的退化现象，完全否定之。前途之以百分之百的弹力性，建筑理想的市场经济，由国民经济来说，银行及通货在经济的总过程中，没有任何独立的影响力，单是国民经济的附属物，不过是以自由市场所规定运动的一个执行机关。因此之故，像现在的银行所持之对于经济独立的强大的功用，是经济自由主义的颓废期的产物，自由放任经济自然的要失去弹力性。在未来之新阶段之国民经济之中，银行所占的特殊地位，那是由国家经济指导之最重要的执行机关（具体的说由准备局指导）。银行的功用像这样的变化，而银行的任务，内容上也须受显著的限制。爱柯列斯对于新银行的任务，列举两条于次：

（一）对于国民总体之贮蓄的主要部分的投资须为中介者。

（二）以设立支票帐座，供给合众国之支付手段的大部分。

最宜注意的第一是从来在商业银行只占次要意义的储蓄资本，而在所谓现代银行要算为第一的任务。要以爱柯列斯的见解，银行（普通国法并州法银行）等于本来的储蓄银行及信托公司，而必须使其成为投资银行为首要。然而不像欧洲大商工银行，只对于工业及一般生产经济含有调达长短期的资本的意味之投资银行，而是由中小储蓄家的见地所形成之投资银行（这就是对于存款保险制度发生一个根据）。

第二应注意的，从来银行所课之最大任务所谓"信用的创造"，完全不触及，单是论到支付手段的供给。

爱柯列斯主张称通货（Currency）汇兑货币统称之为货币（Money），并主张从来把汇兑委诸银行统制之权，亦移转给政府。依他的见解，所谓汇兑货币量之决定与统制，都属政府权限，银行不过是对于由政府官厅所决定调节的汇兑货币的量的一个技术的管理者而已。

汇兑货币的数量，从来所谓"信用的创造"的机能，纵说是联邦政府的权限，而对于各个银行所行的信用容许并不加以限制。对于个别的信用容许（从来的信用的创造）就是到将来，也是让各银行自由决定。政府所要施行统制的，不过是国民经济全体的信用的量。

爱柯列斯想到因汇兑货币的数量的变动，可给予经济过程中的影响。就是汇兑货币的增大,发生刺戟[1]经济的作用,而汇兑货币的减少,又产生阻止的作用。汇兑货币的变动及因之而发生的经济状况之间,并没有一定的数量的关系的存在。只是默认漠然中有一般的倾向的关系存在着。

从来银行施行汇兑货币的增减,就是以信用创造使其增加,以信用制限使其减少。其结果,在景气时滥造信用使汇兑货币增加,在不景气时,缩小信用使其减少,景气也好,不景气也好,总使汇兑货币自然的运动强化。像这样银行的态度,由私经济的见地看来,殆为不可避免之事,虽属自明之理,而波及于国民经济者,则影响至恶。而由国民经济的见地来说,则是相反,景气时把由信用所失之汇兑货币减少,不景气时把它增加。当然就是依照这个方法,也不能完全逃避经济的变动,然而切实的来限制,也能向着国民经济安定的方向走去。

要而言之,他的计划是:

(一)强化确立政府机关之联邦准备局,且对于地方准备银行之影响力为决定的机关。

(二)对于货币市场,确立联邦准备局的支配权的。

以上两点,前者则由准备局及准备银行的构成与变更而使其完成,后者则由对于汇兑货币的统制权,折扣率公开市场操作及准备率三者的决定权,赋予准备局而使其完成。

以下对于这两点,爱柯列斯的计划在新银行法中,试看实现到一个什么程度。

---

[1] 同"刺激"。编校者注。

## 三　中央集权化与货币市场的统制

### （一）联邦准备局与准备银行的构成

依照现行法联邦准备局系大总统任命，以有十二年任期的六名当然委员及财务长官及通货监督官构成之，六名之中二名，由大总统任命为总裁（Governor）及副总裁（Vice Governor）。

依爱柯列斯的原案，按大总统的命令，规定总裁得随时辞职，其结果则只是加上从来二人为政府役员而形成三人为"政治的成员"。因之对于这样的准备局而试其政治势力的强化，最少在表面上已是失败，政府从来二人所谓职权上的成员（财务长官及通货监督官），亦将随之消失其作用。要依新法，首先须使联邦准备局（Federal Reserve Board）改名为联邦准备总裁局（The Board of Governor of the Federal Reserve System），须经上院的忠告与同意，再由大总统任命七人总裁而构成之。各总裁的住期为十四年，当新规任命以后，每年按配一人任期终了。而全任期终了者，不得继续任命。以前所谓总裁及副总裁者，统称之为议长（Chairman）及副议长（Vice Chairman），任期为四年，由大总统任命之。

大致虽是如此规定，而将财务长官与通货监督官由成员中除外，延长总裁的任期，且不许再任命，而更改任命的方法，在大总统的一任期（四年）之内，只是新任命两人，依以上诸事看来，比较现法，对于局内政治势力的介入，也可以看出能够讲到新的有效的防御工作。大总统须于本年 2 月 1 日任命新局的全成员，假设着实的干下去，一定有选出政治色彩浓厚的人物构成总裁局的可能。然而他能够强行到什么地步，倒还是一个疑问。

关于地方准备银行首脑部的构成，原案的主张亦全失效。根据现行法，准备银行的理事会由九名理事组织之，其中六名由加盟银行中选出，其他三名由准备局任命，而三人之中推举一人为代理人（Agent）执行议长的职务。但是在实际上，代理人不是准备银行的最高役员。与此相反者，以理事会由理事中选出总裁为最高役员。

依照1935年银行法的原案，从来的议长与总裁之职由一人统一之，新法又选出副总裁，而二人之选出如从前一样虽由理事会，其任命则须经过准备局的承认。准备银行的重要职员，从来单只对于理事会及加盟银行负责，根据原案，则直接对于准备局也负责任。

然而一考其所成立的新法律，一切的提案都被摒弃，仅只准备银行的重要职员——总裁——改名为会长（President），经总裁局承认再由理事会任命。

要之，由准备局与准备银行之构成的改革，而试演联邦准备制度的政府机关化，也可说完全归于失败。

### （二）折扣的规定

货币市场的支配权，因赋予准备局，在立法上遭致那样的运命！如前所述货币市场的支配权而成为问题者——硬货的统制权既归联邦政府——支配银行的存款，因之对于（1）折扣率，（2）公开市场操作，（3）准备率的决定权有规定的必要。

首先如何规定折扣？

依照现行法，准备银行虽能规定折扣率，但须受准备局的考虑与决定。因此准备局对于准备银行虽有命其变更折扣率的权利，实际上很不容易发动。爱柯列斯的原案，则明显地规定着赋予准备局命令变更折扣率的权限。这主要的便是表现的问题，规定的内容与现状无甚变化，对此不须顽强的反对。

原来美国与欧洲诸国不同，对于信用货币的数量调节，折扣政策的效果甚为薄弱，折扣率的变更权也没有甚么多大的意义。所重要者则为次述之公开市场操作。

## （三）公开市场操作

众所周知所谓公开市场操作者，中央发行银行把基准的有价证券，特别是短、中期的政府证券拿到公开市场里去卖买。原来公开市场操作的信用调节的作用，最初在纽约以外的准备银行完全站在私经济的见地；把手上所剩余的现金在纽约购买证券之时，由实际的经验中发现而渐至发达，其本质是中央发券银行，在公开市场把证券卖却，以之把货币——现金或信用货币——由流通界收回，由活动状态而导入休止状态，并且反而把有价证券购入，使货币——现金或信用货币——提供到公开市场，使国内的货币由静止状态复归到活动状态。

公开市场政策为联邦准备制度最重要的武器，而谁决定这个政策，这还是环绕新银行法的一个核心问题。

在现行法里，全国的统一的公开市场政策，并未指定何人规定。但是有由十二个准备银行的总裁所构成的联邦公开市场委员会（Federal Open Market Committee[①]），联邦准备局决定一般的公开市场政策，对于各准备银行劝告其实行，而准备银行对于委员会的劝告也有拒绝的权利。因此，爱柯列斯用讥笑的口吻说："使责任分散，促进缓慢，再不能想出比这个还有效的手段。"

新银行法的原案把公开市场决定的全权，赋予准备局。那就是准备局有决定公开市场政策的权限，各准备银行有实行准备局的指定的义务，且未经准备局承认，任何公开市场政策不得推行。换言之，八名（内三名政治的成员）局员的过半数的决定，对于

---

[①] 原文误作 Comunitee。编校者注。

公开市场政策持有全权。

这个规定成为激烈论争的中心点，而发生如次的修正案。反对论者非难的中心点，对于政治色彩浓厚的准备局赋这样重大的全权，他们可以利用这个机会，有把政府财政的赤字赇于准备银行的资金的可能性，恐陷于德法两国所经验过的无统制的纸币滥发的穷途。特别是根据原案，攻击国库有把无限政府证券不经过公开的市场，而直接使准备银行买收的那一点。

对于这一点，法案的拥护者，除却公开市场操作的中央集权的统制，则有效的金融统制为不可能之事。政府不依赖市场，若是有把无限的赤字财政埋没的决心，例如五十亿的汇兑安定基金也不使用依杜马斯修正法发行绿背纸币，这都是可以辩解政府决不是想渔目混珠的把赤字财政埋没下去。

实在说起来，政府不是左思右想的才规定，纵引爱柯列斯之言，为经济安定化，统制信用货币为目的也好，政府证券的卖却，信用货币缩收，并不是适用于最景气的短期间以外，因之银行之政府的投资也不至于增大。

经过种种波澜以后，无论如何所成立的新法律，总裁局（以前的准备局）的会员与准备银行的五名代表，形成公开市场委员会，他们的决定，便可拘束一切准备银行，妥协到这个程度。五名准备银行代表，是把十二个准备银行分为五组，代表各组各一名委员每年由准备银行理事会选出任命之。

在讨议中虽提案撤废对于准备银行限制政府证券买入额，而在新的法规上，附加政府证券只能在公开市场购买的规定。依照后者的规定，政府证券直接要准备银行负担是不可能了，国库因为先要在市场试验信用，以此对于速度的公债发行，必有抑制的效果可以期待。

## （四） 准备的规定

最后最强力的货币市场统制的手段，对于银行的直接存款必要的准备率的决定权，是要以公开市场的操作来决定。政府证券若今后继续购入，银行游资更行增大，以后不知不觉的在某一个机会里急激开始活动，或不免招致奇劣结果。今日银行过剩准备达 2300 百万金圆，纵然以百分之十为必要准备，最少还可以把银行信用扩充到 23000 百万金圆。对于这样危险的最大保证，就是能把过度缓滞的货币市场在一夜之中澈底的有把它紧缩起来的可能，这样的必要准备率变更的权利，赋予准备局。若以前例来说，若把准备率提高到百分之百，是在 23000 百万金圆的过剩准备便即刻消灭。

现行联邦准备法对于准备局，以对于不足的准备课累进税，到三十天或超过以上的时间，有命令中止必要准备规定的权限。然而准备局却没有提高必要准备率的力量。

但是杜马斯修正法，曾规定大统领如宣言那是紧急时的话，准备局可得变更必要准备率。

对此而新银行法的原案，则更进一步，纵不经大统领宣言紧急时，对于准备局也想赋予准备率的绝对的决定权。

但是对于以上也有猛烈的反对，结局，以总裁局（前准备局）过半数的成员（四名）之赞成投票，为防止有害的信用扩张，总裁局对于联邦准备体制的定期与临时存款的准备率可以提高。所以像这样的准备率的提高，对于现行规定，不得超过百分之百，而现行准备率也不能减低，成立了像这样的妥协案。

如以上的概说想可明了，赋予准备局对于货币市场的支配权的爱柯列斯的原法案，在任何重大点上，作了些让步。然而关于这一点，也可以说把最初的计划实现了过半，准备局（总裁局）

因之获有未曾有的强大的权力。所剩的问题就是谁支配这个局？政府的代表吗？还是大银行的代办者吗？政府由准备局丧失通货监督官与财务长官，表面上可以想见影响力甚薄，然而大总统犹在今年2月获有重新任命全局员的权限。遗留下的问题，便是大总统对于银行界方面的"准备局中立化"的要求，国家的统制能实现到甚么程度，这是一个有兴味的问题。

# 后　记

　　《经济法学理论演变研究》是一种鸟瞰式的总论。此后，费肯杰师的《经济法》两卷本是作为经济法母国的德国在20世纪具有标志性的两部代表作之一。《经济法基础文献会要》是经济法学各国学者近十几年的代表性论文的集成。刘文华师的《中国经济法基础理论》纳入经济法与法人类学文库，乃中国改革开放后经济法学的代表作。《经济法的体系化与方法论：竞争法的新发展》聚焦于作为经济法基础性法律的竞争法的研究。对于这方面文献的关注和搜集，笔者在2000年获得博士学位后进行博士后报告写作时就已经开始。当时在中国人民大学图书馆老馆昏暗的库本中一本杂志一本杂志地翻阅，将这方面的发现体现在《中国经济法历史渊源原论》一书中，以后一直留心于焉。国家图书馆、上海图书馆等机构庋藏近代报刊比较丰富，但民国经济法学文献可谓片羽吉光。一是散佚各处，如同大海捞针，一般人都不知道存在这些文章，这种辑佚的工作一直措手维艰。笔者一点点从蛛丝马迹中如同探案般寻找线索，摛埴冥行，耗时数年功夫才告蒇事。二是这些文章在各个单位往往出于保护目的什袭珍藏，根本就不让看，所以这些文章许多都是笔者利用各种课题的经费从上海图书馆花钱购买。一页十元、二十元，所费不赀，而且录入也在在需钱。在2010年时，本书就已经完成文献的搜集整理。李明、谢志龙、曹翰、朱翠玉等进行了校对，尤其李明在这方面用力甚勤。本书的研究部分书稿完成后，王宇松、孙瑜晨、龙俊、胡丽文、韩东升等同学进行了校对、审读，令笔者获教匪浅。

校勘工作与参悟哲理的工作是两门两道，只能拼得用极笨的死功夫逐字逐句参校，晦者释之，讹者辨之，误者正之，别无他途可循。需要说明的是，在校勘中，我们坚持了以下方式。（1）民国时期的经济法研究处于起步阶段，民国学者主要的工作之一就是把国外经济法学引入中国。民国学者一般不是单纯翻译，大多文章其实都是"译述"。本书所收录的都是民国学者已经出版的稀见史料，每篇文章均按照原稿录入。在涉及民国学者译述文章时，本书编校者注释中所谓"原稿"不是指民国学者当年译述所自的外文原稿，而是指民国时期学者译述文章本身。（2）原文中的明显讹误、脱字或衍文，均加编校者注说明。原文因年代久远而残缺或模糊难辨之字，据所缺字数以"□"代之；字数难以确定者，则用"（下缺）"表示。（3）原文无标点或用旧式圈点者，或虽用新式标点而与现行规范不合者，一律按现行规范的标点重新标点，专名号从略。（4）原文字旁有着重号者，均予以删除（特殊情况除外）。（5）原文多竖排，故原文中的"于左"、"如右"等中的"左"、"右"，一般常指横排本中的"下"、"上"。（6）除特殊情况外，原文使用夹注者，通常移作脚注。（7）由于当时技术水平限制，民国时期学者著录外文资料讹误极多，往往十有八九均不正确，本书校勘者尽力参考自己所能收集的资料予以更正。文献著录则从其原貌，稍加统一。（8）对于无法确定的衍文、脱文、讹误、省文等，仍俟详考，不敢妄加定夺，姑仍其旧，读者请自己留意。（9）部分文章原稿不著撰者，编校者均不标示"佚名"或题以"不著撰者"。（10）部分文章在标示年月日时简写为"19年2月10日"之类，令人殊难断定是民国纪年还是日本天皇纪年，经过编校者考证后在文章中直接予以补足，以方括号加以表示，如"［民国］19年2月10日"等，不另以编校者注标示，读者自可覆按。（11）书中收录的部分文章本身存在尾注或者文中注，均改为页下注。编校者注释以"编校者注"字样相别异。（12）鉴于学术界风气不好，书中收录的文章均不标注文献出处来源，但文章本身标注译文所自的原注一仍其旧。（13）收录文章按照内容编排，分为八编：第一编国外经济法产生与发展，第二编经济法学理论与部门划分，第三编经济法作为社会法的属性，第四编经济与法律的互动，第五编合作社法，第六编竞争法与产业政策法，第七编财税法，第八编银行法，旨在方便读者得觇民国经济法研究的全貌。

长期以来流行的观点认为，在 1978 年十一届三中全会之前，经济立法固然不少，但"经济法"作为一个法律部门和一个法律学科的概念和名称，却从未出现过。然而，考据学的戒律乃"言有易，言无难"，断然宣告在改革开放前甚至连"经济法"概念均未曾出现，则不免过于操切，也表现出历史虚无主义目空一切的病症。然而，笔者考诸文献，认为经济法学的研究在民国时期就已滥觞，有许多经济法学理论以及经济法部门法的专门论著，大学中开设经济法的课程，专门以经济法为题目的学位论文已经出现，关于经济法学的讨论话语弥散于法理学、民法学、行政法学等论著之中，甚至高中法制课本也有相当篇幅的经济法学论述。张蔚然、陆季藩、李景禧诸位朝阳大学的法律学人具有共同的学术经历，致力于经济法这一新兴朝阳学科的研究，俨然形成经济法学的朝阳学派。事实俱在，任何具有良知的人都不难做出理性的判断。在中国经济法学发展史上，民国经济法学不能置之不议。应该承认，山外青山楼外楼，强中更有强中手。在求学问道的路途上，多一份谦抑，就多一份远见卓识的可能性。对于前人研究不能公允评价的偏颇，后世学者必将还其以公道，不可能永久乌云蔽日不见天。笔者所为仅仅在于是山还它一山，是水还它一水。

笔者在《中国经济法历史渊源原论》中曾就这一蓄疑难证的问题进行过简略的讨论，并引起学术界的关注。但学问的精纯需要时间的积淀，所以希望能够花大力气进行绵密的探究。

小弦切切，自然比不得黄钟大吕，但涓涓细流，终汇浩瀚大海。以一己之微薄绵力为经济法学的发展做些许贡献，于愿足矣。洪堡在为德国近代大学树规立范时指出，根据纯科学的要求，大学的基本组织原则有二：一曰寂寞，二曰自由。对于纯科学活动，自由是必要的，寂寞是有益的；大学全部的外在组织即以这两点为依据。[①] 寂寞和自由被洪堡视为在大学中的支配性原则。这些年里，作为学术人一直默默在自己感兴趣的领域自由研究，日罕暇逸。没有寂寞，就没有求学致知的自由。两者相互关联、依存。正是因为寂寞，与俗务有意保持距离，所以虽然无缘浮世荣耀，却落得安静自由。这当然应该感谢一直对我报以宽容的各位师长。

---

[①] Wilhelm von Humboldt, Der Königsberger Schulplan, 1809, Andreas Flitner (hrsg.), *Schriften zur Anthropologie und Bildungslehre*, Frankfurt am Main: Küpper, 1984, S. 71.

图书在版编目(CIP)数据

中国早期经济法文献辑注与研究/张世明,王济东编著.--北京：社会科学文献出版社,2019.5
（经济法与法人类学研究文库）
ISBN 978-7-5201-4035-5

Ⅰ.①中… Ⅱ.①张…②王… Ⅲ.①经济法-文献-研究-中国 Ⅳ.①D922.290.4

中国版本图书馆 CIP 数据核字（2018）第 286344 号

经济法与法人类学研究文库
中国早期经济法文献辑注与研究

编　著／张世明　王济东

出　版　人／谢寿光
责任编辑／芮素平

出　　版／社会科学文献出版社·社会政法分社（010）59367156
　　　　　地址：北京市北三环中路甲29号院华龙大厦　邮编：100029
　　　　　网址：www.ssap.com.cn
发　　行／市场营销中心（010）59367081　59367083
印　　装／三河市尚艺印装有限公司

规　　格／开　本：880mm×1230mm　1/32
　　　　　印　张：17.75　字　数：436千字
版　　次／2019年5月第1版　2019年5月第1次印刷
书　　号／ISBN 978-7-5201-4035-5
定　　价／119.00元

本书如有印装质量问题，请与读者服务中心（010-59367028）联系

▲ 版权所有 翻印必究